2019年中国信托公司经营蓝皮书

中国人民大学信托与基金研究所　编著

战略合作伙伴：中航信托股份有限公司

中国经济出版社
CHINA ECONOMIC PUBLISHING HOUSE
北京

图书在版编目（CIP）数据

2019年中国信托公司经营蓝皮书/中国人民大学信托与基金研究所编著．
—北京：中国经济出版社，2019.7
ISBN 978-7-5136-5005-2
Ⅰ．①2… Ⅱ．①中… Ⅲ．①信托公司—经营管理—
研究报告—中国—2019 Ⅳ．①F832.39

中国版本图书馆CIP数据核字（2019）第146273号

责任编辑　严　莉
责任印制　巢新强
封面设计　任燕飞装帧设计室

出版发行　中国经济出版社
印 刷 者　北京艾普海德印刷有限公司
经 销 者　各地新华书店
开　　本　787mm×1092mm　1/16
印　　张　20.25　**彩页印张**　0.25
字　　数　570千字
版　　次　2019年7月第1版
印　　次　2019年7月第1次
定　　价　150.00元
广告经营许可证　京西工商广字第8179号

中国经济出版社　**网址** www.economyph.com　**社址** 北京市西城区百万庄北街3号　**邮编** 100037
本版图书如存在印装质量问题，请与本社发行中心联系调换（**联系电话：**010-68330607）

前　言

截至2019年4月30日，68家信托公司按照规定时间披露了年度报告，68家信托公司全部实现盈利。信托公司的2018年经营业绩依然骄人，信托业管理的信托资产规模有序回落，全行业信托资产管理规模仍保持在20万亿元大关之上，在较为复杂多变的市场环境下保持了平稳发展。

2018年，在国际经济环境依然严峻、国内宏观经济仍然没有完全走出下降通道、增速持续放缓的同时，行业监管环境更趋严峻，“资管新规”逐步落实，商业银行理财子公司正式推出，信托公司面临空前的挑战和竞争压力。信托业作为仅次于银行业的第二大金融行业，受宏观经济下行压力等诸多因素影响，2018年全年，信托全行业营业收入总规模和全行业利润增幅都出现回落趋缓的态势，甚至个别指标较上一年出现负增长。信托业必须转型创新，走内涵式、精细化、高科技的发展道路已成为行业共识。监管机构正在酝酿制定包括资金信托管理办法和新的信托业务分类在内的多项信托监管新政，不断搭建与时俱进的监管框架，为未来信托业实现健康持续发展铺平了道路。

面对2018年以来泛资管市场和监管部门密集出台的系列监管新政，以及变化多端的新常态市场环境，信托公司经受住全面的考验，信托业整体大盘仍然基本稳定，增长幅度进入稳定期，核心指标实现平稳增长。就信托公司的整体经营而言，综合业绩仍然骄人。

本报告是中国人民大学信托与基金研究所精心打造的系列报告，迄今已经连续出版了15部。2019年的报告，在总结前14部经验的基础上，进一步改进和提升了实证分析模型和研究分析的方法和手段。强调横向分析与纵向比较相结合，通过财务状况实证分析、经营成果实证分析、盈利能力与收益水平分析、经营效率与经营质量以及风险分析等多个方面几十个具体指标进行了系统、全面、深入、规范、客观、真实的归纳、汇总、概括、提炼、分类、排序和分析。报告突出运用实证分析的方法，客观公正地反映了当前我国信托公司较为完整的概貌，力求为各信托公司和广大投资者以及监管部门提供一部系统全面、客观真实的研究报告和数据体系。

本报告对进一步加深社会各界和投资者对信托业的了解，全面提升信托公司整体形象，促进各信托公司之间的了解和交流，相互借鉴，取长补短，都是一部不可多得重要学术研究报告和业务参考书。

本报告所引用数据严格依据各信托公司年报所公开披露的资料，或在披露数据基础上加以计算。本报告对各公司所披露年报中数据资料的真实性、口径方法的适用性及内容指标的完整性原则上不做主观评判。报告采集数据原则以银监会规定的信息披露截止日2019年4月30日为最后期限。

本报告力求全面、真实、准确反映行业全貌，但由于本报告时效性极强，编纂时间紧张，所涉及数据十分庞杂繁复，在数据采集过程中难免有疏漏之处，故所有原始数据最终均以各信托公司公布的年报及年报摘要原文为准。限于篇幅，本报告在下篇年报汇总纸质版中，只随机收录了少部分信托公司的年报摘要。

在本报告的编纂过程中，得到了中国银监会信托监管部、中国信托业协会、中航信托有限责任公司、昆仑信托有限责任公司、国通信托有限责任公司、国投泰康信托有限责任公司、华融国际信托有限责任公司以及中国经济出版社毛增余社长、严莉编辑的大力支持，在此一并表示衷心的感谢。

中国人民大学信托与基金研究所

2019年7月

目　录

上 篇　2018 年信托公司经营暨年度报告分析研究

上篇　2018年信托公司经营暨年度报告分析研究

第一章　行业纵览

截至2019年6月，现有68家信托公司均已经进行了年报披露。从已经披露的68家信托公司年报中不难看出，整个信托行业正处于发展转型的重要时期。经过十余年的发展历程，信托行业对于中国经济增长产生了巨大的推动作用，其在支持实体经济的发展、深化国家绿色发展理念、推动慈善事业发展、助力居民美好生活、防控化解金融风险等领域都起到了重要的作用。但是另外，信托行业本身监管机制还不健全、"去通道"压力日益凸显、制度红利优势削弱等问题还没有得到根本解决。在居民财富管理需求日益增加与信托行业转型尚未完成的矛盾之下，信托行业的规模增长、盈利能力等方面均受到了一定的不利影响。

信托公司行业整体状况如图1－1和图1－2所示。行业管理信托资产规模进入下行区间，平均信托资产达到3341.49亿元，相比于2017年下降13.54%；平均信托收入达到1624831万元，相比于2017年下降了21.24%。值得一提的是，自2009—2014年，平均信托资产规模以30%左右的速度迅速增长。2015年开始，平均信托资产规模进入波动区间，该指标在2015年大幅下跌后，2016年与2017年持续增长，2018年度，平均信托资产规模又重新进入下行通道。

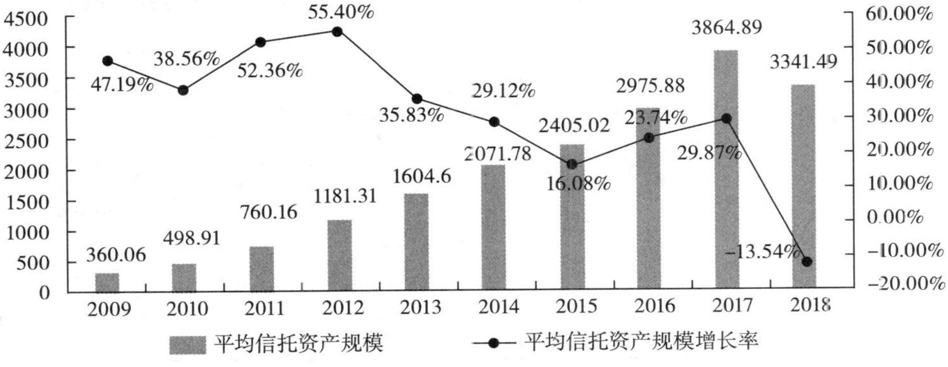

图1－1　平均信托资产规模的变动轨迹（单位：亿元）

从平均信托资产规模的变动轨迹来看，2009 年以来，各信托公司平均信托资产规模持续增加。2012 年甚至出现了 55.40% 的增幅。2018 年平均信托资产规模达到 3341.49 亿元，相比于 2017 年的 3864.89 亿元出现了较大幅度的下降。从图 1－1 可以看出，在整个经济增长速度放缓、金融业监管加强的背景之下，信托公司的信托资产规模在 2018 年度受到了较大程度的影响。相比于 2009—2013 年度超过 35% 的高速增长时期，信托行业的发展面临了一定的问题。在降规模的压力日益增强的条件之下，各信托公司将如何实现自身业务模式的转型还有待观望。

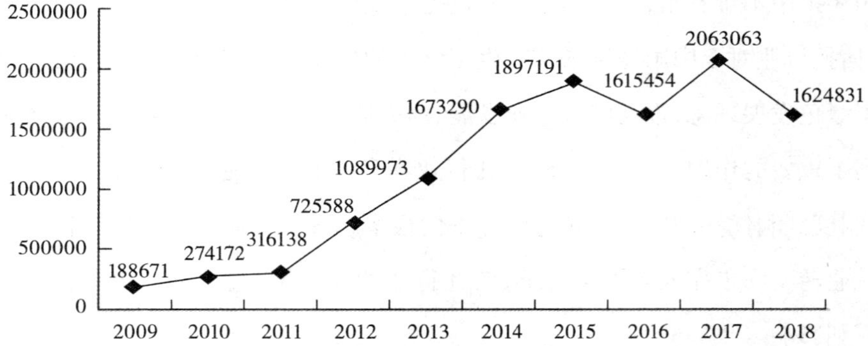

图 1－2　平均信托收入变动轨迹（单位：万元）

在信托资产规模稳步增长的同时，从信托公司经营业绩的相对数指标来看，如图 1－3、图 1－4 和图 1－5 所示，平均资本利润率、平均信托报酬率以及平均人均净利润均出现了一定程度的下滑。其中，平均资本利润率自 2009 年开始持续增长，但从 2013 年开始一直呈现下降趋势。平均人均净利润经历了 2009 年开始的连续增长之后，自 2016 年开始已经连续三年出现了下降。平均信托报酬率在经历了 2016 年度的小幅上涨之后，2017 年与 2018 年连续两年出现下降。其中 2018 年度该指标为 0.52%，是 2009 年之后的最小值。

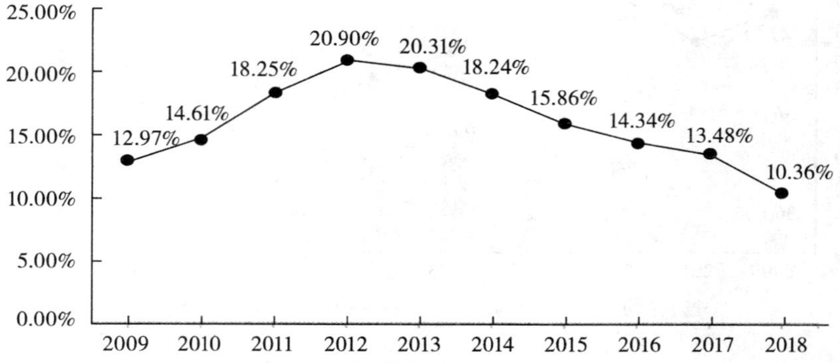

图 1－3　平均资本利润率的变动轨迹

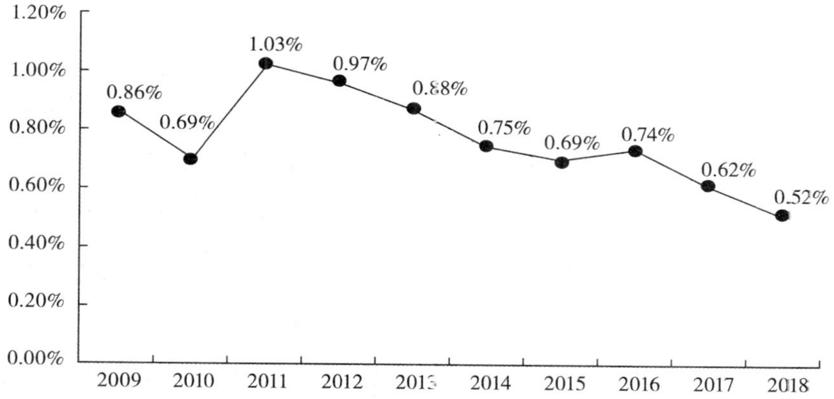

图 1－4 平均信托报酬率的变动轨迹

作为衡量信托公司赢利能力的主要指标，资本利润率主要反映企业所有者剩余权益的获利水平。2009 年以来，以 2012 年为拐点，信托公司的资本利润率经历了 2 个阶段的波动，2009—2012 年小幅持续上涨，2012—2018 年期间持续小幅下降至 2018 年的 10.36%，综合图 1－1 和图 1－3 可以分析得出，2018 年信托行业在资产规模和盈利水平上均出现了下降。

如图 1－4 所示，2009—2017 年，各信托公司平均信托报酬率在 1% 左右波动，最低值为 2017 年的 0.62%，最高值为 2008 年的 1.06%。2018 年平均信托报酬率相比 2017 年有所下降，达到 0.52%，处于自 2009 年开始的最低值。自 2009 年以来，平均信托报酬率除在 2011 年和 2016 年上升外，一直在持续下滑。2018 年信托报酬率进一步下降，这表明信托公司的盈利能力受到内外部因素的影响一直处于下行区间。因此，信托行业如何提高自身的发展质量和盈利能力，将成为未来一段时间行业发展的重中之重。

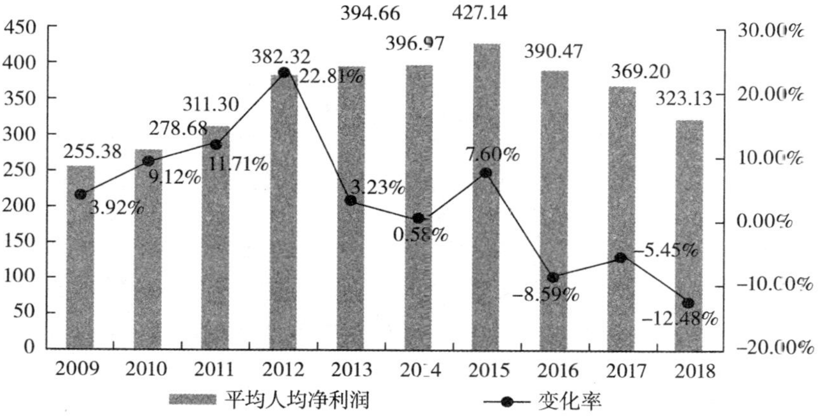

图 1－5 平均人均净利润的变动轨迹（单位：万元）

2009—2015年，各信托公司平均人均净利润持续小幅增长，如图1－5所示。其中，2012年人均信托净利润出现了22.81%的高速增长。由于受到国际金融危机的影响，2008年信托公司平均人均净利润大幅下跌。2016年，人均净利润出现了近8年以来第二次大幅下跌。值得注意的是，2015年各信托公司人均净利润达到427.14万元的历史最高值，2016年在2015年的基础上出现大幅下跌，人均净利润已经回落到4年前的水平。2017年度，人均净利润持续下降的态势并没有得到改善，下降至369.20万元。2018年度，该指标进一步下降至323.13万元。这显示出，2018年，各信托公司的人均赢利水平并没有得到改变。信托公司盈利能力的下降是多种因素共同作用的结果。首先，从宏观经济层面来看，2018年度中国GDP增长率为6.6%，相比于2017年度的6.9%出现了一定的下滑。宏观经济增速放缓会对信托行业的发展产生一定的不利影响。其次，信托报酬率的普遍下滑对于信托公司的盈利能力产生了不利影响。由于优质资产竞争较为激烈，加之通过银行等金融机构的承销费用有所提升，从而挤占了信托业务的利润空间，进而对信托行业整体盈利水平产生不利影响。再次，基于风险管理的需要，信托公司在2018年度提取了大量的资产减值损失。资产减值损失的计提虽然能够提高信托公司财务指标的稳健性，但也会对盈利指标产生一定影响。最后，固有资金投资收益是部分信托公司重要的利润来源，由于证券市场在2018年度产生了一定的波动，致使信托公司的投资收益进入下行通道，从而影响了总体的经营业绩。

第二章　主要财务指标分析

财务指标是考察信托公司整体业绩表现的衡量标准，对于信托行业的财务考核指标，主要包括资本利润率、信托报酬率以及人均净利润。

第一节　资本利润率

从本书截至2019年5月14日（以下统计时间口径相同）获得的2018年度的年报披露情况来看，除安信信托和陕西国信以外，其余66家公司披露了资本利润率这一指标，与2017年64家信托公司披露相比，增加了五矿信托和中江国新两家。

资本利润率的主要统计数据如表2－1所示。作为反映信托公司盈利能力的重要指标，全行业平均资本利润率由2017年的13.48%下降至2018年的10.36%，比2017年大幅下降3.12个百分点，平均资本利润率已经连续五年持续下滑。资本利润率的下降，主要是由于信托公司注册资本的增加，使得资本增长幅度远大于净利润增长幅度。从行业整体来看，在这66家公司中，共有37家的资本利润率在10%以上，占比56.06%，比2017年的50家减少13家。其中，超过20%的信托公司有3家，占比4.55%，比2017年减少5家。

从资本利润率排名来看，长城新盛2018年资本利润率同比微跌0.04个百分点，达到30.92%，仍然延续了2017年的发展态势，连续两年稳坐年度资本利润率最高的信托公司宝座。在2017年排名第二的万向信托2018年资本利润率同比大幅下降6.44个百分点，以18.82%的资本利润率排在行业第四名。中海信托2018年资本利润率同比大幅上升11.81个百分点，以28.92%的高资本收益率位列行业第二名。

纵观信托行业整体情况，2018年度各公司资本利润率标准差为6.31%，相比2017年各公司资本利润率离散程度有所上升，该指标在连续四年趋于均衡后又开始走向离散，具体数据见表2－1。

表2－1　　2014—2018年度信托公司资本利润率统计分析表

项目	2014年	2015年	2016年	2017年	2018年
平均值	18.24%	15.86%	14.34%	13.48%	10.36%
平均值增长	－1.95%	－2.38%	－1.52%	－0.86%	－3.12%
公司数目	64	66	65	64	66
最大值	50.21%	28.21%	28.70%	30.96%	30.92%
最小值	3.14%	0.57%	0.80%	0.80%	－11.03%
标准差	8.91%	6.10%	6.01%	5.54%	6.31%
变异系数	0.48	0.38	0.42	0.41	0.61

2018年度，资本利润率表现比较优异的信托公司前五名为：长城新盛（30.92%）、中海信托（28.92%）、爱建信托（20.30%）、万向信托（18.82%）以及外贸信托（18.07%）。而2017年度资本利润率表现比较优异的信托公司前五名为：长城新盛（30.96%）、万向信托（25.26%）、大业信托（24.57%）、湖南信托（23.56%）以及西藏信托（22.71%）。与2017年相比，前五名公司的组成有较大的变化。从行业整体来看，资本利润率水平也出现了一定的下滑趋势。与此同时，2012年资本利润率在15%～30%的公司为34家，2013年达到了42家，2014年则为34家，2015年达到37家，2016年为28家，2017年为24家，2018年为11家。由此可见，自2016年起，在信托行业整体资本利润率不断下滑的同时，行业中的中坚阵营的数量也出现了持续下降。详见表2－2。

从资本利润率增幅来看，2018年度，资本利润率增幅前五名的公司为长城新盛（15.70%）、中海信托（11.81%）、爱建信托（6.70%）、四川信托（6.12%）、光大兴陇（5.00%）和中信信托（4.04%）（注：信托公司名后数字为2018年度资本利润率增加量）。详见表2－3。

信托公司资本利润率是净利润与平均资本的比率，因此公司净利润与注册资本规模的变化均会对资本利润率产生影响。信托公司通过增资或者股权资产出售等方式获取大规模资金后，通过有效的资产管理，可以使得业绩得到大幅提升。根据披露报告来看，2018年，长城新盛的净资产从6.70亿元大幅增加至9.15亿元，净利润增幅为36.42%，使其继续保持资本利润率行业第一的地位。中海信托的净资产由47.46亿元增加至62.76亿元，净利润大幅增长102.72%，使其资本利润率表现优异。

表2-2 资本利润率序列表(2018年度)

序号	公司简称	2018年	2017年	2016年
1	长城新盛	30.92%	30.96%	24.93%
2	中海信托	28.92%	17.11%	23.98%
3	爱建信托	20.30%	20.32%	15.28%
4	万向信托	18.82%	25.26%	28.70%
5	外贸信托	18.07%	19.48%	14.52%
6	华能贵诚	17.62%	17.90%	21.32%
7	中航信托	17.16%	20.29%	22.62%
8	中铁信托	16.11%	20.48%	24.87%
9	光大兴陇	15.96%	10.96%	8.05%
10	中信信托	15.69%	11.65%	15.99%
11	建信信托	15.18%	15.86%	14.79%
12	工商信托	14.57%	16.89%	17.01%
13	五矿信托	14.49%	未披露	未披露
14	平安信托	14.23%	16.83%	16.77%
15	湖南信托	13.90%	23.56%	18.18%
16	百瑞信托	13.66%	15.81%	16.01%
17	中建投信托	13.05%	16.14%	15.83%
18	重庆国信	12.93%	17.13%	21.33%
19	江苏国信	12.74%	15.22%	14.26%
20	华宝信托	12.65%	13.35%	16.00%
21	方正东亚	12.47%	12.27%	14.95%
22	西藏信托	12.26%	22.71%	23.21%
23	天津信托	12.05%	12.43%	10.59%
24	紫金信托	12.01%	12.21%	17.02%
25	云南国信	11.97%	11.24%	10.36%
26	国投泰康	11.81%	13.95%	13.96%
27	中融信托	11.48%	18.29%	21.08%
28	粤财信托	11.43%	18.74%	18.78%
29	华澳信托	11.34%	10.83%	6.00%
30	华润信托	11.22%	12.95%	10.17%
31	东莞信托	11.04%	10.11%	10.84%
32	华鑫信托	10.83%	14.40%	12.33%
33	民生信托	10.46%	17.56%	13.08%
34	上海国信	10.32%	13.60%	19.50%
35	四川信托	10.27%	14.27%	23.75%

续表

序号	公司简称	2018年	2017年	2016年
36	吉林信托	10.10%	15.84%	7.66%
37	交银国信	10.02%	11.44%	12.57%
38	陆家嘴信托	9.92%	12.34%	13.29%
39	厦门国信	9.90%	15.95%	16.79%
40	北方国信	9.71%	10.22%	10.49%
41	北京国信	9.64%	12.61%	13.50%
42	山东国信	9.30%	13.40%	14.40%
43	苏州信托	8.95%	11.71%	14.00%
44	渤海信托	8.62%	13.60%	11.95%
45	大业信托	8.58%	24.57%	21.47%
46	英大信托	8.15%	10.43%	11.99%
47	浙商金汇	7.75%	11.19%	7.79%
48	昆仑信托	7.69%	9.38%	13.50%
49	兴业信托	6.91%	10.44%	9.49%
50	华信信托	6.83%	8.28%	16.19%
51	中诚信托	6.78%	8.07%	7.60%
52	西部信托	6.43%	5.45%	9.26%
53	国元信托	5.65%	7.69%	9.90%
54	长安国信	5.32%	15.61%	19.08%
55	中原信托	5.02%	9.91%	15.57%
56	国民信托	4.76%	4.73%	8.78%
57	新时代	4.51%	7.16%	8.17%
58	金谷信托	4.38%	7.59%	4.67%
59	国联信托	4.16%	5.43%	6.60%
60	中泰信托	3.36%	5.84%	7.49%
61	中粮信托	1.08%	11.66%	9.88%
62	新华信托	0.98%	1.85%	0.80%
63	中江国信	0.96%	未披露	28.11%
64	华融国信	0.57%	10.94%	15.60%
65	山西信托	0.57%	4.15%	6.30%
66	华宸信托	-11.03%	4.25%	2.88%
67	安信信托	未披露	未披露	未披露
68	陕西国信	未披露	未披露	未披露

表2－3　　资本利润率增长序列表(2018年度)

序号	公司简称	2018年	2017年	2016年
1	长城新盛	15.70%	6.03%	21.05%
2	中海信托	11.81%	-6.87%	-3.22%
3	爱建信托	6.70%	5.04%	1.58%
4	四川信托	6.12%	-9.48%	-2.38%
5	光大兴陇	5.00%	2.91%	-1.98%
6	中信信托	4.04%	-4.34%	-1.43%
7	五矿信托	2.84%	未披露	未披露
8	西部信托	0.98%	-3.81%	-0.33%
9	中江国信	0.96%	未披露	16.21%
10	东莞信托	0.93%	-0.73%	-3.48%
11	云南国信	0.73%	0.88%	-7.12%
12	华能贵诚	0.51%	-3.42%	-0.80%
13	中航信托	0.33%	-2.33%	1.00%
14	万向信托	0.08%	-3.44%	12.10%
15	国民信托	0.03%	-4.05%	-8.54%
16	天津信托	-0.38%	1.84%	-4.35%
17	北方国信	-0.51%	-0.27%	-5.12%
18	建信信托	-0.68%	-15.83%	0.01%
19	华宝信托	-0.70%	-2.65%	10.74%
20	新华信托	-0.87%	1.05%	0.23%
21	国联信托	-1.27%	-1.17%	-4.92%
22	中诚信托	-1.29%	0.47%	-4.59%
23	外贸信托	-1.41%	4.96%	-2.74%
24	交银国信	-1.42%	-1.13%	0.54%
25	华信信托	-1.45%	-7.91%	-10.00%
26	昆仑信托	-1.69%	-4.12%	-1.52%
27	华润信托	-1.73%	2.78%	-10.34%
28	民生信托	-1.97%	4.48%	1.65%
29	国元信托	-2.04%	-2.21%	-7.13%
30	国投泰康	-2.14%	-0.01%	-7.07%
31	百瑞信托	-2.15%	-0.20%	-3.11%
32	英大信托	-2.28%	-1.56%	-2.36%
33	工商信托	-2.32%	-0.12%	-5.65%
34	大业信托	-2.38%	3.10%	-0.53%
35	陆家嘴信托	-2.42%	-0.95%	-2.76%

续表

序号	公司简称	2018年	2017年	2016年
36	江苏国信	-2.48%	0.96%	-1.85%
37	中泰信托	-2.48%	-1.65%	-2.62%
38	平安信托	-2.60%	0.06%	2.12%
39	新时代	-2.65%	-1.01%	-1.95%
40	苏州信托	-2.76%	-2.29%	-0.33%
41	北京国信	-2.97%	-0.89%	-3.31%
42	中建投信托	-3.09%	0.31%	-0.24%
43	浙商金汇	-3.19%	3.40%	-1.18%
44	上海国信	-3.28%	-5.90%	-1.82%
45	兴业信托	-3.53%	0.95%	-3.40%
46	山西信托	-3.58%	-2.15%	1.39%
47	山东国信	-4.10%	-1.00%	-4.86%
48	重庆国信	-4.20%	-4.20%	-6.88%
49	中铁信托	-4.37%	-4.39%	-1.23%
50	华澳信托	-4.61%	4.83%	-6.00%
51	中原信托	-4.89%	-5.66%	-5.74%
52	渤海信托	-4.98%	1.65%	-1.93%
53	吉林信托	-5.74%	8.18%	-4.16%
54	厦门国信	-6.05%	-0.84%	1.87%
55	中融信托	-6.81%	-2.79%	-2.70%
56	粤财信托	-7.31%	-0.04%	2.15%
57	华鑫信托	-7.46%	2.07%	-4.49%
58	紫金信托	-7.47%	-4.81%	-3.99%
59	湖南信托	-9.66%	5.38%	2.34%
60	长安国信	-10.29%	-3.47%	-2.11%
61	华融国信	-10.37%	-4.66%	0.55%
62	西藏信托	-10.45%	-0.50%	-1.53%
63	中粮信托	-10.63%	1.78%	0.41%
64	金谷信托	-11.46%	2.92%	1.07%
65	华宸信托	-15.28%	1.37%	-1.25%
66	安信信托	未披露	未披露	未披露
67	陕西国信	未披露	未披露	未披露
68	方正东亚	未披露	-2.68%	-5.22%

第二节　信托报酬率

信托报酬是受托人通过管理和运作信托财产而获取的报酬。按照《信托投资公司信息披露管理暂行办法》,信托业务报酬率的计算是以信托业务收入除以实收信托平均余额,这一指标所反映的是信托公司在信托业务中所获得的报酬。实际运作中,信托公司在对信托资产的管理中,主动管理能力强、作用发挥得大,取得的报酬一般就会较高。反之,如果信托公司在信托业务中并没有进行主动管理、所起到的作用小,信托报酬率就会偏低。

从 2018 年度的年报披露情况来看,有 53 家信托公司公布了信托报酬率,比 2017 年增加了吉林信托。2018 年,信托行业平均信托报酬率为 0.52,比 2017 年下降了 0.10 个百分点。

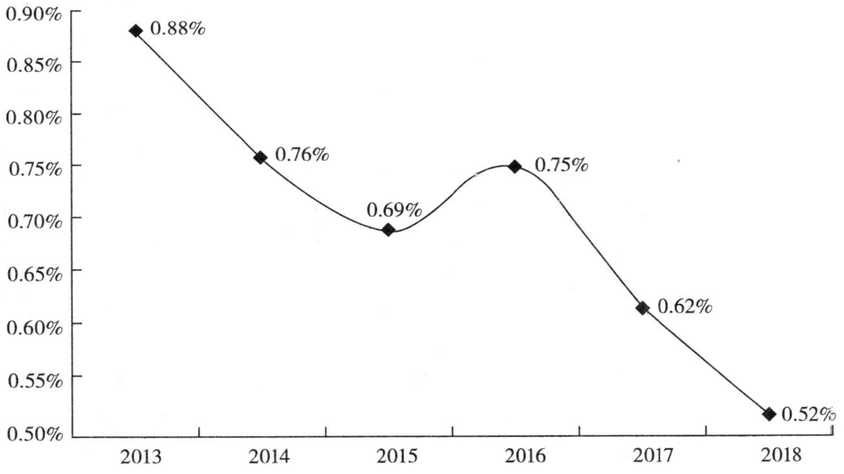

图 2-1　2013—2018 年度信托公司信托报酬率趋势图

根据图 2-1 可以看出,信托行业的平均报酬率自 2013 年以来便已进入下行通道,2016 年该指标虽有小幅反弹,但 2017 年又呈现明显下降,2018 年延续了 2017 年的下降态势。

在统计的 53 家信托公司中,26 家公司报酬率指标下降,23 家上升。随着资管行业竞争加剧,信托公司传统业务的盈利空间逐步收窄。值得注意的是,在信托报酬率指标排名靠前的 15 家公司中,有 6 家年报酬率指标逆市上升,占比 40%。在 53 家纳入统计的信托公司中,主动管理能力较强的信托公司竞争力进一步增强。

在披露 2018 年信托报酬率指标的 53 家信托公司中,下滑比例最大的是东莞信托,其

2018 年信托报酬率同比下降了 1.30 个百分点,但其信托报酬率仍高居全行业第 1;其次是安信信托,同比下降了 1.27 个百分点。中小信托公司清算项目数量较少,单一项目报酬率对公司整体报酬率指标的影响较大,因此中小信托公司报酬率指标波动比大型公司会更加明显。有研究人员表示,主动管理资产占比较高的信托公司受经营环境影响相对较小,预计行业两极分化的趋势会加大。

从信托报酬率分布的离散程度来看,2018 年信托报酬率分布的标准差为 0.45%,比 2017 年的 0.63%有所下降。2018 年,全行业信托报酬率的差距在连续 4 年持续扩大后首次出现趋同化的迹象。在样本公司中,大部分公司(45 家)的信托报酬率水平低于 1%。其中,有 37 家公司(占披露公司数量的69.8%)的信托报酬率低于 0.5%。可以发现,信托报酬率低于 0.5%的公司数量远高于 2017 年数量,具体数据见表 2-4。

表 2-4　2014—2018 年度信托公司信托报酬率的统计分析表

项目	2014 年	2015 年	2016 年	2017 年	2018 年
平均值	0.76%	0.69%	0.75%	0.62%	0.52%
平均值增长幅度	-0.12%	-0.06%	0.05%	-0.13%	-0.10%
公司数目	52	54	53	52	53
最大值	2.66%	2.85%	3.16%	3.63%	2.33%
最小值	0.14%	0.19%	0.14%	0.10%	0.10%
标准差	0.49%	0.53%	0.60%	0.63%	0.45%
变异系数	0.64	0.77	0.80	1.02	0.86

如表 2-5 所示,从信托报酬率排名来看,2018 年度,信托报酬率表现比较优异的信托公司前五名为:东莞信托(2.33%)、工商信托(1.71%)、长城新盛(1.66%)、华信信托(1.52%)和民生信托(1.09%)。

东莞信托在 2015 年信托报酬率实现 1%的大幅增长之后,在 2016 年度、2017 年度和 2018 年度分别以 3.16%、3.63%和 2.33%的信托报酬率连续三年稳居行业首位。工商信托的信托报酬率曾在 2013—2015 年连续三年在行业中保持第一,2016 年、2017 年和 2018 年分别以 2.38%、2.73%和 1.71%的信托报酬率位居第二位。

2018 年,银行系的建信信托的信托报酬率仍位于行业倒数第一。信托制度的灵活性可以为商业银行的表外业务需求提供通道,这是商业银行控股信托公司的主要原因。也正因此,银行系信托公司低费率的通道类业务占比会相对较高,但是整体盈利能力并不突出。

表2-5 信托报酬率序列表(2018年度)

序号	公司简称	2018年	2017年	2016年
1	东莞信托	2.33%	3.63%	3.16%
2	工商信托	1.71%	2.73%	2.38%
3	长城新盛	1.66%	1.43%	2.01%
4	华信信托	1.52%	1.27%	1.45%
5	民生信托	1.09%	0.43%	0.91%
6	华宸信托	1.08%	0.81%	1.83%
7	重庆国信	1.03%	1.20%	1.24%
8	百瑞信托	1.01%	0.79%	0.99%
9	国联信托	0.73%	0.53%	0.58%
10	安信信托	0.65%	1.92%	1.55%
11	爱建信托	0.61%	0.84%	1.12%
12	中航信托	0.59%	0.59%	0.73%
13	苏州信托	0.55%	0.90%	0.86%
14	陆家嘴信托	0.55%	0.73%	0.99%
15	中江国信	0.52%	0.64%	0.61%
16	外贸信托	0.51%	0.28%	0.33%
17	中泰信托	0.49%	0.65%	0.51%
18	中铁信托	0.49%	0.53%	0.77%
19	大业信托	0.49%	0.51%	0.52%
20	五矿信托	0.48%	0.42%	0.53%
21	光大兴陇	0.47%	0.27%	0.23%
22	紫金信托	0.47%	0.85%	1.15%
23	浙商金汇	0.46%	0.36%	0.83%
24	平安信托	0.45%	0.50%	0.95%
25	华澳信托	0.44%	0.23%	0.79%
26	中原信托	0.42%	0.70%	0.92%
27	方正东亚	0.40%	0.35%	0.46%
28	渤海信托	0.35%	0.48%	0.33%
29	长安国信	0.34%	0.40%	0.59%
30	英大信托	0.34%	0.32%	0.52%
31	山西信托	0.33%	1.17%	0.91%
32	国投泰康	0.32%	0.25%	0.23%
33	新华信托	0.31%	0.43%	0.47%
34	厦门国信	0.30%	0.26%	0.46%
35	江苏国信	0.29%	0.13%	0.23%

续表

序号	公司简称	2018年	2017年	2016年
36	北京国信	0.28%	0.41%	未披露
37	昆仑信托	0.27%	0.40%	0.84%
38	金谷信托	0.26%	0.47%	0.28%
39	兴业信托	0.26%	0.18%	0.17%
40	天津信托	0.25%	0.41%	0.44%
41	陕西国信	0.25%	0.28%	0.29%
42	华鑫信托	0.25%	0.23%	0.24%
43	上海国信	0.24%	0.28%	0.47%
44	吉林信托	0.24%	未披露	未披露
45	云南国信	0.22%	0.21%	0.23%
46	国民信托	0.21%	0.47%	0.52%
47	西部信托	0.20%	0.22%	0.26%
48	北方国信	0.18%	0.16%	0.23%
49	交银国信	0.17%	0.22%	0.29%
50	国元信托	0.17%	0.19%	0.35%
51	新时代	0.13%	0.32%	0.23%
52	西藏信托	0.13%	0.13%	0.14%
53	建信信托	0.10%	0.10%	0.15%
54	中诚信托	未披露	未披露	未披露
55	中海信托	未披露	未披露	未披露
56	中融信托	未披露	未披露	未披露
57	中信信托	未披露	未披露	未披露
58	华融国信	未披露	未披露	未披露
59	粤财信托	未披露	未披露	未披露
60	华宝信托	未披露	未披露	未披露
61	华润信托	未披露	未披露	未披露
62	中建投信托	未披露	未披露	未披露
63	华能贵诚	未披露	未披露	未披露
64	四川信托	未披露	未披露	未披露
65	中粮信托	未披露	未披露	未披露
66	万向信托	未披露	未披露	未披露
67	湖南信托	未披露	未披露	1.39%
68	山东国信	未披露	未披露	0.39%

表2-6　　信托报酬率增长序列表(2018年度)

序号	公司简称	2018年	2017年	2016年
1	爱建信托	0.33%	-1.12%	0.03%
2	华宸信托	0.27%	-1.02%	0.52%
3	华信信托	0.25%	-0.18%	0.23%
4	吉林信托	0.24%	未披露	未披露
5	长城新盛	0.23%	0.37%	1.58%
6	百瑞信托	0.22%	-0.20%	-0.05%
7	华澳信托	0.21%	-0.56%	-0.10%
8	光大兴陇	0.20%	0.04%	-0.12%
9	国联信托	0.20%	-0.05%	0.10%
10	江苏国信	0.16%	-0.10%	-0.03%
11	浙商金汇	0.10%	-0.47%	0.09%
12	兴业信托	0.08%	0.01%	-0.04%
13	国投泰康	0.07%	0.02%	-0.11%
14	渤海信托	0.07%	-0.05%	-0.02%
15	五矿信托	0.06%	-0.11%	-0.16%
16	方正东亚	0.05%	-0.11%	-0.23%
17	厦门国信	0.04%	-0.20%	0.12%
18	外贸信托	0.03%	0.15%	0.04%
19	大业信托	0.02%	-0.05%	-0.19%
20	华鑫信托	0.02%	-0.01%	-0.14%
21	英大信托	0.02%	-0.20%	0.29%
22	北方国信	0.01%	-0.07%	-0.08%
23	云南国信	0.01%	-0.02%	0.04%
24	西藏信托	0.00%	-0.01%	-0.08%
25	建信信托	0.00%	-0.05%	-0.06%
26	中航信托	0.00%	-0.14%	-0.09%
27	国元信托	-0.02%	-0.01%	0.01%
28	西部信托	-0.02%	-0.04%	-0.22%
29	陕西国信	-0.03%	-0.16%	0.01%
30	上海国信	-0.04%	-0.19%	-0.06%
31	中铁信托	-0.04%	-0.24%	0.30%
32	平安信托	-0.05%	-0.45%	0.05%
33	交银国信	-0.05%	-0.07%	0.05%
34	长安国信	-0.06%	-0.19%	-0.05%
35	民生信托	-0.08%	0.26%	-0.02%

续表

序号	公司简称	2018 年	2017 年	2016 年
36	山西信托	-0.10%	-0.48%	0.31%
37	中江国信	-0.12%	0.03%	0.23%
38	新华信托	-0.12%	-0.04%	-0.12%
39	昆仑信托	-0.13%	-0.44%	0.13%
40	中泰信托	-0.16%	0.14%	0.02%
41	天津信托	-0.16%	-0.03%	-0.06%
42	重庆国信	-0.17%	-0.04%	-0.04%
43	陆家嘴信托	-0.18%	-0.26%	0.18%
44	新时代	-0.19%	-0.23%	-0.08%
45	金谷信托	-0.21%	0.19%	-0.04%
46	中原信托	-0.28%	-0.22%	-0.23%
47	国民信托	-0.30%	-0.01%	0.07%
48	苏州信托	-0.35%	0.04%	-0.03%
49	紫金信托	-0.38%	-0.30%	0.17%
50	工商信托	-1.02%	0.35%	-0.47%
51	安信信托	-1.27%	0.37%	0.55%
52	东莞信托	-1.30%	0.47%	0.34%
53	中诚信托	未披露	未披露	未披露
54	中海信托	未披露	未披露	未披露
55	中融信托	未披露	未披露	未披露
56	中信信托	未披露	未披露	未披露
57	华融国信	未披露	未披露	未披露
58	粤财信托	未披露	未披露	未披露
59	华宝信托	未披露	未披露	未披露
60	华润信托	未披露	未披露	未披露
61	北京国信	未披露	未披露	未披露
62	中建投信托	未披露	未披露	未披露
63	华能贵诚	未披露	未披露	未披露
64	四川信托	未披露	未披露	未披露
65	中粮信托	未披露	未披露	未披露
66	万向信托	未披露	未披露	未披露
67	湖南信托	未披露	未披露	0.35%
68	山东国信	未披露	未披露	-0.03%

第三节　人均净利润

从2018年度的年报披露情况来看，有65家信托公司公布了人均净利润，与2017年相比，增加了山东国信。

2018年，信托行业平均人均净利润为323.13万元，比2017年下降了46.07万元。自2016年平均人均净利润指标出现下降，至2018年已经连续三年维持下降态势。

从人均净利润的统计分析来看，与2016年情况相同的是，人均净利润超过1000万元的为重庆国信与江苏国信，这两家信托公司的人均净利润分别达到了1711.21万元和1280.97万元。其他公司人均净利润均没有超过1000万元。表2－7显示了2014—2018年人均净利润相关的主要统计指标。

表2－7　　2014—2018年度信托公司人均净利润的统计分析表

项目	2014年	2015年	2016年	2017年	2018年
平均值（万元）	396.97	427.14	390.47	369.20	323.13
平均值增长幅度（万元）	6.77	30.17	－36.67	－21.27	－46.07
平均值增长率	1.72%	7.60%	－8.59%	－5.45%	－12.48%
公司数目	63	65	64	64	65
最大值（万元）	2615	3357.92	2519.74	2295.53	1711.21
最小值（万元）	16	6.44	22.17	36.14	－149.05
标准差（万元）	382.5	464.71	365.68	325.61	287.61
变异系数	0.95	1.09	0.94	0.88	0.89

如表2－8所示，从人均净利润排名来看，2018年度，人均净利润表现比较优异的信托公司前五名为：重庆国信（1711万元）、江苏国信（1281万元）、中海信托（830万元）、华能贵诚（700万元）和中航信托（604万元）。可以发现，2014年有50家信托公司的人均净利润达到了150万元以上，2015年实现150万元以上的公司达到了54家，2017年与2016年持平，都保持在53家，2018年则下降为49家。具体变化趋势如图2－2所示。

如表2－9所示，从人均净利润增幅来看，2018年度，人均净利润增幅前五名的公司为吉林信托（增长123.51%）、中海信托（增长86.88%）、光大兴陇（增长64.21%）、国投泰康（增长51.65%）、平安信托（增长23.77%）。人均净利润降幅最大的公司是华宸信托，降幅达到357.12%，其在2017年度的人均净利润增幅达到54.09%，增幅位居行业第

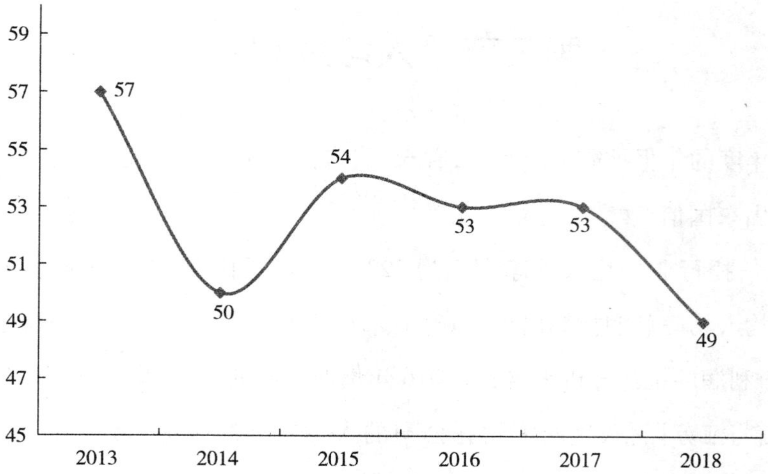

图 2-2　2013—2018 年人均净利润 150 万元以上公司数

五名。由此可见,行业内部分公司的人均净利润指标的年度差异性较大。

相比 2017 年,2018 年度信托公司人均净利润增幅放缓。前五名平均上涨 70.00%,而 2017 年前五名平均上涨 158.29%,前五名涨幅下降 88.29%。行业平均增幅平均下降 47.19%,比 2017 年的 -28.92% 降幅扩大 18.27 个百分点。2018 年,在宏观经济提质减速的大背景下,整个信托行业面临降杠杆、去通道、压规模、告别粗放增长的压力,各信托公司的经营重点主要在合规及出险的项目上,同时受到资本市场波动加大等因素的不利影响,行业平均盈利水平整体下滑。

受行业整体环境的影响,重庆国信营业收入和净利润出现了一定程度的下滑,但人均净利润为 1711.21 万元,连续五年蝉联行业榜首。其主要原因主要有两个:一方面,重庆国信固有资金投资规模巨大,布局多家优质金融机构,投资收益是其净利润的主要来源。另一方面,重庆国信员工人数较少,数据显示 2018 年度重庆国信一共有员工 151 名。

当前值得关注的是,对注册资本规模超过百亿元的部分信托公司而言,如何处理好信托本源业务和公司固有业务之间的关系,如何既保证信托主业的主导地位,又能较高效率运用好固有资金,并使之服务于信托主业,而不是喧宾夺主、主次倒置,是部分信托公司面临的又一个新的挑战和课题。另一个人均净利润超过千万元的信托公司为江苏国信,达到 1280.97 万元。2018 年,江苏国信持续推动市场化改革和业务转型,积极介入资产证券化、消费信托等领域,开展了全国首单小微租赁 ABN,注册规模 40 亿元。值得一提的是,江苏国信 2018 年人均净利润比 2017 年下跌 7.37%,远低于行业平均 47.19% 的跌幅。

表2－8　人均净利润序列表(2018年度)　单位:万元

序号	公司简称	2018年	2017年	2016年
1	重庆国信	1711	2296	2520
2	江苏国信	1281	1383	1601
3	中海信托	830	444	695
4	华能贵诚	700	620	566
5	中航信托	604	624	595
6	五矿信托	586	490	未披露
7	华润信托	582	673	559
8	平安信托	564	456	363
9	湖南信托	562	588	387
10	中铁信托	557	657	698
11	外贸信托	556	511	410
12	中信信托	540	444	582
13	百瑞信托	486	515	491
14	华信信托	482	548	864
15	建信信托	481	461	435
16	交银国信	478	467	431
17	粤财信托	458	800	814
18	渤海信托	414	517	309
19	山东国信	395	未披露	456
20	天津信托	382	370	295
21	昆仑信托	381	316	291
22	英大信托	373	385	423
23	中诚信托	343	429	435
24	上海国信	338	418	449
25	爱建信托	326	360	335
26	华鑫信托	319	319	264
27	国投泰康	295	194	437
28	华宝信托	284	292	346
29	工商信托	282	284	295
30	吉林信托	281	126	144
31	光大兴陇	280	170	133
32	西藏信托	263	510	553
33	民生信托	263	529	370
34	北京国信	260	321	306
35	国联信托	244	359	376

续表

序号	公司简称	2018年	2017年	2016年
36	东莞信托	240	231	243
37	长城新盛	239	191	150
38	紫金信托	234	240	252
39	苏州信托	232	355	430
40	国元信托	232	304	372
41	华澳信托	229	182	35
42	中建投信托	221	250	243
43	厦门国信	209	303	317
44	方正东亚	193	193	226
45	兴业信托	185	271	232
46	北方国信	177	242	255
47	万向信托	167	247	259
48	中原信托	161	319	347
49	新时代	159	234	168
50	陆家嘴信托	146	163	178
51	西部信托	119	157	430
52	金谷信托	116	205	121
53	中融信托	113	145	140
54	云南国信	101	103	96
55	四川信托	100	125	178
56	大业信托	98	253	213
57	中泰信托	95	123	129
58	长安国信	53	149	154
59	国民信托	49	47	86
60	新华信托	36	62	22
61	中江国信	27	65	867
62	中粮信托	21	252	221
63	华融国信	15	248	296
64	山西信托	5	36	68
65	华宸信托	–149	58	38
66	安信信托	未披露	未披露	未披露
67	陕西国信	未披露	未披露	未披露
68	浙商金汇	未披露	未披露	未披露

表2-9 人均净利润增幅序列表(2018年度)

序号	公司简称	2018年	2017年	2016年
1	吉林信托	123.51%	-12.66%	-47.39%
2	中海信托	86.88%	-36.03%	-15.32%
3	光大兴陇	64.21%	28.30%	30.93%
4	国投泰康	51.65%	-55.52%	-44.75%
5	平安信托	23.77%	25.60%	26.84%
6	中信信托	21.76%	-23.77%	-0.96%
7	五矿信托	21.67%	未披露	未披露
8	昆仑信托	20.44%	8.72%	-13.98%
9	华能贵诚	17.89%	9.56%	4.51%
10	华澳信托	15.65%	420.00%	-44.44%
11	外贸信托	8.84%	24.41%	-11.85%
12	国民信托	5.61%	-45.43%	-50.31%
13	建信信托	4.41%	5.92%	-7.10%
14	东莞信托	4.16%	-4.88%	-16.15%
15	长城新盛	3.47%	27.46%	488.27%
16	天津信托	3.16%	25.58%	-21.85%
17	交银国信	2.53%	8.26%	11.05%
18	方正东亚	-0.10%	-14.40%	-18.43%
19	华鑫信托	-0.37%	20.85%	-25.00%
20	工商信托	-0.70%	-3.73%	13.46%
21	紫金信托	-1.16%	-4.67%	-14.67%
22	云南国信	-2.39%	8.31%	-41.41%
23	华宝信托	-2.90%	-15.58%	242.23%
24	英大信托	-3.20%	-8.93%	-7.30%
25	中航信托	-4.34%	4.82%	-2.65%
26	湖南信托	-4.42%	51.94%	29.87%
27	百瑞信托	-5.62%	4.99%	-0.54%
28	江苏国信	-7.37%	-13.63%	-5.01%
29	爱建信托	-8.10%	7.35%	9.98%
30	陆家嘴信托	-10.27%	-8.27%	-7.95%
31	中建投信托	-11.73%	2.62%	-15.70%
32	华信信托	-12.12%	-36.53%	-21.97%
33	华润信托	-13.52%	20.43%	-46.21%
34	中铁信托	-15.22%	-5.87%	-0.71%
35	北京国信	-19.00%	4.90%	-27.49%

续表

序号	公司简称	2018年	2017年	2016年
36	上海国信	-19.10%	-6.90%	-12.84%
37	渤海信托	-19.88%	67.13%	0.21%
38	中诚信托	-19.98%	-1.44%	-35.08%
39	中融信托	-21.77%	3.21%	-2.14%
40	中泰信托	-23.20%	-4.25%	-19.31%
41	国元信托	-23.69%	-18.13%	-31.65%
42	西部信托	-24.42%	-63.41%	-3.92%
43	重庆国信	-25.45%	-8.90%	-24.96%
44	北方国信	-26.95%	-5.20%	-23.90%
45	厦门国信	-31.14%	-4.20%	3.99%
46	兴业信托	-31.79%	16.93%	-21.49%
47	国联信托	-31.90%	-4.72%	-29.03%
48	万向信托	-32.21%	-4.55%	92.72%
49	新时代	-32.31%	39.80%	11.33%
50	苏州信托	-34.61%	-17.42%	-8.49%
51	新华信托	-41.53%	180.20%	244.25%
52	粤财信托	-42.71%	-1.68%	22.67%
53	西藏信托	-48.40%	-7.82%	-14.33%
54	中原信托	-49.58%	-7.95%	-10.73%
55	民生信托	-50.32%	42.99%	96.53%
56	中江国信	-58.50%	-92.49%	190.38%
57	长安国信	-64.39%	-3.42%	-15.31%
58	中粮信托	-65.08%	13.70%	2.97%
59	四川信托	-69.29%	-29.98%	23.70%
60	金谷信托	-70.93%	70.25%	60.92%
61	山西信托	-86.97%	-46.80%	25.63%
62	大业信托	-90.88%	18.62%	-19.70%
63	华融国信	-94.10%	-16.29%	9.05%
64	华宸信托	-357.12%	54.09%	-13.18%
65	安信信托	未披露	未披露	未披露
66	陕西国信	未披露	未披露	未披露
67	浙商金汇	未披露	未披露	未披露
68	山东国信	未披露	未披露	-11.85%

第三章　信托资产的分布与运用分析

第一节　信托资产规模分析

一、信托资产规模的整体分析

2018年度，信托行业平均信托资产规模为33414889万元，比2017年度下降了5233969万元，下降幅度为10.89%。自2013年度以来，信托公司的信托资产规模每年都有大幅度的提升，除了2015年度外，平均每年提升20%以上。而2018年度该指标首次出现了下降，表明在宏观经济增速放缓以及金融监管不断加强的环境之下，信托行业的发展面临着比较严峻的挑战。

在2018年度，有52家公司缩减了信托资产规模，为该指标近年来的最大值。从公司层面来看，中信信托仍然维持在单个公司年度信托资产规模排名的第一位，但其数值却由2017年度的198672976万元下降至2018年度的165219704万元，经历了2017年度的最高值之后，中信信托也开始适当收缩了资产规模。从信托资产规模分布的平均程度来看，2018年度信托资产规模分布的标准差（29825848万元）与2017年度（35079305万元）相比有了一定程度的下降。与此同时，变异系数也连续四年进入下降通道，由2017年度的0.91下降至2018年度的0.89，这说明2018年度信托资产规模在不同信托公司之间的差异度在逐步缩小。

从中观层面上看，信托行业的信托资产规模均值在2018年度出现了10.89%的下降；与此同时该指标的标准差和变异系数也同比出现了一定幅度的降低。从微观层面上看，行业内信托资产规模的最大值与最小值相比于上一年度均有所减少。这些数据表明，2018年信托资产规模均值的下行并不是由于个别公司战略调整的影响，而是整个行业都在进行信托资产的调整与收缩。如何应对系统性风险对于信托行业的冲击将是未来一段时间亟待解决的重要问题。具体数据如表3－1所示。

表3－1　　2014—2018年度信托公司信托资产规模的统计分析表

项目	2014年	2015年	2016年	2017年	2018年
平均值(万元)	20717837	24050170	29758782	38648885	33414889
平均值增长幅度(万元)	4671814	3332333	5708612	8890103	-5233995
平均值增长率	29.12%	16.08%	23.74%	29.87%	-10.89%
公司数目	67	68	68	68	68
信托资产缩减的公司数	13	26	11	11	52
最大值(万元)	90207416	109683950	142488879	198672976	165219704
最小值(万元)	695795	980256	971111	396584	219914
标准差(万元)	18357256	23583490	28279946	35079305	29825848
变异系数	0.89	0.98	0.95	0.91	0.89

二、信托资产规模的公司分析

从信托资产规模排名来看,2018年度,信托资产规模最大的信托公司前5名为:中信信托(165219704万元)、建信信托(140393892万元)、华润信托(95491945万元)、交银国信(87052154万元)和上海国信(76868477万元)。整体而言,2018年度的信托资产规模排名与2017年度相比变化不大。其中交银国信由2017年度的第5名上升至2018年度的第4名,上海国信由2017年度的第7名上升至2018年度的第5名,华能贵诚则由2017年度的第4名下降至2018年度的第7名。值得注意的是,虽然中信信托、建信信托、华润信托以及交银国信的信托资产规模排名相对稳定,但并不能说明这些信托公司没有对其信托资产进行调整,其信托资产规模相比于2017年度均出现了一定程度的下降。其中。华润信托信托资产规模下降了39201995万元,下降幅度最大。中信信托下降了33453272万元,交银国信与建信信托也分别下降了9510801万元和573105万元。

同时,可以发现,2018年度信托资产规模达到1000亿元以上的公司达到59家,比2017年度的58家又增加1家。另外,信托资产规模达到500亿元以上的公司,2014年达到了创纪录的60家,2015年则小幅下降至58家,2016年增加至59家,2017年又增加至63家,2018年度增加至64家。

值得注意的是,信托资产规模排名前五的信托公司中,除了华润信托以外,其他四家信托公司控股股东均为商业银行背景。造成这种现象的原因一方面可能是由于金融机构相比于其他类型的企业在资金端具有一定优势,可以在一定程度上提高资本规模,降低资本成本;另一方面,在资产端方面商业银行背景信托公司可能更加熟悉资本市场运作规律,能够运用信息优势来提高自身的资产配置水平。从信托资产增长幅度来看,2018年度,信托资产增长幅度前5名分别为光大兴陇(+10217036万元)、五矿信托(+8192759万元)、西部信托(+7239694万元)、湖南信托(+4175543万元)以及英大信托(+4175543万元)。与2017年相比,信托资产增长前5名的变化较大。其中,中信信托、华润信托、渤海信托、华能贵诚以及国民信托分别由2017年度的前5位下降至2018年度的第67位、第68位、第59位、第66位以及第60位。这5家信托公司在经历了2017年度信托资产的大幅增长之后,在2018年度增幅较慢。而光大兴陇、五矿信托、西部信托、湖南信托以及英大信托则分别由2017年度的第12位、第20位、第18位、第49位、第35位上升至2018年度的前5位。2017年度排名中游的公司在2018年度大幅增加信托资产规模也是导致2018年度信托资产规模变异系数缩小的重要原因。

从信托资产规模增长率来看,2017年度,信托资产规模增长率前5名的公司为湖南信托(增长54.47%)、东莞信托(增长31.24%)、西部信托(增长29.14%)、光大兴陇(增长21.35%)以及金谷信托(增长21.35%)。值得一提的是,2018年度信托资产规模增长率排名前5的信托公司其增长率远远低于2017年度。部分信托公司在2018年度缩减了信托资产规模:一方面可能是受到宏观经济环境的影响。由于2018年度中国宏观经济稳中有降,因此部分信托公司采用了相对稳健的经营策略。另一方面,由于去通道、降规模、提高发展质量的趋势不可逆转,信托行业逐步从粗放型的增长模式向内涵式的发展模式转变。部分信托公司适当压缩资产规模,也是转型过程中的一种正常现象。

从2013年以来各年信托资产规模的稳定程度来看,最稳定公司的前3名分别是北方国信(变异系数为0.07)、山东国信(变异系数为0.12)以及中融信托(变异系数为0.12)。北方国信自2013年来,一直保持了稳定的信托资产规模,平均值为27470728万元。另外,信托资产规模波动程度最大的前三家公司分别是浙商金汇(变异系数为0.81)、国民信托(变异系数为0.75)以及光大兴陇(变异系数为0.73)。

第二节 信托资产分布分析

一、信托资产分布的行业分析

信托公司的信托资产可以分为基础产业资产、房地产业资产、证券业资产、实业资产以及金融机构资产等五大行业类别。2013—2018年,信托公司信托资产的行业分布特征如图3-1所示。

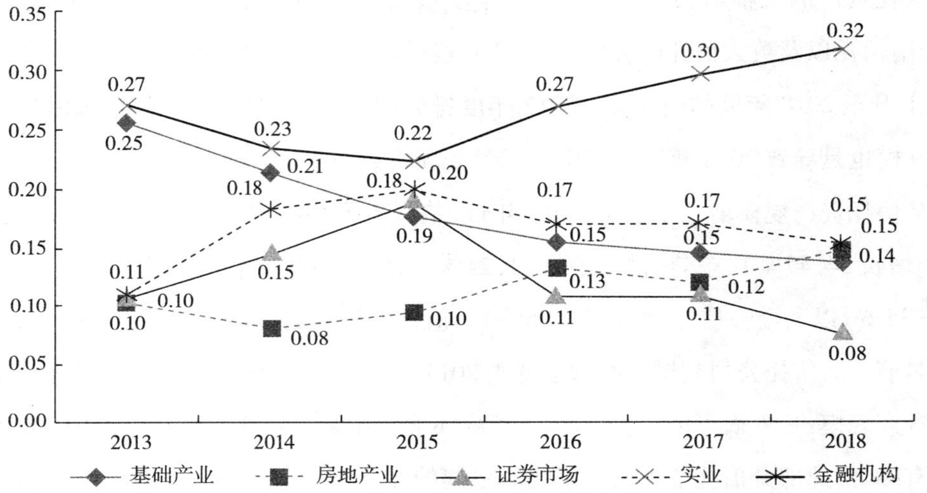

图3-1 2013—2018年信托资产的行业占比平均值分布

第一,2012年以前,信托资产在基础产业的分布比例是最大的,此后连续5年,实业资产超过了基础资产,位于资产比例的首位。在2018年度,实业资产占比进一步由2017年度的30%增长至32%,表明信托行业服务实体经济的特性正在进一步加强。而基础产业资产在2012年度以后开始进入下行通道,2018年度基础产业占比均值仅为14%,相比于2017年度的15%有所下降。第二,信托资产在金融机构和证券市场的分布比例曲线惊人的一致,2011—2015年占比呈上升趋势,而在2016年度之后则进入波动状态,在经历了2016年度的下降、2017年度的小幅上扬之后,2018年度金融机构资产占比与证券市场资产占比均值分别降至15%和8%,波动趋势仍然保持一致。第三,房地产业资产的分布占比在近6年内基本徘徊在10%左右的水平,与其他类型资产相比表现得较为平稳。2018年度,房地产资产占比增至15%,为近年来的最高水平。详见图3-1。

通过对上述数据的综合分析，可以发现，与2017年度信托公司较为稳定的信托资产结构不同，2018年度信托公司普遍调整了原有的信托资产配置结构。其中，基础产业资产变动幅度相对较小，2018年度相比于2017年度仅下降了1%。金融机构资产和证券资产均值波动趋势较为趋同，经历了2017年度较为稳定的小幅增长之后，2018年度分别下降了2%和3%，说明这两类资产的配置规模具有较强的同周期性。实业资产仍然保持上升态势，2018年度相比于2017年度进一步增长了2%。房地产资产的配置规模仍然处于波动状态，2017年度该均值为12%，相比于2016年度下降1%。而在2018年度该指标则上升至15%，上升幅度达到3%。由此可以得出如下规律：信托公司普遍重视对实业资产的支持力度，近年来无论宏观经济以及监管环境如何变化，实业资产的配置规模始终呈现上升状态。而对于基础资产投资，由于中国经济结构的不断调整，通过投资拉动宏观经济的模式正在发生变化，其投资比重仍然呈下降趋势。金融机构资产与证券市场资产由于从性质上较为相近，因此其变动趋势较为一致。而房地产资产的变动趋势则与上述两种资产呈现反向变动的特征。这一方面说明对于这三类资产的配置，信托公司会根据情况进行动态调整；另一方面也说明这些资产之间具备一定的替代性和互补性。

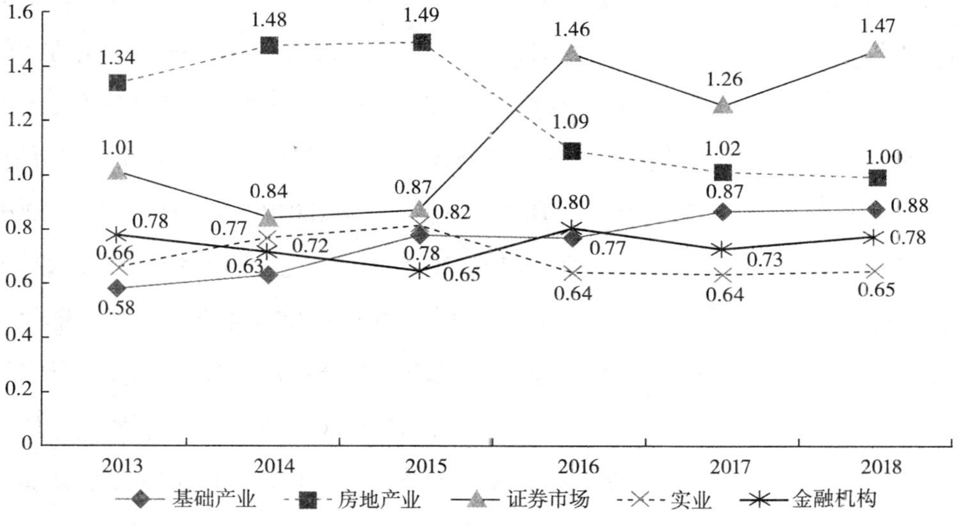

图3-2 2013—2018年信托资产行业分布比例的变异系数

图3-2描述了2013—2018年度信托资产的行业构成比例在不同信托公司之间的变异系数。首先，2015年度以前，基础产业资产的变异系数一直比较低，而且相对稳定，一直维持在0.60左右。其中，2013年度该指标为0.58，2014年上升至0.63。自2015年度

开始,该指标进入上行通道,增长至0.78。2016年与2015年基本持平,而在2017年度该指标又大幅上升至0.87。而在2018年度,该指标进一步上升至0.88。上述数据表明,由于基础设施投资一度在我国宏观经济增长中一直扮演重要角色,因此在2015年度以前,大部分信托公司都将基础产业作为资产配置的重点。2015年度以后,随着基础产业资产占比开始放缓,行业内不同信托公司之间对于基础产业资产配置之间的差异也在逐步加大。这可能说明随着我国宏观经济增长模式逐步从投资拉动到消费拉动之间的转化,信托公司对于基础产业未来发展前景的态度出现了一定的分化。其次,证券业资产的变异系数波动较大。2013—2017年度,证券产业资产变异系数有4年都超过了1,相对较高。2013年度证券业资产变异系数大幅达到1.01,2014年大幅下降至0.84, 2015年持续小幅上升至0.87,2016年度增加至1.46。虽然在2017年度下降至1.26,但是2018年度进一步上升至1.47,为5个行业中的最高值。2016—2018年度,证券业资产变异系数已经连续三年位列5个行业中的最高值。这说明基于信托公司对于证券行业的预期存在较大分歧,其资产配置规模也存在着较大的差异。此外,对于实业资产,各信托公司的态度在各年间的变化相对较小。在2012—2013年度越来越趋于一致,由2012年度的0.69降至2013年的0.66,但是2014年度各信托公司对于实业资产的持有比例分歧开始加大,增加到0.77,2015年则持续加大至0.82,2016年度又一次大幅下调至0.64,并在2017年度和2018年度基本保持不变。对于房地产业, 2013—2015年度,其变异系数逐渐加大,2015年度达到创纪录的1.49。2016年度开始,该指标开始逐步下滑,2016年度房地产业变异系数为1.09,相比于2015年度出现了大幅度的下降,2017年度降低至1.02,2018年度进一步降低至1.00。值得注意的是,2012—2015年,各信托公司对于房地产业资产持有比例的变异系数远远高于其他几种资产形式,而2016—2018年则出现了一定的下调,这显示出各信托公司对房地产业发展前景的判断逐渐分化后,2016年这种分歧开始缩小。对于金融机构资产分布比例,2013—2017年,除了2016年度变异系数上升外,其余年度均小幅下调。其中2013年度大幅下跌至0.78,2014年延续了2013年的跌势,微跌至0.72,2015年持续大幅下跌至0.65,2016年则大幅上升至0.80,2017年度则又下降至0.73。2018年度,该指标小幅上升至0.78。这说明,各信托公司对该种资产的投资比例更具分歧。

2014—2018年度信托公司信托资产的行业分布占比情况如表3-2所示。

表 3-2　　2014—2018 年度信托公司信托资产行业分布占比

项目		2014 年	2015 年	2016 年	2017 年	2018 年
披露公司数目		64	66	67	65	66
基础产业	规模(万元)	4450960	4353447	4954380	5543222	4715148
	占比	21.35%	17.73%	15.47%	14.52%	13.76%
	占比最大值	61.74%	55.35%	53.67%	57.63%	68.33%
	占比最小值	0.00%	0.00%	0.08%	0.00%	0.00%
	标准差	13.41%	13.79%	11.90%	12.63%	12.17%
	变异系数	0.63	0.73	0.77	0.87	0.88
房地产	规模(万元)	1981747	1986838	2735452	3449852	3912241
	占比	8.09%	9.51%	13.32%	12.02%	14.81%
	占比最大值	76.74%	76.64%	69.91%	69.45%	79.33%
	占比最小值	0.00%	0.00%	0.28%	0.33%	0.17%
	标准差	11.95%	14.18%	14.56%	12.28%	14.85%
	变异系数	1.48	1.49	1.09	1.02	1.00
证券资产	规模(万元)	3051222	4670180	4615884	5497438	3786329
	占比	14.64%	19.02%	10.90%	11.07%	7.81%
	最大值	57.91%	34.62%	75.94%	58.63%	52.41%
	最小值	0.00%	0.00%	0.00%	0.01%	0.00%
	标准差	12.26%	16.52%	15.91%	13.93%	11.51%
	变异系数	0.84	0.87	1.46	1.26	1.47
实业	规模(万元)	4879568	5482718	7634547	9976555	8903421
	占比	23.41%	22.33%	26.97%	29.60%	31.56%
	最大值	78.51%	83.59%	81.57%	87.02%	94.19%
	最小值	0.00%	0.00%	0.20%	1.47%	1.70%
	标准差	17.92%	18.31%	17.29%	18.84%	20.66%
	变异系数	0.77	0.82	0.64	0.64	0.65
金融机构	规模(万元)	3825970	4884625	6028036	8293402	5740746
	占比	18.35%	19.89%	16.83%	17.04%	15.24%
	最大值	62.65%	64.16%	48.37%	50.33%	48.50%
	最小值	0.00%	0.00%	0.00%	0.00%	0.00%
	标准差	13.21%	13.03%	13.53%	12.50%	11.88%
	变异系数	0.72	0.65	0.80	0.73	0.78

二、信托资产分布的公司分析

2018年度各项信托资产比例最大的前3名如表3-3所示。

表3-3　　2018年度各项信托资产比例最大的前3名

项目	第1名	第2名	第3名
基础产业资产	英大信托(68.33%)	国元信托(48.59%)	华澳信托(38.52%)
房地产业资产	工商信托(79.33%)	华宸信托(68.10%)	中建投信托(53.49%)
证券业资产	江苏国信(52.41%)	华润信托(45.29%)	外贸信托(44.88%)
实业资产	新时代(94.19%)	天津信托(79.28%)	民生信托(74.20%)
金融机构	中海信托(40.01%)	兴业信托(39.20%)	湖南信托(38.55%)

基础产业资产占比变化仍然较大,其中英大信托在2017年度和2018年度连续两年保持在第1位。国元信托由2017年度的第7名上升至2018年度的第2名,华澳信托由2017年度的第11名上升至2018年度的第3名。而湖南信托和华融信托则由2017年度的第2名和第3名分别降至2018年度的第7名和第33名。

房地产业资产占比前3名并没有发生变化,工商信托、华宸信托以及中建投信托继续保持在前三位。

证券业资产占比前3名发生了一定的变化。江苏国信在2018年度继续维持在第1名。华润信托排名有所上升,由2017年度的第3名上升至2018年度的第2名,而外贸信托也由2017年度的第4名上升至2018年度的第3名。中海信托则由2017年度的第2名降至2018年度的第4名。

实业资产占比排名前3的企业变化相对较小,新时代和天津信托继续保持在行业前2名的位置。民生信托由2017年度的第27名上升至2018年度的第3名。吉林信托则由2017年度的第3名下降至2018年度的第6名。

金融机构资产占比变化较大,2017年度排名前3位的分别是建信信托、浙商金汇和华融国信。2018年度则分别为中海信托、兴业信托以及湖南信托。值得注意的是,金融机构资产占比排序是所有类型资产中变化最大的。

2018年度各项信托资产规模最大的前3名如表3-4所示。

表3－4　2018年度各项信托资产规模最大的前3名　单位:亿元

项目	第1名	第2名	第3名
基础产业资产	中信信托(3118)	上海国信(2794)	交银国信(2781)
房地产业资产	中信信托(3530)	平安信托(1348)	中诚信托(957)
证券业资产	华润信托(4324)	建信信托(2881)	江苏国信(2135)
实业资产	新时代(3326)	渤海信托(2939)	国民信托(2787)
金融机构	建信信托(4279)	兴业信托(2858)	中融信托(2380)

基础产业资产规模,前3名公司基本没有发生变化。其中中信信托继续维持在第1名。上海国信由2017年度的第3名上升至2018年度的第2名,交银国信则由2017年度的第2名降至2018年度的第3名。

房地产业资产规模,2018年度变化相对较小。其中,中信信托和平安信托继续维持在行业前2名。中诚信托由2017年度的第23名上升至2018年度的第3名,而中建投信托则由2017年度的第3名下降至2018年度的第4名。

证券业资产规模,2018年行业前3名公司与2017年相比基本没有发生变化。华润信托证券业资产规模继续维持在行业内的第1名,建信信托由2017年度的第3名上升至2018年度的第2名,而江苏国信则由2017年度的第2名下降至2018年度的第3名。

实业资产规模,前3名公司与2017年度相比发生了一定的变化。国民信托继续维持在行业第3名,渤海信托由2017年度的第1名下降至2018年度的第2名,新时代则由2017年度的第4名上升至2018年度的第1名。

金融机构资产规模,前3名公司与2017年相比有所变化。建信信托继续维持在行业第1名,兴业信托由2017年度的第3名上升至2018年度的第2名,中融信托由2017年度的第5名上升至2018年度的第3名。

另外,从2014年以来各年信托资产构成比例的稳定程度来看,华信信托在房地产业资产、证券业资产以及金融机构资产中均较为稳定,山东国信在基础产业资产和房地产业资产上较为稳定。具体数据如表3－5所示。

表 3－5　　2014—2018 年度各项信托资产投资比例最稳定的前 3 名

项目	第 1 名	第 2 名	第 3 名
基础产业资产	山东国信 (16.24%,0.04)	交银国信 (37.92%,0.08)	国元信托 (44.51%,0.09)
房地产业资产	工商信托 (75.75%,0.07)	华信信托 (21.47%,0.09)	山东国信 (14.53%,0.10)
证券业资产	华信信托 (8.88%,0.05)	华宝信托 (33.19%,0.14)	外贸信托 (44.46%,0.15)
实业资产	天津信托 (80.10%,0.01)	中信信托 (12.40%,0.05)	东莞信托 (32.24%,0.06)
金融机构	华信信托 (20.24%,0.04)	新华信托 (21.11%,0.11)	兴业信托 (42.18%,0.12)

注：表中括号内第一个数字是平均值，第二个数字是变异系数。

第三节　信托资产运用分析

一、信托资产的运用分析

信托公司的运用方式可以分为货币资产、贷款、长期投资以及交易性金融资产等。2013—2018 年，信托公司信托资产运用的分布特征如图 3－3 所示。

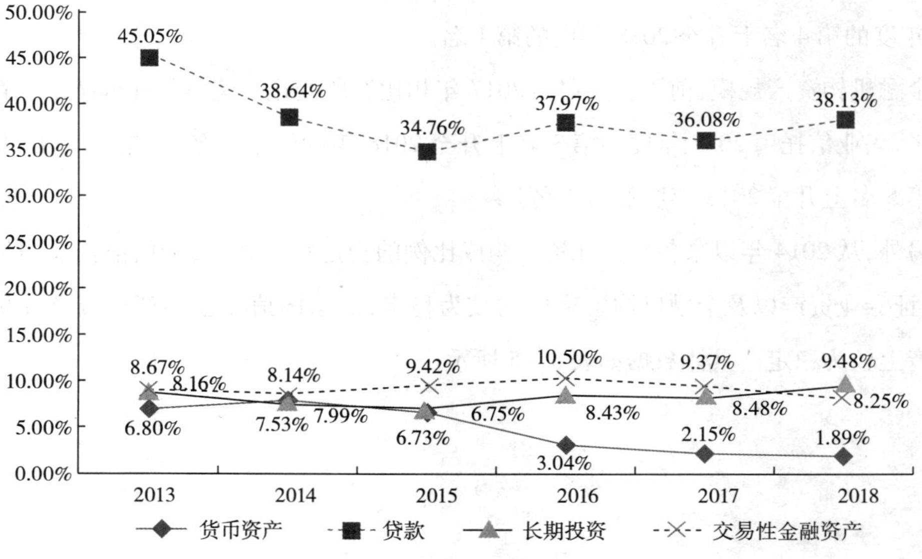

图 3－3　2013—2018 年信托公司信托资产的运用分布

自2013年以来,贷款资产的比例一直居于首位,但其数值存在一定波动。2011—2013年,贷款资产比例持续上升,由2011年的36.76%上升至2013年的45.05%,2014年和2015年连续2年下跌至34.76%,2016年贷款资产比例又一次出现上升,小幅反弹至37.97%,2017年度小幅下降至36.08%,而该指标在2018年度进一步上升至38.13%。在信托资产的运用分布格局中,贷款资产的比例一直远远高于其他几种资产形式。货币资产、长期投资和交易性金融资产比例比较接近。

2018年度,长期投资比例居于信托资产运用的第2位。整体而言,2013—2018年度,长期投资比例呈现先降后升的"V"字型变化特征。2013年度,该指标达到8.67%,2014年度和2015年度分别降至7.53%和6.73%。2016年度开始该指标进入上升通道,2016年度和2017年度分别增至8.43%和8.48%,2018年度达到了9.48%。

2018年度,交易性金融资产比例位居第3位。2013—2018年度,该指标呈现出小幅波动的特征。2013年度该指标为8.16%,2014年度降至7.99%,2015年度和2016年度连续两年出现上涨,分别达到9.42%和10.50%,2017年度和2018年度再次出现下行,分别为9.37%和8.25%。值得注意的是,在2017年度交易性金融资产占比仅仅低于贷款资产,而在2018年度则被长期投资超越。

货币资产的比例在2013—2018年度除了2014年大幅增加外其余年份均逐年下降,从2012年度的最高值9.55%降低为2013年度的6.80%,2014年度则小幅增加至8.14%,2015年度则小幅下跌至6.75%,2016年度大幅下跌至3.04%,2017年度和2018年度更是进一步降至2.15%和1.89%的低点。由此可见,货币资产虽然风险水平相对较低,但是由于其盈利能力相对较差,因此在信托行业发展过程中,该类资产占比在逐渐缩减。

综上所述,我们不难看出,2018年度各信托公司的投资资产运用策略整体变化幅度不大。其中,虽然贷款比例由2017年度的36.08%进一步上升至2018年度的38.13%,该类资产的比例仍然最高,而交易性金融资产与长期投资居中,货币资产最少。值得注意的是,2018年度货币资产的比例仍然处于下行通道,达到了1.89%的历史最低点。交易性金融资产的投资比例也出现下滑,由2017年度的第2位下降至2018年度的第3位;与此同时,长期投资的比例继续增长,超过了交易性金融资产。这些统计数据表明,信托行业在信托资产运用中主要依赖贷款资产的格局并没有发生变化,货币资产与交易性金融资产两类流动性较强的信托资产比例在逐渐缩减,长期投资的比重在不断增加。在信托行业发展面临严峻挑战的今天，信托公司的投资重点由流动性较强的资产转换为盈利能力更强的长期投资，由此来提高其主动管理能力。

图3-4描述了2013—2018年各信托公司信托资产运用方式比例的增减速度。

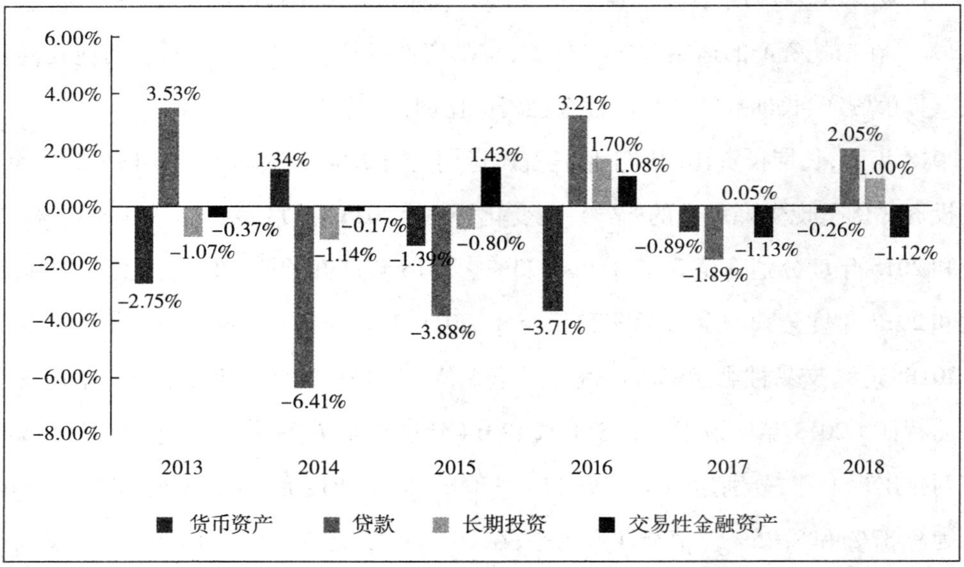

图3-4　2013—2018年信托公司信托资产各运用方式比例的变化速度

其中，交易性金融资产的波动性最小，波动区间为-0.37%～1.43%，最大跌幅为2013年的-0.37%，最大涨幅则为2015年的1.43%。值得注意的是，经过2013年度与2014年度的相对稳定期，2015年度开始交易性金融资产的波动程度有所加大。2013—2015年，长期投资资产比例均实现了负增长，2016年度则增长1.70%，2017年度增长了0.05%，2018年度增长了1.00%。由此可见，2016年度开始，信托行业在注重自身流动性的同时，开始寻求资产主动管理能力以及盈利能力的提升，长期投资的比重开始加大。

另外，在过去的6年内，除了2013年与2015年外，货币资产与贷款的变动基本是负相关的，其中一项资产比例的增长必定伴随另一项资产比例的下降。2014年度，货币资产比例上升1.34%，而长期资产比例下降了1.14%。2018年度，货币资产比例下降了0.26%，而长期资产比例上升了1.00%，这可能表明信托公司仍然在资产的流动性以及盈利性之间进行权衡。两类资产之间是否存在替代关系还有待未来数据的进一步验证。

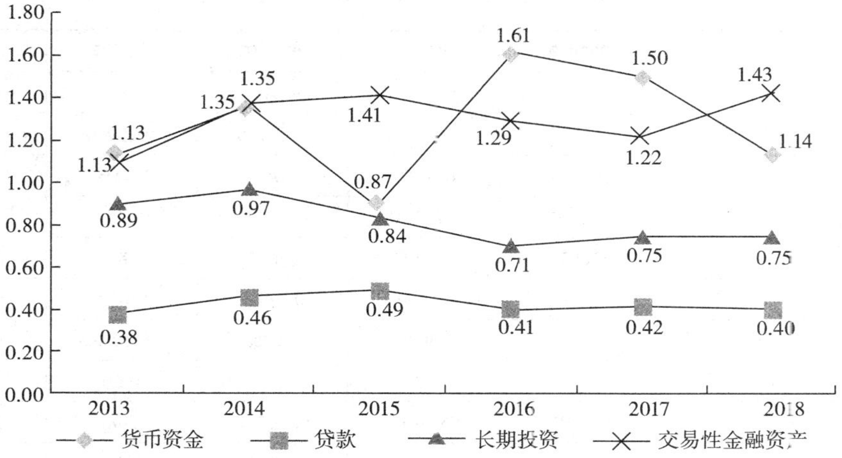

图3-5 2013—2018年信托资产运用方式构成比例的变异系数

图3-5描述了2013—2018年度信托资产的运用构成比例在不同信托公司之间的变异系数。首先，贷款的变异系数一直比较低，2013年之后，变异系数都在0.50以下，除2014年为0.46，2015年为0.49外，其余4年均在0.40左右徘徊。这表明，不同信托公司对贷款资产比例的态度比较一致。其次，长期投资资产的变异系数也比较稳定，过去6年均为0.71~0.97。这表明，在近6年，不同信托公司对长期投资产业资产比例的态度分歧基本稳定。另外，从变异系数看，不同信托公司对货币资产比例的态度除了2015年外，在其余4年分歧均比较大，尤其是2016年大幅上升至1.61，达到近6年以来的最高值。2017年度与2018年度虽然有所下降，但也分别达到了1.50与1.14。这表明不同信托公司对货币资产比例的态度自2016年开始逐步加大。

综合上述分析，我们不难发现，2013—2014年，各信托公司对于信托资产运用的变异性变化不大，而2015年这一趋势发生了变化，2016—2018年则继续保持这一趋势。这显示出，各信托公司在信托资产运用方面的态度在近年来开始出现了分化，这表明2015年以来各信托公司的同质化竞争形势有了明显的改变。行业差异化加大是一个利好的趋势，或者是向好的趋势，符合信托公司发展趋势和加强自身竞争能力的一个必须要求，同时也是与监管政策导向相符的。这样的发展趋势必将有利于信托行业的可持续发展。同时，这种差异化也说明信托公司摆脱了传统的同质化的发展轨迹，通过对外部发展环境和自身的业务特征和竞争优势，寻求更加有效率的发展战略，实现主动管理能力的进一步提升。2014—2018年度信托公司信托资产的运用方式分布情况如表3-6所示。

表3－6　　2014—2018年度信托公司信托资产运用方式分布

项目		2014年	2015年	2016年	2017年	2018年
披露公司数目		64	66	64	62	64
货币资产	规模（万元）	1620648	1658037	1656976	1031960	1043376
	占比	8.14%	6.75%	3.04%	2.15%	1.89%
	占比增长	1.34%	－1.39%	－3.71%	－0.89%	－0.26%
	最大值	62.65%	33.30%	29.82%	17.54%	12.75%
	最小值	0.00%	0.00%	0.00%	0.18%	0.05%
	标准差	11.00%	5.91%	4.90%	3.22%	0.02%
	变异系数	1.35	0.87	1.61	1.50	1.14
贷款	规模（万元）	7695919	8533610	9844327	13649619	12893638
	占比	38.64%	34.76%	37.97%	36.08%	38.13%
	占比增长	－6.41%	－3.88%	3.21%	－1.89%	2.05%
	最大值	83.00%	86.60%	68.70%	80.84%	72.35%
	最小值	10.25%	0.03%	8.60%	3.25%	3.31%
	标准差	17.78%	16.93%	15.54%	15.30%	15.36%
	变异系数	0.46	0.49	0.41	0.42	0.40
长期投资	规模（万元）	1498744	1652335	2146446	2886342	2850223
	占比	7.53%	6.73%	8.43%	8.48%	9.48%
	占比增长	－1.14%	－0.80%	1.70%	0.05%	1.00%
	最大值	42.70%	52.50%	28.01%	31.39%	37.25%
	最小值	0.00%	0.85%	0.86%	0.22%	0.20%
	标准差	7.29%	5.65%	5.98%	6.37%	7.07%
	变异系数	0.97	0.84	0.71	0.75	0.75
交易性金融资产	规模（万元）	2263059	3669147	4283962	4800038	3375954
	占比	7.99%	9.42%	10.50%	9.37%	8.25%
	占比增长	－0.17%	1.43%	1.08%	－1.13%	－1.12%
	最大值	43.12%	69.07%	73.08%	45.84%	56.18%
	最小值	0.00%	0.00%	0.00%	0.00%	0.00%
	标准差	10.50%	13.17%	13.41%	11.46%	11.81%
	变异系数	1.35	1.41	1.29	1.22	1.43

二、信托资产运用的公司分析

2018年度各项信托资产运用方式比例最大的前3名如表3－7所示。

表3-7　　2018年度各项信托资产运用方式比例最大的前3名

项目	第1名	第2名	第3名
货币资产	建信信托(12.75%)	中信信托(8.32%)	江苏国信(7.62%)
贷款	山西信托(72.35%)	国民信托(70.75%)	中原信托(66.20%)
长期投资	中粮信托(37.25%)	长城新盛(32.51%)	北京国信(25.39%)
交易性金融资产	新华信托(56.18%)	外贸信托(41.31%)	华润信托(41.30%)

从表3-7可以看出,货币资产占比,行业前3名发生了一定的变化,建信信托仍然保持在货币资产投资比例的第1名,中信信托由2017年度的第5名上升至2018年度的第2名,江苏国信由2017年度的第2名下降至2018年度的第3名,而华宝信托则由2017年度的第3名下降至2018年度的第5名。

贷款占比发生了较大幅度的变化,山西信托由2017年度的第2名上升至2018年度的第1名。国民信托和中原信托由2017年度的第6名和第4名上升至2018年度的第2名和第3名,而湖南信托和中建投信托由2017年度的第1名和第3名下降至2018年度的第7名和第4名。

长期投资占比相对变化较小,其中中粮信托和长城新盛继续保持在行业前两位。北京国信位列行业内的第3名,而百瑞信托则由2017年度的第3名下降至2018年度的第14名。

交易性金融资产占比也发生了一定幅度的变化。外贸信托仍然维持在行业第2名,华润信托由2017年度的第1名下降至2018年度的第3名。新华信托上升幅度较大,由2017年度的第38名上升至2018年度的第1名,中海信托则由2017年度的第3名下降至2018年度的第5名。

2018年度各项信托资产运用方式规模最大的前3名如表3-8所示。

表3-8　　2018年度各项信托资产规模最大的前3名　　单位:万元

项目	第1名	第2名	第3名
货币资产	建信信托(17899178)	中信信托(13748670)	江苏国信(3105114)
贷款	中信信托(60115623)	建信信托(54622147)	渤海信托(37867306)
长期投资	中信信托(18320005)	中航信托(10909632)	华能贵诚(9317591)
交易性金融资产	华润信托(39440281)	外贸信托(18550080)	江苏国信(16468474)

2018 年度货币资产规模排名发生了小幅变动，其中中信信托和江苏国信分别由 2017 年度的第 1 名和第 2 名下降至 2018 年度的第 2 名和第 3 名，建信信托由 2017 年度的第 7 名上升至 2018 年度的第 1 名，华润信托则由 2017 年度的第 3 名下降至 2018 年度的第 8 名。

贷款资产规模排名变化幅度不大，其中中信信托和渤海信托仍然维持在行业的第 1 名和第 3 名。建信信托由 2017 年度的第 5 名上升至 2018 年度的第 2 名，上海国信则由 2017 年度的第 2 名下降至 2018 年度的第 4 名。

长期投资资产规模排名变化基本不变，中信信托、中航信托与华能贵诚仍然维持在行业前 3 名，只是中航信托与华能贵诚的排名出现了对调。

2018 年度交易性金融资产规模排名没有发生太大变化，华润信托保持在行业第 1 名，外贸信托由 2017 年度的第 3 名上升至 2018 年度的第 2 名，而江苏国信由 2017 年度的第 2 名下降至 2018 年度的第 3 名。

2014—2018 年度信托资产比例最稳定的公司排名如表 3 -9 所示。

表 3 -9　　2014—2018 年度各项信托资产比例最稳定的前 3 名

项目	第 1 名	第 2 名	第 3 名
货币资产	长安国信 (1.36%,0.13)	国民信托 (0.50%,0.15)	山东国信 (2.31%,0.16)
贷款	山东国信 (48.86%,0.03)	百瑞信托 (48.75%,0.05)	中建投信托 (63.64%,0.06)
长期投资	大业信托 (11.08%,0.06)	中诚信托 (16.75%,0.07)	中融信托 (14.83%,0.08)
交易性 金融资产	兴业信托 (11.81%,0.10)	平安信托 (8.57%,0.13)	上海国信 (8.71%,0.14)

注：表中括号内第一个数字是平均值，第二个数字是变异系数。

其中，山东国信、百瑞信托和中建投信托在贷款资产上的投资比重较大，并且变异系数最高只有 0.06，表明大部分信托公司仍然将贷款资产作为主要的配置方向并且历年来较为稳定。大业信托、中诚信托与中融信托在长期投资方面的投资比重均超过 10%，其变异系数最高也仅有 0.08，表明其投资比例也是较为稳定的。由于内外部经济环境对于信托公司主动管理能力提出了更高的要求，因此未来一段时间内长期投资比重可能会继续稳步上升。

第四章 信托资产赢利能力分析

第一节 信托收入

一、信托收入的历史分析

本书收录了 68 家信托公司的信托收入数据，与上一年度持平。

根据信托公司最新披露信息显示，2018 年度，信托行业平均信托收入为 1624831 万元，相比于 2017 年出现了一定幅度的下降，平均降幅为 438232 万元，降低了 21.24%。这是自 2016 年以来信托公司收入均值再次呈现下降趋势。自 2014 年以来，信托公司的信托收入在 2014 年的上升幅度最大，达到 53.52%，而 2017 年，增幅也达到了 39.11%；但自 2015 年开始，信托收入增长幅度开始放缓。其中 2015 年的增幅仅有 13.38%，2016 年度出现了 14.85% 的下滑，2018 年度下降幅度进一步提高至 21.24%。具体数据如表 4－1所示。

表 4－1　　2014—2018 年度信托公司信托收入的统计分析表

项目	2014 年	2015 年	2016 年	2017 年	2018 年
平均值（万元）	1673290	1897191	1615454	2063063	1624831
均值增长幅度（万元）	583317	22390[illegible]	－281737	447609	－438232
平均值增长率	53.52%	13.38%	－14.85%	39.11%	－21.24%
公司数目	66	68	68	68	68
信托收入为负的公司数	0	0	0	0	4
最大值（万元）	5760493	7067050	7552412	7807201	7171351
最小值（万元）	21565	74021	51312	53725	－2102189
标准差（万元）	1346644	1712474	1398304	1707978	1618546
变异系数	0.80	0.90	0.87	0.83	1.00

2018年度以前,从未出现信托公司的信托收入为负值的情况。在2018年所有收录的68家信托公司中,有64家信托公司的信托收入为正数,但也有4家信托公司出现了信托收入为负的情况。这些信托公司营业收入出现负值,主要是由于外部环境对于投资收益以及公允价值变动损益等财务指标的负面影响。

在2007年,单个信托公司的信托收入出现历史高点2137956万元,在之后的4年内,该指标一直在100亿元级别徘徊,但是2012年的信托收入最高值远远破了2007年的纪录,达到3081299万元,2013年单个信托公司信托收入在2012年出现历史高值的基础上达到3824727万元,2014年这一指标又创新高,达到5760493万元,2015年与2016年,这一指标继续刷新历史纪录,分别达到7067050万元和7552412万元,2017年,该指标进一步增长至7807201万元。然而在2018年度,信托公司营业收入最高值为7171351万元。由此可见,信托营业收入最高值持续走高的趋势在2018年度被打断。

2014—2018年度,信托公司信托收入变异系数呈现出周期性波动的趋势,2014年度该指标为0.80,信托公司之间的营业收入差异并不明显。2015年度,该指标上涨至0.90,2016年度和2017年度,该指标有所下降,分别为0.87和0.83。然而在2018年度,该指标达到1.00,为近五年来的最高值。由此可见,在内外部环境的共同作用之下,信托公司的营业收入之间的差异开始加大。

综合上述分析,我们不难发现,2013—2015年,各信托公司的平均信托收入逐年持续增长。尤其是2014年,在2012年、2013年连续出现了129.52%和50.22%的增幅的基础上持续增长53.52%。但是,2015年各信托公司平均信托收入增幅大幅缩减,这说明2015年各信托公司收入增长形势不容乐观,以往持续高速增长的态势在2015年发生了转变。2016年则延续了这一趋势,出现了近5年以来的首次下跌。而在2017年度,该指标出现了一定的反弹迹象,实现了39.11%的增长,与此同时变异系数也在进一步降低。2018年度,信托公司营业收入均值下降21.24%,变异系数也增加至1.00的最大值,这表明信托行业目前面临着较为严峻的发展环境,对于信托公司的主动管理能力提出了更高的要求。

二、信托收入的公司分析

从信托收入排名来看,2018年度,信托收入最高的信托公司前5名为:建信信托(7171351万元)、中信信托(7024115万元)、华能贵诚(5451912万元)、交银国信

(4680385 万元)与渤海信托(4396939 万元)。

与2017年相比,信托公司信托收入前5名发生了一定的变化。其中,建信信托2018年信托收入为7171351万元,由2017年度的第2名上升至2018年度的第1名。中信信托2018年度信托业务收入为7024115万元,相比于2017年度有所下降,其排名也由2017年度的第1名下降至2018年度的第2名。华能贵诚2018年度信托业务收入为5451912万元,相比于2017年度有所下滑,但由于相比于其他降幅更大的信托公司,其排名则由2017年度的第5名上升至2018年度的第3名。交银国信与渤海信托发展较为迅速,其中交银国信2018年度信托营业收入为4680385万元,由2017年度的第10名上升至2018年度的第4名;而渤海信托2018年度信托营业收入为4396939万元,由2017年度的第12名上升至2018年度的第5名。上海国信2018年度信托营业收入为3537324万元,由2017年度的第3名下降至2018年度的第9名;兴业信托2018年度信托营业收入为3537567万元,由2017年度的第4名下降至2018年度的第8名。

另外,2008年信托收入达到10亿元以上的公司只有5家,2009年增加到28家,2010年增加到41家,2011年继续增加到49家,2012年进一步增加到62家,2013年增加至65家,2014年仍然保持65家的规模。2015年仍然保持67家的规模,在68家信托公司中,2015年仅有1家信托公司的信托收入不足10亿元,2016年不足10亿元的公司增加到2家, 2017年度不足10亿元的公司重新减少至1家。而在2018年度,有5家信托公司信托营业收入不足10亿元,其中还有4家信托公司出现了负数。

从信托收入增幅来看,2018年度,信托收入增幅前5名的公司分别为建信信托(59.93%)、渤海信托(31.02%)、国民信托(21.60%)、中铁信托(17.67%)、华能贵诚(16.04%)。2018年增幅排名前5名的公司与2017年相比变化非常大。除建信信托以外,2017年度信托收入增幅前5名的公司在2018年度均没有保持前5的位置。值得注意的是,2018年度排名前5名的信托公司其信托收入增幅与2017年度相比,增幅相对较小。2018年度信托收入下跌的公司仅有36家,相比于2016年度的12家大幅增加,这表明2018年度信托公司的业绩压力变得更为严峻。

从2013—2018年6年以来各年信托收入的稳定程度来看,最稳定公司的前3名分别是英大信托(变异系数为0.05,年均值为1318885万元)、新时代(变异系数为0.10,年均值为1513201万元)以及长安国信(变异系数为0.10,年均值为2579934万元)。另外,信托收入波动程度最大的前3家公司分别是陕西国信(变异系数为1.70,平均值为814155

万元)、云南国信(变异系数为 0.99,平均值为 1186254 万元)以及华鑫信托(变异系数为 0.84,年均值为 1136840 万元)。

第二节　信托项目收益率

一、集合类信托项目收益率

2018 年度得到 68 家信托公司披露的集合类信托项目加权平均实际收益率数据,与 2017 年度持平。

对于全体信托公司集合类信托项目加权平均实际收益率来讲,2014 年以来,信托公司集合类信托项目平均收益率在 5% ~10% 之间波动,经历 2012 年的最低值 6.87% 之后,2013 年、2014 年和 2015 年该指标持续上升,在 2015 年达到近 5 年的最高值 9.70%,2016 年则又小幅下跌至 8.26%,2017 年降至 7.30%,2018 年进一步降至 5.08%,为近年来的最低值。值得一提的是,即使是 2015 年的最高值 9.70% 也远低于 2007 年的 11.91%,此外,经历了 2013—2015 年连续上升的趋势之后,2016—2018 年该指标已经连续三年呈现下降趋势。

就单个公司集合类信托项目收益率而言,在 2015 年和 2016 年,分别有 1 家公司该指标为负值,而只有 2014 年度与 2017 年度全部公司的集合类信托项目收益率均为正数。而在 2018 年度,有 6 家信托公司的集合类信托项目收益率为负值。因此,2018 年度与 2017 年度相比,集合类信托项目收益率为负值的公司数有所增加,集合类信托项目平均收益率也出现了下滑。

从各信托公司在指标上的表现差异度方面来看,近 5 年来, 2015 年度与 2018 年度的变异系数分别为 0.75 和 0.85,其余 3 年的变异系数均在 0.40 以下。2014 年度该指标为 0.36,2015 年继续上升至 0.75,2016 年又大幅下跌至 0.25,2017 年度又上升至 0.29,2018 年度则上升至 0.85 的近五年来的最大值。因此,信托公司之间的集合类信托项目收益率之间的差异也有所扩大。具体数据如表 4 -2 所示。

表 4－2　　2014—2018 年信托公司集合类信托项目平均收益率统计表

项目	2014 年	2015 年	2016 年	2017 年	2018 年
平均值	9.56%	9.70%	8.26%	7.30%	5.08%
均值增长幅度	1.54%	0.14%	－1.44%	－1.11%	－2.22%
披露公司数目	64	66	68	68	68
收益率为负的公司数	0	1	1	0	6
最大值	33.97%	38.21%	9.74%	14.34%	10.28%
最小值	6.43%	－2.64%	－1.59%	1.02%	－13.35%
标准差	3.48%	7.25%	2.08%	2.11%	4.32%
变异系数	0.36	0.75	0.25	0.29	0.85

2018 年集合收益率前 3 名公司分别为：山西信托（收益率 10.28%）、中融信托（收益率 9.85%）以及北京国信（收益率 9.46%）。与 2017 年度相比，该指标的排名差异较大，行业前 3 的位置全部发生了变化。2017 年度排名前 3 的北方国信、西藏信托（收益率 12.72%）以及长安国信在 2018 年分别以 7.45%、5.64% 和 4.34% 的收益率位居行业第 14 位、第 42 位和第 51 位。

从该指标历年的稳定程度来看，建信信托和中建投信托从 2014 年以来保持了非常稳定的表现，每年分别实现了 7.38% 和 7.97% 的平均集合类项目收益率，其变异系数均为 0.06 左右；信托收益率比较稳定的还有交银国信和国联信托，变异系数均为 0.07 左右。

二、单一类信托项目收益率

在 2014—2016 年度，单一类信托项目收益率持续上升，如表 4－3 所示。2013 年度该指标为 7.03%，2014 年、2015 年则持续小幅上涨。2016 年度，取得最高单一收益率的公司达到 7.90%，然而在 2017 年度，单一类信托项目收益率平均值首次出现下降，降幅为 1.13%。2018 年度，该指标进一步下降至 5.93%，降幅为 0.38%。信托公司单一类信托项目收益率最高为 10.30%，最低为 －1.49%。值得注意的是，这是单一类信托项目收益率在近年来首次出现负值。

从变异系数来看，2018 年度为 0.24，相比于 2017 年度的 0.23 出现了小幅增长，这表明 2018 年度信托公司在该指标上的表现差异性有所扩大。具体数据如表 4－3 所示。

表4-3　　2014—2018年度信托公司平均单一类信托项目收益率统计表

项目	2014年	2015年	2016年	2017年	2018年
平均值	7.04%	7.43%	7.44%	6.31%	5.93%
均值增长幅度	0.01%	0.39%	0.01%	-1.13%	-0.38%
披露公司数目	64	67	68	68	68
最大值	9.66%	16.21%	7.90%	9.77%	10.30%
最小值	0.00%	5.40%	4.67%	0.47%	-1.49%
标准差	1.21%	1.80%	1.47%	1.46%	1.43%
变异系数	0.17	0.24	0.20	0.23	0.24

2018年度单一类信托项目收益率前3名为:浙商金汇(收益率10.30%)、中原信托(收益率9.06%)以及安信信托(收益率8.21%)。单一类信托项目收益率排名相比于2017年度发生了较大的变化,2017年度单一类信托项目收益率前3名的北京国信、华润信托以及金谷信托在2018年度分别降至第35名(收益率5.88%)、第68名(收益率-1.49%)以及第4名(收益率8.12%)。

从该指标历年的稳定程度来看,交银国信自2014年以来保持了比较稳定的收益率,单一类信托项目平均收益率为5.59%,变异系数为0.02。另外,金谷信托与中泰信托的单一收益率也比较稳定,收益率平均值分别为7.95%和7.18%,变异系数分别为0.03和0.04。而平安信托在2014—2018年度的单一类信托项目的平均收益率为6.25%,变异系数则达到0.58,收益率相对波动性较大。

第三节　新增信托项目

2018年度得到68家信托公司披露的新增信托项目数据,与2017年持平。

一、新增信托项目规模

2018年,信托公司平均新增信托项目规模为11908250万元,比2017年下降48.20%,这也是自2013年以来新增信托项目规模均值首次出现减少。另外,2018年度,披露的68家公司中新增信托项目规模有64家超过百亿元。

各公司新增项目规模的变异系数2013年为0.85,2014年跌至0.84。但是2015年变异系数又大幅扩大至1.04,2016年达到近5年最高值1.06,2017年度与2018年度该数据又降低到 0.95 和 0.84，这表明，信托公司新增项目规模的差异性相比于 2016 年度有所减弱。具体数据如表 4-4 所示。

表 4-4　　2013—2018 年度新增信托项目规模统计分析表

项目	2013 年	2014 年	2015 年	2016 年	2017 年	2018 年
平均值（万元）	10077752	10943475	13239438	18521612	22988470	11908250
均值增长幅度（万元）	1894426	865723	2295963	5282173	4466858	-11080220
均值增长率	23.15%	8.59%	20.98%	39.9%	24.12%	-48.20%
公司数目	68	66	68	68	68	68
最大值（万元）	44143364	37721223	63084277	111100654	114257851	49142998
最小值（万元）	581668	449500	258746	436870	1769509	5000
标准差（万元）	8556692	9228472	13728662	19639874	21930626	10055794
变异系数	0.85	0.84	1.04	1.06	0.95	0.84

新增项目规模 2018 年度前 3 名为：建信信托（49142998 万元）、中信信托（38129809 万元）以及光大兴陇（35972792 万元）。2018 年新增项目规模前 3 名与 2017 年相比发生了一定的变化，中信信托继续排名在行业第 2 位。建信信托由 2017 年度的第 20 位上升至 2018 年度的第 1 位（49142998 万元），光大兴陇由 2017 年度的第 14 位上升至 2018 年度的第 3 位（35972792 万元）。而华能贵诚与华润信托则由 2017 年度的第 1 位和第 3 位下降至 2018 年度的第 4 位（35706181 万元）和第 14 位（19265193 万元）。

2018 年度新增项目规模最小的 3 家公司是长城新盛（5000 万元）、华宸信托（25200 万元）以及中泰信托（457800 万元）。

二、新增信托项目数量

2018 年，信托公司平均新增信托项目数量为 268 个，比 2017 年减少了 116 个，增加率为 -30.21%，降幅达到了近 5 年来的最大值。2012—2014 年，已经连续 3 年增长，2014 年达到了近 5 年来的最高值。但是，2015 年新增信托项目数量均值大幅下降至 287 个，2016 年又继续下降至 279 个，而 2017 年该指标出现反弹趋势，上升至 384 个。2018 年度，该指标进一步下降至 268 个。其中华宝信托 2018 年度新增信托项目 1256 个，相比于 2017 年度的 496 个出现了大幅度的增加，位列行业内第 1 名。2018 年披露该指标的 68 家公司中，有 53 家新增信托项目数量低于 2017 年。从年度最小值来看，2014 年新增信托项目最小的为 9 个，2015 年只有 3 个，2016 年则小幅增加至 12 个，2017 年进一步上升至19个,2018年则降为1个。

此外,2014—2017年度,各公司新增项目数量的变异系数均在0.80~0.90之间波动。2014年为0.89,2015年与2014年基本持平,2016年则小幅下降至0.85,2017年进一步下降至0.81。但在2018年度,该指标上升至1.02,为近年来的最大值,这说明信托公司之间在新增信托项目数量上的差异有所扩大。具体数据如表4-5所示。

表4-5　　2014—2018年度新增信托项目数量统计分析表

项目	2014年	2015年	2016年	2017年	2018年
平均值(个)	318	287	279	384	268
均值增长幅度(个)	17	-31	-8	105	-116
均值增长率	5.65%	-9.75%	-2.79%	37.54%	-30.21%
披露公司数目(个)	66	66	68	68	68
最大值(个)	1282	1148	1280	1552	1256
最小值(个)	9	3	12	19	1
标准差(个)	283	250	238	310	272
变异系数	0.89	0.88	0.85	0.81	1.02

新增信托项目数量前3名为:华宝信托(新增1256个)、平安信托(新增1122个)以及爱建信托(新增1060个)。这个排名与2017年度相比,变化相对较大。其中,华宝信托由2017年度的第21名(新增496个)上升至2018年度的第1名,平安信托由2017年度的第60名(新增87个)上升至2018年度的第2名,爱建信托由2017年度的第8名(新增798个)上升至2018年度的第3名。2017年度排名前3的中信信托、渤海信托以及长安国信则分别降至2018年度的第4名、第13名以及第14名。

另外,新增信托项目少于100个的公司在2018年有21家,比2017年增加了10家。

三、新增集合项目比例

新增信托项目可以分为集合类项目和单一类项目,2014—2018年新增信托项目中集合类项目的比例如表4-6所示。2014年新增集合项目比例为31.76%,2015年增加至35.61%,2016年小幅增加至35.76%,2017年继续增加至41.21%,2018年增加至43.86%,为近年来最高值。从变异系数来看,2014年变异系数为0.70,2015年跌至0.63,2016年跌至0.56,2017年降至0.48,2018年则上升至0.60。这说明自2014年以来,各信托公司新增集合类信托项目比例差异持续减小的趋势有所变化。

表4－6　2014—2018年度新增集合类信托项目比例统计分析表

项目	2014年	2015年	2016年	2017年	2018年
平均值	31.80%	35.35%	35.76%	41.21%	43.86%
均值增长幅度	7.38%	3.55%	0.41%	5.45%	2.65%
最大值	95.69%	91.32%	91.85%	92.32%	100.00%
最小值	1.96%	0.00%	0.00%	4.04%	0.21%
标准差	22.22%	22.38%	20.12%	19.87%	26.30%
变异系数	0.70	0.63	0.56	0.48	0.60

2018年度新增集合项目比例最高的前3名公司为：长城新盛（100%）、国联信托（99.01%）以及交银国信（92.57%）。该指标的前3名与2017年相比发生了一定的变化。其中，只有国联信托继续维持在行业第2名的位置。长城新盛与交银国信则由2017年度的第66名（8.06%）和第27名（47.07%）上升至2018年度的第1名（100%）和第3名（92.57%）。

四、新增主动型比例

2018年，信托公司新增主动管理型信托资产项目平均规模为4885974万元，相比于2017年出现了一定的下降，降幅为1059957万元；2018年新增主动型平均占比41.03%，比2017年的31.54%有所增加。其中，在披露该指标的66家信托公司中有3家信托公司的新增信托项目主动管理型比例超过90%，相比于2017年的5家出现了一定的下降。具体数据如表4－7所示：

表4－7　2014—2018年度新增主动管理型项目金额比例统计分析表

项目	2014年	2015年	2016年	2017年	2018年
平均值	44.56%	43.11%	27.39%	31.54%	41.03%
均值增长幅度	－7.33%	－1.45%	－15.72%	4.15%	9.49%
最大值	100.00%	100.00%	92.89%	274.26%	100.00%
最小值	0.00%	0.00%	0.00%	0.63%	0.31%
标准差	29.14%	24.93%	23.73%	43.52%	26.50%
变异系数	0.65	0.58	0.87	1.38	0.65

五、新增信托项目结构分析

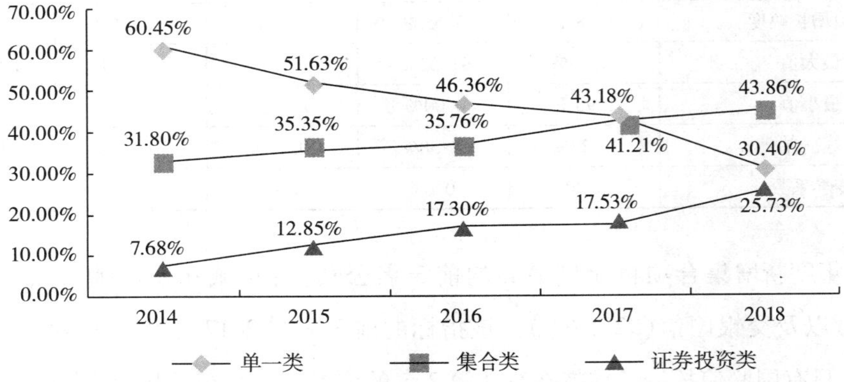

图4－1　2014—2018年度信托公司新增信托项目比例

由图4－1可以看出:2014—2018年期间,在各信托公司新增信托项目中,单一类信托项目占有绝对比重,集合类项目次之,比例最低的是证券投资类信托项目。但是在2018年度,该趋势发生了一定的变化。2015年以前,单一类信托项目比例比证券投资类和集合类信托项目比例之和还要多。但是,2016年这一局面被打破,集合类和证券投资类项目比例之和首次超过单一类项目。我们必须看到,自2015年以来,单一类信托项目和其他两类项目差距在连续加大后又持续收窄。2013—2017年期间,集合类信托项目比例持续上升。至2017年,单一类信托项目比例已由2014年的60.45%降至2015年和2016年的51.63%和46.36%,2017年则继续小幅下降至43.18%,2018年该指标进一步下降至30.40%。与此同时,集合类信托项目占比在2017年达到41.21%,基本与单一类信托项目持平;2018年度该指标进一步增加至43.86%,首次超过单一类信托项目。同时证券类信托项目占比也增长至25.73%。由此可见,新增信托项目结构正在逐年趋于平衡。

综合上述分析,我们不难看出,目前我国信托公司的新增信托项目开始由单一类信托项目为主转变为集合类信托项目占主导、集合类信托项目和证券类信托项目相互平衡的局面。这对于整个信托行业来说,是一种可喜的变化。

由图4－2可以看出,2018年,各信托公司新增信托项目中主动管理型项目比例有所上升,由2017年的30.92%上升至2018年的41.03%。2014年与2015年信托资产的主动管理规模比例均超过了40%,而在2016年该规模比例首次跌破1/3。2017年度该比

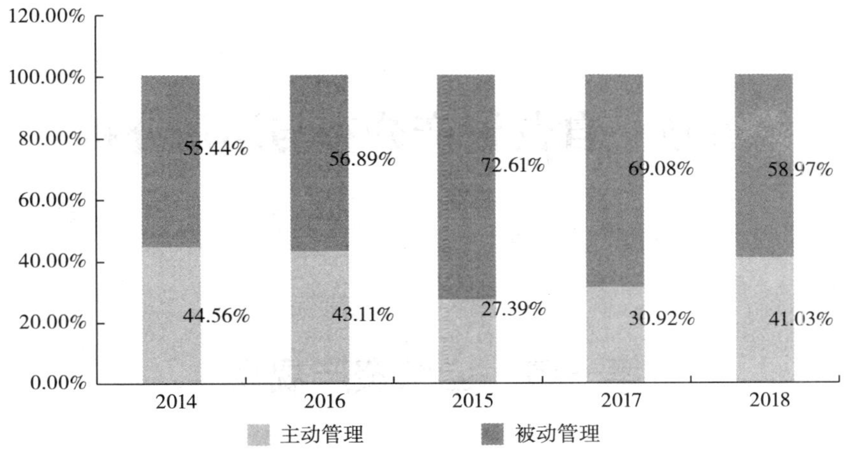

图4－2 2014—2018年度信托公司新增信托项目比例

例虽然有所上升，但仍然低于总规模的1/3。2018年度，该指标重新恢复至40%以上，表明信托公司正在寻求增加主动管理能力。主动管理型项目比例的大幅提升使得2012年成为信托业名副其实的“转型年”，各信托公司之间也逐渐呈现出差异化发展的特征。当然，信托业务转型并非一蹴而就，在2012年之后的连续4年时间内，新增信托项目主动管理型项目比例又持续降低，严峻的市场环境使得各大信托公司不得不暂时延缓转型。然而从2017年度开始，该指标又再次出现复苏迹象。

综合图4－1和图4－2我们不难得出结论，2018年度在规模控制日趋严格、盈利能力持续低迷的背景之下，信托行业的转型势在必行。通过对新增信托项目的结构分析，可以发现单一类新增信托项目占比持续下跌，而集合类信托项目和证券投资类项目比例则不断上涨。在金融监管日益严格的环境之下，业内公司也在通过结构调整寻求回归业务本源，逐步提升主动管理能力。但从2018年度的盈利数据来看，行业转型的成果并没有在盈利指标中得到显著体现，行业整体的利润水平仍然处于下行区间。因此，如何在业务转型的同时提升行业整体的获利水平仍然是未来一段时期信托行业的重要课题。

第五章　自营资产分布与运用分析

第一节　自营资产规模

一、自营资产规模的整体分析

从本书获得的2018年度的年报披露情况来看，有68家信托公司公布了自营资产规模相关数据。

2018年度，信托行业自营资产规模继续攀升，平均每家信托公司自营总资产规模为105.79亿元，比2017年上升9.26亿元，上升幅度为9.59%，增速继续放缓。自2004年以来，信托公司的自营总资产规模在2007年度增长率最大，达到34.94%；在2005年下跌幅度最大，下跌了22028万元，下跌比率为14.53%。

自营总资产缩减的公司数目的最大值出现在2005年，达到27家公司，在2007年降到9家之后，2008年又升到25家，2009年又回降到7家，2010年也是7家，2012年则继续减少为3家，2016年这一数据有所上升，达到8家，2017年有13家信托公司总资产额降低，2018年为17家。如表5-2所示，自营净资产近五年来发生缩减的公司数目逐年上升，2014年为4家，2015年增至5家，2016年增至8家，2017年维持在8家，2018年则大幅上升至13家。

2018年信托行业中自营总资产规模最大的公司为重庆国信，其2018年自营总资产为297.85亿元，自营净资产为224.72亿元。值得注意的是，自2011年开始，平安信托连续7年位于信托行业自营总资产规模排名第一的局面被打破。2017年、2018年重庆国信的自营资产规模连续两年位居行业第一，其自营净资产也以224.72亿元位居行业第二位。

从各年度信托公司之间的自营资产规模差异来看，2004年差异性最小，变异系数为

0.76，然后逐年上升，到2007年上升到最大值1.12，接下来的三年基本稳定在1.06～1.08之间。在2017年，变异系数进一步降低到0.66，2018年持续下降至0.59，这说明各公司的自营总资产规模的差异性在近五年内持续缩小。同样，自营净资产的变异系数也延续了2008年以来的下降趋势，在2013年继续下降到0.80，2014年下降为0.79，2015年持续下降至0.74，2016年下降为0.68，2017年继续下降至0.65，2018年保持下降态势，降至0.64。自营总资产与自营净资产的相关描述性统计见表5－1与表5－2。

表5－1　　2014—2018年度信托公司自营资产规模统计分析表

项目	2014年	2015年	2016年	2017年	2018年
平均值（万元）	534427	683336	818893	965308	1057880
平均值增长额（万元）	107608	153685	135557	146415	92572
平均值增长率	25.21%	29.02%	19.84%	17.88%	9.59%
公司数目	67	68	68	67	68
自营资产缩减的公司数	4	5	8	13	17
最大值（万元）	2130809	2925275	2611260	2813417	2978535
最小值（万元）	44523	43113	70574	117865	121622
标准差（万元）	424092	542345	591021	637047	628634
变异系数	0.79	0.79	0.72	0.66	0.59

表5－2　　2014—2018年度信托公司自营净资产规模统计分析表

项目	2014年	2015年	2016年	2017年	2018年
平均值（万元）	474526	560325	659106	770141	843228
平均值增长额（万元）	99835	90142	98781	111035	73087
平均值增长率	26.64%	19.17%	17.63%	16.85%	9.49%
自营净资产缩减的公司数	4	5	7	8	13
最大值（万元）	1966971	2277467	2251071	2391441	2427288
最小值（万元）	39087	38456	49402	67046	91544
标准差（万元）	376103	416468	453099	504608	540201
变异系数	0.79	0.74	0.68	0.65	0.64

具体数据如表5－3至表5－8所示。

表5-3　　信托公司资产总额序列表(2018年度)　　单位:万元

序号	公司简称	2018年	2017年	2016年
1	重庆国信	2978535	2789507	2573658
2	中信信托	2753179	2650088	2418234
3	平安信托	2510927	2790803	2611260
4	中融信托	2393427	2098952	1856284
5	华润信托	2318059	2171416	1845200
6	中诚信托	2246331	2212703	1905737
7	华能贵诚	2131577	1384124	1466564
8	江苏国信	2064442	1325878	1152835
9	安信信托	1974894	2260503	1785333
10	兴业信托	1835789	1896201	1412196
11	上海国信	1651847	1667017	1387998
12	五矿信托	1650898	1179961	720582
13	华融国信	1626735	1327725	1016707
14	中航信托	1536915	1182475	871393
15	民生信托	1525936	1333650	1264694
16	外贸信托	1500319	1253175	783188
17	渤海信托	1403723	1401426	856191
18	建信信托	1375824	1160659	1086251
19	山东国信	1361175	1290205	710227
20	中铁信托	1320047	1289098	1126084
21	昆仑信托	1317572	1303305	642495
22	陕西国信	1227935	944821	950467
23	华信信托	1219451	1360128	1349747
24	交银国信	1208700	1038089	740283
25	北京国信	1162316	1085555	839955
26	新时代	1150533	1034755	1009318
27	光大兴陇	1101583	585468	523076
28	湖南信托	1029951	886376	475964
29	华宝信托	1007250	1052338	757534
30	四川信托	999447	868335	637548
31	爱建信托	990237	706710	546869
32	中原信托	956567	1005374	758984
33	百瑞信托	949133	906914	746376
34	中江国信	942449	1099636	1085806
35	英大信托	901660	602202	564042

续表

序号	公司简称	2018 年	2017 年	2016 年
36	长安国信	895600	849294	739188
37	中建投信托	860618	884439	813230
38	方正东亚	829842	576169	516902
39	新华信托	778375	658983	764198
40	天津信托	749330	629273	448387
41	华鑫信托	744682	499726	422433
42	国元信托	721272	709355	624139
43	中海信托	717589	1071895	1073325
44	国投泰康	711091	619626	590868
45	陆家嘴信托	686019	547976	567949
46	吉林信托	668842	663172	662956
47	东莞信托	650940	432548	409924
48	粤财信托	650849	625805	489639
49	厦门国信	590607	577701	485357
50	华澳信托	570828	483788	205368
51	西部信托	555547	733703	862960
52	工商信托	520577	451123	401067
53	北方国信	515312	457400	454706
54	国联信托	509004	541406	567777
55	苏州信托	475324	461548	481821
56	金谷信托	473789	410656	474196
57	中粮信托	468129	518994	412667
58	中泰信托	455863	441119	473006
59	紫金信托	421478	425242	367690
60	万向信托	388636	406212	289050
61	国民信托	361595	430744	402036
62	云南国信	307662	279702	240779
63	浙商金汇	298462	266723	90315
64	大业信托	271626	242560	210505
65	西藏信托	265662	246166	220296
66	山西信托	236429	216924	228829
67	长城新盛	137304	117865	70574
68	华宸信托	121622	131239	143493

表5－4　　信托公司资产总额增长序列表（2018年度）　　单位：万元

序号	公司简称	2018年	2017年	2016年
1	华能贵诚	747454	－82441	421340
2	江苏国信	738564	173043	242660
3	光大兴陇	516115	62392	60879
4	五矿信托	470937	459379	108972
5	中航信托	354440	311082	10454
6	英大信托	299459	38160	46374
7	华融国信	299010	311017	305745
8	中融信托	294475	242668	194119
9	爱建信托	283527	159841	71502
10	陕西国信	283114	－5645	76081
11	方正东亚	253673	59267	50971
12	外贸信托	247144	469987	24123
13	华鑫信托	244956	77294	－26904
14	东莞信托	218392	22624	13644
15	建信信托	215165	74408	212459
16	民生信托	192286	68956	793713
17	重庆国信	189028	215849	133456
18	交银国信	170612	297806	83014
19	华润信托	146643	326215	－45257
20	湖南信托	143575	410412	122138
21	陆家嘴信托	138042	－19973	60230
22	四川信托	131112	230787	126880
23	天津信托	120057	180886	－2782
24	新华信托	119392	－105215	631204
25	新时代	115778	25437	599822
26	中信信托	103091	231854	186859
27	国投泰康	91466	28758	85867
28	华澳信托	87040	278420	32481
29	北京国信	76761	245600	40557
30	山东国信	70971	579978	180577
31	工商信托	69454	50056	65842
32	金谷信托	63132	－63539	－19897
33	北方国信	57912	2694	28173
34	长安国信	46306	110107	65109
35	百瑞信托	42219	160538	128486

续表

序号	公司简称	2018年	2017年	2016年
36	中诚信托	33629	306965	76305
37	浙商金汇	31738	176408	2681
38	中铁信托	30949	163014	110504
39	大业信托	29066	32055	44333
40	云南国信	27960	38923	19825
41	粤财信托	25045	136166	32238
42	山西信托	19505	-11904	13545
43	西藏信托	19496	25869	1329
44	长城新盛	19439	47291	27461
45	中泰信托	14744	-31888	66297
46	昆仑信托	14267	660809.12	-686
47	苏州信托	13777	-20274	61718
48	厦门国信	12906	92344	41312
49	国元信托	11917	85217	43562
50	吉林信托	5671	216	177157
51	渤海信托	2296	545235	371371
52	紫金信托	-3763	57552	157208
53	华宸信托	-9617	-12254	-12190
54	上海国信	-15170	279019	629054
55	万向信托	-17576	117162	82133
56	中建投信托	-23821	71209	106763
57	国联信托	-32402	-26371	172385
58	华宝信托	-45088	294804	102502
59	中原信托	-48807	246390	245903
60	中粮信托	-50864	106326	17411
61	兴业信托	-60412	484004	111852
62	国民信托	-69149	28709	95523
63	华信信托	-140677	10381	13266
64	中江国信	-157187	13830	555617
65	西部信托	-178156	-129257	-343392
66	平安信托	-279876	179543	-314015
67	安信信托	-285609	475170	869438
68	中海信托	-354307	-1430	530530

表5－5　信托公司资产总额增幅序列表(2018年度)

序号	公司简称	2018年	2017年	2016年
1	光大兴陇	88.15%	11.93%	13.17%
2	江苏国信	55.70%	15.01%	26.66%
3	华能贵诚	54.00%	-5.62%	40.31%
4	东莞信托	50.49%	5.52%	3.44%
5	英大信托	49.73%	6.77%	8.96%
6	华鑫信托	49.02%	18.30%	-5.99%
7	方正东亚	44.03%	11.47%	10.94%
8	爱建信托	40.12%	29.23%	15.04%
9	五矿信托	39.91%	63.75%	17.82%
10	中航信托	29.97%	35.70%	1.21%
11	陕西国信	29.96%	-0.59%	8.70%
12	陆家嘴信托	25.19%	-3.52%	11.86%
13	华融国信	22.52%	30.59%	43.00%
14	外贸信托	19.72%	60.01%	3.18%
15	天津信托	19.08%	40.34%	-0.62%
16	建信信托	18.54%	6.85%	24.31%
17	新华信托	18.12%	-13.77%	87.85%
18	华澳信托	17.99%	135.57%	18.79%
19	长城新盛	16.49%	67.01%	63.69%
20	交银国信	16.44%	40.23%	12.63%
21	湖南信托	16.20%	86.23%	34.52%
22	工商信托	15.40%	12.48%	19.64%
23	金谷信托	15.37%	-13.40%	-4.03%
24	四川信托	15.10%	36.20%	24.85%
25	国投泰康	14.76%	4.87%	17.00%
26	民生信托	14.42%	5.45%	168.52%
27	中融信托	14.03%	13.07%	11.68%
28	北方国信	12.66%	0.59%	6.61%
29	大业信托	11.98%	15.23%	26.68%
30	浙商金汇	11.90%	195.33%	3.06%
31	新时代	11.19%	2.52%	146.48%
32	云南国信	10.00%	16.17%	8.97%
33	山西信托	8.99%	-5.20%	6.29%
34	西藏信托	7.92%	11.74%	0.61%
35	北京国信	7.07%	29.23%	5.07%

续表

序号	公司简称	2018 年	2017 年	2016 年
36	重庆国信	6.78%	8.39%	5.47%
37	华润信托	6.75%	17.68%	-2.39%
38	山东国信	5.50%	81.66%	34.09%
39	长安国信	5.45%	14.90%	9.66%
40	百瑞信托	4.66%	21.51%	20.79%
41	粤财信托	4.00%	27.81%	7.05%
42	中信信托	3.89%	9.59%	8.37%
43	中泰信托	3.34%	-6.74%	16.30%
44	苏州信托	2.98%	-4.21%	14.69%
45	中铁信托	2.40%	14.48%	10.88%
46	厦门国信	2.23%	19.03%	9.30%
47	国元信托	1.68%	13.65%	7.50%
48	中诚信托	1.52%	16.11%	4.17%
49	昆仑信托	1.09%	102.85%	-0.11%
50	吉林信托	0.86%	0.03%	36.47%
51	渤海信托	0.16%	63.68%	76.60%
52	紫金信托	-0.88%	15.65%	74.69%
53	上海国信	-0.91%	20.10%	82.89%
54	中建投信托	-2.69%	8.76%	15.11%
55	兴业信托	-3.19%	34.27%	8.60%
56	华宝信托	-4.28%	38.92%	15.65%
57	万向信托	-4.33%	40.53%	39.69%
58	中原信托	-4.85%	32.46%	47.93%
59	国联信托	-5.98%	-4.64%	43.60%
60	华宸信托	-7.33%	-8.54%	-7.83%
61	中粮信托	-9.80%	25.77%	4.40%
62	平安信托	-10.03%	6.88%	-10.73%
63	华信信托	-10.34%	0.77%	1.77%
64	安信信托	-12.63%	26.62%	94.93%
65	中江国信	-14.29%	1.27%	104.80%
66	国民信托	-16.05%	7.14%	31.16%
67	西部信托	-24.28%	-14.98%	-28.47%
68	中海信托	-33.05%	-0.13%	97.74%

表5-6　　净资产序列表(2018年度)　　单位:万元

序号	公司简称	2018年	2017年	2016年
1	中信信托	2427288	2149317	2008099
2	重庆国信	2247209	2044178	1845196
3	平安信托	2071331	2391441	2251071
4	华润信托	1969872	1846469	1644346
5	华能贵诚	1845099	1221453	1092865
6	江苏国信	1779080	1137839	988147
7	中融信托	1720839	1587169	1281048
8	中诚信托	1682380	1657800	1530728
9	兴业信托	1577013	1478514	1336499
10	上海国信	1360449	1226826	1067470
11	建信信托	1287651	1105522	975272
12	昆仑信托	1283269	1260880	497428
13	外贸信托	1258865	895267	769635
14	五矿信托	1236204	1137868	571140
15	华信信托	1205708	1174731	1197106
16	安信信托	1205035	1619148	1371817
17	渤海信托	1203324	1154386	704624
18	中航信托	1179449	974592	630774
19	交银国信	1103281	1001536	708984
20	民生信托	1075551	1104753	993239
21	陕西国信	1041486	793113	772836
22	山东国信	954069	914754	633663
23	华融国信	924424	962064	677606
24	光大兴陇	897176	501988	459351
25	北京国信	872069	827630	763414
26	中铁信托	860505	765138	652486
27	新时代	845298	808048	737493
28	英大信托	844268	610605	556975
29	中原信托	841233	804666	728414
30	华宝信托	779474	721199	657356
31	百瑞信托	779454	701450	608699
32	湖南信托	751529	687067	311971
33	四川信托	750405	691329	598615
34	中江国信	744689	870546	875049
35	中建投信托	739705	667033	577886

续表

序号	公司简称	2018 年	2017 年	2016 年
36	国元信托	656127	643853	599690
37	华鑫信托	653712	451627	390094
38	长安国信	650655	658795	561317
39	爱建信托	648856	449686	403256
40	中海信托	627648	474635	444742
41	粤财信托	627250	564171	469252
42	新华信托	594546	603015	577868
43	方正东亚	555108	490316	433080
44	国投泰康	553373	509742	493945
45	东莞信托	541783	399178	381051
46	天津信托	513789	455751	401509
47	厦门国信	502474	484771	374065
48	陆家嘴信托	485564	382544	423310
49	国联信托	468153	482233	508882
50	西部信托	455372	565808	698440
51	中泰信托	435122	422800	397595
52	北方国信	434809	429118	401370
53	苏州信托	428464	410173	430905
54	中粮信托	425482	459769	391393
55	金谷信托	401298	384533	356428
56	工商信托	396970	368305	332522
57	华澳信托	382518	341477	121275
58	紫金信托	382469	363218	73890
59	吉林信托	363477	382901	383730
60	万向信托	293885	243336	194529
61	云南国信	261932	232361	207631
62	国民信托	256000	244097	232827
63	西藏信托	224493	221680	191381
64	浙商金汇	206967	191525	80623
65	山西信托	190889	196323	195832
66	大业信托	184974	181447	149598
67	华宸信托	99135	117012	123013
68	长城新盛	91544	67046	49402

表 5 - 7　　净资产增长序列表(2018 年度)　　单位:万元

序号	公司简称	2018 年	2017 年	2016 年
1	江苏国信	641241	149692	112921
2	华能贵诚	623646	128588	365104
3	光大兴陇	395187	42637	27139
4	外贸信托	363599	125631	26246
5	中信信托	277970	141219	212876
6	陕西国信	248373	20277	7422
7	英大信托	233663	53630	55569
8	中航信托	204857	343817	110772
9	重庆国信	203031	198982	228055
10	华鑫信托	202084	61533	43974
11	爱建信托	199170	46431	21140
12	建信信托	182129	130250	144422
13	中海信托	153013	29893	20524
14	东莞信托	142605	18127	12479
15	中融信托	133671	306121	149143
16	上海国信	133623	159356	392666
17	华润信托	123402	202123	-39191
18	陆家嘴信托	103020	-40766	52271
19	交银国信	101745	292552	80729
20	兴业信托	98500	142015	111369
21	五矿信托	98336	566728	6165
22	中铁信托	95367	112652	120542
23	百瑞信托	78004	92751	64668
24	中建投信托	72672	89147	77683
25	方正东亚	64792	57236	60226
26	湖南信托	64462	375096	11338
27	粤财信托	63079	94919	41606
28	四川信托	59076	92713	127564
29	华宝信托	58275	63843	86299
30	天津信托	58038	54242	23861
31	万向信托	50549	48807	29361
32	渤海信托	48938	449762	281252
33	北京国信	44439	64216	71291
34	国投泰康	43631	15797	11073
35	华澳信托	41042	220201	6902

续表

序号	公司简称	2018 年	2017 年	2016 年
36	山东国信	39315	281091	133161
37	新时代	37250	70555	369037
38	中原信托	36567	76252	308159
39	华信信托	30977	-22375	465109
40	云南国信	29571	24730	20444
41	工商信托	28665	35783	46475
42	中诚信托	24579	127073	118889
43	长城新盛	24498	17644	10946
44	昆仑信托	22389	763452	-123876
45	紫金信托	19251	289328	-116988
46	苏州信托	18291	-20732	60115
47	厦门国信	17703	110706	-24067
48	金谷信托	16765	28105	16268
49	浙商金汇	15443	110902	6042
50	中泰信托	12322	25205	23989
51	国元信托	12273	44164	41999
52	国民信托	11903	11270	19642
53	北方国信	5691	27747	37339
54	大业信托	3528	31848	21507
55	西藏信托	2812	30299	30132
56	山西信托	-5434	491	3475
57	长安国信	-8140	97478	68815
58	新华信托	-8469	25147	4524
59	国联信托	-14080	-26649	139009
60	华宸信托	-17876	-6002	-10411
61	吉林信托	-19424	-829	-39864
62	民生信托	-29202	111514	633865
63	中粮信托	-34287	68376	14138
64	华融国信	-37640	284458	163798
65	西部信托	-110436	-132632	-242662
66	中江国信	-125857	-4503	380631
67	平安信托	-320111	140370	-26395
68	安信信托	-414113	247332	740925

表5-8　　净资产增幅序列表(2018年度)

序号	公司简称	2018年	2017年	2016年
1	光大兴陇	78.72%	9.28%	6.28%
2	江苏国信	56.36%	15.15%	12.90%
3	华能贵诚	51.06%	11.77%	50.17%
4	华鑫信托	44.75%	15.77%	12.70%
5	爱建信托	44.29%	11.51%	5.53%
6	外贸信托	40.61%	16.32%	3.53%
7	英大信托	38.27%	9.63%	11.08%
8	长城新盛	36.54%	35.71%	28.46%
9	东莞信托	35.72%	4.76%	3.39%
10	中海信托	32.24%	6.72%	4.84%
11	陕西国信	31.32%	2.62%	0.97%
12	陆家嘴信托	26.93%	-9.63%	14.09%
13	中航信托	21.02%	54.51%	21.30%
14	万向信托	20.77%	25.09%	17.78%
15	建信信托	16.47%	13.36%	17.38%
16	方正东亚	13.21%	13.22%	16.15%
17	中信信托	12.93%	7.03%	11.86%
18	天津信托	12.73%	13.51%	6.32%
19	云南国信	12.73%	11.91%	10.92%
20	中铁信托	12.46%	17.27%	22.66%
21	华澳信托	12.02%	181.57%	6.03%
22	粤财信托	11.18%	20.23%	9.73%
23	百瑞信托	11.12%	15.24%	11.89%
24	中建投信托	10.89%	15.43%	15.53%
25	上海国信	10.89%	14.93%	58.19%
26	交银国信	10.16%	41.26%	12.85%
27	重庆国信	9.93%	10.78%	14.10%
28	湖南信托	9.38%	120.23%	3.77%
29	五矿信托	8.64%	99.23%	1.09%
30	国投泰康	8.56%	3.20%	2.29%
31	四川信托	8.55%	15.49%	27.08%
32	中融信托	8.42%	23.90%	13.18%
33	华宝信托	8.08%	9.71%	15.11%
34	浙商金汇	8.06%	137.56%	8.10%
35	工商信托	7.78%	10.76%	16.25%

续表

序号	公司简称	2018年	2017年	2016年
36	华润信托	6.68%	12.29%	-2.33%
37	兴业信托	6.66%	10.63%	9.09%
38	北京国信	5.37%	8.41%	10.30%
39	紫金信托	5.30%	391.56%	-61.29%
40	国民信托	4.88%	4.84%	9.21%
41	新时代	4.61%	9.57%	100.16%
42	中原信托	4.54%	10.47%	73.33%
43	苏州信托	4.46%	-4.81%	16.21%
44	金谷信托	4.36%	7.89%	4.78%
45	山东国信	4.30%	44.36%	26.61%
46	渤海信托	4.24%	63.83%	66.43%
47	厦门国信	3.65%	29.60%	-6.04%
48	中泰信托	2.91%	6.34%	6.42%
49	华信信托	2.64%	-1.87%	63.54%
50	大业信托	1.94%	21.29%	16.79%
51	国元信托	1.91%	7.36%	7.53%
52	昆仑信托	1.78%	153.48%	-19.94%
53	中诚信托	1.48%	8.30%	8.42%
54	北方国信	1.33%	6.91%	10.26%
55	西藏信托	1.27%	15.83%	18.69%
56	长安国信	-1.24%	17.37%	13.97%
57	新华信托	-1.40%	4.35%	0.79%
58	民生信托	-2.64%	11.23%	176.38%
59	山西信托	-2.77%	0.25%	1.81%
60	国联信托	-2.92%	-5.24%	37.58%
61	华融国信	-3.91%	41.98%	31.88%
62	吉林信托	-5.07%	-0.22%	-9.41%
63	中粮信托	-7.46%	17.47%	3.75%
64	平安信托	-13.39%	6.24%	-1.16%
65	中江国信	-14.46%	-0.51%	76.99%
66	华宸信托	-15.28%	-4.88%	-7.80%
67	西部信托	-19.52%	-18.99%	-25.78%
68	安信信托	-25.58%	18.03%	117.44%

对于自营资产负债率指标的全行业平均值，自2004年以来，连续十年基本呈逐年下降趋势，在2012年达到11.45%，在2013年达到11.35%，在2014年达到11.21%。从2015年开始，信托行业的自营财务杠杆又开始逐年上升，2015年信托公司平均自营资产负债率为18.00%，2016年该指标上升至19.51%，2017年进一步上升至20.38%，2018年与2017年基本持平，为20.29%。全行业最高的资产负债率出现在2004年，曾经达到81.42%，之后逐年下降，在2012年已经下降到33.70%，2013年有所上升，达到45.97%，2014年下降至40.83%，2015年回升至47.62%，2016年又上升至58.58%，2017年为55.72%，2018年为45.66%。从全行业自营资产负债率分布的离散程度来看，变异系数自2008年以来逐年下降，在2013年有所上升到0.82，2014年下降至0.74，2015年下降至0.57，2016年为0.58，2017年下降至0.55，2018年保持了下降态势，为0.49。自营资产负债率指标的描述性统计见表5－9。

表5－9　　2014—2018年度信托公司自营资产负债率统计分析表

项目	2014年	2015年	2016年	2017年	2018年
平均值	11.21%	18.00%	19.51%	20.38%	20.29%
平均值增长	-0.14%	6.79%	1.51%	0.87%	-0.09%
公司数目	67	68	68	68	68
最大值	40.83%	47.62%	58.58%	55.72%	45.66%
最小值	1.60%	2.07%	1.25%	1.59%	1.13%
标准差	8.33%	10.25%	11.31%	11.21%	9.89%
变异系数	0.74	0.57	0.58	0.55	0.49

自营资产负债率最大的5家公司是吉林信托（45.66%）、华融国信（43.17%）、安信信托（38.98%）、中铁信托（34.81%）和爱建信托（34.47%）。自营资产负债率最小的5家公司是华信信托（1.13%）、昆仑信托（2.60%）、粤财信托（3.63%）、中泰信托（4.55%）以及英大信托（6.37%）。

具体数据如表5－10和表5－11所示。

表5-10 信托公司资产负债率序列表(2018年度)

序号	公司简称	2018年	2017年	2016年
1	吉林信托	45.66%	42.26%	42.12%
2	华融国信	43.17%	27.54%	33.35%
3	安信信托	38.98%	28.37%	23.16%
4	中铁信托	34.81%	40.65%	42.06%
5	爱建信托	34.47%	36.37%	26.26%
6	长城新盛	33.33%	43.12%	30.00%
7	方正东亚	33.11%	14.90%	16.22%
8	华澳信托	32.99%	29.42%	40.95%
9	大业信托	31.90%	25.20%	28.93%
10	天津信托	31.43%	27.58%	10.45%
11	浙商金汇	30.66%	28.19%	10.73%
12	山东国信	29.91%	29.10%	10.78%
13	民生信托	29.52%	17.16%	21.46%
14	陆家嘴信托	29.22%	30.19%	25.47%
15	国民信托	29.20%	43.33%	42.09%
16	中融信托	28.10%	24.38%	30.99%
17	长安国信	27.35%	22.43%	24.06%
18	湖南信托	27.03%	22.49%	34.45%
19	新时代	26.53%	21.91%	26.93%
20	五矿信托	25.12%	3.57%	20.74%
21	中诚信托	25.11%	25.08%	19.68%
22	北京国信	24.97%	23.76%	9.11%
23	四川信托	24.92%	20.38%	6.11%
24	重庆国信	24.55%	26.72%	28.30%
25	万向信托	24.38%	40.10%	32.70%
26	工商信托	23.74%	18.36%	17.09%
27	新华信托	23.62%	8.49%	24.38%
28	中航信托	23.26%	17.58%	27.61%
29	华宝信托	22.61%	31.47%	13.22%
30	国投泰康	22.18%	17.73%	16.40%
31	中江国信	20.98%	20.83%	19.41%
32	山西信托	19.26%	9.50%	14.42%
33	光大兴陇	18.56%	14.26%	12.18%
34	华宸信托	18.49%	10.84%	14.27%
35	西部信托	18.03%	22.88%	19.06%

续表

序号	公司简称	2018 年	2017 年	2016 年
36	百瑞信托	17.88%	22.66%	18.45%
37	上海国信	17.64%	26.41%	23.09%
38	平安信托	17.51%	14.31%	13.79%
39	东莞信托	16.77%	7.71%	7.04%
40	外贸信托	16.09%	28.56%	1.73%
41	北方国信	15.62%	6.18%	11.73%
42	西藏信托	15.50%	9.95%	13.13%
43	金谷信托	15.30%	6.36%	24.84%
44	陕西国信	15.18%	16.06%	18.69%
45	华润信托	15.02%	14.96%	10.89%
46	厦门国信	14.92%	16.09%	22.93%
47	云南国信	14.86%	16.93%	13.77%
48	渤海信托	14.28%	17.63%	17.70%
49	兴业信托	14.10%	22.03%	5.36%
50	中建投信托	14.05%	24.58%	28.94%
51	江苏国信	13.82%	14.18%	14.29%
52	华能贵诚	13.44%	11.75%	25.48%
53	中海信托	12.53%	55.72%	58.56%
54	华鑫信托	12.22%	9.63%	7.66%
55	中原信托	12.06%	19.96%	4.03%
56	中信信托	11.84%	18.90%	16.96%
57	苏州信托	9.86%	11.13%	10.57%
58	紫金信托	9.26%	14.59%	7.16%
59	中粮信托	9.11%	11.41%	5.16%
60	国元信托	9.03%	9.23%	3.92%
61	交银国信	8.72%	3.52%	4.23%
62	国联信托	8.03%	10.93%	10.37%
63	建信信托	6.41%	4.75%	10.22%
64	英大信托	6.37%	1.59%	1.25%
65	中泰信托	4.55%	4.15%	15.94%
66	粤财信托	3.63%	9.85%	4.16%
67	昆仑信托	2.60%	3.26%	22.58%
68	华信信托	1.13%	13.63%	11.31%

表 5－11　　资产负债率增长序列表（2018 年度）

序号	公司简称	2018 年	2017 年	2016 年
1	五矿信托	21.55%	-17.17%	-13.11%
2	方正东亚	18.21%	-1.32%	3.76%
3	华融国信	15.63%	-5.81%	-5.62%
4	新华信托	15.12%	-15.89%	-4.18%
5	民生信托	12.35%	-4.30%	2.23%
6	安信信托	10.61%	5.21%	7.96%
7	山西信托	9.76%	-4.92%	-3.77%
8	北方国信	9.44%	-5.55%	2.92%
9	东莞信托	9.05%	0.67%	-0.05%
10	金谷信托	8.94%	-18.47%	6.32%
11	华宸信托	7.65%	-3.43%	0.02%
12	大业信托	6.71%	-3.74%	-6.02%
13	中航信托	5.68%	-10.03%	11.99%
14	西藏信托	5.55%	-3.18%	13.23%
15	工商信托	5.39%	1.27%	-2.42%
16	交银国信	5.20%	-0.71%	0.19%
17	长安国信	4.92%	-1.63%	2.87%
18	英大信托	4.77%	0.34%	1.89%
19	新时代	4.62%	-5.02%	-16.91%
20	湖南信托	4.55%	-11.97%	-19.42%
21	四川信托	4.53%	14.28%	1.65%
22	国投泰康	4.45%	1.33%	-12.02%
23	光大兴陇	4.30%	2.08%	-5.70%
24	天津信托	3.86%	17.12%	5.84%
25	中融信托	3.72%	-6.61%	0.91%
26	华澳信托	3.57%	-11.53%	-7.10%
27	吉林信托	3.39%	0.14%	-29.31%
28	平安信托	3.20%	0.52%	8.35%
29	华鑫信托	2.59%	1.97%	15.32%
30	浙商金汇	2.46%	17.46%	4.16%
31	华能贵诚	1.69%	-13.73%	4.89%
32	建信信托	1.66%	-5.47%	-5.30%
33	北京国信	1.21%	14.65%	4.31%
34	山东国信	0.81%	18.32%	-5.28%
35	中泰信托	0.40%	-11.79%	-7.80%

续表

序号	公司简称	2018年	2017年	2016年
36	中江国信	0.15%	1.42%	-12.66%
37	华润信托	0.06%	4.08%	0.06%
38	中诚信托	0.03%	5.40%	3.15%
39	国元信托	-0.20%	5.32%	0.02%
40	江苏国信	-0.36%	-0.10%	-10.45%
41	昆仑信托	-0.65%	-19.32%	-19.18%
42	陕西国信	-0.87%	-2.63%	-6.23%
43	陆家嘴信托	-0.97%	4.72%	1.45%
44	厦门国信	-1.16%	-6.84%	-12.59%
45	苏州信托	-1.27%	0.56%	1.17%
46	爱建信托	-1.89%	10.11%	-6.64%
47	云南国信	-2.06%	3.16%	1.52%
48	重庆国信	-2.17%	-1.59%	5.42%
49	中粮信托	-2.30%	6.26%	-0.60%
50	国联信托	-2.90%	0.56%	-3.92%
51	渤海信托	-3.35%	-0.07%	-5.03%
52	百瑞信托	-4.78%	4.21%	-6.49%
53	西部信托	-4.85%	3.82%	2.92%
54	紫金信托	-5.33%	7.42%	2.15%
55	中铁信托	-5.83%	-1.41%	5.56%
56	粤财信托	-6.22%	5.69%	2.34%
57	中信信托	-7.06%	1.94%	2.59%
58	中原信托	-7.91%	15.94%	14.06%
59	兴业信托	-7.93%	16.67%	0.42%
60	上海国信	-8.77%	3.31%	-12.01%
61	华宝信托	-8.85%	18.24%	-0.40%
62	长城新盛	-9.79%	13.12%	-19.20%
63	中建投信托	-10.53%	-4.36%	0.26%
64	外贸信托	-12.47%	26.83%	0.33%
65	华信信托	-12.50%	2.32%	-8.79%
66	国民信托	-14.13%	1.24%	-11.64%
67	万向信托	-15.72%	7.40%	-12.52%
68	中海信托	-43.19%	-2.84%	-36.72%

二、自营资产规模的公司分析

从自营资产规模排名来看,2018 年度,自营资产规模最大的信托公司前五名为:重庆国信(2978535 万元)、中信信托(2753179 万元)、平安信托(2510927 万元)、中融信托(2393427 万元)和华润信托(2318059 万元)。

同时,2013 年自营资产规模达到 20 亿元以上的公司有 52 家,2014 年则增至 56 家,2015 年增至 63 家,2016 年达到 65 家,2017 年维持在 65 家,2018 年达到 66 家。另外,2005 年以来,平安信托的自营资产规模一直是行业第一名。2008—2010 年期间,平安信托是唯一一家自营资产规模超过 100 亿元的信托公司,到了 2011 年,中诚信托和华润信托的自营资产规模也超过了 100 亿元,至 2012 年,中信信托自营资产规模也破百亿元,2014 年平安信托和中信信托资产总额均超过 200 亿元。至 2018 年,资产总额超过 200 亿元的公司已达 8 家。

从自营资产规模增幅来看,2018 年度,自营资产规模增幅前五名的公司为光大兴陇(88.15%)、江苏国信(55.70%)、华能贵诚(54.00%)、东莞信托(50.49%)以及英大信托(49.73%)。另外,自营资产规模发生下滑的公司达到了 17 家。

第二节 自营资产分布

一、自营资产分布的行业分析

从本报告掌握的 2018 年度的年报披露情况来看,有 51 家信托公司公布了自营资产的行业分布情况。

信托公司的自营资产可以分为基础产业资产、房地产业资产、证券业资产、实业资产以及金融机构等五大行业类别以及其他行业资产类别。2014—2018 年,信托公司自营资产的行业分布特征如图 5-1 所示。

从图 5-1 可以发现,2015 年自营资产在实业的分布比例是大幅下降的,由 2014 年的 15.01% 降至 2015 年的 4.35%,2016 年上升至 7.41%,2017 年持续上升到 10.92%,2018 年则小幅下降至 10.66%。

基础产业资产比例也在 2015 年出现了大幅下跌,由 2014 年的 15.33% 回落至 2015 年

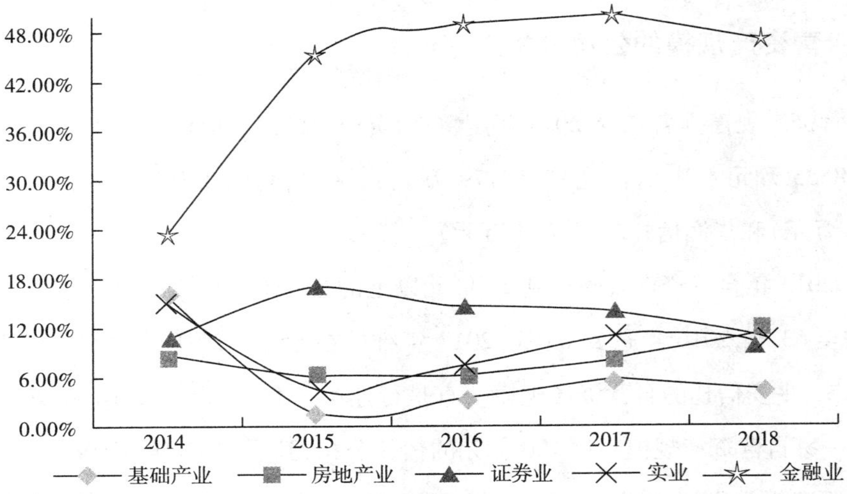

图 5－1　2014—2018 年信托公司自营资产的行业分布

的 1.65%，2016 年小幅回升至 3.08%，2017 年达到 5.41%，2018 年又小幅回落至 4.19%。

房地产业资产比例变化相对平缓，2014 年保持在 8.50% 的比例，2015 年回落至 5.91%，2016 年缓慢回升至 6.29%，2017 年达到 8.02%，2018 年则大幅回升至 11.06%。

证券业资产比例 2014 年维持在 10.79%，2015 年大幅上升至 16.69%，2016 年及 2017 年都出现了小幅的下降，2016 年为 14.44%，2017 年下降至 13.85%，2018 年继续下降至 10.82%。

自 2009 年以来，据可以获得金融机构资产数据显示，在自营资产中，金融机构资产比例一直是各种资产中最高的。2014 年该比例为 23.30%，2015 年大幅增加至 45.37%，2016 年继续上升到 48.91%，2017 年更是达到了 50%，2018 年则小幅下降至 47.10%。

表 5－12 总结了 2014—2018 年度信托公司自营资产的行业分布描述性统计。

表 5－12　　2014—2018 年度信托公司自营资产行业分布统计分析表

项目		2014 年	2015 年	2016 年	2017 年	2018 年
披露公司数目		63	63	66	65	51
基础产业资产	平均规模（万元）	146268	11384	10754	45539	36287
	平均占比	15.33%	1.65%	3.08%	5.41%	4.19%
	该值为 0 的公司数	46	47	28	10	6
	占比最大值	55.06%	39.57%	48.00%	34.60%	20.02%
	占比最小值	0.00%	0.00%	0.00%	0.00%	0.00%
	占比标准差	9.80%	6.94%	7.77%	7.70%	5.62%
	占比变异系数	0.64	4.21	2.52	1.42	1.34

续表

项目		2014 年	2015 年	2016 年	2017 年	2018 年
房地产业资产	平均规模(万元)	81109	40816	38283	87461	119376
	平均占比	8.50%	5.91%	6.29%	8.02%	11.06%
	该值为0的公司数	31	29	17	6	3
	占比最大值	42.90%	41.37%	51.38%	41.00%	49.78%
	占比最小值	0.00%	0.00%	0.00%	0.00%	0.00%
	占比标准差	10.35%	8.97%	9.90%	10.92%	12.57%
	占比变异系数	1.22	1.52	1.57	1.24	1.14
证券业资产	平均规模(万元)	102958	115297	112893	126913	110983
	平均占比	10.79%	16.69%	14.44%	13.85%	10.82%
	该值为0的公司数	7	7	2	1	0
	占比最大值	82.03%	83.72%	81.97%	68.31%	58.60%
	占比最小值	0.00%	0.00%	0.00%	0.00%	0.04%
	占比标准差	18.65%	18.33%	16.83%	14.71%	12.52%
	占比变异系数	1.73	1.10	1.17	1.06	1.16
实业资产	平均规模(万元)	143244	30049	53068	438570	103829
	平均占比	15.01%	4.35%	7.41%	10.92%	10.66%
	该值为0的公司数	24	29	19	8	5
	占比最大值	34.27%	28.95%	56.02%	66.05%	77.06%
	占比最小值	0.00%	0.00%	0.00%	0.00%	0.00%
	占比标准差	10.54%	7.04%	12.76%	16.74%	17.61%
	占比变异系数	0.7	1.62	1.72	1.53	1.65
金融业	平均规模(万元)	222315	313499	397058	494508	487636
	平均占比	23.30%	45.37%	48.91%	50.00%	47.10%
	该值为0的公司数	3	2	0	0	0
	占比最大值	96.19%	96.15%	98.42%	97.26%	98.36%
	占比最小值	0.00%	0.00%	1.82%	2.64%	0.35%
	占比标准差	28.10%	30.06%	29.62%	28.75%	30.80%
	占比变异系数	1.21	0.66	0.61	0.57	0.65

二、自营资产分布的公司分析

具体数据如表5-13至表5-27所示。

表5-13　　2018年度各项自营资产比例最大的前三名

项目	第一名	第二名	第三名
基础产业资产	万向信托（20.02%）	爱建信托（18.11%）	华澳信托（9.64%）
房地产业资产	新华信托（49.78%）	爱建信托（42.13%）	交银国信（35.71%）
证券业资产	吉林信托（58.60%）	西部信托（47.32%）	兴业信托（34.52%）
实业资产	华澳信托（77.06%）	渤海信托（67.50%）	北京国信（39.06%）
金融机构	粤财信托（98.36%）	英大信托（97.14%）	江苏国信（95.16%）

注：公司名称后括号中数字为该行业资产占比。

表5-14　　2018年度各项自营资产规模最大的前三名

项目	第一名	第二名	第三名
基础产业资产	爱建信托（180387）	昆仑信托（115636）	交银国信（94998）
房地产业资产	中诚信托（438057）	交银国信（433027）	爱建信托（419753）
证券业资产	中融信托（937639）	兴业信托（633702）	吉林信托（391908）
实业资产	渤海信托（947498）	平安信托（464589）	北京国信（462195）
金融机构	重庆国信（2535189）	平安信托（1965067）	江苏国信（1964435）

注：公司名称后括号中数字为该行业资产规模，单位：万元。

表5-15　　自营资产金融机构资产序列表（2018年度）　　单位：万元

序号	公司简称	2018年	2017年	2016年
1	重庆国信	2535189	2234079	1894765
2	平安信托	1965067	2164492	1766540
3	江苏国信	1964435	1281771	1084542
4	华能贵诚	1807017	1271273	1358833
5	上海国信	1403923	1491752	1220027
6	华润信托	1293502	1295743	1216868
7	中诚信托	1181579	1286643	784717

续表

序号	公司简称	2018 年	2017 年	2016 年
8	英大信托	875912	592890	508226
9	新时代	801889	606919	850011
10	中江国信	728975	983480	未披露
11	中原信托	703010	622771	487526
12	粤财信托	640176	614793	481893
13	北京国信	484820	未披露	360820
14	国元信托	482678	511044	443816
15	中建投信托	471361	799196	618036
16	中铁信托	450858	419505	484088
17	长安国信	448047	418954	475949
18	厦门国信	411739	78372	79531
19	中海信托	396071	554210	852412
20	渤海信托	384803	649366	501973
21	工商信托	382758	285383	73892
22	紫金信托	378641	364875	322785
23	天津信托	377935	243613	260016
24	苏州信托	363033	323347	310336
25	金谷信托	341478	326354	322785
26	四川信托	300945	279702	34260
27	国联信托	264331	306915	425625
28	西部信托	263586	287528	243988
29	中融信托	254763	300326	206033
30	北方国信	234446	191070	46350
31	中泰信托	200892	197228	189755
32	万向信托	193676	254321	95200
33	浙商金汇	191158	208281	34260
34	光大兴陇	173902	210384	209452
35	爱建信托	136169	261496	109629
36	外贸信托	115772	129628	82479
37	长城新盛	108518	114045	68075
38	吉林信托	105722	89017	190676
39	西藏信托	103190	110353	118746
40	昆仑信托	76050	55250	72219
41	华宸信托	74053	25215	25215
42	山西信托	60247	62146	98456

续表

序号	公司简称	2018年	2017年	2016年
43	国投信托	59171	59171	116282
44	兴业信托	58145	106456	116274
45	新华信托	53104	59133	62125
46	交银国信	32000	149189	77000
47	东莞信托	26879	21298	21029
48	陆家嘴信托	10631	14495	10352
49	百瑞信托	7580	31163	31163
50	华澳信托	2000	41259	274578
51	华信信托	未披露	847749	未披露
52	安信信托	未披露	未披露	未披露
53	云南国信	未披露	未披露	未披露
54	华融国信	未披露	781463	732593
55	中航信托	未披露	647962	636428
56	五矿信托	未披露	1110891	636428
57	华宝信托	未披露	871871	635754
58	华鑫信托	未披露	291669	481404
59	民生信托	未披露	700529	481404
60	建信信托	未披露	398466	441955
61	中信信托	未披露	1162217	438386
62	陕西国信	未披露	370879	321925
63	中粮信托	未披露	233278	274578
64	国民信托	未披露	235745	171819
65	湖南信托	未披露	532675	140043
66	山东国信	未披露	未披露	136108
67	大业信托	未披露	104503	95200
68	方正信托	未披露	372737	68075

表5－16　　自营资产金融机构占比序列表(2018年度)

序号	公司简称	2018年	2017年	2016年
1	粤财信托	98.36%	98.24%	98.42%
2	英大信托	97.14%	95.60%	90.10%
3	江苏国信	95.16%	96.67%	94.08%
4	紫金信托	89.84%	85.80%	87.79%
5	重庆国信	85.12%	79.41%	73.62%
6	上海国信	84.99%	89.48%	87.90%

续表

序号	公司简称	2018 年	2017 年	2016 年
7	华能贵诚	84.77%	91.85%	92.65%
8	长城新盛	79.03%	96.78%	96.46%
9	平安信托	78.26%	77.56%	67.65%
10	浙商金汇	78.09%	78.09%	37.93%
11	中江国信	77.35%	84.80%	未披露
12	工商信托	73.53%	57.50%	18.42%
13	中原信托	73.49%	61.94%	64.23%
14	苏州信托	73.18%	67.58%	62.92%
15	金谷信托	72.08%	79.47%	37.79%
16	厦门国信	69.71%	13.56%	16.39%
17	新时代	69.70%	58.65%	34.22%
18	国元信托	64.83%	69.75%	71.11%
19	华宸信托	60.89%	19.21%	17.57%
20	华润信托	55.80%	59.67%	55.95%
21	中海信托	55.19%	51.70%	79.42%
22	中建投信托	54.77%	90.36%	76.00%
23	中诚信托	52.60%	58.15%	41.18%
24	国联信托	51.93%	56.69%	74.96%
25	天津信托	50.44%	38.71%	57.99%
26	长安国信	50.03%	49.33%	64.39%
27	万向信托	49.83%	62.61%	32.94%
28	西部信托	47.45%	39.19%	28.27%
29	北方国信	45.50%	41.77%	10.19%
30	中泰信托	44.07%	44.71%	40.12%
31	北京国信	40.97%	未披露	42.27%
32	西藏信托	38.83%	44.82%	53.91%
33	中铁信托	34.15%	32.54%	42.99%
34	四川信托	30.11%	32.21%	37.93%
35	渤海信托	27.42%	46.35%	58.63%
36	山西信托	25.48%	28.65%	43.03%
37	吉林信托	15.81%	13.42%	28.76%
38	光大兴陇	15.79%	35.93%	40.04%
39	爱建信托	13.67%	36.14%	19.66%
40	国投信托	8.32%	9.55%	19.68%
41	中融信托	8.29%	10.43%	8.03%

续表

序号	公司简称	2018年	2017年	2016年
42	外贸信托	7.72%	10.35%	10.53%
43	新华信托	6.82%	8.97%	8.08%
44	昆仑信托	5.77%	4.24%	11.24%
45	东莞信托	4.13%	4.92%	5.13%
46	兴业信托	3.17%	5.61%	8.23%
47	交银国信	2.64%	14.34%	10.05%
48	百瑞信托	0.80%	3.44%	4.18%
49	华澳信托	0.35%	8.53%	66.54%
50	陆家嘴信托	1.55%	2.64%	1.82%
51	华信信托	未披露	62.33%	未披露
52	安信信托	未披露	未披露	未披露
53	云南国信	未披露	未披露	未披露
54	方正信托	未披露	64.69%	96.46%
55	中航信托	未披露	54.79%	88.32%
56	五矿信托	未披露	94.15%	88.32%
57	华宝信托	未披露	82.85%	83.92%
58	华融国信	未披露	62.10%	72.06%
59	中粮信托	未披露	44.79%	66.54%
60	国民信托	未披露	54.73%	42.74%
61	建信信托	未披露	34.33%	40.69%
62	华鑫信托	未披露	58.40%	38.06%
63	民生信托	未披露	52.53%	38.06%
64	陕西国信	未披露	39.25%	33.87%
65	大业信托	未披露	43.08%	32.94%
66	湖南信托	未披露	60.04%	29.42%
67	山东国信	未披露	未披露	19.16%
68	中信信托	未披露	43.78%	18.13%

表5-17　自营资产金融机构增加序列表(2018年度)　　单位:万元

序号	公司简称	2018年	2017年	2016年
1	江苏国信	682664	197229	451815
2	华能贵诚	535744	-87560	410217
3	北京国信	484820	未披露	-80033
4	厦门国信	333367	-1159	13596
5	重庆国信	301110	339315	193419

续表

序号	公司简称	2018 年	2017 年	2016 年
6	英大信托	283022	84664	66015
7	新时代	194970	-243092	507236
8	天津信托	134322	-16403	30871
9	工商信托	97375	211491	5259
10	中原信托	80239	135245	115230
11	华宸信托	48837	0	-43088
12	北方国信	43375	144720	12630
13	苏州信托	39686	13011	62398
14	中铁信托	31353	-64583	188661
15	长安国信	29093	-56994	342488
16	粤财信托	25383	132900	42123
17	四川信托	21243	245442	-235488
18	昆仑信托	20800	-16969	20969
19	吉林信托	16705	-101660	未披露
20	金谷信托	15124	3569	-109138
21	紫金信托	13766	42090	148909
22	东莞信托	5580	270	2376
23	中泰信托	3664	7474	-904
24	国投信托	0	-57111	61882
25	山西信托	-1899	-36311	11495
26	华润信托	-2241	78875	-18182
27	陆家嘴信托	-3864	4143	-70215
28	长城新盛	-5527	45970	26823
29	新华信托	-6029	-2992	7506
30	西藏信托	-7163	-8392	-15701
31	外贸信托	-13856	47149	3477
32	浙商金汇	-17124	174021	8109
33	百瑞信托	-23583	0	0
34	西部信托	-23942	43540	59787
35	国元信托	-28365	67227	37043
36	光大兴陇	-36482	932	161396
37	华澳信托	-39259	-233319	173365
38	国联信托	-42584	-118710	151237
39	中融信托	-45563	94293	47106
40	兴业信托	-48312	-9817	19308

续表

序号	公司简称	2018 年	2017 年	2016 年
41	万向信托	-60645	159121	-14976
42	上海国信	-87829	271725	724692
43	中诚信托	-105064	501926	12285
44	交银国信	-117189	72189	45000
45	爱建信托	-125327	151867	43423
46	中海信托	-158139	-298202	539340
47	平安信托	-199426	397953	-536276
48	中江国信	-203506	未披露	未披露
49	渤海信托	-264796	147626	234685
50	中建投信托	-327836	181161	122451
51	华信信托	未披露	未披露	未披露
52	安信信托	未披露	未披露	未披露
53	陕西国信	未披露	48954	未披露
54	云南国信	未披露	未披露	未披露
55	大业信托	未披露	9303	未披露
56	中航信托	未披露	11534	417372
57	华融国信	未披露	48870	316237
58	华鑫信托	未披露	-189735	239301
59	华宝信托	未披露	236117	185814
60	山东国信	未披露	未披露	120051
61	民生信托	未披露	219125	65503
62	湖南信托	未披露	392632	55624
63	五矿信托	未披露	474463	49607
64	方正信托	未披露	304662	26471
65	国民信托	未披露	63926	-17821
66	中粮信托	未披露	-41300	-30894
67	建信信托	未披露	-43490	-46494
68	中信信托	未披露	723831	-307915

表 5-18　　自营基础产业资产序列表(2018 年度)　　单位:万元

序号	公司简称	2018 年	2017 年	2016 年
1	爱建信托	180387	37402	29646
2	昆仑信托	115636	200572	64620
3	交银国信	94998	190717	50000
4	万向信托	77790	47350	41370

续表

序号	公司简称	2018 年	2017 年	2016 年
5	中诚信托	65730	13660	5460
6	华澳信托	55000	120000	未披露
7	国元信托	50200	72000	55000
8	天津信托	50080	42060	28220
9	四川信托	45500	30500	0
10	兴业信托	32796	未披露	0
11	长安国信	19602	未披露	5000
12	新华信托	16926	6948	12596
13	外贸信托	14737	10435	0
14	北方国信	6588	6328	6000
15	英大信托	3947	0	40000
16	华宸信托	2661	未披露	0
17	渤海信托	2031	28500	49092
18	厦门国信	0	36892	36938
19	中融信托	0	0	0
20	江苏国信	0	0	0
21	工商信托	0	0	0
22	云南国信	0	0	0
23	华信信托	未披露	0	未披露
24	建信信托	未披露	未披露	未披露
25	国民信托	未披露	未披露	未披露
26	华宝信托	未披露	0	未披露
27	国联信托	未披露	未披露	未披露
28	安信信托	未披露	未披露	未披露
29	新时代	未披露	未披露	未披露
30	山东国信	未披露	未披露	未披露
31	华润信托	未披露	未披露	未披露
32	中江国信	未披露	未披露	未披露
33	国投信托	未披露	未披露	未披露
34	西部信托	未披露	未披露	未披露
35	重庆国信	未披露	未披露	未披露
36	华能贵诚	未披露	未披露	未披露
37	中航信托	未披露	91910	未披露
38	金谷信托	未披露	未披露	未披露
39	方正信托	未披露	未披露	未披露

续表

序号	公司简称	2018年	2017年	2016年
40	五矿信托	未披露	未披露	未披露
41	中粮信托	未披露	未披露	未披露
42	紫金信托	未披露	未披露	未披露
43	长城新盛	未披露	未披露	未披露
44	湖南信托	未披露	246958	228461
45	大业信托	未披露	未披露	41370
46	华鑫信托	未披露	0	14000
47	民生信托	未披露	36900	14000
48	百瑞信托	未披露	1500	9500
49	上海国信	未披露	未披露	0
50	中海信托	未披露	未披露	0
51	平安信托	未披露	未披露	0
52	吉林信托	未披露	未披露	0
53	东莞信托	未披露	未披露	0
54	西藏信托	未披露	未披露	0
55	山西信托	未披露	未披露	0
56	光大兴陇	未披露	未披露	0
57	中信信托	未披露	未披露	0
58	苏州信托	未披露	未披露	0
59	华融国信	未披露	0	0
60	粤财信托	未披露	未披露	0
61	中原信托	未披露	未披露	0
62	中泰信托	未披露	未披露	0
63	陕西国信	未披露	100000	0
64	中建投信托	未披露	未披露	0
65	中铁信托	未披露	0	0
66	陆家嘴信托	未披露	未披露	0
67	浙商金汇	未披露	未披露	0
68	北京国信	0	未披露	0

表5-19　　自营资产分布基础产业占比序列表(2018年度)

序号	公司简称	2018年	2017年	2016年
1	万向信托	20.02%	11.66%	14.31%
2	爱建信托	18.11%	5.17%	5.32%
3	华澳信托	9.64%	24.80%	未披露

续表

序号	公司简称	2018 年	2017 年	2016 年
4	昆仑信托	8.78%	15.39%	10.06%
5	交银国信	7.83%	18.34%	6.53%
6	国元信托	6.74%	9.83%	8.81%
7	天津信托	6.68%	6.68%	6.29%
8	四川信托	4.55%	3.51%	0.00%
9	中诚信托	2.93%	0.62%	0.29%
10	华宸信托	2.19%	未披露	0.00%
11	长安国信	2.19%	未披露	0.67%
12	新华信托	2.18%	1.05%	1.64%
13	兴业信托	1.79%	未披露	0.00%
14	北方国信	1.28%	1.38%	1.32%
15	外贸信托	0.98%	0.83%	0.00%
16	英大信托	0.44%	0.00%	7.09%
17	渤海信托	0.14%	2.03%	5.73%
18	厦门国信	0.00%	6.39%	7.61%
19	中融信托	0.00%	0.00%	0.00%
20	江苏国信	0.00%	0.00%	0.00%
21	工商信托	0.00%	0.00%	0.00%
22	云南国信	0.00%	0.00%	0.00%
23	北京国信	0.00%	未披露	0.00%
24	华信信托	未披露	0.00%	未披露
25	上海国信	未披露	未披露	0.00%
26	中海信托	未披露	未披露	0.00%
27	平安信托	未披露	未披露	0.00%
28	吉林信托	未披露	未披露	0.00%
29	东莞信托	未披露	未披露	0.00%
30	西藏信托	未披露	未披露	0.00%
31	山西信托	未披露	未披露	0.00%
32	光大兴陇	未披露	未披露	0.00%
33	中信信托	未披露	未披露	0.00%
34	苏州信托	未披露	未披露	0.00%
35	华融国信	未披露	0.00%	0.00%
36	粤财信托	未披露	未披露	0.00%
37	百瑞信托	未披露	0.17%	1.27%
38	中原信托	未披露	未披露	0.00%

续表

序号	公司简称	2018年	2017年	2016年
39	湖南信托	未披露	27.84%	48.00%
40	建信信托	未披露	未披露	未披露
41	国民信托	未披露	未披露	未披露
42	华宝信托	未披露	0.00%	未披露
43	中泰信托	未披露	未披露	0.00%
44	国联信托	未披露	未披露	未披露
45	安信信托	未披露	未披露	未披露
46	陕西国信	未披露	10.59%	0.00%
47	新时代	未披露	未披露	未披露
48	山东国信	未披露	未披露	未披露
49	华润信托	未披露	未披露	未披露
50	中江国信	未披露	未披露	未披露
51	国投信托	未披露	未披露	未披露
52	西部信托	未披露	未披露	未披露
53	重庆国信	未披露	未披露	未披露
54	中建投信托	未披露	未披露	0.00%
55	中铁信托	未披露	0.00%	0.00%
56	陆家嘴信托	未披露	未披露	0.00%
57	华能贵诚	未披露	未披露	未披露
58	中航信托	未披露	7.77%	未披露
59	金谷信托	未披露	未披露	未披露
60	方正信托	未披露	未披露	未披露
61	大业信托	未披露	未披露	14.31%
62	华鑫信托	未披露	0.00%	1.11%
63	五矿信托	未披露	未披露	未披露
64	中粮信托	未披露	未披露	未披露
65	紫金信托	未披露	未披露	未披露
66	长城新盛	未披露	未披露	未披露
67	浙商金汇	未披露	未披露	0.00%
68	民生信托	未披露	2.77%	1.11%

表5-20　　自营资产分布房地产资产序列表(2018年度)　　单位:万元

序号	公司简称	2018年	2017年	2016年
1	中诚信托	438057	643195	297511
2	交银国信	433027	229000	66918

续表

序号	公司简称	2018年	2017年	2016年
3	爱建信托	419753	195278	286403
4	新华信托	387505	250539	246309
5	华润信托	351638	322272	未披露
6	昆仑信托	318770	301500	117300
7	四川信托	136600	45832	0
8	北京国信	129231	未披露	43000
9	中建投信托	123239	36155	116545
10	百瑞信托	123000	50000	1000
11	外贸信托	90909	103375	64036
12	长安国信	87900	1293	1493
13	兴业信托	86697	158553	204812
14	国元信托	62464	82364	23505
15	万向信托	61190	75310	20380
16	中融信托	59041	105989	0
17	国联信托	56218	7440	1940
18	重庆国信	40373	150652	151836
19	中原信托	38108	80132	96482
20	工商信托	35000	60000	48000
21	吉林信托	21099	20576	21046
22	天津信托	21030	35060	6932
23	北方国信	19920	18314	57162
24	平安信托	15281	14982	71102
25	华宸信托	15019	38026	38026
26	渤海信托	8626	48430	143013
27	金谷信托	1574	27016	未披露
28	厦门国信	0	0	0
29	江苏国信	0	0	0
30	云南国信	0	0	0
31	华信信托	未披露	0	未披露
32	建信信托	未披露	未披露	未披露
33	国民信托	未披露	未披露	未披露
34	安信信托	未披露	未披露	未披露
35	新时代	未披露	未披露	未披露
36	山东国信	未披露	未披露	未披露
37	中江国信	未披露	未披露	未披露

续表

序号	公司简称	2018年	2017年	2016年
38	国投信托	未披露	未披露	未披露
39	西部信托	未披露	未披露	未披露
40	华能贵诚	未披露	未披露	未披露
41	中航信托	未披露	12979	未披露
42	华澳信托	未披露	0	未披露
43	方正信托	未披露	未披露	未披露
44	五矿信托	未披露	未披露	未披露
45	中粮信托	未披露	未披露	未披露
46	紫金信托	未披露	未披露	未披露
47	长城新盛	未披露	未披露	未披露
48	中信信托	未披露	261224	307266
49	陕西国信	未披露	未披露	55000
50	华鑫信托	未披露	6199	38780
51	民生信托	未披露	27336	38780
52	大业信托	未披露	未披露	20380
53	光大兴陇	未披露	1876	8876
54	湖南信托	未披露	未披露	4900
55	苏州信托	未披露	未披露	4397
56	华宝信托	未披露	84	89
57	上海国信	未披露	未披露	0
58	中海信托	未披露	未披露	0
59	东莞信托	未披露	未披露	0
60	西藏信托	未披露	未披露	0
61	山西信托	未披露	未披露	0
62	华融国信	未披露	0	0
63	粤财信托	未披露	未披露	0
64	中泰信托	未披露	未披露	0
65	英大信托	未披露	未披露	0
66	中铁信托	未披露	0	0
67	陆家嘴信托	未披露	未披露	0
68	浙商金汇	未披露	未披露	0

表5－21 自营资产分布房地产资产占比序列表(2018年)

序号	公司简称	2018年	2017年	2016年
1	新华信托	49.78%	38.02%	32.02%
2	爱建信托	42.13%	26.99%	51.38%
3	交银国信	35.71%	22.02%	8.74%
4	昆仑信托	24.19%	23.13%	18.26%
5	中诚信托	19.50%	29.06%	15.61%
6	万向信托	15.74%	18.54%	7.05%
7	华润信托	15.17%	14.84%	未披露
8	中建投信托	14.32%	4.09%	14.33%
9	四川信托	13.67%	5.28%	0.00%
10	百瑞信托	12.96%	5.51%	0.13%
11	华宸信托	12.35%	28.97%	26.50%
12	国联信托	11.04%	1.37%	0.34%
13	北京国信	10.92%	15.12%	5.04%
14	长安国信	9.81%	0.15%	0.20%
15	国元信托	8.39%	11.24%	3.77%
16	工商信托	6.72%	12.09%	11.97%
17	外贸信托	6.06%	8.25%	8.18%
18	兴业信托	4.72%	8.36%	14.50%
19	中原信托	3.98%	7.97%	12.07%
20	北方国信	3.87%	4.00%	12.57%
21	吉林信托	3.15%	3.10%	3.17%
22	天津信托	2.81%	5.57%	1.55%
23	中融信托	1.92%	3.68%	0.00%
24	重庆国信	1.36%	5.35%	5.90%
25	渤海信托	0.61%	3.46%	16.70%
26	平安信托	0.61%	0.54%	2.72%
27	金谷信托	0.33%	6.58%	未披露
28	厦门国信	0.00%	0.00%	0.00%
29	江苏国信	0.00%	0.00%	0.00%
30	云南国信	0.00%	0.00%	0.00%
31	华信信托	未披露	0.00%	未披露
32	建信信托	未披露	未披露	未披露
33	国民信托	未披露	未披露	未披露
34	安信信托	未披露	未披露	未披露
35	新时代	未披露	未披露	未披露

续表

序号	公司简称	2018年	2017年	2016年
36	山东国信	未披露	未披露	未披露
37	中江国信	未披露	未披露	未披露
38	国投信托	未披露	未披露	未披露
39	西部信托	未披露	未披露	未披露
40	华能贵诚	未披露	未披露	未披露
41	中航信托	未披露	1.10%	未披露
42	华澳信托	未披露	0.00%	未披露
43	方正信托	未披露	未披露	未披露
44	五矿信托	未披露	未披露	未披露
45	中粮信托	未披露	未披露	未披露
46	紫金信托	未披露	未披露	未披露
47	长城新盛	未披露	未披露	未披露
48	中信信托	未披露	9.84%	12.71%
49	大业信托	未披露	未披露	7.05%
50	陕西国信	未披露	未披露	5.79%
51	华鑫信托	未披露	1.20%	3.07%
52	民生信托	未披露	2.05%	3.07%
53	光大兴陇	未披露	0.32%	1.70%
54	湖南信托	未披露	未披露	1.03%
55	苏州信托	未披露	未披露	0.89%
56	华宝信托	未披露	0.01%	0.01%
57	上海国信	未披露	未披露	0.00%
58	中海信托	未披露	未披露	0.00%
59	东莞信托	未披露	未披露	0.00%
60	西藏信托	未披露	未披露	0.00%
61	山西信托	未披露	未披露	0.00%
62	华融国信	未披露	0.00%	0.00%
63	粤财信托	未披露	未披露	0.00%
64	中泰信托	未披露	未披露	0.00%
65	英大信托	未披露	未披露	0.00%
66	中铁信托	未披露	0.00%	0.00%
67	陆家嘴信托	未披露	未披露	0.00%
68	浙商金汇	未披露	未披露	0.00%

表 5-22　　自营资产分布证券资产序列表(2018 年)　　单位:万元

序号	公司简称	2018 年	2017 年	2016 年
1	中融信托	937639	520300	713921
2	兴业信托	633702	430174	123627
3	吉林信托	391908	455058	400201
4	交银国信	323500	190400	26773
5	西部信托	262909	427397	598886
6	重庆国信	191597	222026	283992
7	外贸信托	173099	269655	226266
8	上海国信	171207	104959	113611
9	华润信托	156843	46867	105225
10	国投信托	156174	101253	116282
11	长安国信	145821	320791	183917
12	昆仑信托	111630	129334	72613
13	百瑞信托	99420	59704	57389
14	厦门国信	91892	71800	57465
15	天津信托	90735	122107	22280
16	陆家嘴信托	84902	76164	115944
17	中海信托	83807	306664	56799
18	北京国信	78913	530738	149472
19	西藏信托	67497	74312	70249
20	中铁信托	65987	15220	500
21	浙商金汇	64880	25070	30277
22	苏州信托	56338	79589	125204
23	东莞信托	50820	41497	58754
24	新时代	49637	51769	未披露
25	北方国信	44314	79808	10979
26	紫金信托	35568	52615	35226
27	国元信托	34081	11969	51705
28	山西信托	33724	29193	9490
29	中诚信托	32201	75805	664860
30	中泰信托	30708	42809	33934
31	国联信托	27408	19942	21605
32	光大兴陇	23943	36432	12074
33	四川信托	19838	43169	30277
34	云南国信	14000	14191	288
35	英大信托	10810	20050	12169

续表

序号	公司简称	2018 年	2017 年	2016 年
36	中建投信托	6529	17736	40641
37	渤海信托	6293	19211	42438
38	粤财信托	4787	4969	2804
39	新华信托	4526	69041	5052
40	江苏国信	4075	1580	7866
41	华宸信托	4032	52543	55990
42	爱建信托	3766	12093	31284
43	金谷信托	1574	10109	35226
44	工商信托	222	284	434
45	华信信托	未披露	462425	未披露
46	国民信托	未披露	未披露	未披露
47	安信信托	未披露	未披露	未披露
48	方正信托	未披露	47970	未披露
49	华鑫信托	未披露	201858	未披露
50	长城新盛	未披露	未披露	未披露
51	民生信托	未披露	未披露	未披露
52	中江国信	未披露	未披露	890040
53	华融国信	未披露	301673	214314
54	陕西国信	未披露	127120	177760
55	山东国信	未披露	502295	151672
56	中信信托	未披露	23742	150658
57	华澳信托	未披露	0	77612
58	中粮信托	未披露	174700	77612
59	华能贵诚	未披露	67291	72277
60	华宝信托	未披露	147674	65252
61	湖南信托	未披露	50859	26212
62	中航信托	未披露	59807	17653
63	五矿信托	未披露	30071	17653
64	大业信托	未披露	未披露	9650
65	万向信托	未披露	未披露	9650
66	建信信托	未披露	3990	1605
67	平安信托	未披露	未披露	0
68	中原信托	未披露	未披露	0

表 5-23 自营资产分布证券资产占比序列表（2018 年度）

序号	公司简称	2018 年	2017 年	2016 年
1	吉林信托	58.60%	68.62%	60.37%
2	西部信托	47.32%	58.25%	69.40%
3	兴业信托	34.52%	22.69%	8.75%
4	中融信托	30.51%	18.07%	27.83%
5	交银国信	26.68%	18.31%	3.50%
6	西藏信托	25.41%	30.19%	31.89%
7	国投信托	21.96%	16.34%	19.68%
8	长安国信	16.28%	37.77%	24.88%
9	山西信托	14.26%	13.46%	4.15%
10	厦门国信	13.90%	12.43%	11.84%
11	陆家嘴信托	12.38%	13.90%	20.41%
12	天津信托	12.11%	19.40%	4.97%
13	中海信托	11.68%	28.61%	5.29%
14	外贸信托	11.54%	21.52%	28.89%
15	苏州信托	11.36%	16.63%	25.38%
16	百瑞信托	10.47%	6.58%	7.70%
17	上海国信	10.37%	6.30%	8.19%
18	浙商金汇	9.40%	9.40%	33.53%
19	北方国信	8.60%	17.45%	24.08%
20	昆仑信托	8.47%	9.92%	11.30%
21	紫金信托	8.44%	12.37%	9.58%
22	东莞信托	7.81%	9.60%	14.33%
23	华润信托	6.77%	2.16%	5.70%
24	中泰信托	6.74%	9.70%	7.17%
25	北京国信	6.67%	5.81%	17.51%
26	重庆国信	6.43%	7.89%	11.03%
27	国联信托	5.38%	3.68%	3.81%
28	中铁信托	5.00%	1.18%	0.04%
29	国元信托	4.58%	1.64%	8.28%
30	云南国信	4.55%	5.07%	0.12%
31	新时代	4.31%	5.00%	未披露
32	华宸信托	3.32%	40.04%	39.20%
33	光大兴陇	2.17%	6.22%	2.31%
34	四川信托	1.98%	4.97%	33.53%
35	中诚信托	1.43%	3.43%	34.89%

续表

序号	公司简称	2018 年	2017 年	2016 年
36	英大信托	1.20%	3.23%	2.16%
37	中建投信托	0.76%	2.01%	5.00%
38	粤财信托	0.74%	0.79%	0.57%
39	新华信托	0.58%	10.48%	0.66%
40	渤海信托	0.45%	1.37%	4.96%
41	爱建信托	0.38%	1.67%	5.61%
42	金谷信托	0.33%	2.46%	9.58%
43	江苏国信	0.20%	0.12%	0.68%
44	工商信托	0.04%	0.06%	0.11%
45	华信信托	未披露	34.00%	未披露
46	国民信托	未披露	未披露	未披露
47	安信信托	未披露	未披露	未披露
48	方正信托	未披露	8.33%	未披露
49	华鑫信托	未披露	40.40%	未披露
50	长城新盛	未披露	未披露	未披露
51	民生信托	未披露	未披露	未披露
52	中江国信	未披露	未披露	81.97%
53	山东国信	未披露	34.95%	21.36%
54	华融国信	未披露	23.97%	21.07%
55	华澳信托	未披露	0.00%	18.81%
56	中粮信托	未披露	33.55%	18.81%
57	陕西国信	未披露	13.45%	18.70%
58	华宝信托	未披露	14.03%	8.61%
59	中信信托	未披露	0.89%	6.23%
60	湖南信托	未披露	5.73%	5.51%
61	华能贵诚	未披露	4.86%	4.93%
62	大业信托	未披露	未披露	3.34%
63	万向信托	未披露	未披露	3.34%
64	中航信托	未披露	5.06%	2.45%
65	五矿信托	未披露	2.55%	2.45%
66	建信信托	未披露	0.34%	0.15%
67	平安信托	未披露	未披露	0.00%
68	中原信托	未披露	未披露	0.00%

表5-24　　自营资产分布实业资产序列表（2018年度）　　单位：万元

序号	公司简称	2018年	2017年	2016年
1	渤海信托	947498	634366	63205
2	平安信托	464589	518069	684633
3	北京国信	462195	362168	290120
4	华澳信托	439902	240531	未披露
5	昆仑信托	173639	154280	141875
6	爱建信托	134812	3611	0
7	长安国信	117472	25986	27395
8	百瑞信托	115025	192701	136238
9	国元信托	105757	46480	40650
10	西藏信托	73938	41462	6794
11	新时代	71444	215923	未披露
12	外贸信托	67854	76346	0
13	中融信托	67788	177090	0
14	兴业信托	58145	48929	56291
15	苏州信托	42615	40818	25357
16	中海信托	40000	未披露	0
17	国联信托	39177	29056	17438
18	中诚信托	34680	46919	31919
19	天津信托	33921	112426	72799
20	四川信托	30682	45282	0
21	北方国信	30372	45762	30000
22	工商信托	22250	25250	10250
23	金谷信托	15919	565	未披露
24	华宸信托	15646	10805	14822
25	光大兴陇	9300	7295	22191
26	华润信托	8101	10339	未披露
27	厦门国信	4875	9795	9862
28	中原信托	2434	71666	71938
29	山西信托	2000	未披露	0
30	新华信托	1979	99423	127314
31	华能贵诚	0	未披露	未披露
32	吉林信托	0	0	0
33	东莞信托	0	0	0
34	江苏国信	0	0	0
35	云南国信	0	0	0

续表

序号	公司简称	2018年	2017年	2016年
36	华信信托	未披露	未披露	未披露
37	建信信托	未披露	未披露	未披露
38	国民信托	未披露	未披露	未披露
39	华宝信托	未披露	0	未披露
40	安信信托	未披露	未披露	未披露
41	山东国信	未披露	未披露	未披露
42	中江国信	未披露	未披露	未披露
43	国投信托	未披露	未披露	未披露
44	西部信托	未披露	未披露	未披露
45	中航信托	未披露	156576	未披露
46	方正信托	未披露	未披露	未披露
47	五矿信托	未披露	9376675	未披露
48	中粮信托	未披露	未披露	未披露
49	紫金信托	未披露	未披露	未披露
50	长城新盛	未披露	未披露	未披露
51	华鑫信托	未披露	0	708504
52	民生信托	未披露	30600	708504
53	陕西国信	未披露	未披露	116150
54	重庆国信	未披露	100075	100000
55	湖南信托	未披露	26529	46899
56	大业信托	未披露	未披露	20220
57	万向信托	未披露	15030	20220
58	中信信托	未披露	2100	6300
59	中建投信托	未披露	799196	720
60	上海国信	未披露	未披露	0
61	华融国信	未披露	0	0
62	粤财信托	未披露	未披露	0
63	中泰信托	未披露	未披露	0
64	英大信托	未披露	未披露	0
65	交银国信	未披露	未披露	0
66	中铁信托	未披露	0	0
67	陆家嘴信托	未披露	5859141	0
68	浙商金汇	未披露	未披露	0

表5-25 自营资产分布实业资产占比序列表(2018年度)

序号	公司简称	2018年	2017年	2016年
1	华澳信托	77.06%	49.72%	未披露
2	渤海信托	67.50%	45.27%	7.38%
3	北京国信	39.06%	未披露	33.99%
4	西藏信托	27.83%	16.84%	3.08%
5	平安信托	18.50%	18.56%	26.22%
6	国元信托	14.20%	6.34%	6.51%
7	爱建信托	13.53%	0.50%	0.00%
8	昆仑信托	13.18%	11.84%	22.08%
9	长安国信	13.12%	3.06%	3.71%
10	华宸信托	12.86%	8.23%	10.33%
11	百瑞信托	12.12%	21.25%	18.25%
12	苏州信托	8.59%	8.53%	5.14%
13	国联信托	7.70%	5.37%	3.07%
14	新时代	6.21%	20.87%	未披露
15	北方国信	5.89%	10.00%	6.60%
16	中海信托	5.57%	未披露	0.00%
17	天津信托	4.53%	17.87%	16.24%
18	外贸信托	4.52%	6.09%	0.00%
19	工商信托	4.27%	5.09%	2.56%
20	金谷信托	3.36%	0.14%	未披露
21	兴业信托	3.17%	2.58%	3.99%
22	四川信托	3.07%	5.21%	0.00%
23	中融信托	2.21%	6.15%	0.00%
24	中诚信托	1.54%	2.12%	1.67%
25	山西信托	0.85%	未披露	0.00%
26	光大兴陇	0.84%	1.25%	4.24%
27	厦门国信	0.83%	1.70%	2.03%
28	华润信托	0.35%	0.48%	未披露
29	新华信托	0.25%	15.09%	16.55%
30	中原信托	0.25%	7.13%	9.48%
31	华能贵诚	0.00%	未披露	未披露
32	吉林信托	0.00%	0.00%	0.00%
33	东莞信托	0.00%	0.00%	0.00%
34	江苏国信	0.00%	0.00%	0.00%
35	云南国信	0.00%	0.00%	0.00%

续表

序号	公司简称	2018年	2017年	2016年
36	华信信托	未披露	未披露	未披露
37	建信信托	未披露	未披露	未披露
38	国民信托	未披露	未披露	未披露
39	华宝信托	未披露	0.00%	未披露
40	安信信托	未披露	未披露	未披露
41	山东国信	未披露	未披露	未披露
42	中江国信	未披露	未披露	未披露
43	国投信托	未披露	未披露	未披露
44	西部信托	未披露	未披露	未披露
45	中航信托	未披露	13.25%	未披露
46	方正信托	未披露	未披露	未披露
47	五矿信托	未披露	18.10%	未披露
48	中粮信托	未披露	未披露	未披露
49	紫金信托	未披露	未披露	未披露
50	长城新盛	未披露	未披露	未披露
51	华鑫信托	未披露	0.00%	56.02%
52	民生信托	未披露	30.61%	56.02%
53	陕西国信	未披露	未披露	12.22%
54	湖南信托	未披露	2.99%	9.85%
55	大业信托	未披露	未披露	7.00%
56	万向信托	未披露	3.70%	7.00%
57	重庆国信	未披露	3.56%	3.89%
58	中信信托	未披露	0.08%	0.26%
59	中建投信托	未披露	90.36%	0.09%
60	上海国信	未披露	未披露	0.00%
61	华融国信	未披露	0.00%	0.00%
62	粤财信托	未披露	未披露	0.00%
63	中泰信托	未披露	未披露	0.00%
64	英大信托	未披露	未披露	0.00%
65	交银国信	未披露	未披露	0.00%
66	中铁信托	未披露	0.00%	0.00%
67	陆家嘴信托	未披露	20.42%	0.00%
68	浙商金汇	未披露	未披露	0.00%

表5-26 自营长期投资序列表(2018年度) 单位:万元

序号	公司简称	2018年	2017年	2016年
1	华润信托	1225140	1215493	1116494
2	外贸信托	879382	84883	79671
3	江苏国信	838608	714774	649023
4	重庆国信	780142	782562	737452
5	平安信托	767854	757850	587799
6	中铁信托	469899	499944	51679
7	中诚信托	450211	413235	372246
8	兴业信托	404516	374516	101834
9	国元信托	337606	347502	324680
10	中海信托	289733	271412	257834
11	中融信托	221453	214675	210101
12	中原信托	217053	205003	124761
13	中泰信托	200892	197228	189755
14	粤财信托	198777	178463	180088
15	国联信托	160257	159096	158619
16	上海国信	145668	145607	85376
17	天津信托	145234	93526	65214
18	四川信托	84453	84453	84453
19	厦门国信	82101	115264	106469
20	山西信托	70260	74305	68012
21	北方国信	39501	39341	1863
22	新华信托	36535	33697	29334
23	中建投信托	33966	6337	2880
24	长安国信	32226	32444	30557
25	华能贵诚	20000	20000	20000
26	吉林信托	19552	19552	19552
27	国投信托	12741	11903	12877
28	东莞信托	9064	6241	6211
29	昆仑信托	8974	9598	10101
30	北京国信	5411	未披露	10125
31	工商信托	5000	5000	256437
32	爱建信托	4285	4329	2835
33	华宸信托	1701	2933	4567
34	紫金信托	1471	1471	1471
35	交银国信	682	556	851

续表

序号	公司简称	2018 年	2017 年	2016 年
36	苏州信托	13	12466	6926
37	长城新盛	0	未披露	未披露
38	西藏信托	0	0	3540
39	华信信托	未披露	268537	未披露
40	安信信托	未披露	未披露	未披露
41	陕西国信	未披露	未披露	未披露
42	云南国信	未披露	0	未披露
43	渤海信托	未披露	未披露	未披露
44	中航信托	未披露	未披露	未披露
45	金谷信托	未披露	未披露	未披露
46	方正信托	未披露	未披露	未披露
47	大业信托	未披露	未披露	未披露
48	华鑫信托	未披露	未披露	未披露
49	五矿信托	未披露	未披露	未披露
50	万向信托	未披露	未披露	未披露
51	民生信托	未披露	未披露	未披露
52	西部信托	未披露	未披露	未披露
53	建信信托	未披露	411641	459222
54	山东国信	未披露	123832	448051
55	中信信托	未披露	152456	137559
56	华宝信托	未披露	78528	81181
57	华融国信	未披露	21000	20000
58	英大信托	未披露	9800	9800
59	中粮信托	未披露	7150	2510
60	光大兴陇	未披露	未披露	0
61	百瑞信托	未披露	未披露	0
62	湖南信托	未披露	376956	0
63	国民信托	未披露	未披露	0
64	新时代	未披露	未披露	0
65	中江国信	未披露	未披露	0
66	陆家嘴信托	未披露	未披露	0
67	华澳信托	未披露	未披露	0
68	浙商金汇	未披露	未披露	0

表 5 – 27　　自营长期投资占比序列表（2018 年度）

序号	公司简称	2018 年	2017 年	2016 年
1	外贸信托	58.61%	6.77%	10.17%
2	华润信托	52.85%	55.98%	60.50%
3	国元信托	45.34%	47.43%	52.02%
4	中泰信托	44.07%	44.71%	40.12%
5	江苏国信	40.62%	53.91%	56.30%
6	中海信托	40.38%	25.32%	24.02%
7	中铁信托	35.60%	38.78%	4.59%
8	国联信托	31.48%	29.39%	27.94%
9	平安信托	30.58%	27.16%	22.51%
10	粤财信托	30.54%	28.52%	36.78%
11	山西信托	29.72%	34.25%	29.72%
12	重庆国信	26.19%	27.82%	28.65%
13	中原信托	22.69%	20.39%	16.44%
14	兴业信托	22.04%	19.76%	7.21%
15	中诚信托	20.04%	18.68%	19.53%
16	天津信托	19.38%	14.86%	14.55%
17	厦门国信	13.90%	19.95%	21.94%
18	上海国信	8.82%	8.73%	6.15%
19	四川信托	8.45%	9.73%	13.25%
20	北方国信	7.67%	8.60%	0.40%
21	中融信托	7.21%	7.46%	8.19%
22	新华信托	4.69%	5.11%	3.84%
23	中建投信托	3.95%	0.72%	0.35%
24	长安国信	3.60%	3.82%	4.13%
25	吉林信托	2.93%	2.95%	2.95%
26	国投信托	1.79%	1.92%	2.18%
27	华宸信托	1.40%	2.23%	3.18%
28	东莞信托	1.39%	1.44%	1.51%
29	工商信托	0.96%	1.01%	1.25%
30	华能贵诚	0.94%	1.45%	1.36%
31	昆仑信托	0.68%	0.74%	1.57%
32	北京国信	0.46%	未披露	1.19%
33	爱建信托	0.43%	0.60%	0.51%
34	紫金信托	0.35%	0.35%	0.40%
35	交银国信	0.06%	0.05%	0.11%

续表

序号	公司简称	2018 年	2017 年	2016 年
36	长城新盛	0.00%	未披露	未披露
37	西藏信托	0.00%	0.00%	1.61%
38	苏州信托	0.00%	2.61%	1.40%
39	华信信托	未披露	19.75%	未披露
40	安信信托	未披露	未披露	未披露
41	陕西国信	未披露	未披露	未披露
42	西部信托	未披露	未披露	未披露
43	云南国信	未披露	0.00%	未披露
44	渤海信托	未披露	未披露	未披露
45	中航信托	未披露	未披露	未披露
46	金谷信托	未披露	未披露	未披露
47	方正信托	未披露	未披露	未披露
48	大业信托	未披露	未披露	未披露
49	华鑫信托	未披露	未披露	未披露
50	五矿信托	未披露	未披露	未披露
51	万向信托	未披露	未披露	未披露
52	民生信托	未披露	未披露	未披露
53	山东国信	未披露	8.62%	63.09%
54	建信信托	未披露	35.47%	42.28%
55	华宝信托	未披露	7.46%	10.72%
56	中信信托	未披露	5.74%	5.69%
57	华融国信	未披露	1.67%	1.97%
58	英大信托	未披露	1.58%	1.74%
59	中粮信托	未披露	1.37%	0.61%
60	光大兴陇	未披露	未披露	0.00%
61	百瑞信托	未披露	未披露	0.00%
62	湖南信托	未披露	42.49%	0.00%
63	国民信托	未披露	未披露	0.00%
64	新时代	未披露	未披露	0.00%
65	中江国信	未披露	未披露	0.00%
66	陆家嘴信托	未披露	未披露	0.00%
67	华澳信托	未披露	未披露	0.00%
68	浙商金汇	未披露	未披露	0.00%

第六章 公司收入结构分析

第一节 信托公司营业收入

一、营业收入的历史分析

从本书掌握的 2018 年度的年报披露情况来看，有 68 家信托公司公布了营业收入与营业利润情况。

2018 年，信托行业共实现营业收入 1036 余亿元，平均每家信托公司营业收入为 15.25亿元，比 2017 年下降了 14048 万元。自 2004 年以来，信托公司的营业收入在 2007 年的上升幅度最大，上升了 21694 万元，上升比率为 158.76%；在 2018 年下跌幅度最大，下跌了 14048 万元，下跌比例为 8.44%。

在 2007 年，单个信托公司的营业收入为较高的 259269 万元，之后，年度高点在 2008 年降为 200481 万元，在 2009 年则小幅回升为 207486 万元，2010 年继续上升为 238640 万元。2015 年出现了历史最高的营业收入，即中信信托创造的 1029044 万元。中信信托 2016 年、2017 年和 2018 年的营业收入分别为 564900 万元、574951 万元和 614467 万元。虽然比 2015 年的最高点有较大幅度的下降，但也保持了不俗的业绩。

信托公司营业收入的变异系数在 2007 年上升到最大，为 1.42，然后，逐渐下降，到 2011 年下降为 1.03，2012 年为 0.86，2013 年为 0.82，2014 年为 0.85，而 2015 年提高至 0.99，2016 年又降到 0.82，2017 年继续下降至 0.77，2018 年又小幅回升至 0.78，这表明 2018 年各信托公司营业收入差距在连续三年缩小后又进一步扩大。具体数据见表 6－1 所示。

表6－1　　2014—2018年度信托公司营业收入统计分析表

项目	2014年	2015年	2016年	2017年	2018年
平均值(万元)	139837	176407	159026	166508	152460
均值增长额度(万元)	16439	36570	－11617	7482	－14048
增长幅度	13.32%	26.15%	－6.59%	－1.48%	－8.44%
公司数目	67	68	68	67	68
最大值(万元)	562954	1029044	603051	602539	614467
最小值(万元)	14609	9227	9390	4568	5170.91
标准差(万元)	118550	174336	130339	128902	119124
变异系数	0.85	0.99	0.82	0.77	0.78

二、营业收入的公司分析

从营业收入排名来看,2018年度,营业收入最大的信托公司前五名为:中信信托(614467万元)、平安信托(497785万元)、中融信托(465460万元)、华能贵诚(347739万元)和中航信托(340006万元)。

同时,可以发现,2009年营业收入达到5亿元以上的公司只有12家,而2010年则增长到16家,2011年增加到27家,2012年达到了47家,2013年达到56家,2014年达到57家,2015年则达到了63家,2016年度营业收入达到5亿元以上的公司为58家,2017年为61家。2018年这一指标有所回落,为58家。

具体数据如表6－2至表6－4所示。

表6－2　　营业收入序列表(2018年度)　　单位:万元

序号	公司简称	2018年	2017年	2016年
1	中信信托	614467	574951	564900
2	平安信托	497785	602540	603051
3	中融信托	465460	486743	552300
4	华能贵诚	347739	341417	280592
5	中航信托	340006	294104	238633
6	重庆国信	320958	391664	424053
7	外贸信托	299776	258447	199526
8	建信信托	293724	267299	220343
9	五矿信托	293328	213818	204748
10	中铁信托	283581	243459	278526

续表

序号	公司简称	2018 年	2017 年	2016 年
11	上海国信	240397	263825	256395
12	民生信托	239663	330800	192081
13	华润信托	238754	260129	255825
14	兴业信托	238083	239028	218336
15	江苏国信	227019	199974	160032
16	四川信托	223195	243982	279206
17	光大兴陇	212924	113602	80134
18	长安国信	210992	233616	176451
19	中诚信托	208672	190995	177784
20	爱建信托	202901	163833	116916
21	渤海信托	198493	213586	125236
22	中建投信托	189280	181954	171165
23	交银国信	169947	156642	136452
24	山东国信	169451	164790	135558
25	百瑞信托	167410	183221	164187
26	华宝信托	164957	163428	157986
27	北京国信	155738	184757	172886
28	昆仑信托	150670	157757	119085
29	方正东亚	129067	120927	124457
30	湖南信托	125576	117421	89664
31	中海信托	120490	115639	138288
32	中原信托	118510	176036	149867
33	天津信托	116496	130091	112264
34	华信信托	114566	140210	231054
35	英大信托	113158	106675	105165
36	陆家嘴信托	111961	106219	131912
37	国投泰康	108352	100840	103849
38	华鑫信托	103407	114355	98895
39	陕西国信	102733	115060	101357
40	万向信托	101811	104825	104786
41	工商信托	100574	100872	97600
42	粤财信托	95012	107073	104522
43	东莞信托	91846	75780	78057
44	国民信托	87452	71025	65453
45	紫金信托	80432	80062	73890

续表

序号	公司简称	2018年	2017年	2016年
46	厦门国信	80190	104370	100440
47	大业信托	77911	93889	61520
48	浙商金汇	74068	51897	19353
49	华澳信托	73779	57074	33848
50	西部信托	71873	66125	120035
51	新时代	71444	111818	80831
52	云南国信	67925	55235	45027
53	北方国信	62551	60033	100132
54	国元信托	57755	67530	87610
55	中粮信托	54790	91366	40412
56	苏州信托	52745	73112	89586
57	新华信托	51911	82523	87176
58	金谷信托	51179	80235	42771
59	西藏信托	48290	66660	65358
60	吉林信托	45994	28389	22400
61	长城新盛	45059	35387	22978
62	华融国信	41520	201285	190620
63	中江国信	35028	94471	361571
64	山西信托	31910	31677	35724
65	国联信托	30146	37469	38386
66	中泰信托	28769	43570	60885
67	华宸信托	5171	4568	9390
68	安信信托	20465	555708	524267

表6-3　营业收入增长序列表（2018年度）　单位：万元

序号	公司简称	2018年	2017年	2016年
1	五矿信托	99322	9070	-12753
2	建信信托	79511	46956	22791
3	重庆国信	45903	-32389	-109473
4	民生信托	41328	138719	83867
5	上海国信	40122	7430	2052
6	平安信托	39515	-511	-25693
7	江苏国信	39068	39943	-3935
8	中航信托	26425	55471	37857
9	中粮信托	22172	50953	-13659

续表

序号	公司简称	2018年	2017年	2016年
10	华融国信	17678	10665	26587
11	云南国信	17604	10208	-24995
12	新华信托	16704	-4653	-14482
13	工商信托	16426	3272	8613
14	厦门国信	16066	3930	6488
15	中建投信托	13306	10789	17689
16	东莞信托	12690	-2277	-6582
17	浙商金汇	9672	32544	-4219
18	华信信托	8155	-90844	-43715
19	交银国信	8140	20190	8359
20	光大兴陇	7512	33469	18268
21	百瑞信托	7326	19034	-7809
22	陕西国信	6483	13703	-13740
23	中融信托	6322	-65557	-45370
24	金谷信托	5748	37464	-4360
25	华鑫信托	5742	15460	-55836
26	天津信托	4850	17827	-2505
27	中原信托	4661	26169	-30765
28	苏州信托	2518	-16475	-5950
29	爱建信托	1529	46917	16849
30	华宸信托	603	-4822	-11814
31	国投泰康	370	-3009	-57441
32	长城新盛	233	12410	14821
33	陆家嘴信托	-298	-25693	-4417
34	兴业信托	-945	20693	-54368
35	中铁信托	-945	-35067	130677
36	英大信托	-3013	1510	-5728
37	昆仑信托	-7087	38672	-28582
38	山西信托	-7323	-4048	4839
39	国民信托	-9775	5572	-27789
40	新时代	-10948	30987	9859
41	万向信托	-12061	39	44472
42	粤财信托	-12326	2550	986
43	湖南信托	-13596	27757	13036
44	吉林信托	-14801	5989	1812

续表

序号	公司简称	2018 年	2017 年	2016 年
45	中诚信托	-15094	13211	-89673
46	山东国信	-15811	29232	-26023
47	大业信托	-15978	32368	6176
48	华澳信托	-18370	23227	-16892
49	西藏信托	-20367	1302	-6285
50	长安国信	-20786	57166	-115568
51	四川信托	-21375	-35224	18584
52	渤海信托	-22624	88351	18242
53	华润信托	-23428	4304	-291704
54	中江国信	-24180	-267100	231613
55	中海信托	-25644	-22649	-20722
56	华宝信托	-29018	5442	27476
57	北方国信	-29055	-40099	-20014
58	西部信托	-30612	-53910	1046
59	国元信托	-36575	-20080	-33769
60	紫金信托	-40373	6172	3506
61	方正东亚	-57525	-3530	-28339
62	国联信托	-59444	-917	-23405
63	华能贵诚	-70705	60824	12919
64	外贸信托	-91137	58921	-47889
65	中信信托	-104755	10052	-454464
66	中泰信托	-159766	-17315	-15349
67	安信信托	-535243	31442	228790
68	北京国信	-640786	31442	-2136

表 6-4　　营业收入增幅序列表（2018 年度）

序号	公司简称	2018 年	2017 年	2016 年
1	中粮信托	75.28%	126.08%	-25.26%
2	浙商金汇	45.40%	168.16%	-17.90%
3	民生信托	38.43%	72.22%	77.50%
4	渤海信托	34.03%	70.55%	17.05%
5	金谷信托	25.26%	87.59%	-9.25%
6	上海国信	16.48%	2.90%	0.81%
7	长安国信	16.44%	32.40%	-39.58%
8	光大兴陇	16.29%	41.77%	29.53%

续表

序号	公司简称	2018年	2017年	2016年
9	中航信托	14.78%	23.25%	18.86%
10	大业信托	14.17%	52.61%	11.16%
11	爱建信托	13.57%	40.13%	16.84%
12	兴业信托	13.52%	9.48%	-19.94%
13	外贸信托	12.49%	29.53%	-19.36%
14	建信信托	12.36%	21.31%	11.54%
15	华能贵诚	11.72%	21.68%	4.83%
16	昆仑信托	11.16%	32.47%	-19.36%
17	华澳信托	10.99%	68.62%	-33.29%
18	江苏国信	10.79%	24.96%	-2.40%
19	新时代	8.46%	38.34%	13.89%
20	湖南信托	6.26%	30.96%	17.01%
21	交银国信	5.23%	14.80%	6.53%
22	天津信托	4.97%	15.88%	-2.18%
23	长城新盛	4.83%	54.01%	181.70%
24	华鑫信托	4.57%	15.63%	-36.09%
25	中原信托	4.56%	17.46%	-17.03%
26	山东国信	4.45%	21.56%	-16.11%
27	陕西国信	4.37%	13.52%	-11.94%
28	百瑞信托	3.16%	11.59%	-4.54%
29	中诚信托	1.18%	7.43%	-33.53%
30	云南国信	0.82%	22.67%	-35.70%
31	中建投信托	0.39%	6.30%	11.53%
32	华融国信	0.19%	5.59%	16.21%
33	中信信托	-0.05%	1.78%	-44.58%
34	五矿信托	-0.83%	4.43%	-5.86%
35	紫金信托	-2.69%	8.35%	4.98%
36	平安信托	-2.78%	-0.08%	-4.09%
37	华润信托	-4.15%	1.68%	-53.28%
38	华宝信托	-5.29%	3.44%	21.05%
39	国民信托	-10.84%	8.51%	-29.80%
40	粤财信托	-11.82%	2.44%	0.95%
41	方正东亚	-12.09%	-2.84%	-18.55%
42	重庆国信	-12.44%	-7.64%	-20.52%
43	中泰信托	-12.74%	-28.44%	-20.13%

续表

序号	公司简称	2018 年	2017 年	2016 年
44	英大信托	-14.12%	1.44%	-5.17%
45	万向信托	-14.77%	0.04%	73.74%
46	厦门国信	-15.92%	3.91%	6.91%
47	吉林信托	-16.27%	26.74%	8.80%
48	中铁信托	-16.89%	-12.59%	88.39%
49	工商信托	-17.35%	3.35%	9.68%
50	国联信托	-19.44%	-2.39%	-37.88%
51	西藏信托	-20.64%	1.99%	-8.77%
52	中海信托	-20.72%	-16.38%	-13.03%
53	四川信托	-22.11%	-12.62%	7.13%
54	国投泰康	-25.96%	-2.90%	-35.61%
55	中融信托	-26.69%	-11.87%	-7.59%
56	陆家嘴信托	-30.35%	-19.48%	-3.24%
57	国元信托	-31.76%	-22.92%	-27.82%
58	东莞信托	-36.87%	-2.92%	-7.78%
59	新华信托	-39.64%	-5.34%	-14.25%
60	苏州信托	-40.28%	-18.39%	-6.23%
61	山西信托	-57.05%	-11.33%	15.67%
62	北方国信	-74.09%	-40.05%	-16.66%
63	西部信托	-85.68%	-44.91%	0.88%
64	华信信托	-89.21%	-39.32%	-15.91%
65	安信信托	-96.32%	6.00%	77.43%
66	北京国信	-115.31%	6.00%	-1.22%
67	中江国信	-153.08%	-73.87%	178.22%
68	华宸信托	-512.90%	-51.35%	-55.72%

第二节 信托公司利润总额与净利润

一、利润总额与净利润的历史分析

2018 年，信托行业共实现利润 675 亿元，平均每家信托公司利润总额为 102249 万元，比 2017 年下降了 14.72%。自 2004 年以来，信托公司的利润总额在 2007 年的上升幅度最大,上升了26759万元,上升比例为273.66%;在2008年下跌幅度最大,下跌了10392万元,下跌比例为28.81%。

单个信托公司的利润总额在2014—2017年间连续四年持续上升,其中,2014年上升幅度最大,达到15.26%。2018年出现了近五年内的首次下跌,跌幅达到14.72%,这显示出2018年整个信托市场的盈利状况不容乐观。

2004年以来,各个信托公司的利润总额差异度的最大值出现在2004年,变异系数为1.49,2005年和2006年两年变异系数下降之后,2007年变异系数增长为1.29,之后逐年下降,在2011年达到0.97,在2012年达到0.86,2013年达到0.84,2014年取得历史最低值0.82,2015年小幅上升至0.86,2016年与2015年持平,2017年小幅下降至0.85,2018年则大幅回升至1.05。具体数据见表6-5所示。值得一提的是,2018年信托公司利润总额变异系数打破了2014—2017年连续四年维持在0.85左右的局面,大幅回升至1.05。这显示出2018年信托公司之间的利润总额数据开始分化,出现了较大的差异性。

表6-5　　2014—2018年度信托公司利润总额统计分析表

项目	2014年	2015年	2016年	2017年	2018年
平均值(万元)	96526	109310	114372	119899	102249
均值增长额度(万元)	12781	12784	5062	5527	-17650
增长幅度	15.26%	13.24%	4.63%	4.83%	-14.72%
公司数目	67	68	68	67	68
利润总额为负的公司数	0	0	0	0	2
最大值(万元)	354984	458736	424889	487421	481998
最小值(万元)	1919	2185	2192	7325	-244250
标准差(万元)	78760	94456	98581	102384	107515
变异系数	0.82	0.86	0.86	0.85	1.05

图6-1描述的是2014—2018年信托公司利润总额与净利润的相关参数比较。从图6-1可以看出:2014—2018年净利润与利润总额在绝对值上的差距逐年增大,2018年则小幅缩小。

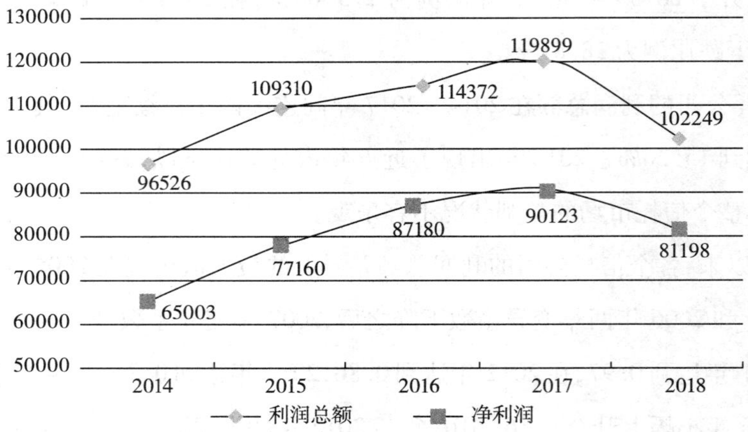

图6－1 2014—2018年信托公司平均利润总额与净利润总额比较(单位:万元)

具体数据参考表6－6至6－11。

表6－6　　利润总额序列表(2018年度)　　单位:万元

序号	公司简称	2018年	2017年	2016年
1	中信信托	481998	316678	397374
2	平安信托	395247	477816	419028
3	重庆国信	328114	386860	424889
4	华能贵诚	319109	270817	229881
5	华润信托	256192	259807	187225
6	外贸信托	255600	211867	140343
7	中航信托	244775	215343	172385
8	建信信托	238285	218285	177084
9	五矿信托	228492	155243	131254
10	中融信托	222367	281298	305744
11	江苏国信	217145	185425	147438
12	中海信托	199518	98734	121046
13	中铁信托	171267	191740	189487
14	上海国信	160611	200640	193294
15	爱建信托	149069	115401	78979
16	民生信托	148492	243181	127735
17	光大兴陇	148450	70310	47982
18	兴业信托	138599	184417	157873
19	交银国信	138181	128684	111503
20	渤海信托	135554	167964	85032

续表

序号	公司简称	2018年	2017年	2016年
21	百瑞信托	135438	141201	123108
22	中诚信托	132188	152415	131679
23	昆仑信托	128929	109089	95854
24	华宝信托	121828	119410	121807
25	中建投信托	120715	133505	113642
26	湖南信托	113152	105601	71863
27	山东国信	112685	111941	112788
28	北京国信	108490	131062	127188
29	华信信托	104142	128718	220388
30	四川信托	98357	119365	165478
31	方正东亚	87478	75548	80841
32	国投泰康	83381	81336	84107
33	华鑫信托	80362	79028	61430
34	粤财信托	79395	110686	97116
35	英大信托	76858	80712	83948
36	工商信托	72908	76090	69039
37	万向信托	67936	72171	67346
38	厦门国信	64046	82491	79770
39	东莞信托	61663	51326	52957
40	紫金信托	61035	59563	56353
41	天津信托	60680	55774	45465
42	中原信托	59975	108585	102867
43	北方国信	55113	54207	50093
44	华澳信托	54811	40416	9340
45	新时代	47863	70104	55536
46	长安国信	47580	111369	114140
47	苏州信托	47397	58326	71134
48	吉林信托	46574	30594	34243
49	国元信托	45887	56251	67825
50	西部信托	42945	44639	98695
51	陕西国信	42512	46253	68554
52	云南国信	38603	33100	27377
53	长城新盛	33116	23999	14718
54	西藏信托	29992	51470	44969
55	国联信托	24967	32401	34498

续表

序号	公司简称	2018年	2017年	2016年
56	金谷信托	22968	37627	21972
57	大业信托	20842	54007	39236
58	浙商金汇	20723	20388	8084
59	国民信托	16277	15452	26220
60	中泰信托	15614	28120	35974
61	中江国信	10727	19687	273996
62	华融国信	9264	118739	117137
63	新华信托	7196	13627	6094
64	陆家嘴信托	5856	64040	67731
65	中粮信托	5847	65366	46215
66	山西信托	817	8550	15375
67	华宸信托	-16117	7325	2192
68	安信信托	-244250	487421	415322

表6-7　利润总额增长序列表(2018年度)　单位:万元

序号	公司简称	2018年	2017年	2016年
1	重庆国信	165320	-33352	-33847
2	中铁信托	100783	2253	62835
3	中诚信托	78140	20736	-68085
4	中航信托	73249	42958	29558
5	华能贵诚	48292	40936	28623
6	民生信托	43733	115446	74739
7	渤海信托	33669	82932	17177
8	上海国信	31720	7346	3273
9	建信信托	20000	41201	24822
10	四川信托	19840	-46113	18360
11	天津信托	15980	10309	-19636
12	陆家嘴信托	14394	-3691	-2839
13	湖南信托	11930	33738	14882
14	万向信托	10337	4825	32215
15	中建投信托	9497	19863	14145
16	陕西国信	9117	-22301	7737
17	山东国信	7551	-847	-10970
18	东莞信托	5503	-1631	-11918
19	新时代	4906	14569	7479

续表

序号	公司简称	2018年	2017年	2016年
20	华融国信	2418	1603	19338
21	中海信托	2045	-22311	-9357
22	光大兴陇	1471	22328	17290
23	厦门国信	1334	2721	8582
24	北方国信	907	4113	-21742
25	吉林信托	825	-3648	-34110
26	长安国信	743	-2771	-12356
27	国联信托	334	-2097	-7578
28	大业信托	-1693	14771	4486
29	华鑫信托	-3182	17598	-19154
30	华润信托	-3615	72582	-107011
31	西藏信托	-3741	6501	5906
32	英大信托	-3854	-3235	-4579
33	工商信托	-4235	7051	11149
34	交银国信	-5763	17181	17077
35	中江国信	-6431	-254309	198879
36	华澳信托	-7434	31076	-7707
37	山西信托	-7733	-6825	3563
38	长城新盛	-8960	9281	12533
39	国元信托	-10929	-11574	-35884
40	中泰信托	-12506	-7855	-8669
41	爱建信托	-12790	36422	9569
42	金谷信托	-14659	15654	6157
43	方正东亚	-18445	-5293	-11275
44	华宝信托	-20227	-2397	85728
45	江苏国信	-20474	37987	-1737
46	中原信托	-21008	5719	-6735
47	西部信托	-21478	-54057	2550
48	紫金信托	-22241	3211	7096
49	粤财信托	-22571	13570	14298
50	华宸信托	-23442	5133	-413
51	昆仑信托	-24576	13235	-24924
52	国投泰康	-31291	-2772	-57632
53	华信信托	-32409	-91670	-31745
54	云南国信	-33165	5723	-15419

续表

序号	公司简称	2018年	2017年	2016年
55	兴业信托	-40028	26544	-39793
56	百瑞信托	-45818	18093	1997
57	中粮信托	-48610	19150	8283
58	国民信托	-58185	-10768	-19667
59	中融信托	-58746	-24446	-6669
60	外贸信托	-58931	71524	-10960
61	新华信托	-59519	7533	2213
62	苏州信托	-63789	-12808	1014
63	平安信托	-82569	58788	31336
64	中信信托	-82569	-80696	-6353
65	五矿信托	-94689	23989	5142
66	浙商金汇	-109475	12304	-480
67	北京国信	-727721	72099	4264
68	安信信托	-731672	72099	179179

表6-8　利润总额增幅序列表(2018年度)

序号	公司简称	2018年	2017年	2016年
1	华润信托	63.63%	38.77%	-36.37%
2	华澳信托	49.32%	332.71%	-45.21%
3	中航信托	31.11%	24.92%	20.70%
4	外贸信托	27.78%	50.96%	-7.24%
5	湖南信托	26.26%	46.95%	26.12%
6	建信信托	20.31%	23.27%	16.30%
7	光大兴陇	17.35%	46.53%	56.34%
8	江苏国信	16.54%	25.76%	-1.16%
9	爱建信托	14.98%	46.12%	13.79%
10	中诚信托	13.51%	15.75%	-34.08%
11	华能贵诚	12.43%	17.81%	14.22%
12	中建投信托	7.08%	17.48%	14.22%
13	中粮信托	6.95%	41.44%	21.84%
14	华鑫信托	6.45%	28.65%	-23.77%
15	金谷信托	5.43%	71.24%	38.93%
16	五矿信托	4.91%	18.28%	4.08%
17	大业信托	3.30%	37.65%	12.91%
18	百瑞信托	2.98%	14.70%	1.65%

续表

序号	公司简称	2018 年	2017 年	2016 年
19	新时代	2.39%	26.23%	15.56%
20	交银国信	1.71%	15.41%	18.09%
21	天津信托	1.09%	22.67%	-30.16%
22	粤财信托	0.69%	13.97%	17.26%
23	昆仑信托	0.64%	13.81%	-20.64%
24	浙商金汇	0.63%	152.20%	-5.60%
25	上海国信	-1.95%	3.80%	1.72%
26	中原信托	-4.83%	5.56%	-6.14%
27	新华信托	-4.87%	123.61%	57.03%
28	工商信托	-5.18%	10.21%	19.26%
29	云南国信	-7.84%	20.90%	-36.03%
30	西藏信托	-8.33%	14.46%	15.12%
31	长城新盛	-8.60%	63.05%	573.61%
32	华融国信	-10.71%	1.37%	19.77%
33	中铁信托	-12.67%	1.19%	49.61%
34	紫金信托	-12.78%	5.70%	14.41%
35	华宝信托	-13.43%	-1.97%	237.61%
36	北方国信	-13.75%	8.21%	-30.27%
37	厦门国信	-13.83%	3.41%	12.06%
38	山东国信	-13.88%	-0.75%	-8.86%
39	万向信托	-14.48%	7.16%	91.70%
40	中融信托	-15.19%	-8.00%	-2.13%
41	平安信托	-17.28%	14.03%	8.08%
42	中信信托	-17.28%	-20.31%	-1.57%
43	重庆国信	-18.61%	-7.85%	-7.38%
44	长安国信	-18.77%	-2.43%	-9.77%
45	国投泰康	-19.40%	-3.30%	-40.66%
46	兴业信托	-19.95%	16.81%	-20.13%
47	英大信托	-27.56%	-3.85%	-5.17%
48	方正东亚	-29.79%	-6.55%	-12.24%
49	苏州信托	-41.14%	-18.01%	1.45%
50	国民信托	-51.79%	-41.07%	-42.86%
51	四川信托	-54.56%	-27.87%	12.48%
52	东莞信托	-55.73%	-3.08%	-18.37%
53	华信信托	-56.37%	-41.59%	-12.59%

续表

序号	公司简称	2018年	2017年	2016年
54	陆家嘴信托	-58.00%	-5.45%	-4.02%
55	国元信托	-68.63%	-17.06%	-34.60%
56	中海信托	-71.54%	-18.43%	-7.18%
57	华宸信托	-87.80%	234.21%	-15.85%
58	国联信托	-99.21%	-6.08%	-18.01%
59	中泰信托	-115.26%	-21.83%	-19.42%
60	西部信托	-123.93%	-54.77%	2.65%
61	吉林信托	-146.07%	-10.65%	-49.90%
62	北京国信	-149.30%	17.36%	3.47%
63	安信信托	-150.11%	17.36%	75.88%
64	陕西国信	-202.55%	-32.53%	12.72%
65	山西信托	-365.98%	-44.39%	30.17%
66	中江国信	-803.36%	-92.81%	264.76%
67	渤海信托	未披露	97.53%	25.31%
68	民生信托	未披露	90.38%	141.03%

表6-9　净利润总额序列表(2018年度)　单位:万元

序号	公司简称	2018年	2017年	2016年
1	中信信托	366050	242512	304165
2	平安信托	317425	390664	379710
3	重庆国信	258392	335148	365362
4	华润信托	214052	226001	169228
5	华能贵诚	208397	208397	172876
6	外贸信托	194614	162144	109817
7	江苏国信	185741	161797	132898
8	中航信托	184831	162895	130167
9	建信信托	181659	164996	133580
10	中融信托	175075	216961	236472
11	五矿信托	171995	116813	98015
12	中海信托	159408	78633	104174
13	上海国信	133508	156047	150563
14	中铁信托	130836	145167	147258
15	中诚信托	113225	128639	111799
16	光大兴陇	111666	52664	35868
17	爱建信托	111528	86649	60020

续表

序号	公司简称	2018 年	2017 年	2016 年
18	民生信托	110798	181514	95145
19	兴业信托	105608	146968	121515
20	交银国信	104048	96837	83777
21	渤海信托	101663	126371	67416
22	百瑞信托	101147	103559	92257
23	昆仑信托	97804	82467	73097
24	华宝信托	94894	92030	98282
25	中建投信托	91583	99979	85156
26	山东国信	87225	89481	88378
27	北京国信	81671	98472	97514
28	华信信托	80679	100030	160633
29	四川信托	74011	92067	127017
30	粤财信托	68062	96810	84224
31	方正东亚	65179	56670	60226
32	国投泰康	62793	62350	68186
33	华鑫信托	59879	60617	45402
34	英大信托	59311	60890	63476
35	天津信托	58419	53295	41259
36	湖南信托	54623	88157	55407
37	工商信托	54623	57005	51707
38	万向信托	50549	55307	51609
39	厦门国信	47628	64918	63015
40	东莞信托	46409	39475	39801
41	紫金信托	44763	43014	41339
42	陆家嘴信托	43570	47907	52401
43	北方国信	41945	42428	40548
44	中原信托	41489	76312	74888
45	华澳信托	41042	30201	6902
46	吉林信托	37696	26236	30901
47	新时代	37250	54799	41207
48	国元信托	36830	47187	58377
49	苏州信托	36199	43876	54155
50	长安国信	35613	94754	95101
51	西部信托	32836	34471	75932
52	陕西国信	31947	35224	51524

续表

序号	公司简称	2018年	2017年	2016年
53	云南国信	29571	24730	20444
54	西藏信托	27357	46897	40921
55	长城新盛	24519	17974	10951
56	国联信托	19783	26899	28985
57	金谷信托	17185	28105	16268
58	大业信托	15726	40663	29382
59	浙商金汇	15443	15230	6042
60	中泰信托	14414	24017	28887
61	国民信托	11903	11270	19584
62	中江国信	7757	17262	192459
63	新华信托	5847	10903	4600
64	华融国信	5390	89684	92925
65	中粮信托	4780	49602	37866
66	山西信托	1105	8131	12227
67	华宸信托	-11924	5101	3687
68	安信信托	-179439	366822	303395

表6-10　净利润增长序列表(2018年度)　单位:万元

序号	公司简称	2018年	2017年	2016年
1	中信信托	123537	-61652	-10869
2	中海信托	80775	-25541	-5731
3	光大兴陇	59002	16796	12837
4	五矿信托	55183	18798	-16459
5	外贸信托	32470	52327	-10583
6	华能贵诚	32375	35521	22088
7	爱建信托	24879	26630	9103
8	江苏国信	23944	28899	-1103
9	中航信托	21936	32728	22604
10	建信信托	16663	31416	19068
11	昆仑信托	15336	9370	-17451
12	吉林信托	11460	-4665	-21416
13	华澳信托	10840	23300	-5758
14	方正东亚	8509	-3556	-8076
15	东莞信托	6935	-326	-9404
16	长城新盛	6546	7023	9446

续表

序号	公司简称	2018年	2017年	2016年
17	天津信托	5124	12037	-12288
18	云南国信	4841	4286	-10048
19	华宝信托	2864	-6252	68907
20	紫金信托	1749	1676	4120
21	国民信托	633	-8314	-14408
22	国投泰康	443	-5836	-40985
23	浙商金汇	213	9188	-359
24	北方国信	-483	1880	-12900
25	华鑫信托	-738	15215	-10028
26	英大信托	-1579	-2586	-4083
27	西部信托	-1634	-41461	2949
28	山东国信	-2256	1102	-3936
29	湖南信托	-2382	32750	13148
30	工商信托	-2382	5298	8354
31	百瑞信托	-2412	11301	4684
32	陕西国信	-3276	-16300	6129
33	陆家嘴信托	-4337	-4494	-2789
34	万向信托	-4758	3698	25434
35	新华信托	-5055	6302	2162
36	山西信托	-7026	-4096	2872
37	国联信托	-7116	-2086	-10797
38	苏州信托	-7677	-10279	1196
39	中建投信托	-8396	14823	10020
40	中江国信	-9505	-175197	136331
41	中泰信托	-9603	-4870	-7392
42	国元信托	-10357	-11191	-28658
43	金谷信托	-10921	11838	4212
44	华润信托	-11949	56773	-143821
45	中铁信托	-14331	-2091	49759
46	中诚信托	-15413	16839	-52392
47	北京国信	-16801	958	175
48	华宸信托	-17025	1414	-1015
49	厦门国信	-17290	1903	7291
50	新时代	-17550	13592	5849
51	四川信托	-18056	-34950	14673

续表

序号	公司简称	2018 年	2017 年	2016 年
52	华信信托	-19352	-60602	-36376
53	西藏信托	-19540	5976	5419
54	上海国信	-22539	5484	-6212
55	交银国信	-24636	13060	12943
56	渤海信托	-24708	58955	12483
57	大业信托	-24936	11281	3134
58	粤财信托	-28748	12585	17885
59	中原信托	-34823	1423	-2259
60	兴业信托	-41360	25453	-28823
61	中融信托	-41886	-19511	-5240
62	中粮信托	-44822	11735	7305
63	长安国信	-59140	-348	-9417
64	民生信托	-70715	86368	56020
65	重庆国信	-72079	-30214	-44305
66	平安信托	-73239	10954	68769
67	华融国信	-84342	-3241	16935
68	安信信托	-55022	63427	131180

表 6-11　净利润增幅序列表(2018 年度)

序号	公司简称	2018 年	2017 年	2016 年
1	民生信托	68.06%	90.78%	143.18%
2	渤海信托	46.69%	87.45%	22.72%
3	湖南信托	43.64%	59.11%	31.11%
4	华澳信托	35.89%	337.59%	-45.48%
5	华润信托	24.42%	33.55%	-45.94%
6	外贸信托	20.03%	47.65%	-8.79%
7	爱建信托	17.70%	44.37%	17.88%
8	华能贵诚	15.54%	20.55%	14.65%
9	中航信托	14.70%	25.14%	21.01%
10	光大兴陇	12.43%	46.83%	55.74%
11	江苏国信	10.30%	21.75%	-0.82%
12	建信信托	10.09%	23.52%	16.65%
13	华鑫信托	8.45%	33.51%	-18.09%
14	五矿信托	7.28%	19.18%	-14.38%
15	中诚信托	5.39%	15.06%	-31.91%

续表

序号	公司简称	2018年	2017年	2016年
16	新时代	5.23%	32.99%	16.54%
17	中建投信托	4.84%	17.41%	13.34%
18	交银国信	1.36%	15.59%	18.27%
19	天津信托	0.83%	29.17%	-22.95%
20	金谷信托	0.76%	72.77%	34.93%
21	粤财信托	0.65%	14.94%	26.96%
22	平安信托	-0.42%	2.88%	22.12%
23	百瑞信托	-0.71%	12.25%	5.35%
24	中粮信托	-0.97%	30.99%	23.90%
25	昆仑信托	-2.74%	12.82%	-19.27%
26	上海国信	-2.78%	3.64%	-3.96%
27	大业信托	-3.88%	38.39%	11.94%
28	西藏信托	-6.99%	14.60%	15.26%
29	工商信托	-8.35%	10.25%	19.27%
30	中铁信托	-10.62%	-1.42%	51.04%
31	厦门国信	-10.96%	3.02%	13.08%
32	山东国信	-11.57%	1.25%	-4.26%
33	中原信托	-12.46%	1.90%	-2.93%
34	长安国信	-12.61%	-0.37%	-9.01%
35	万向信托	-12.70%	7.16%	97.17%
36	长城新盛	-13.25%	64.13%	627.88%
37	重庆国信	-13.56%	-8.27%	-10.81%
38	浙商金汇	-15.64%	152.07%	-5.61%
39	北方国信	-18.09%	4.64%	-24.14%
40	华融国信	-18.97%	-3.49%	22.29%
41	中融信托	-19.06%	-8.25%	-2.17%
42	紫金信托	-19.52%	4.05%	11.07%
43	云南国信	-20.44%	20.96%	-32.95%
44	新华信托	-22.12%	136.99%	88.69%
45	华宝信托	-26.77%	-6.36%	234.58%
46	英大信托	-27.59%	-4.07%	-6.04%
47	东莞信托	-27.67%	-0.82%	-19.11%
48	兴业信托	-28.14%	20.95%	-19.17%
49	中信信托	-30.20%	-20.27%	-3.45%
50	方正东亚	-30.51%	-5.90%	-11.82%

续表

序号	公司简称	2018年	2017年	2016年
51	国投泰康	-36.15%	-8.56%	-37.54%
52	陆家嘴信托	-37.69%	-8.58%	-5.05%
53	中海信托	-53.27%	-24.52%	-5.21%
54	国联信托	-53.28%	-7.20%	-27.14%
55	苏州信托	-56.83%	-18.98%	2.26%
56	国元信托	-60.92%	-19.17%	-32.93%
57	四川信托	-64.24%	-27.52%	13.06%
58	华信信托	-72.06%	-37.73%	-18.46%
59	吉林信托	-73.76%	-15.10%	-40.93%
60	中泰信托	-81.36%	-16.86%	-20.38%
61	陕西国信	-98.86%	-31.64%	13.50%
62	安信信托	-150.00%	20.91%	76.17%
63	华宸信托	-188.26%	38.37%	-21.59%
64	西部信托	-205.15%	-54.60%	4.04%
65	山西信托	-215.85%	-33.50%	30.70%
66	国民信托	-219.24%	-42.45%	-42.39%
67	中江国信	-488.60%	-91.03%	242.89%
68	北京国信	-554.74%	0.98%	0.18%

二、利润总额与净利润的公司分析

从利润总额排名来看，2018年度，利润总额最大的信托公司前五名为中信信托(481998万元)、平安信托(395247万元)、重庆国信(328114万元)、华能贵诚(319109万元)以及华润信托(256192万元)。

同时，2011年度利润总额超过5亿元的为20家，2012年达到35家，2013年为42家，2014年为46家，2015年为49家，2016年为51家，2017年为52家，2018年则小幅下降至44家。

从利润总额增长率来看，2018年度，利润总额增幅前五名的公司为华润信托(63.63%)、华澳信托(49.32%)、中航信托(31.11%)、外贸信托(27.78%)和湖南信托(26.26%)。另外，在2018年，有40家公司的利润总额出现下滑，比2017年的24家增加16家。

从信托公司2018年的净利润水平来看，全行业净利润出现了近6年以来的首次下跌，跌幅达到 37.17%。2018 年全行业的 68 家公司中，共有 28 家信托公司的净利润超过了行业平均值（8.13 亿元），占比达 41.18%。2018 年净利润排名前五位的信托公司分别为中信信托（366050 万元）、平安信托（317425 万元）、重庆国信（258392 万元）、华润信托（214052 万元）和华能贵诚（208397 万元）。

信托公司计提资产减值损失，也是影响信托行业利润指标的重要因素。2014 年信托企业平均资产减值损失为 7631 万元，2015 年上升至 16395 万元，2016 年增至 26842 万元，2017 年下降至 6975 万元，2018 年进一步下降至 5566 万元。2018 年信托行业中资产减值损失数大于零的公司数为 42 家。信托公司出现资产减值损失有可能是自营资产出现减值，更多的是当信托项目出现风险时，以自有资金接盘而出现的损失。在信托行业风险增加以及信托公司积极处理风险的条件下，越来越多的信托公司计提了资产减值损失，从而对利润指标产生影响。具体数据如表 6－12、表 6－13 所示。

表 6－12　　2015—2018 年度信托公司资产减值损失统计分析表

项目	2015 年	2016 年	2017 年	2018 年
公司总数	68	63	67	67
资产减值损失大于零的公司数	50	59	39	42
最大值（万元）	466179	182249	137833	110030
平均值（万元）	16395	26842	6975	5566
标准差（万元）	57814	37517	20230	22741

表 6－13　　自营资产减值损失序列表　　单位：万元

序号	公司简称	2018 年	2017 年	2016 年
1	安信信托	110030	1317	281
2	长安国信	67897	17417	1739
3	大业信托	42606	－410	3361
4	中粮信托	34322	0	600
5	中原信托	32442	44952	56799
6	国民信托	31022	19729	10747
7	新华信托	29823	－4579	69517
8	渤海信托	27065	7442	8508
9	民生信托	26033	500	120
10	中诚信托	24885	－10847	60895
11	华宸信托	18030	－8716	20963
12	上海国信	16966	－1084	9454

续表

序号	公司简称	2018 年	2017 年	2016 年
13	四川信托	15539	8219	7833
14	英大信托	15341	6228	1920
15	中建投	14677	-4051	16955
16	金谷信托	13531	27023	93058
17	陆家嘴信托	13027	0	31679
18	浙商金汇	10752	670	10366
19	中融信托	8339	0	20798
20	山西信托	7027	4595	23170
21	华能贵诚	6288	4196	6131
22	五矿信托	5463	17497	119170
23	北京国信	4994	2879	3189
24	方正信托	4059	5791	38900
25	云南国信	3979	0	0
26	百瑞信托	3406	6046	4015
27	新时代	3269	15907	628
28	湖南信托	2461	566	938
29	西部信托	2381	0	11305
30	中航信托	2245	-3494	5495
31	国元信托	1573	124	8881
32	万向信托	1050	0	未披露
33	紫金信托	790	2369	未披露
34	爱建信托	668	6250	10592
35	天津信托	439	20107	93355
36	国联信托	239	403	273
37	厦门国信	155	-33	304
38	江苏国信	91	33	561
39	华宝信托	60	-356	82142
40	东莞信托	51	0	0
41	中江国信	8	8	50
42	华澳信托	3	29	9226
43	华信信托	0	0	0
44	平安信托	0	1829	未披露
45	光大兴陇	0	5879	13741
46	中信信托	0	137833	83916
47	粤财信托	0	0	未披露

续表

序号	公司简称	2018年	2017年	2016年
48	北方国信	0	382	55697
49	工商信托	0	0	95
50	建信信托	0	0	0
51	陕西国信	0	0	1034
52	国投信托	0	0	未披露
53	长城新盛	0	-493	493
54	中泰信托	-33	3480	35658
55	中海信托	-78	0	2174
56	昆仑信托	-230	22147	76860
57	华鑫信托	-875	5329	50995
58	西藏信托	-1189	3360	20633
59	重庆国信	-2211	-393	5080
60	外贸信托	-7038	4359	93966
61	吉林信托	-7341	22147	30413
62	苏州信托	-8051	0	11750
63	山东国信	-22082	22846	9078
64	华润信托	-29575	-39992	182249
65	华融国信	-40296	36448	94879
66	兴业信托	-46324	-125	2062
67	中铁信托	-64763	未披露	67394
68	交银国信	未披露	-4091	8938

第三节　信托业务收入

一、行业信托业务收入总规模的历史对比

在2018年，有68家公司披露了信托业务收入。2018年，平均每家信托公司信托业务收入为113207万元，比2017年下降4944万元，下降比率为4.18%。2014年以来，信托公司的信托业务收入在2014年的上升比例最大，达到了9.83%，在2018年下跌幅度最大，下跌了4.18%。具体数据如表6－14所示。

表6－14　　2014—2018年度信托公司信托业务收入统计分析表

项目	2014年	2015年	2016年	2017年	2018年
平均值(万元)	101906	105593	108604	118151	113207
均值增长额度(万元)	9122	3687	3011	9544	-4944
平均增长率	9.83%	3.62%	2.85%	8.79%	-4.18%
公司数目	64	68	67	67	68
最大值(万元)	444697	533140	439342	531038	545001
最小值(万元)	111964	7621	6366	2761	908.32
标准差(万元)	90187	94210	93043	99327	91732
变异系数	0.88	0.89	0.86	0.84	0.81

二、信托业务收入的公司分析

从信托业务收入排名来看,2018年度信托业务收入最高的信托公司前五名为:中信信托(545001万元)、平安信托(362066万元)、中航信托(293214万元)、华能贵诚(244674万元)以及外贸信托(234352万元)。

同时,可以发现,2013年信托业务收入达到1亿元以上和10亿元以上的公司分别有66家和19家,2014年达到64家和25家,2015年为67家和26家,2016年为65家和26家,2017年为66家和29家,2018年为67家和27家。

详见表6－15。

表6－15　　信托手续费收入规模序列表(2018年度)　　单位:万元

序号	公司简称	2018年	2017年	2016年
1	中信信托	545001	444771	427176
2	平安信托	362066	401641	338245
3	中航信托	293214	264404	212712
4	华能贵诚	244674	264577	235840
5	外贸信托	234352	194854	128216
6	五矿信托	233155	180518	171925
7	建信信托	216973	195013	180422
8	兴业信托	213699	165977	152479
9	四川信托	209875	211119	189393
10	中融信托	209202	288012	376429
11	中铁信托	197614	228248	208860

续表

序号	公司简称	2018 年	2017 年	2016 年
12	重庆国信	189805	213566	257432
13	爱建信托	186140	146133	90177
14	民生信托	183787	164609	120396
15	上海国信	181539	203715	212763
16	长安国信	181463	178023	169777
17	渤海信托	179638	168218	118054
18	光大兴陇	178746	87227	53697
19	安信信托	158575	531038	439342
20	中建投信托	128696	128923	130448
21	中诚信托	126469	76987	72675
22	华润信托	124512	102122	87365
23	方正东亚	118484	114816	101481
24	北京国信	118168	未披露	126631
25	江苏国信	110674	100142	66466
26	交银国信	107166	107809	106593
27	华宝信托	106166	121116	108376
28	陕西国信	97852	99042	未披露
29	百瑞信托	97285	125864	117734
30	华融国信	93941	168459	158242
31	英大信托	89665	82077	84992
32	陆家嘴信托	89604	84566	104941
33	山东国信	89130	112977	94280
34	国投泰康	87896	73859	50146
35	昆仑信托	87307	87277	95873
36	国民信托	83573	69280	58808
37	中原信托	82557	123161	107920
38	万向信托	81421	84574	91068
39	工商信托	73642	75883	74571
40	紫金信托	71605	60784	59780
41	华鑫信托	71450	71682	67263
42	东莞信托	71428	69906	61174
43	大业信托	70539	86049	53900
44	中海信托	62070	63114	76763
45	华信信托	61808	80227	83954
46	浙商金汇	61346	46205	16731

续表

序号	公司简称	2018年	2017年	2016年
47	厦门国信	57529	69093	56247
48	西部信托	55406	41123	31568
49	云南国信	55334	45796	32830
50	湖南信托	53973	60251	60585
51	中江国信	52054	69868	88390
52	西藏信托	48898	62375	59119
53	北方国信	46946	45130	77409
54	天津信托	46791	65977	60113
55	粤财信托	45721	30746	44827
56	中粮信托	44732	50713	33328
57	长城新盛	42690	34034	6366
58	华澳信托	41545	35522	28369
59	新时代	41485	101561	50671
60	苏州信托	37438	43324	62244
61	国元信托	34155	33660	37279
62	金谷信托	33087	51163	32158
63	新华信托	25654	25090	57493
64	国联信托	22306	20430	17516
65	吉林信托	20553	24919	15836
66	山西信托	15807	18551	28252
67	中泰信托	11097	24847	47286
68	华宸信托	908	2761	7102

第七章 风控与资产质量分析

风险管控是金融机构的生命线和核心竞争力。信托业的发展与风险管控息息相关。2018年，中国经济总量首次突破90万亿元，达900309亿元，比上年增长6.6%。中国的供给侧结构改革继续推进，保持平稳健康发展势头，居民财富不断累积，刺激了投资需求。同时货币新政、金融监管新政、资管新政等金融政策的出台，意味着监管标准趋同，信托业转型持续深入，信托成为居民有效配置资产的重要途径。而ICO、区块链从年初的高歌猛进、鱼龙混杂到国内几近销声匿迹；第三方支付备付金监管全面落地，监管频开巨额罚单等经济压力，制度红利不断削弱，信用风险持续显现。

第一节 净资本

净资本管理既有控制“小马拉大车”无意中出现的管理能力与风控能力不相匹配的问题；也有防止个别公司为追逐眼前利益而恶意“违规超载”的现象；同时更有引导信托公司尽快实现从“广种薄收”“以量取胜”片面追求规模的粗放式经营模式，向“精耕细作”、提升业务科技含量和产品附加值内涵发展的经营模式升级转型的深层考量和战略意图。动荡多变环境下获取竞争优势、进行风险管控的关键是建立以净资本管理为核心的业务发展模式和管理体系。

2018年全部的68家信托公司均披露了净资产值，较2017年增加3家，2018年详细披露固有业务风险资本和信托业务风险资本的有48家，较2017年增加了29家，占全部68家信托公司的比例超一半。全部企业都披露了各项业务风险资本之和，较2017年增加了3家。显然，2018年信托公司加强了在各项业务风险资本之和方面的披露，但在固有业务风险资本和信托业务风险资本的披露上还有待加强。

在合规内容方面，《信托公司净资本管理办法》中明确规定信托公司净资本不得低于人民币2亿元。目前披露净资本值的68家公司此项风险控制指标均达标，最低值在5.93

亿元以上。其中最高的是重庆国信(197.04亿元),第二位为平安信托(171.45亿元)。披露公司的平均净资本值为64.62亿元,较2017年增加3.5%。

监管规定净资本不得低于各项风险资本之和的100%,净资本不得低于净资产的40%。披露的68家公司这两项指标均达标,信托公司各项业务的风险资本有相应的净资本做支撑。其中,大业信托和华宸信托净资本是风险资本之和的129.57%、520.08%,排名第一、第二位,净资本占净资产比重最高的是西部信托(94.42%),其次是光大兴陇(92.44%)。详见表7-1。

表7-1　　2018年与2017年净资本相关指标排名

排名	净资本前三名(2018年)	净资本前三名(2017年)	净资本/各项业务风险资本之和前三名(2018年)	净资本/各项业务风险资本之和前三名(2017年)	净资本/净资产前三名(2018年)	净资本/净资产前三名(2017年)
第一名	重庆国信(197.05)	平安信托(194.20)	大业信托(129.57%)	中泰信托(492.02%)	西部信托(94.42%)	中粮信托(93.00%)
第二名	平安信托(171.45)	重庆信托(169.24)	华宸信托(520.08%)	湖南信托(356.38%)	光大兴陇(92.44%)	大业信托(92.86%)
第三名	中信信托(168.00)	中信信托(161.00)	中泰信托(512.71%)	华信信托(339.27%)	中融信托(91.26%)	西部信托(92.30%)

注:括号内数值单位为亿元。

第二节　自营业务不良资产

从整体来看,2018年信托公司固有业务风险持续显露。虽然自营业务平均不良资产规模及不良资产总体规模较2017年大幅下降,这是由于不良资产形成具有历史原因,随着历史原因的解决,不良资产规模下降。

结合后面不良资产规模分布可以看出,68家信托公司中有42家存在不良资产,与2017年持平。与上一年度相比不良资产规模缩减的有17家,较2017年减少3家。总体而言,2018年信托自营业务不良资产大幅降低,资产质量上升,经营风险减小。2018年变异系数为1.42,反映了公司间差异较上年减小,这是由于2017年中信信托等大规模不良资产得到处置的缘故。详见表7-2。

表 7－2　　2013—2018 年度自营不良资产规模的统计分析表

项目	2013 年	2014 年	2015 年	2016 年	2017 年	2018 年 8
合计(万元)	265181	400477	745998	4881071	1123716	1510983
平均值(万元)	3900	6068	10971	76267	17558	27472
平均值增长幅度(万元)	1427	2168	4903	65296	－58709	9914
平均值增长率	57.70%	55.59%	80.80%	595.17%	－76.98%	56.46%
公司数目	68	66	68	68	68	68
不良资产缩减的公司数	13	13	12	23	20	17
最大值(万元)	64232	77652	144367	2257675	136579	166271
最小值(万元)	0	0	0	0	0	0
标准差(万元)	10208	13940	26241	294249	31757	38921
变异系数	2.62	2.30	2.39	3.86	1.81	1.42

从不良资产率来看,2018 年 68 家公司平均不良资产率为 3.81%,较上一年度大幅提高。22 家公司的不良资产率低于上一年度。不良资产率降低有两方面原因:一是与不良资产处置、核销有关,另一方面可能与增资有关。因为不良资产率为不良资产除以信用风险资产,固有资产增加后,相当于做大分母。不良资产率的公司间差异为 0.02。总体来看,2018 年信托公司自营不良资产率较上年上升,一定程度上提高了经营风险。但是中粮信托、华宸信托、新华信托不良资产率较高。详见表 7－3。

表 7－3　　2013—2018 年度自营不良资产率的统计分析表

项目	2013 年	2014 年	2015 年	2016 年	2017 年	2018 年
平均值	0.05%	0.12%	2.71%	4.13%	2.70%	3.81%
平均值增长率	－1.25%	0.07%	2.59%	1.42%	－0.35%	0.41%
公司数目	68	66	68	68	68	68
不良资产率缩减的公司数	14	14	21	21	22	22
最大值	55.82%	50.52%	47.60%	31.35%	14.57%	32.67%
最小值	0.00%	0.00%	0.00%	0.00%	0.00%	0.00%
标准差	7.57%	10.36%	8.35%	6.77%	3.91%	0.06%
变异系数	3.46	2.59	3.08	1.64	1.45	0.02

从不良资产规模的分布区间来看,2018 年亿元以上不良资产公司为 27 家(占全部信托公司数的 39.71%),较 2017 年增加 5 家。亿元以上不良资产公司产生了 90% 以上的信托行业不良资产,监管对象和风控重点应集中在这 27 家公司,还有 13 家公司没有披露不良资产,也应该引起关注。详见表 7－4。

表7－4　　自营不良资产规模分布

不良资产规模区间	亿元及以上区间	0～亿元区间	0元	总计
2018年公司数目（占比）	27（39.71%）	16（23.53%）	12（17.65%）	55
2017年公司数目（占比）	22（34.38%）	19（29.69%）	23（35.93%）	64
2018年不良资产规模合计（占比）	1457331万元（96.45%）	53652万元（3.55%）	0	1510983万元
2017年不良资产规模合计（占比）	1048784万元（93.33%）	74933万元（6.67%）	0	1123716万元

从信托公司不良资产规模增幅来看，2018年不良资产规模缩减最多的是五矿信托，其次是浙商金汇和上海国信。不良资产率缩减最多的是北方国信，其次是五矿信托和浙商金汇。详见表7－5。

表7－5　　信托公司自营不良资产缩减前五名

排名	不良资产规模缩减前五名（2018年）	不良资产规模缩减前五名（2017年）	不良资产率缩减前五名（2018年）	不良资产率缩减前五名（2017年）
第一名	五矿信托（－53779）	中信信托（－2138481）	北方国信（－11.52%）	爱建信托（－367.78）
第二名	浙商金汇（－10000）	光大兴陇（－550421）	五矿信托（－5.78%）	华宸国信（－20.42）
第三名	上海国信（－9500）	东莞信托（－440232）	浙商金汇（－5.74%）	华能贵诚（－15.83）
第四名	华融国信（－6674）	西藏信托（－270159）	山西信托（－4.12%）	吉林信托（－15.15）
第五名	山西信托（－6055）	陕西信托（－198316）	华融国信（－3.01%）	五矿信托（－8.48）

注：括号内不良资产规模缩减单位为万元。

从不良资产的构成来看，按照银监会要求，我国信托公司资产质量实行五级分类管理，次级、可疑和损失类资产即不良资产直接反映了信托公司资产的质量和安全程度。2018年度信托公司正常类资产平均82亿元，占全部资产的92.52%，而次级、可疑和损失类不良资产总计151亿元，占资产总额的2.55%。详见表7－6。

表 7-6 2018 年度信托公司资产类别 单位:万元

资产类别	正常	关注	次级	可疑	损失	不良资产合计
合计	54744060	2916141	593808	430487	486677	1510983
平均	829455	52074	11643	8123	9543	27472
占比	92.52%	4.93%	1.00%	0.73%	0.82%	2.55%

第八章 人力资源分析

第一节 人力资源基本情况

2018 年度信托行业从业人员的整体规模总数为 20243 人,较上一年增长 1.08%,增速降低 7.76%。信托行业人员队伍不断扩大,但在金融机构中属从业人员较少的行业。具体在披露的 68 家公司中,56 家公司出现人员递增的情况,较 2017 年减少 1 家公司。2018 年信托行业人员的变异系数为 0.54,各公司间人员差距仍然存在但呈逐步缩小趋势。信托行业近几年快速发展带来的良好发展平台和较高的薪酬水平,吸引了大量高学历人才(包括博士、硕士两个层次)的加入。4 家公司高学历人员占比 70% 以上,37 家公司高学历人员占比 50% 以上,12 家高学历人员规模超过 200 人。详见表 8-1。

表 8-1　　2013—2018 年度信托公司从业人员规模的统计分析表

项目	2013 年	2014 年	2015 年	2016 年	2017 年	2018 年
总数(人)	14233	16388	17554	18393	19766	20243
平均值(人)	212	248	258	271	295	298
平均值增长幅度(人)	37	36	10	13	24	3
平均值增长率	21.14%	16.98%	4.03%	5.04%	8.86%	-0.88%
公司数目	68	66	68	68	68	68
从业人员增加的公司数	61	54	46	47	57	56
最大值(人)	1620	1815	1980	1939	1974	808
最小值(人)	41	51	49	76	74	80
标准差(人)	221.48	253.7	266.31	253.84	255	161.21
变异系数	1.04	1.02	1.03	0.94	0.86	0.54

各信托公司中,从业人员的规模分布以 1000 人以下的中小型信托公司为主,2018 年规模前三位为中融信托、四川信托和长安信托。2018 年从业人员增幅前三名为光大兴陇、安信信托和五矿信托,高质量人员的流入也为这些公司业绩增长带来了一定支撑。

详见表 8 -2、表 8 -3。

表 8 -2　　2015—2018 年度信托公司从业人员规模前三名

排名	2018 年 从业人员规模	2017 年 从业人员规模	2016 年 从业人员规模	2015 年 从业人员规模
第一名	中融信托(808)	中融信托(1974)	中融信托(1939)	中融信托(1980)
第二名	四川信托(734)	四川信托(749)	平安信托(972)	平安信托(1120)
第三名	长安信托(719)	平安信托(743)	四川信托(725)	四川信托(744)

注:括号内从业人员规模单位为人。

表 8 -3　　2015—2018 年度信托公司从业人员规模增幅前三名

排名	2018 年增幅	2017 年增幅	2016 年增幅	2015 年增幅
第一名	光大兴陇(182)	浙商金汇(227)	中建投(90)	中融信托(165)
第二名	安信信托(168)	陕西国信(131)	中航信托(75)	中建投(95)
第三名	五矿信托(125)	中信信托(129)	建信信托(72)	光大兴陇(71)

注:括号内从业人员规模增幅单位为人。

从披露的信托公司从业人员年龄来看,已披露的 11 家公司中,平均年龄为 35.67 岁,与 2017 年相比上涨。从业人员最大年龄为 43 岁,最小年龄 34 岁,行业内分布几乎不存在差异化。详见表 8 -4。

表 8 -4　　2013—2018 年度信托公司从业人员年龄的统计分析表

项目	2013 年	2014 年	2015 年	2016 年	2017 年	2018 年
平均值(岁)	35.20	35.07	35.00	35.36	35.54	35.67
平均值增长幅度(岁)	-0.52	-0.13	-0.07	0.36	0.18	0.13
平均值增长率	-1.45%	-0.37%	-0.20%	1.03%	0.51%	0.36%
公司数目	17	17	20	16	12	11
最大值(岁)	42	41	41	40.92	41.97	42.73
最小值(岁)	31.51	31.70	32	30.47	33	33.4
标准差(岁)	2.65	2.76	2.61	2.62	2.07	2.63
变异系数	0.08	0.07	0.07	0.07	0.08	0.07

2018 年披露信息的公司中,平均年龄最小的是上海信托,平均年龄为 33.4 岁,各年度从业人员平均年龄变化不大。详见表 8 -5。

表 8-5　　2015—2018 年度信托公司从业人员年龄最小的前三名

排名	2018 年	2017 年	2016 年	2015 年
第一名	上海信托(33.40)	上海信托(33.00)	国元信托(30.47)	平安信托(32.00)
第二名	兴业信托(34.00)	兴业信托(33.00)	兴业信托(33.00)	兴业信托(32.10)
第三名	浙商金汇(34.00)	浙商信托(33.00)	浙商信托(33.00)	中泰信托(33.00)

注:括号内从业人员年龄单位为岁。

第二节　人力资源岗位分布

一、人力资源岗位总体分布

从 2018 年度披露情况来看,在信托公司人员岗位分布中,高管人员平均人数为 10 人,占 3.15%,自营人员平均为 8 人,占 2.65%,信托业务人员平均 170 人,占 57.34%,其余为其他人员。其中,信托业务人员的变异系数最大,公司间差异较大。高管人数最多的是重庆国信(25 人),人数最少的为建信信托、中泰信托、中铁信托和浙商信托(5 人);自营人员人数最多的为天津信托(21 人),华融国信人数最少(0 人);中融信托的信托业务人员达到 743 人,居行业首位。回归信托本源,顺应监管要求,需要信托公司从人才队伍建设上首先满足信托主业的需求,其次才是服务自营业务创新,取得平衡发展。详见表 8-6。

表 8-6　　2018 年度信托公司从业人员岗位分布的统计分析表

项目	高管	自营	信托
平均值(人)	10	8	170
占比	3.15%	2.65%	57.34%
公司数目	68	61	63
最大值(人)	25	21	743
最小值(人)	5	0	24
标准差(人)	3.76	4.71	127.64
变异系数	0.38	0.59	0.75

二、信托业务人员分布

信托业务人员是信托公司的主力。从 2013—2018 年信托业务人员的统计分析来看，2018年信托业务人员的平均人数为170人，较上年有所上升，占全部从业人员比重上升了4.12%。信托人员的行业内分布不均仍然较高，公司间差异较大。详见表8－7。

表8－7　　2013—2018年信托公司信托业务人员的统计分析表

项目	2013年	2014年	2015年	2016年	2017年	2018年
平均值（人）	131	151	133	157	157	170
占比	61.61%	60.80%	52.27%	57.97%	53.22%	57.34%
占比增幅	1.52%	－0.81%	－8.53%	10.90%	－8.19%	7.74%
最大值（人）	1045	1332	1167	974	974	743
最小值（人）	19	29	22	26	26	24
标准差（人）	162.89	203.74	160.89	156.85	154.85	127.64
变异系数	1.24	1.35	1.21	0.99	0.99	0.75

三、高学历信托业务人员分布

2013—2018年高学历人员（包括硕士和博士两个层次）数量总体呈上升趋势，其中大多数企业2018年高学历人员占比超过了50%。同时，标准差和变异系数降低，表示2018年各公司间高学历人员分布差异变小。详见表8－8。

表8－8　　2013—2018年度高学历信托公司从业人员统计分析表

项目		2013年	2014年	2015年	2016年	2017年	2018年
披露公司数目		68	66	68	68	67	68
高学历	平均值（人）	62	125	102	134	150	160
	占比	41.82%	48.38%	47.85%	49.38%	52.51%	52.84%
	占比增长幅度	6.43%	0.27%	3.26%	1.53%	6.34%	0.63%
	最大值	355	653	757	607	571	477
	最小值	3	19	10	30	27	19
	标准差	63.10	104.73	23.42	101.67	384.67	97.26
	变异系数	1.02	0.84	0.23	0.76	2.56	0.61

综合博士和硕士高学历人员，2018年中信信托占据高学历规模第一名，百瑞信托占高学历占比第一名。详见表8－9。

表 8-9　　2017—2018 年度信托公司人力资源高学历分布排名前三名

排名	2018 年		2017 年	
	高学历规模(人)	高学历占比	高学历规模(人)	高学历占比
第一名	中信信托(477)	百瑞信托(76.00%)	中融信托(571)	百瑞信托(74.3%)
第二名	中融信托(389)	北京信托(73.90%)	中信信托(447)	华宝信托(74.09%)
第三名	长安信托(387)	中原信托(72.80%)	长安信托(354)	中原信托(72.37%)

第九章 公司治理结构分析

第一节 信托公司股权结构分析

根据第一大股东持股信息数据来看(见表9-1),2018年68家信托公司中,有67家均对各大股东的持股比例进行了披露,与2017年持股信息的披露情况相当。从2018年各大公司的披露数据来看,我国信托公司的股权结构依然呈现高度集中的特征,主要表现有:第一大股东股权比例在90%及其以上的公司为12家,与2017年数据相同,但是比2016年减少1家;持股比例在80%至90%之间的公司为8家,比2017年和2016年数据都减少1家;持股比例在70%至80%之间的公司数量为9家,比2017年减少1家,但是比2016年多2家;持股比例在60%至70%之间的公司数量为8家,与2017年相比,增加了2家,但是比2016年依然少1家;持股比例在50%至60%之间的公司数量为13家,比2017年和2016年均多出1家。从总体来看,在所调查的这68家信托公司中,2018年度第一股东持股比例在50%以上即达到绝对控股地位的有50家,比2017年多出了1家,而持股比例在50%以下的只有17家。纵观2016—2018三个年度第一大股东持股情况,我们可以看出第一大股东持股比例一直居高不下,而绝对控股股东的持股占比也一直很高,且总体维持均衡状态。详见表9-1、表9-2。

表9-1　　第一大股东持股信息

序号	公司简称	第一大股东名称	持股比例
1	北京国信	未披露	未披露
2	平安信托	中国平安保险(集团)股份有限公司	99.88%
3	爱建信托	上海爱建集团股份有限公司	99.33%
4	粤财信托	广东粤财投资控股有限公司	98.14%
5	华宝信托	中国宝武钢铁集团有限公司	98.00%
6	吉林信托	吉林省财政厅	97.50%

续表

序号	公司简称	第一大股东名称	持股比例
7	上海信托	上海浦东发展银行股份有限公司	97.33%
8	外贸信托	中化资本有限公司	96.97%
9	湖南信托	湖南财信投资控股有限责任公司	96.00%
10	中海信托	中国海洋石油集团有限公司	95.00%
11	金谷信托	中国信达资产管理股份有限公司	92.29%
12	山西信托	山西金融投资控股集团有限公司	90.70%
13	中建投信托	中国建银投资有限责任公司	90.05%
14	交银国信	交通银行股份有限公司	85.00%
15	中航信托	中航投资控股有限公司	82.73%
16	民生信托	武汉中央商务区建设投资股份有限公司	82.71%
17	昆仑信托	中油资产管理有限公司	82.18%
18	江苏国信	江苏国信股份有限公司	81.49%
19	厦门国信	厦门金圆金控股份有限公司	80.00%
20	西藏信托	西藏自治区财政厅	80.00%
21	中信信托	中国中信有限公司	80.00%
22	中铁信托	中国中铁股份有限公司	78.91%
23	五矿信托	五矿资本控股有限公司	78.00%
24	浙商金汇	浙江东方金融控股集团股份有限公司	78.00%
25	华融国信	中国华融资产管理股份有限公司	76.79%
26	万向信托	中国万向控股有限公司	76.50%
27	中粮信托	中粮资本投资有限公司	76.01%
28	兴业信托	兴业银行股份有限公司	73.00%
29	陆家嘴信托	上海陆家嘴金融发展有限公司	71.61%
30	苏州信托	苏州国际发展集团有限公司	70.01%
31	国联信托	无锡市国联发展(集团)有限公司	69.92%
32	华能贵诚	华能资本服务有限公司	67.86%
33	国通信托	武汉金融控股(集团)有限公司	67.51%
34	建信信托	中国建设银行股份有限公司	67.00%
35	重庆国信	同方国信投资控股有限公司	66.99%
36	英大信托	国网英大国际控股集团有限公司	63.41%
37	东莞信托	东莞金融控股集团有限公司	60.83%
38	紫金信托	南京紫金投资集团有限责任公司	60.01%
39	中原信托	河南投资集团有限公司	58.97%
40	新时代	新时代远景(北京)投资有限公司	58.54%
41	工商信托	杭州市金融投资集团有限公司	57.99%

续表

序号	公司简称	第一大股东名称	持股比例
42	西部信托	陕西省电力建设投资开发公司	57.78%
43	国投信托	国投资本控股有限公司	55.00%
44	安信信托	上海国之杰投资发展有限公司	52.44%
45	天津信托	天津海泰控股集团有限公司	51.58%
46	渤海信托	海航资本集团有限公司	51.23%
47	光大兴陇	中国光大集团股份公司	51.00%
48	华润信托	华润股份有限公司	51.00%
49	华鑫信托	中国华电集团公司	51.00%
50	百瑞信托	国家电投集团资本控股有限公司	50.24%
51	华澳信托	北京融达投资有限公司	50.01%
52	国元信托	安徽国元控股（集团）责任有限公司	49.69%
53	山东国信	山东省鲁信投资控股集团有限公司	47.12%
54	大业信托	中国东方资产管理股份有限公司	41.67%
55	长安国信	西安投资控股有限公司	40.44%
56	新华信托	上海珊瑚礁信息系统有限公司	40.00%
57	中融信托	经纬纺织机械股份有限公司	37.47%
58	华宸信托	内蒙古交通投资（团）有限责任公司	36.50%
59	长城新盛	长城股份公司	35.00%
60	陕西国信	陕西煤业化工集团有限责任公司	34.58%
61	中诚信托	中国人民保险集团股份有限公司	32.92%
62	中江国信	领锐资产管理股份有限公司	32.74%
63	北方国信	天津泰达投资控股有限公司	32.33%
64	四川信托	四川宏达（集团）有限公司	32.04%
65	国民信托	上海丰益股权投资基金有限公司	31.73%
66	中泰信托	中国华闻投资控股有限公司	31.57%
67	华信信托	华信汇通集团有限公司	25.91%
68	云南国信	云南省财政厅	25.00%

表9-2　第一大股东持股比例分布情况

年度	≧90%	[80%，90%)	[70%，80%)	[60%，70%)	[50%，60%)	[0%，50%)	披露公司数	持股比例50%以上占比
2018	12家	8家	9家	8家	13家	17家	67家	74.63%
2017	12家	9家	10家	6家	12家	18家	67家	73.13%
2016	13家	9家	7家	9家	12家	18家	68家	73.53%

由以上分析可以得出,2018年有绝对控股地位的公司数量与2017年相比增加了1家,因此所调查信托公司在2018年仍未改变股权高度集中和一股独大的显著特点。股权的高度集中导致控股股东对公司的控制力明显增强,有助于推动公司高级管理人员与股东尤其是控股股东的利益趋同,代理成本因此而得到一定控制。但股权的高度集中会导致控股股东对公司的参与程度过高,从而导致董事包括独立董事、监事甚至中介机构缺乏独立性,进而导致较为严重的利益侵占问题。由上面的分析可见,大多数的公司都存在此问题,因此如何设计合理的股权结构仍然是信托公司进行公司治理的关键。

就关联交易数量来看(见表9-3),由于我国信托行业市场化程度较低,关联交易现象普遍存在。在统计的68家公司有63家信托公司披露了2018年度的关联交易数量和金额,比2017年减少了1家,其中关联交易共计939起,总金额达到104886690万元,而2017年的关联交易是878起,总金额是106913533万元,可见,虽然2018年我国信托行业总体关联数量有所上涨,但是发生的总额却比2017年有所下降。在2018年,平均每家信托公司发生的关联交易金额为1664868万元,而2017年每家信托公司的关联交易金额为1697040万元,可见,在2018年信托行业关联交易的平均水平要比2017年度有所下降,但是下降的幅度并不大。在2018年,信托行业关联交易金额最大的为兴业信托,关联交易金额为27666691万元,位居第二的是英大信托,关联交易金额为26151494万元,其次是华润信托,关联交易金额为8876181万元。在披露相关信息的63家公司中,发生关联交易金额超过平均值1664868万元的公司数为13家,占比20.63%。发生关联交易最少的三家信托公司分别为工商信托、华澳信托和国民信托,披露的关联交易金额分别为8万元、0万元和0万元。有关信托行业2018年关联交易金额排序详见表9-3。

表9-3　　信托公司关联交易额序列表　　单位:万元

序号	公司简称	关联方数量	关联交易金额
1	山东国信	未披露	未披露
2	新时代	未披露	未披露
3	陕西国信	未披露	未披露
4	安信信托	未披露	未披露
5	华宸信托	未披露	未披露
6	兴业信托	15	27666691
7	英大信托	136	26151494

续表

序号	公司简称	关联方数量	关联交易金额
8	华润信托	17	8876181
9	中海信托	10	6407843
10	上海国信	6	3500929
11	建信信托	8	3265686
12	重庆国信	69	2891723
13	平安信托	33	2869981
14	国投泰康	21	2771699
15	民生信托	19	2589373
16	百瑞信托	3	2067720
17	华融国信	9	1916776
18	五矿信托	9	1829989
19	中信信托	29	1412887
20	华能贵诚	10	1409693
21	渤海信托	13	1227922
22	中原信托	79	1151848
23	昆仑信托	4	1132000
24	长安国信	35	722168
25	华信信托	1	491875
26	光大兴陇	5	464988
27	江苏国信	7	446749
28	北方国信	5	411600
29	华鑫信托	32	402366
30	中航信托	16	372021
31	金谷信托	4	353867
32	苏州信托	70	346330
33	中融信托	22	319939
34	北京国信	14	287682
35	东莞信托	15	259698
36	陆家嘴信托	9	233227
37	紫金信托	5	230284
38	中铁信托	10	196661
39	中粮信托	32	179422
40	新华信托	1	150504
41	厦门国信	10	142875
42	湖南信托	4	111748

续表

序号	公司简称	关联方数量	关联交易金额
43	云南国信	2	110290
44	大业信托	3	92300
45	粤财信托	3	82275
46	华宝信托	4	81778
47	国元信托	14	65821
48	长城新盛	6	38431
49	天津信托	2	32500
50	中泰信托	4	29483
51	西藏信托	1	13043
52	中江国信	1	10000
53	外贸信托	6	5255
54	浙商金汇	7	5126
55	交银国信	3	4300
56	中建投信托	2	3012
57	爱建信托	9	1454
58	四川信托	3	987
59	山西信托	1	711
60	吉林信托	4	612
61	万向信托	2	439
62	国联信托	2	438
63	西部信托	6	347
64	国通信托	1	285
65	工商信托	1	8
66	华澳信托	0	0
67	国民信托	0	0
68	中诚信托	65	-956646
总额		939	104886690
平均值		15	1664868

由上分析可知，与2017年相比，2018年我国信托行业的关联交易额呈小幅度降低的趋势，但是总体上依然保留在较高的水平，而且少数信托公司的关联交易金额明显高于行业平均水平，这一点值得关注。关联交易通过集团内部适当的交易安排，可以使配置在一定程度上最优，加强企业间合作，达到企业集团的规模经济效益。虽然关联交易能够降低谈判成本和交易成本，提高交易效率，但频繁的关联交易也可能存在着交易双方

从中谋利、侵犯股东和中小投资者的状况。因此规范关联交易成为信托行业的突出问题,也将成为监管机构关注的重点之一。

第二节 董事会结构分析

依据68家信托公司2018年的董事会设置(见表9-4),在披露相关信息的65家公司中,只有8家公司的第一大股东没有在相应公司中担任任何高管职务,而有57家信托公司的第一大股东都担任了董事长或者其他高管职务。从总数来看,第一大股东对公司的经营决策仍然具有较高的掌控能力。在被研究的68家公司中,第一大股东担任董事长并同时兼任总经理或者总裁一职的有28家企业,而该数据在2017年为24家,可见较2017年两职兼任的公司数量增加了4家。可见,第一大股东会通过积极占有董事会席位而进一步影响董事会决策。董事直接兼任公司经营管理人员,在董事长有时间行使总经理的权利时,决策速度快;节省了总经理的工资开支;防止了总经理吃里扒外的行为。但这使得公司管理架构缺失,不利于公司管理层次的提升,妨碍了下属的发展。董事长行事则更加武断,而且董事长没时间行使总经理权利时,会出现扯皮现象。容易造成董事会实际干预经营的局面,股东、董事会与经营管理层之间并没有各司其职、明确分工,没有形成彼此之间的良性互动,这对公司的治理是不利的。

表9-4　　董事会设置情况

序号	公司简称	第一大股东名称	担任高管职务
1	中诚信托	中国人民保险集团股份有限公司	未担任
2	新华信托	上海珊瑚礁信息系统有限公司	未担任
3	华信信托	华信汇通集团有限公司	董事长
4	上海信托	上海浦东发展银行股份有限公司	董事长
5	中海信托	中国海洋石油集团有限公司	董事长、副总裁、财务总监
6	平安信托	中国平安保险(集团)股份有限公司	董事长
7	厦门国信	厦门金圆金控股份有限公司	董事长
8	吉林信托	吉林省财政厅	董事长
9	东莞信托	东莞金融控股集团有限公司	董事长、副董事长
10	西藏信托	西藏自治区财政厅	董事长
11	山西信托	山西金融投资控股集团有限公司	董事长、总经理
12	光大兴陇	中国光大集团股份公司	董事长、总裁
13	中融信托	经纬纺织机械股份有限公司	董事长、副董事长

续表

序号	公司简称	第一大股东名称	担任高管职务
14	中信信托	中国中信有限公司	董事长、副董事长、总经理
15	苏州信托	苏州国际发展集团有限公司	董事长、总裁
16	外贸信托	中化资本有限公司	董事长、总经理
17	江苏国信	江苏国信股份有限公司	董事长、总经理
18	华融国信	中国华融资产管理股份有限公司	董事长、总经理
19	粤财信托	广东粤财投资控股有限公司	董事长、总经理
20	天津信托	天津海泰控股集团有限公司	董事长
21	北方国信	天津泰达投资控股有限公司	董事长
22	百瑞信托	国家电投集团资本控股有限公司	董事长、总裁
23	中原信托	河南投资集团有限公司	未担任
24	华宸信托	内蒙古交通投资(团)有限责任公司	未担任
25	湖南信托	湖南财信投资控股有限责任公司	董事长
26	兴业信托	兴业银行股份有限公司	董事长、总裁
27	工商信托	杭州市金融投资集团有限公司	董事长、副总裁
28	建信信托	中国建设银行股份有限公司	董事长、总裁、首席财务官、副总裁
29	国民信托	上海丰益股权投资基金有限公司	副董事长
30	华宝信托	中国宝武钢铁集团有限公司	董事长、总经理、副总经理
31	中泰信托	中国华闻投资控股有限公司	董事长
32	英大信托	国网英大国际控股集团有限公司	董事长
33	国联信托	无锡市国联发展(集团)有限公司	董事长
34	安信信托	上海国之杰投资发展有限公司	副总裁、副总经理
35	陕西国信	陕西煤业化工集团有限责任公司	未披露
36	新时代	新时代远景(北京)投资有限公司	未担任
37	山东国信	山东省鲁信投资控股集团有限公司	董事长
38	华润信托	华润股份有限公司	董事长、总经理
39	国元信托	安徽国元控股(集团)责任有限公司	董事长
40	中江国信	领锐资产管理股份有限公司	未担任
41	国投信托	国投资本控股有限公司	董事长
42	昆仑信托	中油资产管理有限公司	董事长、总裁
43	长安国信	西安投资控股有限公司	董事长
44	西部信托	陕西省电力建设投资开发公司	董事长
45	云南国信	云南省财政厅	未担任
46	重庆国信	同方国信投资控股有限公司	董事长、总经理
47	北京国信	未披露	未披露
48	交银国信	交通银行股份有限公司	董事长、总裁

续表

序号	公司简称	第一大股东名称	担任高管职务
49	渤海信托	海航资本集团有限公司	董事长
50	中建投信托	中国建银投资有限责任公司	董事长、总经理
51	中铁信托	中国中铁股份有限公司	董事长、总经理
52	陆家嘴信托	上海陆家嘴金融发展有限公司	董事长、总经理
53	爱建信托	上海爱建集团股份有限公司	董事长、副董事长、总经理、常务副总经理
54	华能贵诚	华能资本服务有限公司	董事长
55	中航信托	中航投资控股有限公司	董事长
56	华澳信托	北京融达投资有限公司	董事长
57	金谷信托	中国信达资产管理股份有限公司	董事长、总经理
58	国通信托	武汉金融控股(集团)有限公司	董事长、副总裁
59	四川信托	四川宏达(集团)有限公司	董事长
60	大业信托	中国东方资产管理股份有限公司	未担任
61	华鑫信托	中国华电集团公司	未披露
62	五矿信托	五矿资本控股有限公司	董事长
63	中粮信托	中粮资本投资有限公司	董事长
64	紫金信托	南京紫金投资集团有限责任公司	董事长
65	长城新盛	长城股份公司	董事长、副总经理
66	浙商金汇	浙江东方金融控股集团股份有限公司	董事长、总经理
67	万向信托	中国万向控股有限公司	董事长
68	民生信托	武汉中央商务区建设投资股份有限公司	董事长、副董事长、首席稽核总监

就董事会中董事数量而言(见表9－5),2018年披露相关信息的公司为67家,较2017年增加3家。依据调查,2018年信托行业董事会平均人数为8.43人,比2017年度均值有所增加。而董事会人数最多的是中诚信托,董事会人数为13人,其次是万向信托、民生信托和华融国信,这三家公司的董事会人数都是12人。然而,董事会人数最少的为粤财信托和吉林信托,董事会只有3人构成。总体来看,2018年董事会成员与上一年度相比有稳定的趋势。一般认为董事会规模与公司绩效之间存在着明显的倒U形曲线,人数过多会导致沟通不到位、决策效率低下、成本上升等问题,人数过少又难以实现真正的集体决策,一般认为7～8人为最佳人数标准。由以上的分析可以得知,我国信托行业部分公司的董事会规模结构有待改善,但同时也应该考虑信托行业和股权结构的特殊性。

表9-5　　董事数量

序号	公司简称	董事数量
1	安信信托	未披露
2	中诚信托	13
3	万向信托	12
4	民生信托	12
5	华融国信	12
6	长安国信	11
7	平安信托	11
8	北京国信	11
9	北方国信	11
10	百瑞信托	11
11	重庆国信	10
12	浙商金汇	10
13	云南国信	10
14	西部信托	10
15	天津信托	10
16	国民信托	10
17	中粮信托	9
18	中江国信	9
19	中建投信托	9
20	中航信托	9
21	长城新盛	9
22	英大信托	9
23	兴业信托	9
24	新时代	9
25	新华信托	9
26	五矿信托	9
27	上海信托	9
28	厦门国信	9
29	昆仑信托	9
30	金谷信托	9
31	交银国信	9
32	江苏国信	9
33	华信信托	9
34	华润信托	9
35	华能贵诚	9

续表

序号	公司简称	董事数量
36	国元信托	9
37	国联信托	9
38	工商信托	9
39	大业信托	9
40	爱建信托	9
41	中信信托	8
42	中铁信托	8
43	中泰信托	8
44	中海信托	8
45	西藏信托	8
46	苏州信托	8
47	国投信托	8
48	中原信托	7
49	中融信托	7
50	外贸信托	7
51	四川信托	7
52	陕西国信	7
53	山东国信	7
54	陆家嘴信托	7
55	华宝信托	7
56	湖南信托	7
57	国通信托	7
58	渤海信托	7
59	紫金信托	6
60	山西信托	6
61	华鑫信托	6
62	华宸信托	6
63	光大兴陇	6
64	东莞信托	6
65	建信信托	5
66	华澳信托	5
67	粤财信托	3
68	吉林信托	3
合计		565
平均值		8.43

第十章　非财务信息披露情况分析

第一节　影响公司发展的有利因素分析

信托行业的特殊性要求在年报中披露影响公司发展的有利因素和不利因素。根据所调查的数据,2018 年被调查信托公司普遍认为影响自身发展的前五位有利因素是:有 36 家公司认为是“经济平稳发展,宏观经济环境好”;有 33 家公司认为是“经济结构不断优化,新兴动能加快成长,质量效益明显提高”;有 29 家公司认为是“高净值人群的增长使得财富管理进一步深化”;有 25 家公司认为是“监管体系和行业发展配套机制不断完善”;有 18 家公司认为是“实体行业及新兴行业的发展提供更广阔的业务拓展空间”。相对而言,2017 年被调查信托公司普遍认为影响自身发展的前五位有利因素是:(1)经济平稳发展,宏观经济环境好;(2)经济结构不断优化,新兴动能加快成长,质量效益明显提高;(3)高净值人群的增长使得财富管理进一步深化 ;(4)监管体系和行业发展配套机制不断完善;(5)实体行业及新兴行业的发展提供更广阔的业务拓展空间。而 2016 年被调查信托公司普遍认为影响自身发展的前五位有利因素是:(1)居民收入持续增长,高净值人群不断增多;(2)经济平稳发展,宏观经济环境好;(3)监管环境进一步向好,制度保证政策支持加强;(4)信托市场逐步成熟,信托公司的资产管理能力得到市场认可;(5)私人理财需求迅速膨胀。

综上可以发现,过去三个年度影响信托公司发展的有利因素基本没有发生重大变动,宏观环境、行业环境和监管环境基本上都是大家认同的主要影响因素。与 2016 年相比,宏观环境因素仍然是主要有利因素,经济结构的优化和财富管理上升为主要因素,这得益于供给侧结构制改革带来的新发展理念和经济结构加快调整取得的新进展,说明政策支持为信托业发展提供更强大的支撑,推动信托业发展实现了新的高度。当前信托业仍处于成长阶段,需要监管部门不断推进信托制度与现有法律法规的融合,满足信托机构在业务发展等多方面的制度需求，从而有效促进行业可持续发展。

第二节 影响公司发展的不利因素分析

2018年有关影响信托公司发展的不利因素分析，被普遍认可的不利于信托公司发展的因素按照重要性排在前五位的有：全面从严监管升级，被认同的公司数量为34家；信托业转型压力日益加大，被认同的公司数量为25家；资管新规对通道业务的禁止会使公司通道业务受限，业务管理规模有所下降，被认同的公司数量为14家；行业发展增速持续放缓，被认同的公司数量为10家；相关配套制度仍待进一步完善，被认同的公司数量为9家。相对而言，2017年有关影响信托公司发展的不利因素分析，被普遍认可的不利于信托公司发展的因素按照重要性排在前五位的有：(1)全面从严监管升级；(2)信托业转型压力日益加大；(3)资管新规对通道业务的禁止会使公司通道业务受限，业务管理规模有所下降；(4)行业发展增速持续放缓；(5)相关配套制度仍待进一步完善。2016年不利于信托公司发展的因素按照重要性排在前五位的有：(1)宏观经济持续下行，利率下降，部分宏观调控政策增加了传统信托融资风险；(2)经济进入新常态，信托公司传统的行业投向利润收窄、风险增加；(3)市场不确定性增加，金融市场波动大，业务风险管理压力加大；(4)资产管理市场同质化竞争加剧，优质业务机会少，信托行业处于弱势地位；(5)信托传统业务难以支撑营收增长，新的增长点尚未形成，行业进入转型和创新的关键时期。2015年不利于信托公司发展的因素按照重要性排在前五位的有：(1)宏观经济下行，经济增速放缓；(2)互联网金融的冲击；(3)房地产、基础设施等行业调整仍在继续，风险较大；(4)金融大资管竞争加剧，资本市场运作难度加大；(5)世界经济低迷，复苏乏力。2014年排在前五位的因素有：(1)宏观经济下行；(2)“泛资管”全面开启，资产管理行业全面开放，竞争激烈；(3)与银行、证券、保险等相关行业竞争加剧；(4)信用风险上升、市场风险加大；(5)互联网金融快速崛起的冲击。

可见，相对于过去三个年度(2015—2017年度)，2018年度影响信托行业的不利因素有很大不同，宏观金融政策在风险管理、业务合作和展业领域三个方面对信托业产生深刻影响。

首先，信托公司风险管理需求上升。2018年中央经济工作会议明确指出经济增长存在下行压力，信托业具有较强的顺周期特征，流动性放缓将制约信托资产的增长。另外，

2018 年 4 月出台的《关于规范金融机构资产管理业务的指导意见》也会约束信托同业合作，禁止违规开展同业业务，信托资产规模下降已成定局。

信托资产规模的下降使信托公司急需通过产品创新实现业务转型，而在产品创新的过程中，信托公司要充分认识到宏观经济下行所带来的挑战，经济下行具体表现为实体经济经营利润下降，企业投资回收期延长，难以按时还本付息，信托兑付风险增加。因此，在信贷增速放缓的政策背景下，信托公司针对产品风险的聚集势必要健全风险管理体系，提高对信托产品潜在风险的管理能力。

一方面，工商企业信托受经济下行因素影响，成为信托产品出现兑付危机的主要领域。据公开披露数据显示，2018 年前三季度共有 39 起信托违约事件，其中工商企业信托有 24 件，占比 61.5%。

另一方面，2018 年债券发行市场出现结构性调整，其中地方政府债券发行较上年同期大幅下降。2018 年金融政策加强对地方政府和金融机构的双向监管，地方融资平台融资渠道收窄，由此而产生的期限错配、资金链紧张使政信合作信托产品积累了较高风险。

针对信托产品出现的潜在风险，信托公司势必增加信托赔偿准备金规模，而资管新规也要求金融机构应当按照资产管理产品管理费收入的 10% 计提风险准备金，直至其达到产品余额的 1%。信托公司在金融政策的引导下也将更加注重对风险的管理和防控，虽然在短期减少了向股东分配的利润，但在长期提高了信托公司风险管理能力，有助于信托公司拓展业务领域，丰富信托产品结构，实现利润长期增长。

其次，信托公司合作业务模式进一步规范。2018 年金融监管政策注重规范金融机构在展业过程中的合作业务模式，以及注重金融机构所开展业务与国家宏观经济金融政策的一致性。因此，信托公司在开展合作业务的过程中，要注重相关行业规范对产品的潜在影响。

在与银行业金融机构的合作方面，2018 年 1 月 13 日，银监会发布《进一步深化整治银行业市场乱象的意见》，规范银行业经营行为，培育依法合规展业、稳健经营发展的行业文化。具体而言，从公司治理不健全、违反宏观调控政策、影子银行和交叉金融产品风险、侵害金融消费者权益、利益输送、违法违规展业、案件与操作风险、行业廉洁风险等方面整治银行业市场乱象。严查资金脱实向虚在金融体系空转的行为，严查同业、理财、表外等业务层层嵌套，业务发展速度与内控和风险管理能力不匹配，违规加杠杆、加链条、监管套利等行为。因此，信托公司在开展同业合作业务时，要注重业务模式和产品结构的合规性。

2018年6月29日,银保监会发布《金融资产投资公司管理办法(试行)》。一方面,规范了银行业债权转股权业务,规定业务发起主体应该是金融资产投资公司,并由符合条件的商业银行作为主要股东,其他法人机构也可以认购金融资产投资公司股权,但是除了需要满足财务、经营方面条件之外,还要承诺5年内不将所持有的股权进行转让、质押或设立信托。该政策并未限制信托公司参与银行业债券转股权源头业务,但对参与的角色和条件进行规范。

另一方面,金融资产投资公司开展债转股业务应当符合国家产业政策导向,政策文件对投资客体有所引导,优先考虑发展前景良好但遇到暂时流动性困难的优质企业,具体包括:因行业周期性波动导致困难但仍有望逆转的企业;因高负债而财务负担过重的成长型企业,特别是战略性新兴产业领域的成长型企业;高负债居于产能过剩行业前列的关键性企业以及关系国家安全的战略性企业。信托公司在参与债权转股权业务时,对融资主体要穿透识别,注重与国家产业政策的一致性。

在与慈善组织合作方面,2018年10月30日,民政部发布《慈善组织保值增值投资活动管理暂行办法》,规范慈善组织的投资活动,防范慈善财产运用风险。文件第四条规定了慈善资金投资活动范畴:直接购买银行、信托、证券、基金、期货、保险资产管理机构、金融资产投资公司等金融机构发行的资产管理产品;通过发起设立、并购、参股等方式直接进行股权投资;将财产委托给受金融监督管理部门监管的机构进行投资。若慈善组织直接进行股权投资的,被投资方的经营范围应当与慈善组织的宗旨和业务范围相关;若慈善组织开展委托投资的,应当选择中国境内有资质从事投资管理业务,且管理审慎、信誉较高的机构。

虽然信托公司深耕投资管理多年,有望在监管法规约束慈善投资细则后,释放与慈善机构的合作潜力,但也应该注意文件明确了慈善组织的投资原则,即购买与本组织风险识别能力和风险承担能力相匹配的产品。因此,信托公司在与慈善组织合作开展慈善信托业务的过程中,要加大慈善信托产品的创新力度,增强产品的差异性,满足不同慈善组织投资选择的需要。

最后,信托资产支持领域将更加明确。2018年,政府职能部门和监管部门密切协作,出台了一系列文件对资本市场重点支持领域进行指引,主要包括:网络信息化产业、住房租赁市场、小微民营企业、三农、基础设施建设、消费市场等。

2018年3月30日，中央网络安全和信息化委员会办公室和证监会联合发布《关于推动资本市场服务网络强国建设的指导意见》，使资本市场发挥建设网络强国的积极作用，促进网信企业规范发展。文件要求资本市场要拓宽债券融资渠道，支持符合条件的网信企业发行公司债券、可转换债券等。充分发挥政府投资基金、私募基金对网信企业发展的支持，优化投资结构，通过创新金融产品和服务，促进网信企业高效对接资本市场。

2018年4月25日，证监会和住房城乡建设部联合发布《关于推进住房租赁资产证券化相关工作的通知》，加快培育和发展住房租赁市场，支持专业化、机构化住房租赁企业发展，鼓励发行住房租赁资产证券化产品。文件具体指出，优先支持大中城市、雄安新区以及利用集体建设用地建设租赁住房试点城市的住房租赁项目开展资产证券化；重点支持以持有不动产物业作为底层资产的权益类资产证券化产品，试点发行房地产投资信托基金（REITs）。

2018年6月25日，中国人民银行、银保监会、证监会、发改委、财政部五部委联合发布《关于进一步深化小微企业金融服务的意见》，引导金融机构将更多资金投向小微企业等经济社会重点领域和薄弱环节，支持培育新动能。文件具体要求，金融机构要建立分类监管考核评估机制，加强对单户授信总额1000万元及以下小微企业贷款利率的监测和考核。另外，银行业金融机构要加强对普惠金融重点领域的支持，聚焦小微企业中的薄弱群体，缩短融资链条，清理不必要的“通道”和“过桥”环节。鼓励完善应收账款融资产品制度，通过稳步推进资产证券化有序拓宽小微企业融资渠道，强化通过多层次资本市场支持小微企业的融资需求。

2018年8月18日，银保监会再次发声，出台《关于进一步做好信贷工作提升服务实体经济质效的通知》，强调进一步疏通货币政策传导机制，满足实体经济有效融资需求。进一步对具体支持领域出台细则：大力发展普惠金融，强化小微企业、“三农”、民营企业等领域金融服务；支持基础设施领域补短板，推动有效投资稳定增长；积极发展消费金融，增强消费对经济的拉动作用。此外，要求监管金融机构有效运用保险资金，切实发挥风险管理和保障功能，并规范经营行为，严禁附加不合理贷款条件。

基于此，信托公司在提高主动管理能力进行业务转型时，要使信托产品的设计符合国家产业政策指引方向，加强对关键产业（网络信息化产业、房地产租赁产业）、关键主体（小微企业、民营企业、三农）、关键市场（基础设施领域、消费领域）的支持力度。

总之，信托行业虽受到国家政策监管和自身调整的影响，但本身仍有巨大的发展潜力，信托公司在充分利用推动信托行业发展的有利因素的同时，也不可忽视影响业务发展的不利因素。

下篇　2018 年部分信托公司年报摘要

建信信托有限责任公司 2018年年度报告

1. 重要提示

1.1 本公司董事会保证本报告所载资料不存在任何虚假记载、误导性陈述或者重大遗漏，并对其内容的真实性、准确性和完整性承担个别及连带责任。

1.2 公司独立董事王巍、范成法保证本报告内容真实、准确、完整。

1.3 普华永道中天会计师事务所对本公司年度财务报告进行审计，出具了审计报告。

1.4 公司董事长王宝魁、首席财务官（副总裁）王晓薇、财务部门负责人江涛声明：保证本年度报告中财务报告真实、完整。

2. 公司概况

2.1 公司简介

建信信托有限责任公司（简称"建信信托"）是经中国银监会报请国务院同意后批准，由中国建设银行投资控股的非银行金融机构，2009年8月重组运营，2010年1月对外揭牌。

公司法定中文名称：建信信托有限责任公司

中文名称缩写：建信信托

公司法定英文名称：CCB TRUST CO.，LTD.

英文名称缩写：CCBT

法定代表人：王宝魁

注册地址：安徽省合肥市九狮桥街45号

邮政编码：230001

网 址：www.ccbtrust.com.cn

信息披露分管领导：王晓薇

信息披露联系人：高朝晖

联系电话：(010)67596155

传 真：(010)67596590

电子邮箱：jxxt@ccbtrust.com.cn

信息披露报纸名称：金融时报

年度报告备置地点：公司网站和公司办公室

会计师事务所：普华永道中天会计师事务所

住所：上海市黄浦区湖滨路202号领展企业广场2座普华永道中心11楼

2.2 组织结构

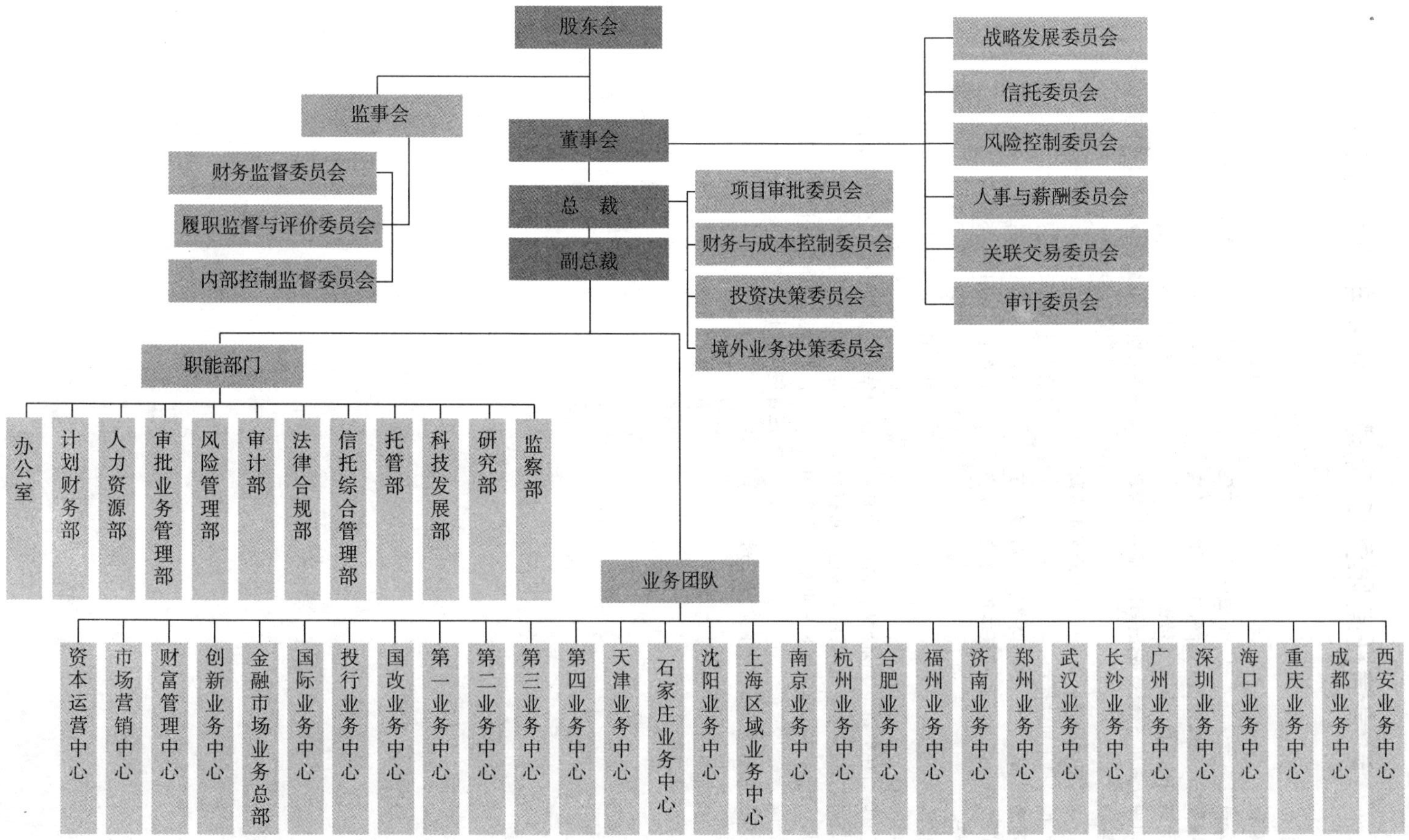
股东会
监事会
董事会
财务监督委员会
履职监督与评价委员会
内部控制监督委员会
总　裁
副总裁
项目审批委员会
财务与成本控制委员会
投资决策委员会
境外业务决策委员会
战略发展委员会
信托委员会
风险控制委员会
人事与薪酬委员会
关联交易委员会
审计委员会
职能部门
办公室
计划财务部
人力资源部
审批业务管理部
风险管理部
审计部
法律合规部
信托综合管理部
托管部
科技发展部
研究部
监察部
业务团队
资本运营中心
市场营销中心
财富管理中心
创新业务中心
金融市场业务总部
国际业务中心
投行业务中心
国改业务中心
第一业务中心
第二业务中心
第三业务中心
第四业务中心
天津业务中心
石家庄业务中心
沈阳业务中心
上海区域业务中心
南京业务中心
杭州业务中心
合肥业务中心
福州业务中心
济南业务中心
郑州业务中心
武汉业务中心
长沙业务中心
广州业务中心
深圳业务中心
海口业务中心
重庆业务中心
成都业务中心
西安业务中心

3. 公司治理

3.1　公司治理结构

3.1.1　股东

报告期末，公司股东总数2家，最终实际控制人为中国建设银行股份有限公司，持股比例超过10%的股东有2家，情况如下：

表3.1.1　股东情况表

股东名称	持股比例	法人代表	注册资本（亿元）	注册地址	主要经营业务
中国建设银行股份有限公司	67%	田国立	2500.11	北京市西城区金融大街25号	公司银行业务、个人银行业务、资金业务、投资银行业务及海外业务。
合肥兴泰金融控股（集团）有限公司	33%	程儒林	60.00	安徽省合肥市蜀山区祁门路1683号	对授权范围内的国有资产进行经营以及从事企业策划、管理咨询、财务顾问、公司理财、产业投资以及经批准的其他经营活动。

3.1.2　董事、董事会及其下属委员会

表3.1.2－1　董事会成员（非独立董事）

姓名	职务	性别	年龄	选任日期	所推举的股东名称	该股东持股比例	简要履历
王宝魁	董事长（执行董事）	男	55	2018.7.5（2014.3.15）	中国建设银行	67%	曾任中国建设银行北京市分行办公室副处级秘书、信托投资公司副总经理、出纳管理部副总经理、规划发展部副总经理、市场开发部副总经理、资产保全部总经理，建行北京朝阳支行行长、党委书记兼朝阳网点管理中心总经理，建信信托副总裁、执行董事、总裁、党委副书记；现任建信信托党委书记、董事长。
程远国	非执行董事	男	55	2017.3.10			曾任中国建设银行营业部副总经理、集团客户部（营业部）副总经理、总经理，河北省分行行长、党委书记，中国建设银行公司业务部总经理兼任建信信托董事长、党委书记；现任中国建设银行公司业务部总经理。
高同国	非执行董事	男	54	2013.4.18	合肥兴泰金融控股（集团）有限公司	33%	曾任合肥市国有资产管理局副局长、百大集团监事会主席、合肥市产权交易中心主任、合肥市技术产权交易所董事长、合肥兴泰控股集团总裁、合肥市国有资产控股公司董事长、合肥市滨湖新区建设投资有限公司董事长、建信信托董事。现任合肥新站高新技术产业开发区管委会副主任。

注：2018年度董事离任情况：因年龄原因，程双起于2018年2月不再担任董事；李春信于2018年6月不再担任董事。

2018年末至披露日，董事变动情况：经监管核准，李钺自2019年1月起任非执行董事；蒋畅、郑晓静自2019年2月起任非执行董事；孙庆文自2019年3月起任执行董事、总裁。因工作调整，程远国、高同国于2019年3月不再担任董事。

表3.1.2－2　独立董事

姓名	所在单位及职务	性别	年龄	选任日期	简要履历
王巍	万盟并购集团有限公司董事长、全国工商联并购公会创始会长	男	59	2015. 3. 25	曾任职于中国建设银行、中国银行，曾担任美国化学银行分析师、美国世界银行顾问、中国南方证券有限公司副总裁、万盟投资管理有限公司董事长，以及中化国际、上海医药、方正证券独立董事；现任万盟并购集团有限公司董事长、全国工商联并购公会创始会长，光大银行、嘉实基金、建信信托独立董事。
范成法	无	男	67	2015. 3. 25	曾任安徽省财政厅预算外资金管理办公室主任、综合处处长、金融处处长、安徽省推进皖江城市带承接产业转移示范区建设领导小组办公室融资组组长、安徽省担保协会副会长；现任建信信托独立董事。

表3.1.2－3　董事会下属委员会

名称	职责	组成人员姓名	职务
战略发展委员会	1. 组织拟订公司中长期战略发展规划，评估实施情况，并向董事会提出建议；2. 审议公司年度经营计划、财务预算及相应年度中间调整方案，提交董事会审定；3. 审议年度自营资产配置方案、管理目标及年度中间调整方案，提交董事会审定；4. 审议公司的利润分配方案和弥补亏损方案，提交董事会审定；5. 评估各类金融业务的协调发展状况，并向董事会提出建议；6. 审议公司内部管理机构的设置、国内分支机构的设置，提交董事会审定；7. 董事会授予的其他职责。	程远国	主任
		王宝魁	副主任
		高同国	委员
		王巍	委员
信托委员会	1. 负责督促公司依法履行受托职责；2. 对公司信托业务运行情况进行定期评估，向董事会进行报告；3. 对银监会检查公司信托业务后要求董事会组织整改的问题，研究提出具体措施；4. 以保证公司为受益人的最大利益服务为原则，处理公司或股东利益与受益人利益冲突；5. 董事会授予的其他职责。	王巍	主任
		王宝魁	委员
		高同国	委员
风险控制委员会	1. 根据公司总体战略，研究拟定公司风险战略和风险管理政策，报董事会审定，并对其实施情况进行监督和评价；2. 监督和评价风险管理部门的设置、组织方式、工作程序，并提出改善意见；3. 指导公司的风险管理工作和内控制度建设；4. 审议公司风险和内控报告，对公司风险和内控状况进行定期评估，提出完善公司风险管理和内部控制的意见；5. 对公司首席风险官的工作进行评价；6. 审批各项业务管理办法中注明需由董事会审议的重大经营项目，具体的审批权限按董事会相关文件执行；7. 董事会授予的其他职责。	王宝魁	主任
		程远国	委员
		范成法	委员

续表

名称	职责	组成人员姓名	职务
人事和薪酬委员会	1. 组织拟订董事和高级管理人员的选任标准和程序，并对其候选人进行初审，提请董事会决定；2. 审议公司薪酬方案，提请董事会决定，并监督其执行；3. 组织拟订公司董事、监事的业绩考核办法和薪酬方案，提交董事会审议；4. 组织对公司董事、监事及高级管理层的业绩考核，提出对董事、监事及高级管理层薪酬分配的建议，提交董事会审议；5. 检查及批准向执行董事及高级管理人员支付的与丧失或终止职务或委任有关的赔偿，以确保该等赔偿按有关合同条款决定；若未能按有关合约条款决定，有关赔偿亦须合理适当；6. 检查及批准因董事行为失当而解雇或罢免有关董事所涉及的赔偿安排，以确保该等安排按有关合约条款决定；若未能按有关合约条款决定，有关赔偿亦须合理适当；7. 董事会授予的其他职责。	王巍	主任
		程远国	委员
		高同国	委员
审计委员会	1. 向董事会提议聘请或更换外部审计机构；2. 监督公司的内部审计制度的制定及其实施；3. 负责内部审计与外部审计之间的沟通；4. 审核公司的各项相关业务信息及其披露；5. 评价公司的内控制度；6. 监督监管机构及其他外部部门对公司提出意见的整改，并向董事会报告；7. 董事会授予的其他职责。	范成法	主任
		高同国	委员
关联交易委员会	1. 对公司关联交易管理制度的完备性、合理性、有效性进行审查，审议管理关联交易的规章、制度，报董事会审定；2. 审批重大关联交易；3. 对公司进行关联交易的整体情况进行监督；4. 对向银监局事前报告关联交易情况进行监督；5. 对按照有关规定披露关联交易信息情况进行监督；6. 董事会授予的其他职责。	范成法	主任

3.1.3 监事、监事会及其下属委员会

表 3.1.3－1 监事、监事会

姓名	职务	性别	年龄	选任日期	所代表股东	股东持股比例	简要履历
王金生	监事长	男	54	2010. 4. 9	合肥兴泰金融控股（集团）有限公司	33%	曾任合肥市粮食局财务处长，合肥大米公司经理（法人代表）、党委副书记，合肥市国有资产管理局综合处长、局长助理，合肥市产权交易管理办公室副主任；合肥市国有资产控股公司副总经理，丰乐种业股份有限公司外部董事；合肥市财政局（合肥市国有资产管理办公室）专职副主任，主持国资办日常工作、分管市财政企财工作，合肥市人民政府国有资产监督管理委员会副主任、党委委员；现任建信信托监事长。
杨洲德	监事	男	58	2018. 6. 27	中国建设银行	67%	曾任中国建设银行监察室党风廉政建设处高级副经理（主持工作）、高级经理，青岛市分行纪委书记、党委委员，中国建设银行纪委、监察部资深副经理（专业技术二级）、中共中国建设银行委员会巡视组副组长；现任建信期货监事、建信信托监事。

续表

姓名	职务	性别	年龄	选任日期	所代表股东	股东持股比例	简要履历
周志寰	职工监事	男	47	2010.9.20	—	—	曾任建行北京长安支行国际业务部经理；建行北京分行个人银行业务部副总经理；建行北京分行城建、建国支行风险主管，建信信托风险管理部总经理、风险总监兼风险管理部总经理、业务审批总监兼风险管理部总经理、业务审批总监兼审批业务管理部总经理、执行总监兼审批业务管理部总经理，现任建信信托副总裁。
王彦青	职工监事	男	55	2010.9.20	—	—	曾任建行河北省分行资产保全部副总经理；建行河北省总审计室现场一处高级副经理（主持工作）；现任建信信托审计部总经理。

注：2018年度监事离任情况：因年龄原因，施良于2018年3月不再担任监事；马奎于2018年6月不再担任监事。2018年末至披露日，监事变动情况：因工作调整，周志寰于2019年4月不再担任职工监事。

表3.1.3-2 监事会下属委员会

名　称	职　责	组成人员	职务
财务监督委员会	1. 制订监事会财务监督的规章制度、提出财务监督年度工作重点等，提交监事会审议通过后执行或组织实施；2. 研究提出对公司财务的监督意见，提交监事会审议；3. 审核公司年度财务报告、营业报告及董事会拟订的利润分配方案，并向监事会提出建议；4. 根据需要，研究制订对公司财务等进行审计的实施方案，经监事会审议通过后组织实施；5. 必要时，向监事会建议聘请外部审计机构对公司财务进行审计；6. 对董事会、高级管理层告知和提出的事项及文件资料进行研究和处理；7. 监事会交办的其他事宜。	王金生	主任
		王彦青	委员
履职监督与评价委员会	1. 制订对董事会、高级管理层及其成员履职尽职情况进行监督评价的规章制度、实施方案等，提交监事会审议通过后执行或组织实施；2. 提出对董事会、高级管理层及其成员履职评价意见或报告，提交监事会审议；3. 根据需要，制订对董事和高级管理人员进行离任审计的方案，提交监事会审议通过后组织实施；4. 就独立董事人选向监事会提出建议；5. 根据股东会制定的对公司监事会及其成员的考核办法和要求，制订落实方案并组织实施；6. 对董事会、高级管理层及其成员告知和提出的事项及文件资料进行研究和处理；7. 监事会交办的其他事项。	杨洲德	主任
		周志寰	委员
内部控制监督委员会	1. 制订监事会内部控制监督的规章制度、提出内部控制监督年度工作重点等，提交监事会审议通过后执行或组织实施；2. 研究提出对公司内部控制的监督意见，提交监事会审议；3. 审核公司年度风险管理、内部控制有关报告等，并向监事会提出建议；4. 根据需要，研究制订对公司的风险管理和内部控制等进行审计的实施方案，经监事会审议通过后组织实施；5. 必要时，向监事会建议聘请外部审计机构对公司内部控制情况进行审计；6. 对董事会、高级管理层告知和提出的事项及文件资料进行研究和处理；7. 监事会交办的其他事宜。	周志寰	主任
		王彦青	委员

3.1.4　高级管理人员

表 3.1.4

姓名	职务	性别	年龄	选任日期	金融从业年限	学历	专业	简要履历
王晓薇	首席财务官（副总裁）	女	45	2018.2.1	20	硕士研究生	国际金融	曾任中国建设银行总行计划财务部资金处副主任科员、主任科员、政策制度处副经理、计划处高级副经理、资本及投资管理处高级副经理（主持工作）、经营计划处高级经理、财务会计部经营计划处高级经理、资产负债管理部总经理助理、副总经理。现任建信信托党委委员、首席财务官（副总裁）。
王业强	首席投资官（副总裁）	男	38	2016.9.2	16	硕士研究生	资产管理	曾任中国建设银行总行财富管理与私人银行部经理，建信信托创新发展部副总经理、总经理，信托业务总监（部门总经理级）兼任创新业务中心总经理。现任建信信托党委委员、首席投资官（副总裁）。

注：2018 年度高级管理人员离任情况：因工作调整，吴振广于 2018 年 8 月不再担任首席风险官（常务副总裁）；王宝魁于 2018 年 10 月不再担任总裁职务。

2018 年末至披露日，高级管理人员变动情况：经监管核准，孙庆文自 2019 年 3 月起任总裁、执行董事；周志寰、吴宁、黎代福自 2019 年 4 月起任副总裁。

3.1.5　公司员工

最近两个年度职工人数、年龄分布、学历分布、岗位分布。

表 3.1.5

项　目		报告期年度		上年度	
		人数	比例	人数	比例
年龄分布	25 以下	4	1.0%	3	0.8%
	25－29	71	18.5%	94	25.3%
	30－39	209	54.6%	185	49.7%
	40 以上	99	25.9%	90	24.2%
学历分布	博士	17	4.4%	18	4.8%
	硕士	254	66.3%	215	57.8%
	本科	102	26.6%	128	34.4%
	专科	5	1.3%	7	1.9%
	其他	5	1.4%	4	1.1%
岗位分布	董事、监事及其高管人员	5	1.3%	4	1.1%
	自营业务人员	9	2.3%	9	2.4%
	信托业务人员	256	66.9%	241	64.8%
	其他人员	113	29.5%	118	31.7%

3.2 公司治理信息

3.2.1 年度内召开股东会情况

报告年度,公司股东会会议共召开8次,具体如下:

2018年2月1日,公司2018年第1次临时股东会审议通过《关于公司章程修正案的议案》、《关于程双起不再担任董事职务的议案》。

2018年4月20日,公司2018年第2次临时股东会审议通过《关于明确建设银行总行委派负责人2016年薪酬及相关事项的议案》、《关于修订〈董事会议事规则〉的议案》。

2018年4月25日,公司2017年度股东年会审议通过公司2017年《董事会工作报告》、《监事会工作报告》、《财务决算报告》。

2018年6月27日,公司2018年第3次临时股东会审议通过《关于选举杨洲德担任监事的议案》。

2018年7月6日,公司2018年第4次临时股东会审议通过《关于2018年业务计划和财务预算的议案》。

2018年8月9日,公司2018年第5次临时股东会审议通过《关于更换董事的议案》。

2018年9月30日,公司2018年第6次临时股东会审议通过《关于选举李钺担任非执行董事的议案》、《关于选举蒋畅担任非执行董事的议案》。

2018年11月1日,公司2018年第七次临时股东会审议通过《关于修订〈建信信托有限责任公司章程〉的议案》。

3.2.2 董事会及其下属委员会履行职责情况

3.2.2.1 董事会召开情况

报告年度,公司董事会会议共召开16次,具体如下:

2018年2月1日,公司董事会2018年第1次会议审议通过《关于聘任首席资产官的议案》、《关于聘任首席财务官的议案》、《关于公司章程修正案的议案》、《关于召开建信信托2018年第1次临时股东会的议案》、《关于修订〈内部控制管理准则〉的议案》、《关于修订〈关联交易管理准则〉的议案》、《关于修订〈合规管理准则〉的议案》、《关于修订〈薪酬管理办法〉的议案》、《关于修订〈内部审计管理准则〉的议案》。

2018年2月11日,公司董事会2018年第2次会议审议通过《关于设立上海区域业务中心的议案》、《关于制定〈全面风险管理准则〉的议案》。

2018年2月24日,公司董事会2018年第3次会议审议通过《关于制订资本管理办法的议案》、《关于2016年度资本管理评估报告的议案》、《关于2017年年报审计工作相关事宜的议案》。

2018年4月16日,公司董事会2018年第4次会议审议通过《关于明确建设银行总行派出领导人员2016年薪酬及相关事项的议案》、《关于修订〈董事会议事规则〉的议案》、《关于召开建信信托2018年第2次临时股东会的议案》。

2018年4月25日,公司董事会2018年第5次会议审议通过公司2017年《经营层工作报告》、《董事会工作报告》、《财务决算报告》、《资本管理评估报告》、《监管意见及公司执行整改情况报告》、《受益人利益实现情况报告》、《风险管理工作报告》、《流动性风险分析报告》、《内部控制自我评价报告》、《年度报告及年报摘要》、《建信信托风险偏好陈述书(2018年版)》、《关于召开2017年度股东年会的议案》。

2018年5月30日,公司董事会2018年第6次会议审议通过《关于设立财富管理中心(家族办公室)的议案》。

2018年6月13日,公司董事会2018年第7次会议审议通过《关于向信托保障基金公司申请授信的议案》。

2018年6月19日,公司董事会2018年第8次会议审议通过《关于召开建信信托2018年第3次临时股东会的议案》。

2018年7月3日,公司董事会2018年第9次会议审议通过《关于选举王宝魁担任建信信托董事长的议案》、《关于2018年业务计划和财务预算的议案》、《关于召开建信信托2018年第4次临时股东会的议案》。

2018年8月9日,公司董事会2018年第10次会议审议通过《关于召开建信信托2018年第5次临时股东会的议案》。

2018年8月22日,公司董事会2018年第11次会议审议通过《关于公司总裁职务有关事项的议案》。

2018年8月30日,公司董事会2018年第12次会议审议通过《关于对建领资本进行增资的议案》。

2018年9月21日,公司董事会2018年第13次会议审议通过《关于召开建信信托2018年第6次临时股东会的议案》、《关于以固有资产从事股权投资业务的议案》、《建信信托经营层2018年上半年工作报告》、《建信信托2018年上半年业务计划及财务预算执行情况报告》。

2018年11月15日,公司董事会2018年第14次会议审议通过《关于修订〈建信信托有限责任公司章程〉的议案议案》、《关于召开建信信托2018年第7次临时股东会的议》。

2018年12月7日,公司董事会2018年第15次会议审议通过《关于2018年固有资产配置方案的议案》、《关于向安徽银监局提供〈承诺函〉与〈关联交易声明〉的议案》、《关于2018年度下属企业清理、设立、变更相关事项的议案》。

2018年12月29日,公司董事会2018年第16次会议审议通过《关于2018年年报审计工作相关事宜的议案》、《关于调整公司部分组织机构的议案》。

3.2.2.2 董事会专门委员会召开会议情况

2018年1月31日,董事会战略发展委员会2018年第1次会议审议通过《建信信托2016年度资本管理评估报告》、《建信信托有限责任公司资本管理办法》。

2018年3月14日,董事会人事和薪酬委员会2018年第1次会议审议通过《关于明确建设银行总行派出领导人员 2016 年薪酬及相关事项的议案》。

2018 年 4 月 2 日，董事会审计委员会第 1 次会议审议通过《2018 年度审计工作计划》、《2017 年内部审计工作报告》、《2017 年度内部控制自我评价报告》。

2018 年 4 月 3 日，董事会信托委员会 2018 年第 1 次会议审议通过《2017 年受益人利益实现情况报告》。

2018 年 4 月 12 日，董事会审计委员会 2018 年第 2 次会议审议通过《关于监管部门对公司的监管意见及公司执行整改情况的报告》。

2018 年 4 月 13 日，董事会战略发展委员会 2018 年第 2 次会议审议通过《建信信托 2017 年度资本管理评估报告》。

2018 年 4 月 13 日，董事会风险控制委员会 2018 年第 1 次会议审议通过《2017 年案防工作自我评估报告》。

2018 年 4 月 20 日，董事会风险控制委员会 2018 年第 2 次会议审议通过《风险偏好陈述书（2018 版）》、《建信信托 2017 年风险管理工作报告》。

2018 年 6 月 19 日，董事会战略发展委员会 2018 年第 3 次会议审议通过《2018 年业务计划和财务预算》。

2018 年 8 月 27 日，董事会审计委员会第 3 次会议审议通过《2018 年上半年内部审计工作报告》、《2018 年上半年控合规工作报告》。

2018 年 8 月 31 日，董事会风险控制委员会 2018 年第 3 次会议审议通过《建信信托全面风险自评估报告（2018 年上半年）》。

2018 年 10 月 22 日，董事会战略发展委员会 2018 年第 4 次会议审议通过《建信信托 2018 年度固有资产配置方案》。

2018 年 11 月 15 日，董事会风险控制委员会 2018 年第 4 次会议审议通过《建信信托全面风险自评估报告（2018 年三季度）》。

2018 年 11 月 26 日，董事会审计委员会第 4 次会议审议通过《2018 年"三评"工作年度评价方案》、《关于 2018 年年报审计工作相关事宜的议案》。

3.2.2.3　独立董事履职情况

2018 年，公司独立董事王巍、范成法先生切实履行独立董事职责，对重要业务发表独立意见，认真审议董事会各项议案，对完善公司治理结构、制度体系和业务发展发挥了积极作用。

3.2.2.4　董事会及其下属委员会履职情况

报告年度，公司董事会及其下属委员会认真履行《公司章程》所赋予的各项职权，注重加强自身建设，全面落实股东会的决议，严格执行决策程序，审慎审批重大事项，制定经营计划，完善内设机构设置，积极指导支持公司经营层开展经营管理活动。公司董事会及其下属委员会成员诚信勤勉、尽职尽责，自觉遵守国家法律、法规和《公司章程》的规定，积极维护受益人利益、股东利益和公司利益，无任何违法、违规和违反《公司章程》的行为。

3.2.3　监事会履行职责情况

3.2.3.1　监事会召开会议情况

报告年度，公司监事会共召开 4 次会议，具体如下：

2018 年 3 月 29 日，公司监事会 2018 年第 1 次会议审议通过《关于监事会对董事会、高级管理层及其成员 2017 年度履职评价报告的议案》。

2018 年 4 月 25 日，公司监事会 2018 年第 2 次会议审议通过公司 2017 年《内部控制自我评价报告》、《财务决算报告》、《资本管理评估报告》、《年度报告及年报摘要》、《监事会工作报告》。

2018 年 8 月 17 日，公司监事会 2018 年第 3 次会议审议通过关于修订《监事会检查公司财务工作细则》、《监事会监督董事会、高管层及其成员履职行为工作细则》、《监事会向股东会提出议案工作细则》、《监事会对公司董事、高管及其他人员提起诉讼的工作细则》的议案，通过《关于修订监事会各专门委员会工作规则的议案》、《关于制定〈监事会检查监督公司内部控制工作细则〉的议案》、《关于监事会 2017 年上半年工作报告的议案》。

2018 年 9 月 27 日，公司监事会 2018 年第 4 次会议审议通过公司 2017 年上半年《经营层工作报告》、《业务计划及财务预算执行情况报告》。

3.2.3.2　监事会及其下属委员会履职情况

报告年度，监事会及其下属委员会认真履行《公司章程》所赋予的各项职权，认真了解公司经营情况，对公司财务状况、内部控制、风险管理进行监督，对董事会执行股东会决议情况、董事、高级管理人员执行公司职务的情况进行监督，并对公司依法合规运作情况发表独立意见。监事会成员勤勉尽责，无任何违法、违规和违反《公司章程》的行为。

3.2.4　高级管理层履职情况

报告年度，公司高级管理层认真履行《公司章程》和董事会所赋予的各项职权，认真贯彻执行董事会决议，坚持依法合规的经营理念，坚持以提高盈利水平为核心，立足国家经济建设主战场，围绕深化改革、战略新兴产业等"八大领域"，以产业基金、国企改革、并购重组等"十项产品"为抓手，全面深入推进业务转型；建立健全决策审批机制和规章制度，切实加强公司规范管理和内部控制；制定切实可行的工作措施，推进市场化改革，有效调动员工的积极性和创造性，较好地完成了全年的经营任务，取得了良好的经营业绩，公司综合实力显著增强，市场影响力持续提升。公司高级管理人员严格遵守各项法律法规，规范经营、稳健发展，无任何违法、违规和违反《公司章程》的行为。

4. 经营管理

4.1　经营目标、方针、战略规划

经营目标：以高质量党建引领高质量发展，打造一流人才队伍，建设在客户基础、投资研究、产品开发、金融科技、风险控制等方面的核心竞争力，加快建设有信托特色的一流资管机构。

经营方针：贯彻党中央、国务院要求和国家经济金融政策精神，全面加强党的建设，全面落实建设银行住房租赁、普惠金融、金融科技三大战略，深化母子公司战略协同，以风险防范保障发展，以自主创新推动发展，从战略上推进业务转型，在管理上实施市场化改革，提高服务实体经济的能力，持续提升市场竞争力和精细化管理水平，为客户提供高质量金融服务，为股东创造良好价值回报，实现高质量发展。

战略规划：发挥信托优势，全面落实建设银行住房租赁、普惠金融、金融科技三大战略；全面推进各项业务转型发展，持续加强客户营销，重点推进财富管理、股权投资、证券市场、并购重组、资产证券化、国企改革等业务转型；全面优化改革各项配套机制，加强绩效考核激励、业务评审、风险管理、科技支持等各项改革配套措施，加快构建公司新的业务结构和盈利模式。

4.2 所经营业务的主要内容

公司经营业务主要包括信托业务和固有业务。

4.2.1 信托业务

信托业务是公司的主营业务，主要包括集合信托、单一信托、财产权信托等。公司充分发挥信托“跨市场、跨行业、跨产品”的灵活优势，深度响应多层次资本市场体系建设的内生需求，围绕“实业投行、资产管理、财富管理”三大业务方向，深耕“城市基础设施、综合交通设施、民生保障、现代服务业及现代农业、战略新兴产业、深化改革、资产管理、对外开放”等八大领域，形成具有建信特色的产品体系，主要包括：财富管理、股权投资、证券市场、并购重组、资产证券化、债券承销、项目投融资、国企改革、国际业务等业务品种。

表4.2.1 信托资产运用与分布表

单位：万元

资产运用	金额	占比(%)	资产分布	金额	占比(%)
货币资产	17,899,178.43	12.75%	基础产业	5,678,348.50	4.05%
贷款	54,622,147.34	38.91%	房地产	2,986,850.00	2.13%
交易性金融资产	11,443,312.20	8.15%	证券市场	28,814,628.99	20.52%
可供出售金融资产	20,184,532.20	14.38%	实业	3,810,611.11	2.71%
持有至到期投资	26,642,217.81	18.97%	金融机构	42,786,964.86	30.48%
长期股权投资	5,127,500.36	3.65%	其他	56,316,488.23	40.11%
其他	4,475,003.35	3.19%			
信托资产总计	140,393,891.69	100.00%	信托资产总计	140,393,891.69	100.00%

4.2.2 固有业务

固有业务指运用自有资产开展的业务。公司根据长、中、短期收益相结合的布局，合理配置自有资产，主要包括金融产品投资、股权投资等。

表4.2.2 固有资产运用与分布表

单位：万元

资产运用	金额	占比(%)	资产分布	金额	占比
货币资产	76,733.24	5.58%	基础产业	1,506.38	0.11%
贷款及应收款			房地产业	28,316.39	2.06%
交易性金融资产	409,479.98	29.76%	证券市场	62,239.03	4.52%
可供出售金融资产			实业	44,395.64	3.23%
持有至到期投资			金融机构	333,041.91	24.21%
长期股权投资	478,651.20	34.79%	其他	906,324.51	65.87%
其他	410,959.44	29.87%			
资产总计	1,375,823.86	100.00%	资产总计	1,375,823.86	100.00%

注：资产运用中的其他主要是应收信托报酬，资产分布中的其他主要是PE基金等非金融股权投资。

4.3 市场分析

4.3.1 影响业务发展的有利因素

2018年，资管新规正式落地，大资管行业新监管框架正式确立，资管行业格局逐步明朗，信托业回归本源，立足受托人定位，积极开拓多元化新型业务。经过十余年的快速发展，信托行业在管理资产规模、客户群体、资本实力和人才储备上均有很大提升，为信托公司提供了竞争基础。上市公司、公积金、养老金管理机构以及其他经营性现金流比较稳定和充足的企业，成为信托公司重点拓展的合格机构投资者。借保险资金开展股权投资行业范围限制取消的契机，信保合作发展迅速。经过改革开放以来40年的发展，我国家族财富快速积累，财富传承与管理需求增长井喷，家族信托发展空间广阔。截至2018年，68家信托公司均已成立财富中心，约20家信托公司推出家族信托办公室，积极提升品牌知名度。慈善信托作为开展家族信托业务的重要突破点，业务呈现爆发式增长。资产证券化、股权投资和类投行业务正成为信托公司新的着力点。互联网金融发展重心向科技偏移，为信托公司开展消费金融业务提供了机遇。

4.3.2 影响业务发展的不利因素

2018年，在内外因素的作用下，中国经济增速趋于下降，GDP增速由一季度的6.8%逐季下降至四季度的6.4%，其中金融业年增加值同比增长5.67%，低于GDP增速。国内资管行业竞争加剧，公募基金、保险资管、券商资管等各具优势，随着国内金融业加速对外开放，海外资管机构也在国内资管市场加速布局。同时，行业管理信托资产余额持续回落，盈利能力承压，面临的风险有所提升，风险资产规模和风险项目数量较上年明显增加。信托行业进入关键发展阶段，信托公司在财富管理、投资银行、资产管理等细分领域的核心竞争力还较弱，行业转型发展压力较大。

4.4 内部控制

4.4.1 内部控制环境和内部控制文化

公司建立了权责明确、制衡合理的治理结构和前中后台分离、报告路径清晰的组织架构。董事会对公司内部控制有效性承担最终责任，经营管理层对内部控制的有效执行承担责任，监事会、独立董事对内部控制负有监督职责。

公司内部设置了前台业务部门和中后台职能部门，实现了高管分离、部门人员分离、财务分离和前中后台分离的“四个分离”。各部门的职责和权限界定明确，确保其在授权范围内履行职能。固有业务部门和信托业务部门分别设立，在部门设置上实现了固有业务与信托业务分别管理、分别建帐、分别核算，高级管理人员分工实现了制衡。公司高度重视培养谨慎严密的内部控制文化，秉承“诚信为本、稳健经营”的理念和“受人之托、代人理财”的宗旨，以“诚信、审慎、求新、共赢”为核心价值观，以“为客户提供优质服务、为股东创造最大价值、为员工搭建广阔平台、为社会承担应尽责任”为使命，注重内部控制、风险管理、合规管理，引导全体员工树立诚信观念、风险合规意识，提高职业道德水平和自律意识，营造诚实守信、忠于职守、刻苦钻研、勤勉尽责的企业文化氛围。报告期内，公司持续完善规章制度和风控体系，加强内部控制规范工作，内部控制体系不断完善。

4.4.2 内部控制措施

公司按照全面性、重要性、制衡性、适应性和成本效益原则健全各项内部规章制度，完善内部控制机制，使内部控制渗透到公司决策、执行、监督、反馈等各个环节，覆盖公司的所有业务、部门和岗位，做到事前、事中、事后控制相统一。公司建立严格的分级授权制度。董事会、经营管理层、各职能部门及员工须在授权范围内开展活动。设立审计部、风险管理部、审批业务管理部和法律合规部等部门，分别履行内部审计、风险管理、审批业务管理部、法律合规管理等监督检查职能。

报告年度，公司根据监管要求和自身发展实际，持续更新公司规章制度，形成较为完善的规章制度体系。公司建立包括风险识别、评估与控制的风险管理机制，建立涵盖各项业务、各类资产的风险管理体系，采取合理的方法和技术手段，对信用风险、市场风险、流动性风险、操作风险等各类风险进行持续的监控。公司建立了层级清晰、权限明确的审批体制。公司项目审批委员会负责对信托和固有业务项目进行集体审批，对超权限的项目上报董事会决策。通过上述措施、制度和程序的有效执行，保证了公司对各类风险能够进行事前防范、事中控制、事后监督和纠正，形成了健全的内部约束机制。

4.4.3 信息交流与反馈

公司建立了有效的信息交流和反馈机制，能够将经营管理过程中存在的重大问题及时向高级管理层、董事会、监事会、股东和监管部门报告。报告期内，根据监管要求，公司在业务开展过程中，均严格履行了完备的报备或报告手续，对于监管部门提出的问题、意见和建议，均给予及时、详细的信息反馈。公司建立了完善的信息披露制度和程序，通过公司网站等平台及时向委托人和社会公众准确、及时地披露公司有关信息，充分发挥委托人和社会公众对公司内控制度的监督作用。

4.4.4 监督评价与纠正

公司建立了内部控制检查和纠正机制，确保内控制度的执行落实和对发现问题的及时整改。审计部对内部控制制度的执行情况进行持续地检查和监督，董事会定期评价内部控制的有效性。公司借助外部审计监督，定期召开风险控制委员会会议，听取公司内部控制管理工作的汇报与建议，并根据市场、技术、法律环境的变化适时调整和完善。公司将内部控制的评价结果作为经营考核的重要依据。对由于部门制度不完备、工作程序不合理，或因管理混乱而造成较大风险或给公司带来损失的，按照相关制度规定追究有关人员的责任。报告期内，按照公司《内部控制评价管理办法》规定的评估内容、标准、程序与方法，组织开展了全面的内部控制自我评价工作。深入挖掘内部控制环境、风险识别与评估、信息交流与反馈、监督评价与纠正、内部控制措施等方面可能存在的问题,逐步采取措施进行改正,公司内部控制水平进一步提升。

4.5 风险管理

4.5.1 风险管理概况

1. 公司经营活动中可能遇到的风险

公司在经营中可能遇到的风险主要包括:信用风险、市场风险、流动性风险、操作风险、政策风险、法律风险、声誉风险、科技风险等。

2. 公司风险管理的基本原则与政策

公司按照审慎性、匹配性、全覆盖、独立性原则,开展全面风险管理。坚持依法合规的经营理念,不断健全科学、完善的风险管理体系,营造健康、先进的风险管理文化,防范和化解经营过程中面临的各种风险,促进公司稳健经营、健康发展。

3. 公司风险管理组织结构与职责划分

公司建立了完善的风险管理体系。依托"三会一层"和内设部门,逐步构建起全面覆盖、层次清晰、职责明确的风险管理架构,形成了"四个层级、三道防线"的风险管理体系。"四个层级":第一层为董事会及其专门委员会,负责制定风险管理政策,明确公司风险偏好,以及重大经营项目审批。第二层为经营管理层及其项目审批委员会,负责依据董事会确定的风险管理策略,组织制定并实施风险管理措施,在授权范围内进行业务决策和项目审批。第三层为风险管理部门,具体包括风险管理部、审批业务管理部和法律合规部,负责组织落实董事会和经营管理层的风险控制要求。风险管理部和审批业务管理部内设风险经理、项目审查人员;法律合规部内设合规性审查、法律文本审查人员。第四层为各业务部门,部门内设风险合规岗,与项目经理共同负责具体项目风险控制措施的落实和风险管理工作。"三道防线":即以业务部门事前防范、风险管理部门(包括风险管理部、审批业务管理部和法律合规部)事中控制、审计部门事后监督为主的风险控制"三道防线"。

4.5.2 风险状况

4.5.2.1 信用风险状况

信用风险主要是指公司在经营过程中因交易对手不能或不愿按期履行还本付息等义务而使受益人或公司遭受损失的可能性。

公司信托业务的信用风险主要来自于融资类信托项目和主动管理投资类信托中投资的信用债券。报告期末,公司信托业务资产总额为14039.39亿元,存续项目资产质量较好,到期信托项目均按期清算兑付。投资类项目中的信用债外部评级均为AA及以上,信用风险可控。

公司固有业务信用风险主要来自于固定收益类资产,报告期末,公司固有业务资产总额为137.58亿元,不良资产余额为0亿元。

4.5.2.2 市场风险状况

市场风险主要指公司在经营过程中因股价、汇率、利率及其他价格因素变动而造成损失的风险以及对公司盈利能力、财务状况的影响。市场风险可进一步分为证券价格风险、利率风险、汇率风险以及其他价格风险。

公司市场风险主要来自固有资产自营投资业务、投资类信托业务的价格波动风险与融资类信托的利率风险。对于证券投资业务,主要包含固定收益类产品、股票类产品、资产配置类产品,风险敞口在公司设定限额以内,市场风险可控。对于股权投资项目,具有较好的分散度与较严格的审批标准,风险敞口控制适度,项目选择符合公司风险偏好。对于融资类信托项目,公司通过测算利率风险敞口、增加项目安全垫、通过浮动利率安排等方式把利率风险控制在较低水平。

4.5.2.3 操作风险状况

操作风险主要是指公司在运营过程中由于内部程序、人员、系统的不完善或外部事件等原因所带来的风险。报告期内,公司未发生因操作风险所造成的损失。

4.5.2.4 其它风险状况

公司面临的其它风险主要包括政策风险、法律风险、道德风险、关联交易风险和声誉风险等。

政策风险主要指因宏观经济政策、行业发展政策、信托业监管政策的变动对公司经营环境和业务发展所造成的影响。2018年,公司能够及时根据国家宏观政策以及法律法规的变化,调整经营计划和内部的管理制度;公司未发生因政策风险所造成的损失。

法律风险主要是指公司在业务开展过程中对相关法律法规的理解或执行出现偏差导致对公司经营造成影响,公司签订合同在法律上有缺陷或不完善而发生法律纠纷甚至无法履约。报告年度,公司签署合同均进行了相关法律性审查,未发生因法律风险所造成的损失。

道德风险主要指公司内部人员蓄意违法违规或与公司的利益关联主体串通给信托受益人或公司自身带来损失而产生的风险。报告年度,公司进一步加强了全体员工的职业道德和思想教育,未发生因道德风险所造成的损失。

关联交易风险主要指公司在开展业务过程中涉及关联交易时,由于制度缺失、关联方控制、价格不公允等原因产生的风险。报告期内,公司在开展业务过程中涉及关联交易时,决策审慎,价格公允,及时履行了向监管部门事前报告的手续,及时进行信息披露,未发生因关联交易风险所造成的损失。

声誉风险主要指由于公司操作失误、违反有关规定、信托资产质量下降不能到期兑付、不能向公众提供高质量的金融服务和管理不善等原因,导致利益相关方和外部市场对公司负面评价的风险。报告年度,公司高度重视自身声誉,坚持依法合规、稳健经营,严格按照信托合同,切实履行受托人义务,所有信托计划均按期清算,并及时披露相关信息,未发生因声誉风险所造成的损失。

科技风险主要指信息科技在公司运用过程中,由于自然因素、人为因素、技术漏洞和管理缺陷产生的操作、法律和声誉等风险。报告年度,公司持续加强信息科技风险防范,公司应用系统绝大部分为非实时交易系统,信息科技风险较小,未发生因信息科技风险所造成的损失。

报告期内,公司未发生因其它风险所造成的损失。

4.5.3 风险管理

4.5.3.1 信用风险管理

公司强调信用风险管理关口前移,注重业务调研和过程控制。通过对交易对手的尽职调查进行事前控制;通过交易结构设计、风险定价、设定担保措施、持续进行风险评估等手段规避和监控交易对手信用风险变化。

公司根据国家宏观政策、地区和行业发展变化情况,遵循集团整体风险偏好,制定并定期更新《风险偏好陈述书》、《信托产品风控要点》,加强对项目前期风险评估工作,提高项目甄别和筛选能力,重视对交易对手经营状况、资信状况的尽职调查,落实建行总行并表授信管理规定,审慎选择交易对手。严格审查项目资金监管,持续关注交易对手的履约能力,强化对项目运行管理的监督力度。选择质地优良的证券作为质押物,以价格稳定的土地和房产作为抵押,押品质量稳定,管理规范。根据风险程度的不同对项目实施差异化的后期管理和风险监控措施,加大对重点项目监督检查力度,并建立风险预警制度,有效防范信用风险。

公司严格按照《非银行金融机构资产风险分类指导原则》(试行)和公司《资产风险分类管理办法》对资产风险进行五级分类。根据《信托公司管理办法》,已足额提取信托赔偿准备金。

4.5.3.2 市场风险管理

对于证券投资类项目,公司由证券市场事业部对证券投资信托业务实施专业化管理,由风险管理部进行全流程风险管控。公司通过建立有效的投资组合,设置投资比例和投资限制,聘请丰富经验的投资顾问,管理证券市场风险。对证券投资产品加强单位净值的日常监控,安排专人进行盯市,按期进行估值,及时披露信托单位净值,严格执行信托文件中对预警线及止损线的具体约定,防范市场价格波动带来的风险。

对于股权投资项目,严格把控项目标的质量,控制项目估值倍数,确保标的估值合理,为投资收益储备增值空间。从总体上控制项目的行业、地域等维度的分散情况,控制集中度风险。

对于融资类信托项目,在产品设计时,结合经济、金融形势充分考虑利率变化对受益人或公司收益的影响,采取升息保护、浮动利率机制等合理措施规避利率风险。持续跟踪测算利率风险敞口,持续跟踪关注抵质押品市场价格波动情况,及时发现并预防市场风险。

4.5.3.3 操作风险管理

公司逐步健全法人治理结构,规范各项业务的操作流程,明确操作权限和内容,不断完善前、中、后台的内部控制体系。公司在业务尽职调查、产品规范化管理、风险监控、合同档案管理、信息披露等方面不断细化管理要求和规范操作流程,提升业务操作的规范化和精细化水平,消除操作风险隐患,有效管理各类操作风险。

4.5.3.4 其它风险管理

公司深入分析国家宏观经济政策、行业发展政策、监管政策以及国家法律法规,加强与政策制定部门的沟通,提高预见性和应变能力,及时调整发展战略和经营策略。

公司制定相关办法,加强法律合同制定、使用、审查和归档等管理。对交易行为或合同进行法律审查,重大事项征询律师意见。

公司不断加强员工职业道德和思想教育,制定了科学、清晰的业务流程,强化内部控制机制。制定了相关办法,明确了责任追究的相关程序和惩罚措施。

公司从保护股东、信托各方当事人的利益,尤其是委托人、受益人的利益角度出发,不断加强关联交易风险管理,确保关联交易的识别、统计、报告工作及时准确。不断完善关联交易相关制度和操作流程,加强关联交易业务的审查。涉及关联交易的业务,按照要求及时向监管部门事前报告,及时、完整地披露关联交易。

公司把声誉构建与公司发展战略和企业文化进行有机结合,将声誉风险管理纳入公司治理和全面风险管理体系,强调在依法合规经营、持续稳健发展的基础上,主动、有效、灵活地管理声誉风险和应对风险事件。公司制定了相关制度,明确规定了对声誉风险的监控、管理和应对流程。公司加强对信息披露工作的管理,规范公司的信息披露行为,保护受益人、股东及其他利益相关人的合法权益。在日常经营管理过程中,根据监管要求公司及时披露年度报告,增强对公众、客户的透明度,塑造专业和诚信形象。根据相关法律法规和信托文件的约定,公司向受益人及时披露信托计划的运行情况。

公司持续强化科技风险管理,建立有效的机制,实现对公司信息科技风险的识别、监测和控制,促进公司安全、持续、稳健运行,推动业务创新,提高信息技术使用水平,增强核心竞争力和可持续发展能力。公司建立切实有效的信息科技部门,承担公司的信息科技职责,指定风险部门牵头,科技部门实施信息科技风险管理工作,并向管理层报告。

5. 报告期末及上一年度末的比较式会计报表

5.1 自营资产

5.1.1 会计师事务所审计意见全文

审 计 报 告

普华永道中天[①]审字(2019)第24447号

建信信托有限责任公司董事会:

一、审计意见

(一)我们审计的内容

我们审计了建信信托有限责任公司(以下简称“贵公司”)的财务报表,包括2018年12月31日的合并及公司资产负债表,2018年度的合并及公司利润表、合并及公司现金流量表、合并及公司所有者权益变动表以及财务报表附注。

① 普华永道中天会计师事务所(特殊普通合伙)
中国上海市黄浦区湖滨路202号领展企业广场2座普华永道中心11楼 邮编200021 总机:+86(21)2323 8888,传真:+86(21)2323 8800,www.pwccn.com

（二）我们的意见

我们认为，后附的财务报表在所有重大方面按照企业会计准则的规定编制，公允反映了贵公司2018年12月31日的合并及公司财务状况以及2018年度的合并及公司经营成果和现金流量。

二、形成审计意见的基础

我们按照中国注册会计师审计准则的规定执行了审计工作。审计报告的“注册会计师对财务报表审计的责任”部分进一步阐述了我们在这些准则下的责任。我们相信，我们获取的审计证据是充分、适当的，为发表审计意见提供了基础。

按照中国注册会计师职业道德守则，我们独立于贵公司，并履行了职业道德方面的其他责任。

三、其他信息

贵公司管理层对其他信息负责。其他信息包括贵公司2018年年度报告中涵盖的信息，但不包括财务报表和我们的审计报告。

我们对财务报表发表的审计意见不涵盖其他信息，我们也不对其他信息发表任何形式的鉴证结论。

结合我们对财务报表的审计，我们的责任是阅读其他信息，在此过程中，考虑其他信息是否与财务报表或我们在审计过程中了解到的情况存在重大不一致或者似乎存在重大错报。基于我们已经执行的工作，如果我们确定其他信息存在重大错报，我们应当报告该事实。在这方面，我们无任何事项需要报告。

四、管理层和治理层对财务报表的责任

贵公司管理层负责按照企业会计准则的规定编制财务报表，使其实现公允反映，并设计、执行和维护必要的内部控制，以使财务报表不存在由于舞弊或错误导致的重大错报。

在编制财务报表时，管理层负责评估贵公司的持续经营能力，披露与持续经营相关的事项（如适用），并运用持续经营假设，除非管理层计划清算贵公司、终止运营或别无其他现实的选择。

治理层负责监督贵公司的财务报告过程。

五、注册会计师对财务报表审计的责任

我们的目标是对财务报表整体是否不存在由于舞弊或错误导致的重大错报获取合理保证，并出具包含审计意见的审计报告。合理保证是高水平的保证，但并不能保证按照审计准则执行的审计在某一重大错报存在时总能发现。错报可能由于舞弊或错误导致，如果合理预期错报单独或汇总起来可能影响财务报表使用者依据财务报表作出的经济决策，则通常认为错报是重大的。

在按照审计准则执行审计工作的过程中，我们运用职业判断，并保持职业怀疑。同时，我们也执行以下工作：

（一）识别和评估由于舞弊或错误导致的财务报表重大错报风险；设计和实施审计程序以应对这些风险，并获取充分、适当的审计证据，作为发表审计意见的基础。由于舞弊可能涉及串通、伪造、故意遗漏、虚假陈述或凌驾于内部控制之上，未能发现由于舞弊导致的重大错报的风险高于未能发现由于错误导致的重大错报的风险。

（二）了解与审计相关的内部控制，以设计恰当的审计程序，但目的并非对内部控制的有效性发表意见。

（三）评价管理层选用会计政策的恰当性和作出会计估计及相关披露的合理性。

（四）对管理层使用持续经营假设的恰当性得出结论。同时，根据获取的审计证据，就可能导致对贵公司持续经营能力产生重大疑虑的事项或情况是否存在重大不确定性得出结论。如果我们得出结论认为存在重大不确定性，审计准则要求我们在审计报告中提请报表使用者注意财务报表中的相关披露；如果披露不充分，我们应当发表非无保留意见。我们的结论基于截至审计报告日可获得的信息。然而，未来的事项或情况可能导致贵公司不能持续经营。

（五）评价财务报表的总体列报、结构和内容（包括披露），并评价财务报表是否公允反映相关交易和事项。

五、注册会计师对财务报表审计的责任（续）

（六）就贵公司中实体或业务活动的财务信息获取充分、适当的审计证据，以对合并财务报表发表审计意见。我们负责指导、监督和执行集团审计，并对审计意见承担全部责任。

我们与治理层就计划的审计范围、时间安排和重大审计发现等事项进行沟通，包括沟通我们在审计中识别出的值得关注的内部控制缺陷。

普华永道中天 会计师事务所(特殊普通合伙)	注册会计师	胡　亮
中国·上海市 2019年4月19日	注册会计师	袁之惠

5.1.2 资产负债表

资产负债表

编制单位：建信信托有限责任公司（母公司）　　2018年12月31日　　单位：万元

项　目	期　末	期　初	项　目	期　末	期初
资产：			负债：		
现金及存放同业款项	76,733.24	80,694.38	短期借款		
衍生金融资产			衍生金融负债		
应收款项	88,582.54	86,039.09	应付职工薪酬	26,639.44	24,548.20
合同资产			应交税费	50,034.96	24,948.31
买入返售金融资产			应付款项	—	—
金融投资：	—	—	合同负债	10,255.47	—
交易性金融资产	409,479.98	—	预计负债		
以公允价值计量且其变动计入当期损益的金融资产	—	3,990.21	长期借款		
债权投资		—	递延所得税负债		
可供出售金融资产	—	331,405.23	其他负债	1242.99	5640.07
其他权益工具投资	21,807.40	—	负债合计	88,172.86	55,136.57
长期股权投资	478,651.20	411,640.85	所有者权益	—	—
投资性房地产	902.75	993.15	实收资本	152,727.00	152,727.00
固定资产	11,272.97	11,628.96	资本公积	264,198.70	264,198.70
在建工程	35.07	652.53	其他综合收益	128.53	-1,377.76
无形资产	3,112.80	2,789.84	盈余公积	88,401.92	70,236.01
递延所得税资产	13,467.86	20,897.57	风险准备	48,288.97	51,516.55
其他资产	271,778.05	209,926.78	未分配利润	733,905.89	568,221.53
			所有者权益合计	1,287,651.00	1,105,522.02
资产总计	1,375,823.86	1,160,658.59	负债和所有者权益总计	1,375,823.86	1,160,658.59

资产负债表

编制单位：建信信托有限责任公司（合并）　　2018年12月31日　　单位：万元

项　目	2018年12月31日	2017年12月31日	项　目	2018年12月31日	2017年12月31日
资产：			负债：		
现金及存放同业款项	441,202.85	495,145.27	短期借款	95,632.28	61,890.81
衍生金融资产	51.06	1.65	衍生金融负债	183.90	66.27
应收款项	100,900.12	102873.21	应付职工薪酬	31,438.87	29,368.24
合同资产	147.40	—	应交税费	54,453.68	27,483.44
买入返售金融资产	4,650.19	—	应付款项	95,258.88	872.18
金融投资：	—	—	合同负债	10,398.55	—

续表

项　目	2018年12月31日	2017年12月31日	项　目	2018年12月31日	2017年12月31日
交易性金融资产	570,489.13	—	预计负债	40.00	
以公允价值计量且其变动计入当期损益的金融资产	—	26,249.96	长期借款	59,524.86	59,800.00
债权投资	2,188.13	—	递延所得税负债	96.25	
可供出售金融资产	—	391,857.02	其他负债	522,400.04	577,503.54
其他权益工具投资	21,947.40	—	负债合计	869,427.31	756,984.47
长期股权投资	696,576.86	560,385.94	所有者权益:	—	—
投资性房地产	902.75	993.15	实收资本	152,727.00	152,727.00
固定资产	12,297.86	12,763.00	资本公积	259,524.93	259,524.93
在建工程	47.62	652.53	其他综合收益	2,345.68	697.85
无形资产	3,305.96	3,044.09	盈余公积	88,401.92	70,236.01
商誉	1,018.84	1,018.84	风险准备	48,886.80	51,943.86
递延所得税资产	15,139.49	21,827.42	未分配利润	792,450.07	605,578.30
其他资产	356,629.85	294,171.12	归属于母公司股东权益合计	1,344,336.40	1,140,707.95
	—	—	少数股东权益	13,731.81	13,290.78
	—	—	所有者权益合计	1,358,068.21	1,153,998.73
资产总计	2,227,495.52	1,910,983.20	负债和所有者权益总计	2,227,495.52	1,910,983.20

5.1.3　利润表

利润表

编制单位:建信信托(母公司)　　　　2018年度　　　　单位:万元

	2018年度	2017年度
一、营业收入	293,723.58	267,381.77
利息净收入	1,110.85	227.70
其中:利息收入	1,453.27	343.24
利息支出	342.42	115.54
手续费及佣金净收入	216,942.51	195,012.73
其中:手续费及佣金收入	216,973.40	195,028.60
手续费及佣金支出	30.89	15.87
投资收益	50,837.73	71,354.15
其中:对联营企业和合营企业的投资收益	34,730.98	2040.31
其他收益	105.37	82.52
公允价值变动损益	23,490.16	-98.36
其他业务收入	1,238.30	803.04

续表

	2018 年度	2017 年度
资产处置收益	-1.33	
二、营业支出	55,402.90	49,111.20
税金及附加	1,872.09	1,579.88
业务及管理费	53,439.26	47,305.38
资产减值损失	—	—
信用减值损失	1.15	—
其他业务成本	90.40	225.94
三、营业利润	238,320.68	218,270.57
加:营业外收入	23.21	15.00
减:营业外支出	59.28	0.90
四、利润总额	238,284.61	218,284.67
减:所得税费用	56,625.58	53,288.55
五、净利润	181,659.03	164,996.12
六、其他综合收益的税后净额	339.67	-34,746.38
不能重分类进损益的其他综合收益	387.46	—
其他权益工具投资公允价值变动	387.46	—
以后将重分类进损益的其他综合收益	-47.79	-34,746.38
权益法下可转损益的其他综合收益	-47.79	-1,768.38
可供出售金融资产公允价值变动	—	-32,978.00
七、综合收益总额	181,998.70	130,249.74

利润表

编制单位:建信信托(合并)　　2018 年度　　单位:万元

	2018 年度	2017 年度
一、营业收入	453,477.30	327,373.63
利息净收入	7,122.06	10,519.36
其中:利息收入	14,127.07	13,095.67
利息支出	7,005.01	2,576.30
手续费及佣金净收入	243,524.36	214,505.03
其中:手续费及佣金收入	246,602.95	216,680.16
手续费及佣金支出	3,078.59	2,175.13
投资收益	67,567.78	85,766.39
其中:对联营企业和合营企业的投资收益	43639.39	15241.04
其他收益	370.13	88.76
公允价值变动损益	26,038.47	-451.52
其他业务收入	108,855.82	16,945.61

续表

	2018 年度	2017 年度
资产处置收益	-1.33	
二、营业支出	184,473.05	83,484.82
税金及附加	2,074.50	1,749.94
业务及管理费	75,243.26	65,817.21
资产减值损失	—	—
信用减值损失	9.60	—
其他业务成本	107,145.69	15,917.67
三、营业利润	269,004.25	243,888.81
加:营业外收入	23.21	171.43
减:营业外支出	180.40	991.87
四、利润总额	268,847.06	243,068.37
减:所得税费用	63,260.65	57,850.91
五、净利润	205,586.41	185,217.46
归属于母公司股东的净利润	205,033.74	184,788.44
少数股东收益	552.67	429.03
六、其他综合收益的税后净额	481.21	-33,810.99
归属于母公司股东的其他综合收益的税后净额	481.21	-33,811.56
以后不能重分类进损益的其他综合收益	387.46	—
其他权益工具投资公允价值变动	387.46	—
以后将重分类进损益的其他综合收益	93.75	-33,811.56
权益法下可转损益的其他综合收益	-47.79	-769.13
可供出售金融资产公允价值变动	—	-32,975.70
外币财务报表折算差异	141.54	-66.72
归属于少数股东的其他综合收益的税后净额		0.57
七、综合收益总额	206,067.62	151,406.48
归属于母公司股东的综合收益总额	205,514.95	150,976.88
归属于少数股东的综合收益总额	552.68	429.60

5.1.4 所有者权益变动表

所有者权益变动表

编制单位：建信信托有限责任公司（母公司）　　2018年12月31日　　单位：万元

项目	实收资本	资本公积	其他综合收益	盈余公积	风险准备	未分配利润	所有者权益合计
2017年1月1日余额	152,727.00	264,198.70	33,368.62	53,736.40	41,734.46	429,507.11	975,272.28
2017年度增减变动额							
综合收益总额							
净利润						164,996.12	164,996.12
其他综合收益			-34,746.38				-34,746.38
利润分配							
提取盈余公积				16,499.61		-16,499.61	
提取一般风险准备					1,532.28	-1,532.28	
提取信托赔偿准备					8,249.81	-8,249.81	
2017年12月31日余额	152,727.00	264,198.70	-1,377.76	70,236.01	51,516.55	528,221.53	1,105,552.02
会计政策变更			1,166.62			-1,036.34	130.28
2018年1月1日余额	152,727.00	264,198.70	-211.14	70,236.01	51,516.55	567,185.19	1,105,652.30
2018年度增减变动额							
综合收益总额							
净利润						181,659.03	181,659.03
其他综合收益			339.67				339.67
利润分配							
提取盈余公积				18,165.90		-18,165.90	
一般风险准备的转回					-3,227.58	3,227.58	
2018年12月31日余额	152,727.00	264,198.70	128.53	88,401.92	48,288.97	733,905.89	1,287,651.00

所有者权益变动表

编制单位：建信信托有限责任公司（合并）　　2018年12月31日　　单位：万元

项目	归属于母公司股东权益						少数股东权益	所有者权益合计
	实收资本	资本公积	其他综合收益	盈余公积	风险准备	未分配利润		
2017年1月1日余额	152,727.00	260,079.68	34,509.41	53,536.40	42,014.64	447,218.70	13,676.03	1,003,961.86
2017年度增减变动额								
综合收益总额								
净利润						184,788.44	429.03	185,217.46
其他综合收益			-33,811.56				0.57	-33,810.99
利润分配								
子公司分立		-554.75					-746.52	-1,301.28
提取盈余公积				16,499.61		-16,499.61		
提取一般风险准备					1,679.41	-1,679.41		
提取信托赔偿准备					8,249.81	-8,249.81		
对所有者的分配							-68.34	-68.34
2017年12月31日余额	152,727.00	259,524.93	697.85	70,236.01	51,943.86	605,578.30	13,290.78	1,153,998.73
会计政策变更			1,166.62			-3,053.12	-8.66	-1,895.15
2018年1月1日余额	152,727.00	259,524.93	1,864.47	70,236.01	51,943.86	605,525.18	13,282.12	1,152,103.57
2018年度增减变动额								
综合收益总额								
净利润						205,033.74	552.68	205,586.41
其他综合收益			481.21					481.21
利润分配								
——提取盈余公积				18,165.90	—	-18,165.90		
提取一般风险准备					170.52	-170.52		

续表

项目	归属于母公司股东权益						少数股东权益	所有者权益合计
	实收资本	资本公积	其他综合收益	盈余公积	风险准备	未分配利润		
对所有者的分配							-102.99	-102.99
一般风险准备的转回					-3,227.58	3,227.58		
2018年12月31日余额	152,727.00	259,524.93	2,345.68	88,401.92	48,886.80	792,450.07	13,731.81	1,358,068.21

5.2 信托资产

5.2.1 信托项目资产负债汇总表

编制单位:建信信托　　　　2018年12月31日　　　　单位:万元

信托资产	期末数	期初数	信托负债和信托权益	期末数	期初数
信托资产:			信托负债:		
货币资金	17,847,882.72	24,724,876.26	交易性金融负债	0.00	0.00
拆出资金	0.00	0.00	衍生金融负债	0.00	0.00
存出保证金	51,295.71	7,575.96	应付受托人报酬	80,933.74	86,284.81
交易性金融资产	11,443,312.20	10,415,880.49	应付保管费	57,248.59	45,698.67
衍生金融资产	0.00	0.00	应付受益人收益	142,752.31	124,985.42
买入返售金融资产	5,155,742.82	2,667,251.97	应交税费	34,819.86	574.67
应收款项	-680,739.47	1,676,065.57	应付销售服务费	820.50	210.48
贷款	54,622,147.34	35,530,406.94	其他应付款项	662,861.58	848,373.34
可供出售金融资产	20,184,532.20	27,623,922.23	预计负债	0.00	0.00
持有至到期投资	26,642,217.81	33,168,223.41	其他负债	0.00	0.00
长期应收款	0.00	0.00	信托负债合计	979,436.58	1,106,127.39
长期股权投资	5,127,500.36	5,152,793.72			
投资性房地产	0.00	0.00	信托权益:		
固定资产	0.00	0.00	实收信托	134,050,286.59	134,768,660.30
无形资产	0.00	0.00	资本公积	25,823.85	38,849.24
长期待摊费用	0.00	0.00	损益平准金	0.00	0.00
其他资产	0.00	0.00	未分配利润	5,338,344.67	5,053,359.62
			信托权益合计	139,414,455.11	139,860,869.16
信托资产总计	140,393,891.69	140,966,996.55	信托负债和信托权益总计	140,393,891.69	140,966,996.55
			益总计		

5.2.2 信托项目利润及利润分配汇总表

编制单位:建信信托　　　　2018年度　　　　单位:万元

项　目	当年数	上年数
1. 营业收入	7,171,351.31	6,177,291.45
1.1 利息收入	3,173,067.83	2,376,993.84
1.2 投资收益	3,910,043.56	3,766,697.01
1.2.1 其中:对联营企业和合营企业的投资收益	0.00	0.00
1.3 公允价值变动收益	79,507.88	6,408.81
1.4 租赁收入	0.00	0.00
1.5 汇兑损益(损失以"-"号填列)	-879.11	-1,221.19
1.6 其他收入	9,611.15	28,412.98

续表

项　目	当年数	上年数
2. 支出	940,983.06	308,974.33
2.1 营业税金及附加	9,653.18	155.99
2.2 受托人报酬	194,276.94	173,846.34
2.3 托管费	33,323.97	29,828.41
2.4 投资管理费	0.00	0.00
2.5 销售服务费	1,644.49	234.08
2.6 交易费用	651.66	327.99
2.7 资产减值损失	468,756.32	5,893.71
2.8 其他费用	232,676.50	98,687.81
3. 信托净利润(净亏损以“－”号填列)	6,230,368.25	5,868,317.12
4. 其他综合收益	0.00	0.00
5. 综合收益	6,230,368.25	5,868,317.12
加:期初未分配信托利润	5,053,359.62	5,681,567.08
加:损益平准金	－615,074.66	－1,398,666.65
6. 可供分配的信托利润	10,668,653.21	10,151,217.55
减:本期已分配信托利润	5,330,308.54	5,097,857.93
7. 期末未分配信托利润	5,338,344.67	5,053,359.62

6. 会计报表附注

6.1　会计报表编制基准不符合会计核算基本前提的说明

公司会计报表编制基准不存在不符合会计核算基本前提的情况。

公司执行财政部2006年2月15日颁布的《企业会计准则》(财会〔2006〕3号)及其后续规定。公司以持续经营为基础,根据实际发生的交易和事项,按照《企业会计准则——基本准则》和其他各项具体会计准则、应用指南及准则解释的规定进行确认和计量,在此基础上编制财务报表。

6.1.2　纳入合并范围的子公司

1. 纳入合并范围的子公司

表6.1.2

子公司名称	注册地	注册资本(万元)	业务性质	本公司投资金额(万元)	持股比例	合并期间
建信(北京)投资基金管理公司	北京市	206,100.00	私募股权基金管理	206,100.00	100.00%	2018全年
建信财富(北京)股权投资基金管理公司	北京市	2,400.00	私募股权基金管理	2,400.00	100.00%	2018全年
建信期货有限责任公司	上海市	56,105.98	期货经纪	54,936.62	80.00%	2018全年

注:截至2018年末,母公司纳入合并范围结构化主体的规模为22200万元。

2. 持股比例达到50%以上,但未纳入合并范围的股权投资

股权投资名称	注册地	实收份额（万元）	业务性质	公司出资份额（万元）	本公司出资占比	未纳入合并范围原因
北京建信股权投资基金（有限合伙）	北京市	47,729.52	私募股权基金	24,300.00	50.91%	合伙企业权力机构中存在外部表决权,议事规则为一致通过,因此我司未取得控制权
深圳市信达恒信财富投资中心（有限合伙）	深圳市	64,000.00	私募股权基金	64,000.00	100.00%	
建信平潭股权投资合伙企业	福州市	14,035.00	私募股权基金	13,965.00	99.50%	

6.2 重要会计政策和会计估计说明

6.2.1 计提资产减值准备的范围和方法

1. 本公司计提减值准备范围:以摊余成本计量的金融资产、合同资产、长期股权投资、投资性房地产、固定资产、无形资产等。

2. 计提减值准备的方法

(1)金融资产的减值

本公司对于以摊余成本计量的金融资产、合同资产等,以预期信用损失为基础确认损失准备。考虑有关过去事项、当前状况以及对未来经济状况的预测等合理且有依据的信息,以发生违约的风险为权重,计算合同应收的现金流量与预期能收到的现金流量之间差额的现值的概率加权金额,确认预期信用损失。于每个资产负债表日,对于处于不同阶段的金融工具的预期信用损失分别进行计量。金融工具自初始确认后信用风险未显著增加的,处于第一阶段,按照未来12个月内的预期信用损失计量损失准备;金融工具自初始确认后信用风险已显著增加但尚未发生信用减值的,处于第二阶段,按照该工具整个存续期的预期信用损失计量损失准备;金融工具自初始确认后已经发生信用减值的,处于第三阶段,按照该工具整个存续期的预期信用损失计量损失准备。

对于在资产负债表日具有较低信用风险的金融工具,假设其信用风险自初始确认后并未显著增加,按照未来12个月内的预期信用损失计量损失准备。对于处于第一阶段、以及较低信用风险的金融工具,按照其未扣除减值准备的账面余额和实际利率计算利息收入。对于应收票据及应收账款和合同资产,无论是否存在重大融资成分,均按照整个存续期的预期信用损失计量损失准备。

(2)长期资产的减值

固定资产、在建工程、使用寿命有限的无形资产及对子公司、合营企业、联营企业的长期股权投资等,于资产负债表日存在减值迹象的,进行减值测试;尚未达到可使用状态的无形资产,无论是否存在减值迹象,至少每年进行减值测试。减值测试结果表明资产的可收回金额低于其账面价值的,按其差额计提减值准备并计入减值损失。可收回金额为资产的公允价值减去处置费用后的净额与资产预计未来现金流量的现值两者之间的较高者。资产减值准备按单项资产为基础计算并确认,如果难以对单项资产的可收回金额进行估计的,以该资产所属的资产组确定资产组的可收回金额。资产组是能够独立产生现金流入的最小资产组合。

在财务报表中单独列示的商誉,无论是否存在减值迹象,至少每年进行减值测试。减值测试时,商誉的账面价值分摊至预期从企业合并的协同效应中受益的资产组或资产组组合。测试结果表明包含分摊的商誉的资产组或资产组组合的可收回金额低于其账面价值的,确认相应的减值损失。减值损失金额先抵减分摊至该资产组或资产组组合的商誉的账面价值,再根据资产组或资产组组合中除商誉以外的其他各项资产的账面价值所占比重,按比例抵减其他各项资产的账面价值。上述资产减值损失一经确认,以后期间不予转回价值得以恢复的部分。

6.2.2 金融资产四分类的范围和标准

本公司固有业务自2018年1月1日起,施行财政部新修订的《企业会计准则第22号——金融工具确认和计量》、《企业会计准则第23号——金融资产转移》和《企业会计准则第24号——套期会计》等三项金融工具会计准则(以下简称新金融工具准则),根据管理金融资产的业务模式和金融资产的合同现金流量特征,将金融资产划分为:(1)以摊余成本计量的金融资产;(2)以公允价值计量且其变动计入其他综合收益的金融资产;(3)以公允价值计量且其变动计入当期损益的金融资产。

1. 债务工具

债务工具是指从发行方角度分析符合金融负债定义的工具,分别采用以下三种方式进行计量:

(1)以摊余成本计量:管理此类金融资产的业务模式为以收取合同现金流量为目标,且此类金融资产的合同现金流量特征与基本借贷安排相一致,即在特定日期产生的现金流量,仅为对本金和以未偿付本金金额为基础的利息的支付。本公司对于此类金融资产按照实际利率法确认利息收入。此类金融资产主要包括货币资金、应收款项、债权投资和其他资产等。

(2)以公允价值计量且其变动计入其他综合收益:管理此类金融资产的业务模式为既以收取合同现金流量

为目标又以出售为目标，且此类金融资产的合同现金流量特征与基本借贷安排相一致。此类金融资产按照公允价值计量且其变动计入其他综合收益，但减值损失或利得、汇兑损益和按照实际利率法计算的利息收入计入当期损益。此类金融资产列示为其他债权投资。

(3)以公允价值计量且其变动计入当期损益：本公司将持有的未划分为以摊余成本计量和以公允价值计量且其变动计入其他综合收益的债务工具，以公允价值计量且其变动计入当期损益，列示为交易性金融资产。

2. 权益工具

本公司将对其没有控制、共同控制和重大影响的权益工具投资按照公允价值计量且其变动计入当期损益，列示为交易性金融资产。此外，本公司将部分非交易性权益工具投资指定为以公允价值计量且其变动计入其他综合收益的金融资产，列示为其他权益工具投资。该类金融资产的相关股利收入计入当期损益。

6.2.3　交易性金融资产核算方法

本公司将划分为以公允价值计量且其变动计入当期损益的金融资产按照取得时的公允价值作为初始确认金额，相关的交易费用在发生时计入当期损益。资产负债表日，将以公允价值计量且其变动计入当期损益的金融资产或金融负债的公允价值变动计入当期损益。在持有以公允价值计量且其变动计入当期损益的金融资产期间取得的利息或现金股利，应当确认为投资收益。处置该金融资产或金融负债时，其公允价值与初始入账金额之间的差额应确认为投资收益，同时调整公允价值变动损益。

6.2.4　可供出售金融资产核算方法

本公司固有业务自 2018 年 1 月 1 日起施行新金融工具准则，无可供出售金融资产。

6.2.5　持有至到期投资核算方法

本公司固有业务自 2018 年 1 月 1 日起施行新金融工具准则，无持有至到期投资。

6.2.6　长期股权投资核算方法

长期股权投资包括：对子公司的长期股权投资；对合营企业和联营企业的长期股权投资；以及对被投资单位不具有控制、共同控制或重大影响，并且在活跃市场中没有报价、公允价值不能可靠计量的长期股权投资。

(1)子公司

子公司为本公司能够对其实施控制的被投资单位。当本公司因为参与该被投资单位而承担可变回报的风险或享有可变回报的权益，并有能力透过其对该主体的权力影响此等回报时，本公司即控制该被投资单位。对子公司的投资，在公司财务报表中按照成本法确定的金额列示，在编制合并财务报表时按权益法调整后进行合并。采用成本法核算的长期股权投资按照初始投资成本计量。被投资单位宣告分派的现金股利或利润，确认为投资收益计入当期损益。

(2)结构化主体

结构化主体是指在确定其控制方时没有将表决权或类似权利作为决定因素而设计的主体，比如表决权仅与行政工作相关，而相关运营活动通过合同约定来安排。本公司根据合约条款就本公司对实体的参与面临可变回报的风险或取得可变回报的权利，及利用对实体的权力影响该等回报金额的能力评估是否合并。由本公司控制的信托计划等结构化主体，纳入财务报表合并范围。

(3)合营企业和联营企业

联营企业为本公司能够对其财务和经营决策具有重大影响的被投资单位。对联营企业投资采用权益法核算。初始投资成本大于投资时应享有被投资单位可辨认净资产公允价值份额的，以初始投资成本作为长期股权投资成本；初始投资成本小于投资时应享有被投资单位可辨认净资产公允价值份额的，其差额计入当期损益，并相应调增长期股权投资成本。

采用权益法核算时，本公司按应享有或应分担的被投资单位的净损益份额确认当期投资损益。确认被投资单位发生的净亏损，以长期股权投资的账面价值以及其他实质上构成对被投资单位净投资的长期权益减记至零为限，但本公司负有承担额外损失义务且符合预计负债确认条件的，继续确认预计将承担的损失金额。被投资单位除净损益、其他综合收益和利润分配以外所有者权益的其他变动，调整长期股权投资的账面价值并计入资本公积。被投资单位分派的利润或现金股利于宣告分派时按照本公司应分得的部分，相应减少长期股权投资的账面价值。本公司与被投资单位之间未实现的内部交易损益按照持股比例计算归属于本公司的部分，予以抵销；然后在此基础上确认投资损益。本公司与被投资单位发生的内部交易损失，其中属于资产减值损失的部分，相应的未实现损失不予抵销。

6.2.7　投资性房地产核算方法

投资性房地产包括已出租的土地使用权和以出租为目的的建筑物以及正在建造或开发过程中将来用于出租的建筑物，以成本进行初始计量。与投资性房地产有关的后续支出，在相关的经济利益很可能流入本公司且其成本能够可靠的计量时，计入投资性房地产成本；否则，于发生时计入当期损益。本公司采用成本模式对所有投资性房地产进行后续计量，按其预计使用寿命及净残值率对建筑物和土地使用权计提折旧或摊销。投资性房地产的预计使用寿命、净残值率及年折旧(摊销)率列示如下：

表 6.2.7

类别	使用寿命	预计净残值	折旧率
房屋建筑物	30 年	3.00%	3.23%

6.2.8　固定资产计价和折旧方法

固定资产包括房屋及建筑物、运输工具、办公家具及设备以及计算机及电子设备等。购置或新建的固定资产按取得时的成本进行初始计量。与固定资产有关的后续支出，在相关的经济利益很可能流入本公司且其成本能够可靠的计量时，计入固定资产成本；对于被替换的部分，终止确认其账面价值；所有其他后续支出于发生时计入当期损益。固定资产折旧采用年限平均法并按其入账价值减去预计净残值后在预计使用寿命内计提。对计提了减值准备的固定资产，则在未来期间按扣除减值准备后的账面价值及依据尚可使用年限确定折旧额。固定资产的预计使用寿命、净残值率及年折旧率列示如下：

表6.2.8

类　别	使用寿命	预计净残值	折旧率
房屋建筑物	30年	3.00%	3.23%
运输工具	6年	3.00%	16.17%
办公家具及设备	3～5年	3.00%	19.40%～32.33%
计算机及电子设备	3～5年	3.00%	19.40%～32.33%

本公司于每年年度终了，对固定资产的预计使用寿命、预计净残值和折旧方法于每年年度终了进行复核并作适当调整。当固定资产被处置、或者预期通过使用或处置不能产生经济利益时，终止确认该固定资产。固定资产出售、转让、报废或毁损的处置收入扣除其账面价值和相关税费后的金额计入当期损益。

6.2.9　无形资产计价及摊销政策

无形资产包括软件费等，以成本计量。软件费采用直线法按预计使用寿命平均摊销，于每年年度终了时对无形资产的预计使用寿命及摊销方法进行复核并作适当调整。本公司将无法预见未来经济利益期限的无形资产视为使用寿命不确定的无形资产，并对这类无形资产不予摊销。截至资产负债表日，本公司没有使用寿命不确定的无形资产。

表6.2.9

类别	使用寿命
软件	5年

6.2.10　长期应收款的核算方法

长期应收款为因融资租赁产生的应收款项和采用递延方式分期收款、实质上具有融资性质的销售商品和提供劳务等经营活动产生的应收款项等。截至资产负债表日，本公司没有长期应收款。

6.2.11　长期待摊费用的摊销政策

本公司将长期待摊费用按月在摊销期限内均衡摊销。摊销期限根据合同或协议期限与受益期限孰短原则确定摊销期限；有合同、协议期限而没有受益期的，按合同、协议期限摊销；没有合同、协议期限，但受益期限明确或能合理预测的，按受益期限摊销；没有合同、协议期限或受益期限不能预测的，按5年摊销。如果某项待摊性质费用已经不能使公司受益，则将其摊余价值一次全部转入当期成本费用，不再留待以后期间摊销。

6.2.12　合并会计报表的编制方法

从取得子公司的实际控制权之日起，本公司开始将其纳入合并范围；从丧失实际控制权之日起停止纳入合并范围。对于同一控制下企业合并取得的子公司，自其与本公司同受最终控制方控制之日起纳入本公司合并范围，并将其在合并日前实现的净利润在合并利润表中单列项目反映。

在编制合并财务报表时，子公司与本公司采用的会计政策或会计期间不一致的，按照本公司的会计政策或会计期间对子公司财务报表进行必要的调整。对于非同一控制下企业合并取得的子公司，以购买日可辨认净资产公允价值为基础对其财务报表进行调整。

集团内所有重大往来余额、交易及未实现利润在合并财务报表编制时予以抵销。子公司的所有者权益、当期净损益及综合收益中不属于本公司所拥有的部分分别作为少数股东权益、少数股东损益及归属于少数股东的综合收益总额在合并财务报表中所有者权益、净利润及综合收益总额项下单独列示。本公司向子公司出售资产所发生的未实现内部交易损益，全额抵销归属于母公司股东的净利润；子公司向本公司出售资产所发生的未实现内部交易损益，按本公司对该子公司的分配比例在归属于母公司股东的净利润和少数股东损益之间分配抵销。子公司之间出售资产所发生的未实现内部交易损益，按照母公司对出售方子公司的分配比例在归属于母公司股东的净利润和少数股东损益之间分配抵销。如果以本公司为会计主体与以本公司或子公司为会计主体对同一交易的认定不同时，从本公司的角度对该交易予以调整。

本公司决定其管理或购买且未由其控制的信托收益权、有限合伙基金、证券投资基金、特定客户资产管理计划和其他投资性主体均为未合并的结构化主体。该等结构化主体将筹集的资金投资于证券市场、非上市股权及非标准化债权资产等。

6.2.13　收入确认原则和方法

本公司在客户取得相关商品或服务的控制权时，按预期有权收取的对价金额确认收入。

1. 信托计划及私募基金管理

管理费收入包括本公司管理旗下各信托计划而取得的固定费率管理费收入，以及管理旗下私募而取得的固定费率管理费收入和业绩报酬。资产管理服务属于实质相同且转让模式相同的一系列服务，故本公司将其作为单项履约义务，并在满足收入确认条件和可变对价分摊条件的前提下，固定费率管理费收入根据合同约定的基数和固定费率累计计算并确认当期收入，业绩报酬按照合同约定的方法采用期望值法或最可能发生的金额计算并确认当期收入。

2. 提供代理及中间业务劳务

代理及中间业务手续费收入，主要包括财务顾问费收入等。本公司提供财务顾问服务取得的财务顾问费收入，根据财务顾问合同或协议约定的金额及期限按期确认为收入。如果本公司已收或应收的合同价款超过已完成的劳务，则将超过部分确认为合同负债。

3. 提供期货手续费收入

向客户收取的交易手续费、质押手续费、交割手续费等扣减应付期货交易所手续费后的净收入，按期货经纪合同约定及适用的费率计算，于交易完成时确认。收到期货交易所返还、减免的手续费收入等，在收到交易所返还、减免的手续费时确认。

4. 商品销售收入

销售商品收入通常在本公司已根据合同约定将产品交付给购货方，并且将商品控制权转移给购货方时确认。

5. 让渡资产使用权

利息收入以时间比例为基础，采用实际利率计算确定。经营租赁收入按照直线法在租赁期内确认。

6.2.14　所得税的会计处理方法

本公司除了将与直接计入所有者权益的交易或者事项有关的所得税影响计入所有者权益外，当期所得税和递延所得税均计入当期损益。当期所得税按本年度应税所得额，根据税法规定的税率计算的预期应交所得税，加上以往年度应付所得税的调整确定。递延所得税资产与递延所得税负债分别根据可抵扣暂时性差异和应纳税暂时性差异确定。

对于既不影响会计利润也不影响应纳税所得额（或可抵扣亏损）的非企业合并的交易中产生的资产或负债的初始确认形成的暂时性差异，不确认相应的递延所得税资产和递延所得税负债。资产负债表日，递延所得税资产和递延所得税负债，按照预期收回该资产或清偿该负债期间的适用税率计量。递延所得税资产的确认以很可能取得用来抵扣可抵扣暂时性差异、可抵扣亏损和税款抵减的应纳税所得额为限。合并报表时，同时满足下列条件的递延所得税资产和递延所得税负债以抵销后的净额列示：

（1）递延所得税资产和递延所得税负债与同一税收征管部门对本公司内同一纳税主体征收的所得税相关；

（2）本公司内该纳税主体拥有以净额结算当期所得税资产及当期所得税负债的法定权利。

6.2.15　信托报酬确认原则和方法

本公司作为信托业务受托人取得的信托报酬，根据信托合同或协议约定的费率及期限按期确认为收入。

6.2.16　会计政策、会计估计和核算方法变化

财政部于2017年颁布了修订后的《企业会计准则第22号——金融工具确认和计量》、《企业会计准则第23号——金融资产转移》、《企业会计准则第37号——金融工具列报》等（以下合称“新金融工具准则”）及《企业会计准则第14号——收入》（以下简称“新收入准则”），并于2018年颁布了《财政部关于修订印发2018年度一般企业财务报表格式的通知》（财会〔2018〕15号）、《财政部关于修订印发2018年度金融企业财务报表格式的通知》（财会〔2018〕36号）及《财政部关于修订印发2018年度合并财务报表格式的通知》（财会〔2019〕1号），本公司已按照上述通知进行相关核算和编制2018年度的财务报表，比较财务报表已相应调整，会计政策变化详见“6.2.2 金融资产四分类的范围和标准”和“6.2.13 收入确认原则和方法”。

6.3　或有事项说明

报告期内本公司无对外担保及其它或有事项。

6.4　重要资产转让及其出售的说明

报告期内本公司无重要资产转让及出售事项。

6.5　会计报表中重要项目的明细资料

6.5.1　固有资产经营情况

6.5.1.1　信用风险五级分类情况

表6.5.1.1

单位：万元

信用风险资产五级分类	正常类	关注类	次级类	可疑类	损失类	信用风险资产合计	不良合计	不良率（%）
期初数	1,122,984.37	0.00	0.00	0.00	0.00	1,122,984.37	0.00	0
期末数	1,332,871.54	12,439.03	0.00	0.00	0.00	1,345,310.57	0.00	0

6.5.1.2　各项资产减值损失准备情况

表6.5.1.2

单位：万元

	期初数	本期计提	本期转回	本期核销	期末数
贷款损失准备	0.00	0.00	0.00	0.00	0.00
一般准备	0.00	0.00	0.00	0.00	0.00
专项准备	0.00	0.00	0.00	0.00	0.00

续表

	期初数	本期计提	本期转回	本期核销	期末数
其他资产减值准备	105.03	1.15	0.00	0.00	106.18
可供出售金融资产减值准备	0.00	0.00	0.00	0.00	0.00
持有至到期投资减值准备	0.00	0.00	0.00	0.00	0.00
长期股权投资减值准备	0.00	0.00	0.00	0.00	0.00
坏账准备	0.00	0.00	0.00	0.00	0.00
投资性房地产减值准备	0.00	0.00	0.00	0.00	0.00

6.5.1.3 股票投资、基金投资、债券投资、股权投资等投资业务情况

表 6.5.1.3 单位:万元

	自营股票	基金	债券	长期股权投资	其他投资	合计
期初数	988.21	3,002.00	0.00	411,640.85	331,405.23	747,036.29
期末数	539.03	40,000.00	0.00	478,651.20	390,748.35	909,938.58

6.5.1.4 长期股权投资情况

表 6.5.1.4 单位:万元

企业名称	占被投资企业权益的比例	主要经营活动	投资损益
建信(北京)投资基金管理公司	100.00%	非证券业务的投资管理和咨询	0.00
海南建银建信专项基金一号合伙企业	49.96%	股权投资、投资管理及咨询	29,866.67
建信期货有限责任公司	80.00%	商品期货经纪业务、金融期货经纪业务	411.95
陕西延长石油财务有限公司	8.00%	吸收成员单位存款,办理成员单位之间的委托贷款和委托投资,对成员单位提供担保;对成员单位办理财务和融资顾问、信用鉴证及相关的咨询代理业务等	3,958.48
建信股权投资基金(有限合伙)	50.91%	股权投资、可转换类权益资产投资、其他投资经营、投资管理及咨询	905.45

6.5.1.5 自营贷款情况

表 6.5.1.5 单位:万元

企业名称	占贷款总额的比例	还款情况
—	0.00	—

6.5.1.6 表外业务情况

表 6.5.1.6 单位万元

表外业务	期初数	期末数
担保业务	0.00	0.00
代理业务(委托业务)	0.00	0.00
其他	0.00	0.00

续表

表外业务	期初数	期末数
合计	0.00	0.00

6.5.1.7 公司当年的收入结构

6.5.1.7.1 母公司收入结构

表 6.5.1.7-1 单位:万元

收入结构	金额	占比
手续费及佣金收入	216,973.40	73.77%
其中:信托手续费收入	216,973.40	73.77%
投资银行业务收入	0.00	0.00%

续表

收入结构	金额	占比
利息收入	1,453.27	0.49%
其他业务收入	1,342.34	0.46%
其中:计入信托业务收入部分	0	0.00%
投资收益	50,837.73	17.28%
其中:股权投资收益	38,672.14	13.15%
证券投资收益	15.32	0.01%
其他投资收益	12,150.27	4.13%
公允价值变动收益	23,490.16	7.99%
营业外收入	23.21	0.01%
收入合计	294,120.11	100.00%

6.5.1.7.2　合并收入结构

表 6.5.1.7-2　单位:万元

收入结构	金额	占比
手续费及佣金收入	246,602.95	53.19%
其中:信托手续费收入	216,973.40	46.80%
投资银行业务收入		0.00%
利息收入	14,127.07	3.05%
其他业务收入	109,224.62	23.56%
其中:计入信托业务收入部分	0	0.00%
投资收益	67,567.78	14.58%
其中:股权投资收益	47,550.17	10.26%
证券投资收益	15.32	0.00%
其他投资收益	20,002.29	4.31%
公允价值变动收益	26,038.47	5.62%
营业外收入	23.21	0.01%
收入合计	463,584.10	100.00%

6.5.2　披露信托财产管理情况

6.5.2.1　信托资产

表 6.5.2.1　单位:万元

信托资产	期初数	期末数
集合	43,000,877.68	28,829,668.84
单一	78,702,716.63	63,316,563.57
财产权	19,263,402.24	48,247,659.28
合计	140,966,996.55	140,393,891.69

6.5.2.1.1　主动管理型信托业务的信托资产

表 6.5.2.1.1　单位:万元

主动管理型信托资产	期初数	期末数
证券投资类	4,438,846.65	971,582.16
股权投资类	32,728,558.74	17,018,220.09
融资类	4,832,671.79	6,681,469.25
事务管理类	0.00	0.00
合计	42,000,077.18	24,671,271.50

6.5.2.1.2　被动管理型信托业务的信托资产

表 6.5.2.1.2　单位:万元

被动管理型信托资产	期初数	期末数
证券投资类	24,023,406.46	26,993,599.32
股权投资类	23,508,526.99	17,794,717.60
融资类	0.00	0.00
事务管理类	51,434,985.92	70,934,303.27
合计	98,966,919.37	115,722,620.19

6.5.2.2　本年度已清算结束的信托项目情况

本年度已清算结束的信托项目153个、实收信托合计金额6,267,083.72万元、加权平均实际年化收益率5.9553%。

6.5.2.2.1　已清算结束的信托项目

表 6.5.2.2.1　单位:万元

已清算结束信托项目	项目个数	实收信托合计金额	加权平均实际年化收益率
集合类	81	3,516,077.27	6.7608%
单一类	60	1,688,415.84	4.7328%
财产管理类	12	1,062,590.61	5.2325%

6.5.2.2.2　本年度已清算结束的主动管理型信托项目

本年度已清算结束的主动管理型信托项目104个、实收信托合计金额3,206,378.87万元、加权平均实际年化收益率6.5690%。

表 6.5.2.2.2

单位：万元

已清算结束信托项目	项目个数	实收信托合计金额	加权平均实际年化信托报酬率	加权平均实际年化收益率
证券投资类	2	9,780.00	0.0000%	4.7089%
股权投资类	81	2,036,984.60	0.9158%	6.7636%
融资类	21	1,159,614.27	0.7205%	6.2428%
事务管理类	0	0.00	0.0000%	0.0000%

6.5.2.2.3 本年度已清算结束的被动管理型信托项目

本年度已清算结束的被动管理型信托项目49个、实收信托合计金额3,060,704.85万元、加权平均实际年化收益率5.3124%。

表 6.5.2.2.3

单位：万元

已清算结束信托项目	项目个数	实收信托合计金额	加权平均实际年化信托报酬率	加权平均实际年化收益率
证券投资类	1	0.00	0.0767%	2.8339%
股权投资类	1	0.00	0.0386%	4.0560%
融资类	0	0.00	0.0000%	0.0000%
事务管理类	47	3,060,704.85	0.1888%	5.3124%

6.5.2.3 本年度新增信托项目

本年度新增的集合类、单一类、财产管理类信托项目550个，实收信托合计金额49,142,997.95万元。

表 6.5.2.3

单位：万元

新增信托项目	项目个数	实收信托合计金额
集合类	63	3,127,588.68
单一类	367	7,448,766.47
财产管理类	120	38,566,642.80
新增合计	550	49,142,997.95
其中：主动管理型	452	2,682,556.86
被动管理型	98	46,460,441.09

6.5.2.4 本公司履行受托人义务情况及本公司自身责任而导致的信托资产损失情况

我公司在信托财产的管理运用和处分过程中，严格按信托合同等信托文件的约定对信托财产进行管理，切实履行了受托人的诚实、信用、谨慎、有效管理的义务，维护受益人的最大利益；报告年度，没有发生因公司自身责任而导致的信托资产损失情况。

6.5.2.5 信托赔偿准备金的提取、使用和管理情况

根据《信托公司管理办法》规定，信托公司每年应当从税后利润中提取5%作为信托赔偿准备金，但该赔偿准备金累计总额达到公司注册资本的20%时，可不再提取。截至2018年12月31日，信托赔偿准备余额34708.16万元，超过注册资本的20%，因此2018年当年未提取。2018年公司管理的信托计划未发生损失赔付情况，赔偿金按规定正常管理。

6.6 关联方关系及其交易的披露

6.6.1 关联交易方的数量、关联交易的总金额及关联交易的定价政策等

表 6.6.1

单位：万元

	关联交易金额	关联交易方数量	定价政策
合计	8	3,265,685.61	市场公允价格

6.6.2 关联交易方情况

表 6.6.2

关系性质	关联方名称	法定代表人	注册地址	注册资本	主营业务
股东	中国建设银行股份有限公司	田国立	北京市西城区金融大街25号	2500.11亿元	公司银行业务、个人银行业务、资金业务、投资银行业务及海外业务
股东	合肥兴泰金融控股（集团）有限公司	程儒林	安徽省合肥市蜀山区祁门路1688号	60亿元	对授权范围内的国有资产进行经营以及从事企业策划、管理咨询、财务顾问、公司理财、产业投资以及经批准的其他经营活动
一级子公司	建信财富（北京）股权投资基金管理有限公司	黄建峰	北京市丰台区西站南路168号1114室	2400万元	投资管理;投资咨询;实业投资;资产管理;财务咨询;企业管理咨询
一级子公司	建信（北京）投资基金管理有限公司	王业强	北京市丰台区西站南路168号1009室	20.61亿元	非证券业务的投资管理、咨询
一级子公司	建信期货有限责任公司	葛文杰	中国（上海）自由贸易试验区银城路99号502、503室	5.61亿元	商品期货经纪、金融期货经纪
二级子公司	芜湖建信宸乾投资管理有限公司	黎代福	安徽省芜湖市镜湖区观澜路1号滨江商务楼17层1713	2亿	投资管理，投资咨询（证券、期货咨询除外），企业管理及咨询
被投资单位	北京建信财富股权投资基金（有限合伙）	黄建峰	北京市丰台区西站南路168号1008室	6亿元	非证券业务的投资、投资管理、咨询
被投资单位	北京建信股权投资基金（有限合伙）	王业强	北京市丰台区西站南路168号1201室	11.05亿元	非证券业务的投资、投资管理、咨询

6.6.3 逐笔披露与关联方的重大交易情况

表 6.6.3

单位：万元

交易事项	期初数	借方发生额	贷方发生额	期末数
固有资金认购建信信托－武汉建设发展1号集合资金信托计划		60,000.00		60,000.00
固有资金认购建信信托－天津名瑞集合资金信托计划		8,000.00		8,000.00
固有资金认购建信信托－善建3号集合资金信托计划		10,000.00		10,000.00

续表

交易事项	期初数	借方发生额	贷方发生额	期末数
固有资金认购建信信托－增城永恒城市更新投资集合资金信托计划		20,000.00		20,000.00
固有资金认购建信信托－南湖天赋集合资金信托计划		30,000.00		30,000.00
固有资金认购建信信托－梧桐树资金集合信托计划	69,038.14		61,100.00	7,938.14
固有资金认购建信信托－蓉债流动化5号集合资金信托计划	10,000.00		10,000.00	0.00
固有资金认购建信信托－津鑫4号集合资金信托计划	12,000.00		12,000.00	0.00
固有资金认购建信信托－中冶锦绣海珠项目	75,000.00		75,000.00	0.00
固有资金认购中铁建信产业投资基金集合资金信托计划(17号)	20,000.00		20,000.00	0.00
固有业务项下与子公司业务往来款	2,500.50	125,607.53	50,000.00	78,108.03
固有业务项下从中国建设银行拆借资金		800,000.00	800,000.00	0.00
固有资金存放中国建设银行活期	17,526.20	2,396,169.75	2,404,637.53	9,058.43

6.6.3.1　本公司履行受托人义务情况及本公司自身责任而导致的信托资产损失情况

表6.6.3.1　　单位：万元

固有与关联方关联交易				
	期初数	借方发生额	贷方发生额	期末数
贷款	0.00	0.00	0.00	0.00
投资	0.00	0.00	0.00	0.00
租赁	0.00	0.00	0.00	0.00
担保	0.00	0.00	0.00	0.00
应收账款	152,662.14	125,931.62	50,317.45	228,276.31
其他	17,546.73	3,197,853.99	3,206,321.76	9,078.95
合计	170,208.87	3,323,785.61	3,256,639.21	237,355.27

6.6.3.2　信托与关联方交易情况

表6.6.3.2　　单位：万元

信托与关联方关联交易				
	期初数	借方发生额	贷方发生额	期末数
贷款	0.00	0.00	0.00	0.00
投资	0.00	0.00	0.00	0.00
租赁	0.00	0.00	0.00	0.00
担保	0.00	0.00	0.00	0.00
应收账款	0.00	0.00	0.00	0.00

续表

信托与关联方关联交易				
	期初数	借方发生额	贷方发生额	期末数
其他	82,465,749.90	34,597,333.87	30,125,887.62	86,937,196.15
合计	82,465,749.90	34,597,333.87	30,125,887.62	86,937,196.15

6.6.3.3 固信交易、信信交易情况

6.6.3.3.1 固有财产与信托财产之间的交易

表 6.6.3.3.1 单位:万元

固有财产与信托财产相互交易			
	期初数	本期发生额	期末数
合计	202,038.14	-58,100.00	143,938.14

6.6.3.3.2 信托项目之间的交易

6.6.3.3.2 单位:万元

信托资产与信托财产相互交易			
	期初数	本期发生额	期末数
合计	15,009,268.22	-5,164,909.88	9,844,358.34

6.6.4 关联方逾期未偿还本公司资金的详细情况以及本公司为关联方担保发生或即将发生垫款的详细情况

报告年度,公司无上述情况。

6.7 会计制度的披露

公司执行财政部于2006年2月15日颁布的《企业会计准则—基本准则》和38项具体会计准则、其后颁布的企业会计准则应用指南、企业会计准则解释以及其他相关规定。

7. 财务情况说明书

7.1 利润实现和分配情况

7.1.1 母公司情况

2018年公司实现净利润181659.03万元,根据《公司章程》、《金融企业财务规则》的规定,提取盈余公积18165.90万元,转回一般风险准备3227.58万元,截至2018年12月31日,未分配利润733905.89万元。

7.1.2 合并口径情况

2018年实现的归属本公司净利润205033.74万元,提取盈余公积18165.90万元,转回一般风险准备3057.06万元。

7.2 主要财务指标

表 7.2 单位:万元

指标名称	母公司指标值	合并指标值
资本利润率	15.18%	16.37%
加权年化信托报酬率	0.10%	0.10%
人均净利润	481.22	291.82

7.3 对本公司财务状况、经营成果有重大影响的其他事项

报告年度,未发生对公司财务状况、经营成果有重大影响的其他事项。

8. 特别事项揭示

8.1 股东变动情况及原因

报告年度,公司无上述事项。

8.2 董事、监事、高级管理人员变动情况及原因

8.2.1 董事变动情况及原因

2018年2月1日,因年龄原因,建信信托2018年第1次临时股东会批准同意程双起不再担任建信信托董事。

2018年6月19日,因年龄原因,李春信辞任建信信托董事。

2018年8月9日,建信信托2018年第5次临时股东会选举郑晓静、秦震任建信信托有限责任公司董事,其任职资格待监管核准后生效。

2018年9月30日,建信信托第6次临时股东会选举李钺、蒋畅担任建信信托董事,其任职资格待监管核准后生效。

2018年7月5日,建信信托有限责任公司董事会

2018年第9次会议选举王宝魁担任建信信托董事长，程远国不再担任董事长；2018年10月31日，北京银保监局筹备组核准王宝魁董事长任职资格（京银保监筹〔2018〕14号）。

8.2.2 监事变动情况及原因

2018年3月30日，因年龄原因，施良辞任建信信托监事。

2018年6月28日，因年龄原因，马奎辞任建信信托监事。

2018年6月27日，建信信托2018年第3次临时股东会选举杨洲德担任建信信托监事。

8.2.3 高级管理人员变动情况及原因

2018年2月1日，董事会2018年第1次会议同意聘任王晓薇为建信信托首席财务官（副总裁）；2018年4月3日，北京银监局核准其任职资格。

2018年8月8日，因工作调整，吴振广辞任建信信托首席风险官（副总裁）。

2018年10月31日，根据董事会2018年第11次会议决议，王宝魁董事长任职资格核准后，不再担任建信信托总裁职务；在新任总裁任职资格核准前，王宝魁代为履行公司总裁职权。

8.3 变更注册资本、变更注册地或公司名称、公司分立合并事项

报告年度，公司无上述事项。

8.4 公司的重大诉讼事项

报告年度，公司未发生重大诉讼事项。

8.5 公司及其董事、监事和高级管理人员受到处罚的情况

报告年度，无上述处罚情况。

8.6 银监会及其派出机构对公司检查后提出整改意见及整改情况

8.6.1 2017年度监管意见

2018年5月29日，公司收到北京银监局印发的《建信信托有限责任公司2017年度监管意见书》，于7月31日向北京银监局上报《建信信托有限责任公司关于2017年监管意见整改落实情况的报告》。

2018年8月10日，北京银监局向公司反馈了《建信信托2017年度监管意见书整改落实情况提交材料清单》，要求公司提供整改落实情况涉及的相关材料，公司已于2018年8月17日按要求提供了相关材料。

8.6.2 影子银行和交叉金融业务现场检查意见

2018年12月14日，北京银保监局筹备组印发《关于建信信托影子银行和交叉金融业务的现场检查意见书》，公司已于2019年2月20日向北京银保监局提交了整改方案，并正在按照方案认真整改落实。

8.7 本年度重大事项报告

经建信信托有限责任公司2014年第3次临时股东会、2018年第1次临时股东会审议通过，并经北京银监局核准（京银监复〔2018〕191号），公司就调整董事会职责权限、落实党建工作要求、变更股权结构等方面对公司章程进行了相应修改。该事项于2018年5月18日在金融时报第8版进行公开披露。

经建信信托董事会2018年第9次会议审议通过，并经北京银保监局筹备组核准（京银监保筹〔2018〕14号），王宝魁担任建信信托有限责任公司董事长，程远国不再担任公司董事长职务；王宝魁不再担任公司总裁职务，在公司新任总裁任职资格核准前，王宝魁代为履行公司总裁职权。该事项于2018年11月6日在金融时报第6版进行公开披露。

经建信信托2018年第7次临时股东会审议通过，并经北京银保监局核准（京银保监复〔2018〕46号），本公司按照中国银保监会印发的《关于信托机构参照〈商业银行股权管理暂行办法〉加强股权管理的通知》（银保监办发〔2018〕75号）相关要求，对公司章程中有关股东权责的内容进行了相应修改。该事项于2019年1月31日在金融时报第6版进行公开披露。

8.8 银监会及其省级派出机构认定的其他有必要让客户及相关利益人了解的重要信息

无。

8.9 净资本、风险资本以及风险控制指标等情况

按照《中国银监会关于印发信托公司净资本计算标准有关事项的通知》（银监发〔2011〕11号），截至2018年12月31日，公司净资产1287651.00万元，净资本810121.77万元，各项业务风险资本之和651345.34万元，净资本与净资产比例62.91%，净资本与各项业务风险资本比例124.38%.

9. 社会责任履行情况

报告年度，公司坚持服务实体经济、服务民生、服务投资者，认真贯彻国家经济金融政策和监管要求，加快转型和创新步伐，满足客户多样化金融需求；公司始终坚持依法合规、稳健经营，不断完善风险防控体系，有效履行受托人职责和义务，维护受益人利益最大化，所有到期信托产品均实现了按期清算、足额兑付。

公司积极发挥信托功能优势，多种形式助力精准扶贫。设立"建信联合精准扶贫慈善信托"，截至2018年末，已完成捐赠185万元；发行"建信信托—微笑行动慈善信托"，捐赠收益约35万元用于在安康地区开展的"微笑行动"公益项目，为安康地区贫困家庭的唇腭裂患儿提供免费医疗救助；发行"大爱有声听　建未来"集合信托计划，捐赠信托收益72万元用于上海市儿童医院"人工耳蜗项目"，为贫困的耳蜗移植儿童家庭提供医疗服务；以支持农村基础设施建设和农业产业发展为方向，设立多支脱贫攻坚基金，助力贫困地区加快脱贫攻坚步伐。

积极开展消费扶贫，在开展党建、工会等相关活动中，优先选用扶贫特色产品作为采购物资，共计消费约14万元；倡导员工参与"安康半亩茶园扶贫认领计划"、购买特色扶贫产品。

10. 公司监事会意见

报告年度,公司严格执行国家宏观调控政策和监管要求,坚持稳健经营,切实维护了受益人、股东和员工的利益。董事会充分发挥战略管理和统筹引领作用,做好决策、协调和服务,全力支持经营层的工作;经营层认真落实董事会的决策意见,创新经营思路,以转型和改革促加快发展,严守风险底线,实现了较好的经营业绩。

认真落实监管政策和要求,强化合规经营。主动适应强监管、控风险的形势和要求,积极落实资管新规和监管意见,加大监督检查力度,合规管理能力得到进一步增强。

财务管理水平进一步提升,会计核算更加规范。全面执行新金融工具准则,认真落实资管增值税新政策,注重通过科技手段,提升会计核算的质量和效率。

内部控制体系进一步完善,风险管理能力持续增强。优化组织架构,厘清部门职责,持续完善规章制度,认真推进问题整改,全面加强风险管理,公司运营稳健。

本报告的内容和格式,符合监管相关规定,公司财务报告真实反映了公司财务管理状况和经营成果。

中信信托有限责任公司 2018年年度报告

1. 重要提示

1.1 本公司董事会及董事保证本报告所载资料不存在任何虚假记载、误导性陈述或者重大遗漏,并对其内容的真实性、准确性和完整性承担个别及连带责任。

1.2 本公司独立董事林义相、徐经长、张宏久对年度报告内容的真实性、准确性、完整性无异议。

1.3 本公司董事长陈一松、副董事长兼总经理李子民、主管会计工作的常务副总经理王道远保证年度报告中财务报告的真实和完整。

2. 公司概况

2.1 公司简介

2.1.1 公司历史沿革

中信信托有限责任公司是经原中国人民银行批准设立的非银行金融机构,成立于1988年3月1日,注册地为北京市。其前身是中信兴业信托投资公司,2002年经中国人民银行批复,中信集团公司将中信兴业信托投资公司重组、改制、更名为"中信信托投资有限责任公司",并承接中信集团公司信托类资产、负债及业务。2007年,根据中国银行业监督管理委员会《关于中信信托投资有限责任公司变更公司名称和业务范围的批复》,公司名称变更为"中信信托有限责任公司"。

公司于2005年、2006年、2014年分别增资2.92亿元、4亿元、88亿元,目前公司注册资本100亿元(其中外汇2,300万美元)。

2.1.2 公司的法定名称

中文:中信信托有限责任公司(缩写:中信信托)

英文:CITIC Trust Co. ,Ltd.

2.1.3 公司法定代表人:陈一松

2.1.4 公司注册地址:北京市朝阳区新源南路6号京城大厦

邮政编码:100004

公司互联网网址:http://trust.ecitic.com

公司电子信箱:citict@citictrust.com.cn

2.1.5 公司负责信息披露事务的高级管理人员:戴家凯

公司信息披露事务联系人:王珂

办公电话:8610-59902108

办公传真:8610-84861380

电子信箱:djb@citictrust.com.cn

2.1.6 公司选定的信息披露报纸:《金融时报》

2.1.7 年报备置地点:北京市朝阳区新源南路6号京城大厦316

2.1.8 公司聘请的会计师事务所:信永中和会计师事务所(特殊普通合伙)

地址:北京市东城区朝阳门北大街8号富华大厦A座9层

2.1.9 公司聘请的律师事务所:北京市嘉源律师事务所

地址:北京市西城区复兴门内大街158号远洋大厦F407室

2.2 公司组织结构图

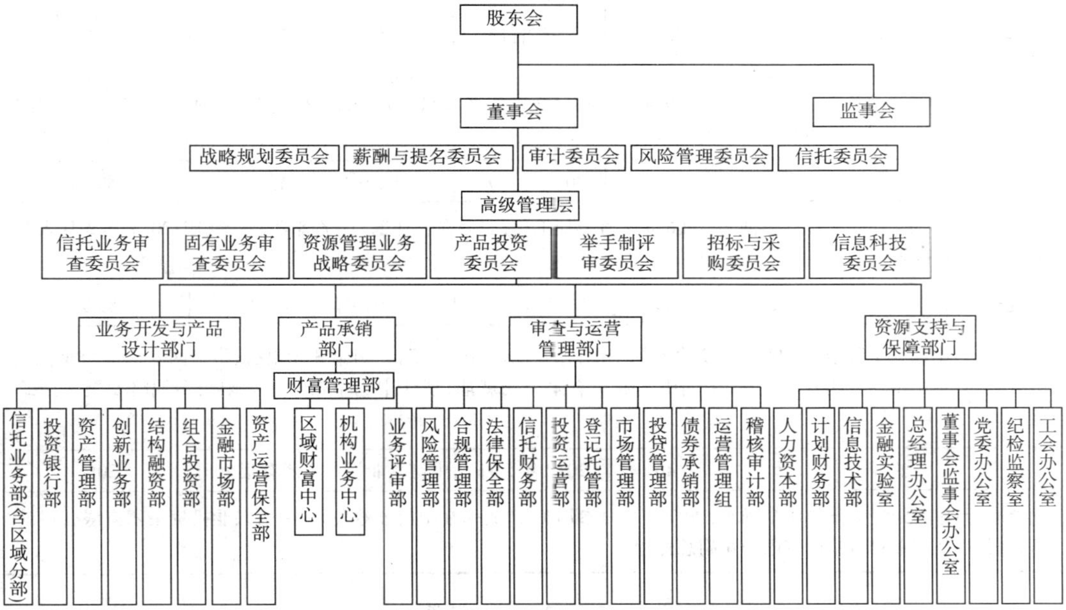

3. 公司治理

3.1 公司治理结构

3.1.1 股东总数:2

表 3.1.1

股东名称	持股比例	法定代表人	注册资本（单位:亿元）	注册地址	主要经营业务及主要财务情况
中国中信有限公司	80%	常振明	1,390.00	北京市朝阳区新源南路6号	金融、实业,2018年底净资产为6,060亿元
中信兴业投资集团有限公司	20%	蔡希良	26.00	上海市虹口区四川北路859号55楼	实业投资与贸易,2018年底净资产为234亿元

注:中信兴业投资集团有限公司是中国中信有限公司的全资子公司。中国中信集团有限公司为本公司最终实际控制人。

3.1.2 董事、董事会及其下属委员会

表 3.1.2-1 (董事长、董事)

姓名	职务	性别	年龄	选任日期	所推举的股东名称	该股东持股比例(%)
陈一松	董事长	男	50	2014年7月	中国中信有限公司	80%
简要履历:湖南大学经济学硕士,1990年9月参加工作,先后在中信实业银行、中信证券公司、中国建设银行就职;2006年8月入职本公司,历任公司副总经理、总经理、副董事长,现任职公司董事长。						
李子民	副董事长	男	47	2017年5月	中国中信有限公司	80%

续表

姓名	职务	性别	年龄	选任日期	所推举的股东名称	该股东持股比例(%)
简要履历:中国科学院大学管理学博士,1994年7月参加工作并入职本公司,历任部门总经理、业务总监、公司副总经理,现任职公司副董事长、总经理。						
薄伟康	董事	男	48	2017年9月	中国中信有限公司	80%
简要履历:中国人民大学经济学博士,1996年7月参加工作,先后在农业部、国务院办公厅就职;2015年2月入职本公司任公司副总经理,现任公司董事。						
任霞	董事	女	49	2017年2月	中国中信有限公司	80%
简要履历:中国科学院硕士,1990年12月参加工作,先后在中国建设银行、国家开发银行、中信国安信息产业股份有限公司、中国中信集团有限公司、中国中信股份有限公司就职,现任中国中信集团有限公司战略发展部副总经理。						
张立	董事	女	46	2012年5月	中信兴业投资集团有限公司	20%
简要履历:中央财经大学经济学硕士,1997年4月参加工作,先后在中信证券公司、中信兴业投资集团有限公司就职,现任中信兴业投资集团有限公司副总经理。						

表3.1.2-2 (独立董事)

姓名	职务	性别	年龄	选任日期	所推举的股东名称	该股东持股比例(%)
林义相	独立董事	男	54	2012年5月	中国中信有限公司	80%
简要履历:法国巴黎第十大学应用宏观经济学博士,天相投资顾问有限公司董事长兼总经理。						
徐经长	独立董事	男	53	2012年5月	中国中信有限公司	80%
简要履历:中国人民大学经济学博士,中国人民大学商学院教授、博士生导师。						
张宏久	独立董事	男	64	2016年6月	中国中信有限公司	80%
简要履历:北京大学法学硕士,北京市竞天公诚律师事务所合伙人。						

表3.1.2-3 (董事会下属专门委员会)

董事会下属专门委员会名称	职责	组成人员姓名	职务
战略规划委员会	负责拟定公司中长期发展战略规划,审阅公司年度经营计划,增加或减少注册资本的方案,对公司合并、分立、解散、清算和变更组织形式的方案进行研究,并依据内外部发展状况对上述问题予以调整和完善等。	陈一松	主任委员
		徐经长	委员
		任 霞	委员
审计委员会	审核和监督风险控制和内部审计年度计划的制定和执行,评估风险控制和审计结果,并提出改进建议等。	徐经长	主任委员
		张宏久	委员
		张 立	委员

续表

董事会下属专门委员会名称	职责	组成人员姓名	职务
风险管理委员会	负责拟定风险管理战略、风险管理政策和内部控制原则，监督风险管理和内部控制系统的健全性、合理性和执行的有效性，指导公司全面风险管理和内部控制工作。	—	主任委员
		林义相	委员
		李子民	委员
薪酬与提名委员会	负责拟定董事、高级管理人员、员工的薪酬、福利和其他激励计划，并监督方案的实施；拟定高级管理人员的选择标准、选择程序；对高级管理人员人选的任职资格和条件进行初步审核等。	林义相	主任委员
		徐经长	委员
		薄伟康	委员
信托委员会	负责拟定公司信托业务发展专项规划；初审拟提请董事会审议的信托项目；对公司日常合规管理工作进行监督；对公司信托业务运行情况进行定期评估等。	张宏久	主任委员
		林义相	委员
		张　立	委员

3.1.3　监事、监事会

表3.1.3

姓名	职务	性别	年龄	选任日期	所推举的股东名称	该股东持股比例(%)
吕君芳	监事会主席	女	47	2013年7月	中国中信有限公司	80%
简要履历：浙江大学文学博士，1992年8月参加工作，先后在浙江教育学院、浙江工商大学、中信资产管理有限公司就职；2013年5月入职本公司，现任职公司监事会主席。						
关颐	监事	男	50	2012年5月	中国中信有限公司	80%
简要履历：对外经济贸易大学毕业，1990年7月参加工作，先后在中国国际信托投资公司、中信集团公司就职；2006年1月任职公司监事；现任中国中信集团有限公司稽核审计部总经理助理。						
李东	监事	女	45	2015年10月	职工代表	—
简要履历：中央财经大学经济学硕士，1994年7月参加工作并进入国家审计署；2013年11月入职本公司，现任职稽核审计部总经理。						

注：本届监事会未设立下属委员会。

3.1.4　高级管理人员

表3.1.4

姓名	职务	性别	年龄	选任日期	金融从业年限	学历	专业
李子民	总经理	男	47	2014年7月	24年	博士	管理科学与工程
简要履历：1994年7月入职本公司，历任部门总经理、业务总监、公司副总经理，现任公司副董事长、总经理。							
王道远	常务副总经理	男	49	2017年6月	22年	硕士	工商管理
简要履历：1995年3月入职本公司，历任部门总经理、董事会秘书、公司总经理助理兼信托业务审查委员会主任，现任公司常务副总经理。							
蔡成维	副总经理	男	49	2015年3月	14年	硕士	法学
简要履历：1991年8月参加工作，先后在山东某市农业局、检察院、建设银行山东省分行、中国中期投资有限公司就职；2006年7月入职本公司，历任部门副总经理、总经理、合规总监；现任公司副总经理。							

续表

姓名	职务	性别	年龄	选任日期	金融从业年限	学历	专业
刘寅	副总经理	男	43	2017年7月	19年	硕士	经济学
简要履历:1999年4月参加工作,先后在中国银行、国泰君安证券公司、中国银监会就职;2017年7月入职本公司,现任公司副总经理。							
涂一锴	副总经理	男	42	2015年3月	15年	硕士	企业管理
简要履历:2002年4月参加工作并进入中信银行;2009年2月入职本公司,历任部门副总经理、总经理、业务总监;现任公司副总经理。							
刘小军	副总经理	男	42	2016年5月	15年	硕士	金融学
简要履历:2002年7月参加工作并进入中国建设银行,2006年4月入职本公司,历任高级经理、部门副总经理、总经理、业务总监;现任公司副总经理。							
戴家凯	副总经理、董事会秘书	男	46	2018年7月	25年	硕士	工商管理
简要履历:1992年7月参加工作并进入北京市粮食局,1993年11月入职本公司,历任部门副总经理、总经理、公司风险总监、财务总监,现任公司副总经理、董事会秘书。							

3.1.5 公司员工

报告期末,公司职工人数为683人。

表3.1.5

项目		2018年度		2017年度	
		人数	比例	人数	比例
年龄分布	25以下	18	3%	18	3%
	25－29	170	25%	167	26%
	30－39	375	55%	344	53%
	40以上	120	17%	117	18%
性别分布	男	382	56%	366	57%
	女	301	44%	280	43%
学历分布	博士	24	4%	23	3%
	硕士	453	66%	424	66%
	本科	188	28%	179	28%
	专科	18	2%	20	3%
岗位分布	董事、监事及高管人员	16	3%	18	3%
	固有业务人员	20	3%	18	3%
	信托业务人员	583	85%	546	84%
	其他人员	64	9%	64	10%
合计		683	100%	646	100%

3.2 公司治理信息

3.2.1 年度内召开股东会情况

报告期内,公司共召开五次股东会。

2月1日,公司召开2018年第1次股东会,审议并通过《关于向中信信惠国际资本有限公司增资3亿美元的议案》。

3月7日，公司召开2018年第2次股东会，审议并通过《关于修改公司章程的议案》。

7月2日，公司召开2018年第3次股东会，审议并通过《关于公司年度财务预决算报告的议案》、《关于公司利润分配方案的议案》、《关于董事会年度工作报告的议案》、《关于独立董事年度履职报告的议案》、《关于监事会年度工作报告的议案》、《关于免去张翔燕董事职务的议案》。

12月12日，公司召开2018年第4次股东会，审议并通过《关于修改公司章程的议案》、《关于制定股权管理办法的议案》。

12月28日，公司召开2018年第5次股东会，审议并通过《关于换届选举董事、监事的议案》。

3.2.2　董事会及其下属委员会履行职责情况

报告期内，董事会及其下属委员会遵照《公司法》、《信托公司治理指引》和《中信信托有限责任公司章程》及相关议事规则，认真审议公司经营管理重大事项。

3.2.2.1　董事会本年度召开会议情况

报告期内，董事会共召开十四次会议。

1月31日，公司召开第五届董事会第二十三次会议，审议通过《关于聘任董事会秘书的议案》、《关于聘请会计师事务所的议案》。

3月23日，公司召开第五届董事会第二十四次会议，审议通过《公司2017年经营管理报告》、《公司2017年财务决算和2018年财务预算报告》、《公司2017年度利润分配方案》、《公司2017年合规管理报告》、《公司2017年风险管理报告》、《公司2017年内部审计工作报告》、《董事会对董事长、总经理授权方案》、《公司2017年年度报告》、《关于落实董事会2017年年度会议要求的报告》、《董事会2017年工作报告》。

4月20日，公司召开第五届董事会第二十五次会议，审议通过《关于免除赵娜公司副总经理职务的议案》。

5月29日，公司召开第五届董事会第二十六次会议，审议通过《关于免去张翔燕公司副董事长职务的议案》。

6月1日，公司召开第五届董事会第二十七次会议，审议通过《关于挂牌转让标的资产的议案》。

7月2日，公司召开第五届董事会第二十八次会议，审议通过《关于选举副董事长的议案》。

7月5日，公司召开第五届董事会第二十九次会议，审议通过《关于挂牌转让标的资产的议案》。

7月10日，公司召开第五届董事会第三十次会议，审议通过《关于聘请会计师事务所对公司进行年度审计的议案》。

8月8日，公司召开第五届董事会第三十一次会议，审议通过《关于聘任公司副总经理的议案》。

9月14日，公司召开第五届董事会第三十二次会议，审议通过《关于认购信托制度研究基金集合资金信托计划份额的议案》。

9月26日，公司召开第五届董事会第三十三次会议，审议通过《关于增加注册资本金的议案》。

10月12日，公司召开第五届董事会第三十四次会议，审议通过《关于流动性安排的议案》。

11月13日，公司召开第五届董事会第三十五次会议，审议通过《关于修改公司章程的议案》、《关于制定股权管理办法的议案》。

12月18日，公司召开第五届董事会第三十六次会议，审议通过《关于董事会换届选举的议案》。

3.2.2.2　董事会专门委员会履职情况

报告期内，董事会专门委员会认真履行《公司法》和《公司章程》所赋予的各项职权，切实行使辅助董事会决策等职责，认真审查向董事会提交的各项议案、报告，积极运用委员在各领域的专业知识和丰富经验，在促进董事会审慎和科学决策方面发挥了积极作用。董事会专门委员会召开会议情况如下。

1月26日，第五届董事会薪酬与提名委员会第八次会议审查通过了《关于聘请董事会秘书的议案》。

3月20日，第五届董事会战略规划委员会第三次会议审查通过《公司2017年度经营管理工作报告》、《公司2017年年度报告》、《董事会2017年工作报告》等报告；风险管理委员会第三次会议审查通过《公司2017年风险管理报告》、《公司2017年合规管理报告》等报告；审计委员会第四次会议审查通过《公司2017年财务决算和2018年财务预算报告》、《公司2017年内部审计工作报告》、《董事会对董事长、总经理授权方案》等报告；薪酬与提名委员会第九次会议审查通过《公司2017年经营管理报告》、《公司2017年年度报告》等；信托委员会第五次会议审查通过《公司2017年合规管理报告》、《公司消费者权益保护工作情况汇报》等报告。

6月29日，第五届董事会薪酬与提名委员会第十次会议审查通过《关于选举副董事长的议案》。

8月7日，第五届董事会薪酬与提名委员会第十一次会议审查通过《关于聘任公司副总经理的议案》。

12月27日，第五届董事会信托委员会第六次会议审查通过《公司消费者权益保护工作自评报告》、《公司2017年消费者权益保护工作计划》。

3.2.2.3　独立董事履职情况

公司独立董事专业涵盖经济、金融、法律等领域，具有丰富的专业知识和从业经验。在报告期内，独立董事诚信勤勉履职，积极参加董事会及专门委员会会议，对公司业务发展和经营管理发表独立意见，审慎开展对各项议案的审议表决，维护公司整体利益，为董事会科学决策发挥了积极作用。

3.2.3　监事会召开会议情况

报告期内，监事会召开两次会议。

3月23日，公司召开第五届监事会第六次会议，审查《公司2017年经营管理报告》、《公司2017年财务决算和2018年财务预算报告》、《公司2017年内部审计工作报告》、《公司2017年合规管理报告》、《公司2017年风险管理报告》、《监事会2017年工作报告》，对《公司2017年经营管理报告》发布独立意见。

11月5日，公司召开第五届监事会第七次会议，审议通过《监事会对董事会、高级管理层及其成员履职监督办法（试行）》、《监事会财务监督办法（试行）》。

监事会认为，报告期内，公司经营管理活动符合《公司法》、《信托法》、《信托管理办法》、《信托公司治理指引》等有关法律规定；董事、高级管理人员能够合法合规履行公司职务；信永中和会计师事务所（特殊普通合伙）出具的2018年度无保留意见的审计报告，真实、客观地反映了公司财务状况和经营结果。

3.2.4　高级管理人员履职情况

报告期内，公司高级管理人员遵纪守法，勤勉履职，严格贯彻执行股东会和董事会的各项决议，团结协作，深化改革，开拓创新，体现出较高的决策能力和管理水平，带领全体员工取得突出业绩。

4. 经营管理

4.1　经营目标、方针、战略规划

4.1.1　经营目标：公司致力于成为国内行业领先、综合实力卓越、富有品牌影响力的综合金融解决方案的提供商和多种金融功能的集成者。

4.1.2　经营方针：公司追求和谐、科学的价值文化，秉承"无边界服务、无障碍运行"的经营理念，遵循市场规律，超前适变应变，持续学习创新，统筹价值实现。

4.1.3　战略规划：以信托资产管理为主业，以客户为中心，以资本为基石，以人才为驱动，以金融科技为途径，以价值创造和风险管理为目标。深挖细分市场服务能力，做深投资银行，做精服务信托，做实资产管理，做强财富管理，打造综合金融服务能力。

4.2　经营业务的主要内容

公司经营业务：信托业务、固有业务和专业子公司资产管理业务。

4.2.1　信托业务

信托业务是指公司作为受托人，按照委托人的意愿，基于受益人利益或特定目的，对信托财产进行管理、处分的业务。2018年末，公司信托资产余额为16,522亿元；手续费及佣金收入55.67亿元，实现15年来行业最高水平；为受益人分配信托利润813亿元，同比增长11%，创历史新高；年内新增信托项目948个，实收信托3,813亿元。公司积极推进业务转型升级，信托资产中主动管理型信托资产规模占比33.52%，同比提高9.12个百分点，涵盖基础设施、房地产、金融市场、文化科技等领域。报告期末，公司直接或间接投入实体经济的信托资金约人民币11,500亿元，参与并推动"一带一路"、基础设施、民生工程、新兴产业等国家战略和政策引导的重点领域的发展；其中，基础建设领域投入信托资金超人民币2,500亿元；积极支持中小企业发展，参与创设总规模为人民币400亿元的国家新兴产业创业投资引导基金，运营"中信·北京中小企业发展信托基金"系列，累计为中小企业发放贷款近700笔。

投资银行业务是指主要利用债务、权益等投融资工具，为企业、政府部门、金融同业机构等卖方客户，提供灵活多元的综合金融方案。2018年，中信信托深化产融结合，服务实体经济，进一步深耕贵州、江苏、四川、云南、湖南、山东、浙江、广东、重庆等传统优势市场，深化与当地政府以及企业大客户的合作。资产管理业务是指公司为满足买方客户的投资需求，按照约定的投资范围和策略，将客户交付的信托资金配置到各类金融产品的业务。报告期内，公司为满足客户不同需求，采取多元化资产配置策略，提供不同组合的产品，主要包括权益型、混合型等。

财富管理业务是面向高端个人客户和机构客户提供的多元化的资产配置与理财服务，金融产品配置包括货币、固定收益、权益类投资等，并根据不同的客户类群提供家族信托、保险金信托、专户理财等差异化的细分服务。2018年，公司家族信托与保险金信托业务领跑全行业，服务客户数近1,500位，受托资产规模超过人民币180亿元；公司继续加大财富中心建设，完善销售团队，拓宽客户服务渠道，直销活跃客户数同比增长14%，主动管理型信托产品直销规模大幅增加49%。

服务信托业务是指以信托财产独立性为前提，以资产账户和权益账户为载体，以信托财产安全持有为基础，为客户提供账户管理、财产保管/登记、交易、监督、结算/清算、估值、权益登记/分配、信息披露、合同保管等托管运营类金融服务的信托业务。2018年，公司大力拓展资产证券化业务，获得首批非金融企业债务融资工具承销商资格和交易所ABS业务管理人资格，资产证券化业务规模1,129亿元，连续六年稳居行业领军地位；首次作为承销商与定向投资人开展ABN业务，债券承销规模超30亿元；在账户服务领域，通过资金清结算服务信托体系打造"工业版淘宝"商品通；在消费金融领域，组建中信消费金融公司，构建产业链闭环。

报告期末，公司信托资产运用与分布表如下。

表4.2.1　　单位：人民币万元

资产运用	金额	占比（%）	资产分布	金额	占比（%）
货币资产	13,748,670.41	8.32	基础产业	31,181,201.41	18.87
贷款	60,115,622.58	36.39	房地产	35,300,052.93	21.37

续表

资产运用	金额	占比(%)	资产分布	金额	占比(%)
交易性金融资产投资	8,704,478.68	5.27	证券市场	6,040,769.19	3.66
可供出售金融资产投资	45,213,345.67	27.37	工商企业	21,384,871.12	12.94
持有至到期投资	1,982,472.47	1.20	金融机构	34,340,133.36	20.78
长期股权投资	18,320,004.03	11.09	其他	36,972,676.36	22.38
其他	17,135,110.53	10.36			
信托资产总计	165,219,704.37	100.00	信托资产总计	165,219,704.37	100.00

4.2.2 固有业务

固有业务的展业原则是在净资本充足率和杠杆率的约束下，制定公司资产配置策略，处理好资产与负债、风险与收益、短期目标与中长期战略之间的关系，实现固有资产增值目标，支持信托业务及子公司业务发展，为股东创造更大价值。2018年，中信信托固有资产总额人民币275亿元，固定收益投资收益保持平稳。

表4.2.2 单位：人民币万元

资产运用	金额	占比(%)	资产分布	金额	占比(%)
货币资产	321,537.16	12%	基础产业	193,358.62	7%
发放贷款和垫款	511,577.09	19%	房地产业	612,455.30	22%
买入返售金融资产	55,500.00	2%	证券市场	99,635.13	4%
交易性金融资产	424,297.68	15%	实业		0%
债权投资	487,282.71	18%	金融机构	302,899.23	11%
其他权益工具投资	174,942.96	6%	其他	1,544,830.97	56%
长期股权投资	295,853.44	11%			
其他	482,188.20	18%			
资产总计	2,753,179.24	100%	资产总计	2,753,179.24	100.00%

4.2.3 专业子公司资产管理业务

专业子公司业务是中信信托构建综合金融服务平台的重要组成部分。公司通过中信聚信(北京)资本管理有限公司、中信信惠国际资本有限公司、中信保诚基金管理有限公司、天津信唐货币经纪有限责任公司等下属公司，开展股权投资基金、海外投资、公募基金、货币经纪等业务，投向军民融合、高端制造、文化教育、医疗健康等多个产业领域。中信信惠通过创设各类交易平台为境内企业和机构“走出去”提供海外投融资服务，旗下全球机遇基金获得彭博社亚洲对冲基金第8名。

4.3 市场分析

4.3.1 影响业务发展的不利因素

(1)经济下行压力加大。宏观经济运行稳中有变、变中有忧。2019年政府工作报告指出，我国发展面临多年少有的国内外复杂严峻形势，经济出现新的下行压力，GDP增长调整为6% -6.5%。

(2)市场违约风险增加。在“降杠杆、去通道、去嵌套”的影响下，社会融资总额下降，市场信用收缩，违约率上升。

(3)强监管态势持续。2018年，监管机构对信托公司继续保持强监管态势；资管新规要求信托公司须在2020年底前完成整改工作，信托业务面临重新定位，信托公司经营挑战凸显。

(4)市场竞争加剧。随着资管新规及其配套实施细则次第落实，监管标准将逐渐统一，市场竞争将进一步加剧。商业银行理财及理财子公司等，在股东背景、业务协同能力、产品销售渠道、投资门槛等方面具有比较优势，给信托公司带来挑战。

4.3.2 影响业务发展的有利因素

(1)宏观政策强化逆周期调节，释放稳增长、稳杠杆的政策信号，在一定程度上提振了市场信心，对冲经济增速下行的不利影响。

(2)2018年四季度开始，市场违约情况得到一定程度缓解，2019年流动性或将进一步改善；房地产市场继续差异化调控，地方政府债务风险化解工作持续推进，信托公司展业思路和方法将随之调整，发现新的展业机会。

(3)随着监管机构着力引导信托回归本源，信托公司本源业务“服务信托与慈善信托”将迎来发展机遇。

未来基于金融科技的消费信托、资金清结算等服务信托业务的展业空间得以打开。

(4)随着中国家族财富的不断积累,高净值客户日益增多,社会对财富管理的需求持续上涨,未来以家族信托、保险金信托为代表的财富管理业务发展潜力较大,将成为行业新的利润增长来源。

4.4 内部控制

4.4.1 内部控制环境和内部控制文化

公司按照《公司法》、《信托公司管理办法》、《信托公司治理指引》、《企业内部控制基本规范》等法律法规以及《公司章程》相关要求,建立了由股东会、董事会、监事会、高级管理层组成的分工明确、权责对应、合理制衡的公司治理结构,以及组成各业务部门、风险合规等管理部门、审计监察部门等各层级报告关系清晰的组织架构体系。

公司重视内部控制文化建设,以合规经营和维护受益人利益为出发点,坚持"业务发展、内控先行"的管理理念,建立了涵盖企业价值观、经营理念、运行原则、操守规范的文化体系;坚持可持续发展的人力资源政策,建立了包括"举手制"在内的具有信托特色、激励与约束并重的人力资本管理体系;从环境文化、制度文化、组织文化、行为文化等多层次切入,通过制度规范、考核激励、讲座培训、执纪问责等多种方式倡导和实践内部控制核心理念,营造良好的合规经营和风险防范的内部控制文化氛围。

4.4.2 内部控制措施

公司内控制度体系涵盖公司治理、风险合规、稽核审计、财务管理、人力资本、市场销售、信息技术、行政管理等,明确了各部门及岗位的职责权限、各业务流程的控制节点及控制要求。公司建立起涵盖各个业务类型的业务管理制度和实施细则,并按照《制度管理办法》定期进行评估,同时根据业务发展创新及时调整、更新管理制度,发出规范性通知以及新业务内部操作指引。2018年新颁或修订制度共计33项,涵盖履职监督、财务监督、业务评审、销售管理、消费者权益保护、违规违纪处理、反洗钱以及品牌管理等方面。

公司通过分级授权审批控制、不相容职务分离控制、会计系统控制、财务预算控制、财产保护控制、运营分析控制、绩效考评控制、业务预警及应急机制等措施有效发挥内控在经营管理和业务发展中的实质性作用;始终遵循前、中、后台分离的原则,将相互监督制衡的运行机制贯穿全业务流程;加大信息系统投入,完善综合业务管理平台,升级财务管理、资金清算等系统,将自动控制与人工控制相结合,加强关键风险点的自动化管控和监督。

公司坚持"防火墙"机制,在信托业务和固有业务之间实行部门、人员、财务和管理的有效分离;设立信托业务审查委员会和固有业务审查委员会,对信托业务和固有业务进行独立的评审。

4.4.3 信息交流与反馈

公司建立起高效通畅的内外部信息交流与反馈机制。内部各层级之间明确报告路线,上下级之间、前中后台之间通过定期经营分析会议、各类业务系统、财务管理系统、OA办公系统、视频会议、电子邮件等渠道,以事务管理报告、管理月报、业务快报、专项报告、问责通报等方式在公司确立信息交流与共享机制。为保证公司信息及时、有效、准确地逐级传递、保障决策信息来源充分,2018年设立了运营管理小组对各类报表数据进行整合,实现数据管理集中化、标准化。公司倡导敞亮文化、无障碍沟通,通过公司领导接待日、谈心谈话等机制广泛听取意见,并通过监督工作委员会研究协调各类意见建议。

公司按监管要求,及时报送各类财务及业务报表、事前及事后报告、关联交易报告等;积极履行受托人职责,通过过程监测与不定期监督检查,督促向投资者准确地披露各类业务信息;加强消费者权益保护工作管理,规范投诉受理和处理流程,设立投诉邮箱、400电话及现场投诉等渠道,接受投资者监督;通过建立重大突发事件应急处置办法、公共关系管理办法、声誉风险管理办法、新闻发言人制度,及时、完整地向各类利益相关者披露相关信息,并发挥信息技术和自媒体优势,通过官方网站、APP、微信公众号等渠道,确保公司对外交流的及时性、有效性、规范性。

4.4.4 监督评价与纠正

公司创新内控管理模式,积极推进多层次大监督体系建设,通过监督工作委员会,实现党内监督、行政监察、经营监督的全覆盖,形成以监督工作委员会为统领,以监督信息采集、调研分析、整改落实、执纪问责等机制体系为支撑的工作模式;监事会负责监督董事会、高级管理层及其成员履职情况,检查、监督公司的财务活动;纪检监察部门聚焦党风廉政建设和廉洁从业,强化监督执纪问责;稽核审计部以风险为导向独立行使监督评价职能,通过常规审计与专项审计相结合的方式持续对各类经营管理活动进行监督评价。

报告期内,公司继续加强对重点业务、重点子公司的审计,开展各类信托项目风险审计,对管理人员实施任期经济责任审计,对内控的有效性开展专项审计,注重问题的整改跟踪与问责,确保审计建议的有效落实。

4.5 风险管理

4.5.1 风险管理概况

公司坚持"以风险管理服务业务发展,以风险管理促进价值提升"的核心理念,持续完善全面风险管理体系,推行全员风险管理文化,构建了以"四道防线"(业务拓展、风险合规、稽核审计、纪检监察)为组织基础,覆盖公司战略风险、业务风险、人力风险、财务风险、声誉风险的全面风险管理体系,通过制度规章和管理流程的有效运行,保障公司经营目标的实现。报告期内,公司多项风险管理措施并举,做好"稳增长"与"防风险"工作。

一是主动调整风控策略,积极应对政策变化,促进主动管理业务规模增长。公司风控积极引导与头部房企合作,进一步精选项目资产,严格落实资产抵押,严控出资比，严格资金监管；及时调整城投融资业务模式以适应监管要求和防风险需要；二是加强存量项目风险监控，及时化解风险预警。公司风险监测覆盖项目自立项评审至终止清算的全过程，定期开展全面和重点项目风险排查，及时积极应对预警项目；三是调整风险管理组织架构，提升效率和服务水平。

报告期内，公司有效管理信用风险、操作风险、市场风险以及声誉风险等业务风险，未新增存在兑付风险的信托项目，获得《财经》颁发的“可持续发展风控奖”。

4.5.2　风险状况

4.5.2.1　信用风险状况

信托业务的信用风险主要来自融资类信托业务。报告期内，公司顺利完成95个融资类信托项目的终止清算，分配信托本金807亿元，实现了信托业务的预期目标，履行了受托人的尽职管理职责。

固有业务信用风险主要来自固定收益类资产。报告期末，公司投资的具有融资属性的金融产品安全性较好，各产品均处于正常运行状态。

4.5.2.2　市场风险状况

信托业务的市场风险主要来自直接投资和金融投资信托业务。2018年股市大幅震荡下行，债券市场违约频出，市场风险整体偏大，但公司严格依据信托合同进行投资运营，确保各项风险控制措施有效执行，使得有价证券投资类信托产品整体运行平稳。

固有业务的市场风险主要来自固有权益类资产。报告期内，公司权益类投资收益下降93%，主要受资本市场大幅波动影响。

4.5.2.3　操作风险状况

操作风险是指信托公司作为受托人，因尽职管理存在瑕疵，而导致的直接或间接财务、声誉损失的风险。报告期内，公司在业务全生命周期各环节不断规范操作流程和细化岗位职责，并强化监督、执纪、问责机制，操作风险得到有效防范和控制。

4.5.2.4　合规与法律风险状况

公司坚持以“实质重于形式、合法有效”的原则开展业务，在制度建设、流程优化、措施管控、队伍建设等方面扎实做好合规与法律风险管理，报告期内，公司密切关注监管形势变化，及时跟进监管政策要求，接受监管机构现场检查，全面落实“资管新规”整改，大幅提升反洗钱工作能力，未因开展违法违规业务或受托履职不当受到监管处罚，也未因法律风险管控不当导致交易无效或发生重大财务损失。

4.5.2.5　道德风险状况

公司通过组织全员培训和宣导教育活动，增加内部监察和审计频率，提高全体员工的职业操守和道德水平。报告期内，公司未发生因员工道德问题导致受托管理资产或固有财产遭到损失的情形。

4.5.2.6　声誉风险状况

声誉是信托公司赖以生存的重要资产。信托业备受公众关注，同时监管机构持续加强对行业声誉风险管理的监督力度。报告期内，公司进一步规范、统一公司品牌管理，完善声誉管理制度，制定《中信信托品牌传播管理办法》，未发生重大负面舆情、案件和群体事件，维护了良好的品牌声誉。

4.5.3　风险管理

为适应公司业务规模和业务结构的快速变化，公司将全员风险管理落到实处，风险管理能力显著提升。

调整风险管理组织架构。一是将原风险管理部拆分为风险管理部与业务评审部，助推公司风险管理能力再上台阶，向专业化、精细化迈进；二是新设法律保全部，推行风险项目处置专业化。

不断完善风险管理制度。报告期内，公司制定多项管理制度和管理办法，明确了风险项目问责的职责分工、工作流程与认定程序，加强了风险管理工作的规范性、标准性。

4.5.3.1　信用风险管理

城投公司信用风险管理。公司对城投公司信用风险的管理实现了“存量管得住、增量稳得住”的目标。在展业区域选择上，公司深耕经济发展较好、债务负担可控的地区，通过建立战略合作关系，争取优质业务资源；在客户选择上，筛选资产体量大、业务充足、营商环境好的优质主体合作。

大客户信用风险管理。公司重视与综合实力较强的集团大客户的合作，一方面积极与大客户确定战略合作，建立“总对总”的合作关系，对合作项目采取集中管控，由公司“总对总”工作负责人对项目进行初步筛选，符合条件后执行项目立项评审，从整体上控制合作项目质量；另一方面，风控部门与大客户总部直接对接数据信息，汇总融资集中度，定期对客户经营和财务风险进行分析，制定总体合作策略，整体把控融资总量，防范系统性风险。

4.5.3.2　市场风险管理

为管理金融投资的市场风险，公司秉承稳健审慎风格，注重研究防范宏观经济等系统性风险，遵循组合投资、分散风险的投资原则，注重FOF、MOM等稳健型基金的开发，限制高风险资产的配置比例和对冲策略的风险敞口；严格筛选合作伙伴，注重客户风险适应性匹配，强化风险揭示和风险教育，确保客户明确知晓和独立承担市场风险；在传统的每日盯盘、预警、止损监控以外，增加资产配置比例监控、交易记录监控、业绩回报评价、净值波动分析、业绩归因分析等多种市场风险监测措施，依靠科学的量化指标体系，更准确地把握资金运用效果和业绩改善空间。

为管理股权投资面临的市场风险，公司密切跟踪市场，加强对交易对手市场竞争能力分析，避免进入限制类行业和相关项目，通过业务创新拓展多元化的投资领域，制定风险处置预案。

4.5.3.3　操作风险管理

为了有效防范操作风险，公司一方面积极完善制度指引，另一方面不断强化监督问责。报告期内，公司制定、修订了多项业务管理制度和操作指引；由公司党委、纪委、监事会整合14个监督职能部门成立的监督工作委员会，以及70多名来自公司各部门的观察员，对党内监督、行政监察、经营监督实现全覆盖，同时，公司纪检监察部门强化执纪问责，有效防范了操作风险的发生。

4.5.3.4 合规与法律风险管理

公司高度重视合规理念塑造与合规文化培育，始终倡导“合规创造价值”、“合规人人有责”的合规理念，积极营造“鼓励合规守法、抑制违规违法”的合规文化。公司坚持合规管理全覆盖，要求合规活动面向所有业务，覆盖每项业务的事前调查、事中审查、事后检查，保证每项业务在时间、空间上的全程合规。在“强监管、严问责”的常态化趋势下，公司进一步强化监管政策传导，要求人人明确监管政策要求、掌握公司展业标准；严格执行“实质重于形式”的合规审核标准，审慎研判合规风险，严肃合规责任追究。

4.5.3.5 道德风险管理

公司严控道德风险，严格要求员工加强经营理念、政策法规和业务操作等技能的学习，加强职业道德和风险防范意识的培养，要求员工全面掌握有关法律法规、各项管理制度和风险防控措施，并在各部门设立观察员岗位，定期向公司汇报有悖于从业操守规范的倾向性问题。报告期内，观察员定期向公司汇报反映存在的管理问题，提出整改意见，追踪整改落实进度，在执行层面完善管理细节。

4.5.3.6 声誉风险管理

公司重视声誉风险管理，将其纳入公司治理和全面风险管理体系，提出“全员有责、审慎管理、口径一致、动态预防”的原则，建立积极、合理、有效的声誉风险管理机制，实现了对声誉风险的识别、监测、控制和化解。报告期内，公司严格落实北京银保监局“零报告”监测分析工作机制要求，贯彻执行《中信集团声誉风险管理办法》、《中信信托声誉风险管理办法》、《中信信托自媒体管理办法》等制度，积极引导舆论，配合并推动项目整体风险的化解与处置。

4.6 净资本管理概况

公司高度重视净资本管理，保证资本扩充与业务发展的匹配和平衡。2018年末，公司净资本充足率达190.18%，净资本余额为人民币168亿元。充裕的资本实力构筑了公司可持续发展的坚实基础。报告期末，净资本各项指标均处于符合监管要求的较好水平。

指标	期末数(亿元)	监管标准
净资本	168	≥2亿元
各项风险资本之和	88	
净资本/各项风险资本之和	190.18%	≥100%
净资本/净资产	69.25%	≥40%

4.7 消费者权益保护

公司高度重视银行业金融机构消费者权益保护工作，建立起消费者权益保护工作机制和内控制度，将消费者保护工作嵌入全公司产品和服务的售前、售中、售后各环节的业务流程之中。董事会承担公司消费者权益保护工作的最终责任，董事会信托委员会承担消费者权益保护委员会的职能，统筹公司消费者权益保护整体工作。

报告期内，公司认真贯彻监管要求，完善消费者权益保护工作相关内控制度，加强消费者投诉管理与突发事件应对能力，梳理内部分工及工作流程，强化事后评价和考核机制，积极响应监管部门专项消费者权益保护教育活动。报告期内未发生因侵害消费者权益而引起大规模投诉或被诉讼的情形，不存在虚报、瞒报等重大问题。

4.8 企业社会责任

公司以“信行天下、信惠百姓”为企业愿景，以“为客户提供最佳增值服务，为股东创造最大价值，为职工搭建更大自我价值实现平台，为行业持续输出发展智慧，为社会做出最大贡献”为使命，积极践行《信托公司社会责任公约》，持续丰富企业社会责任的实践内容。2018年，公司在社会责任方面共获得7个专项荣誉，包括获评《金融时报》唯一的“年度最佳慈善信托公司”奖项、“金融界”的“年度评选杰出社会责任奖”以及《亚洲银行家》“中国最佳公益慈善信托”。

公司坚持以服务实体经济为展业导向，创新信托产品，借助产融结合，聚焦基础设施建设、环保节能、医疗养老等领域，发挥优势参与国有企业改革，促进产业转型升级、资源优化配置。报告期内，直接或间接投入实体经济的信托资金约人民币11,500亿元，持续推动地方路网配套、垃圾处理、供排水系统、地下管网、湿地河道和景观照明等设施修建。

公司加速助力精准扶贫，持续开展教育扶贫、扶志扶贫、健康扶贫等系列公益慈善项目，成立公益慈善领导小组，发布行业首份“扶贫公益报告”，创立出“双受托人”、“投资+扶贫”、中国版DAF、“慈善+金融”等多种模式，备案成立规模人民币3000万元的个人委托规模最大的慈善信托，截至2018年末，公司在全国19个省，36个市县，累计成功开展12项扶贫公益信托项目，慈善信托规模达5.37亿元，直接惠及14,744人，间接惠及86,489人。

公司坚持以客户为中心，积极建立健全产品设计、信息保护、投诉处理等相关机制，举办“信托文化中国行”等消费者权益宣传保护活动；积极参与起草制定《信托公司受托责任尽职指引》，推动行业发展；重视员工权益保护，设立“举手制”等职业发展绿色成长通道，举办业务知识竞赛鼓励员工继续在职学习，完善工会组织建设，支持员工俱乐部开展各类文体活动，丰富员工业余生活；积极响应国家绿色金融政策，通过主营业务重点扶持相关产业及企业，推动资源节约型、环境友好型的产业发展，重视企业经营中的外在影响，自始至终树立并贯彻对环境和社会的责任意识，同时将此作为甄选合作伙伴的一个关键考量要素。

5. 报告期末及比较式会计报表

5.1 固有资产

5.1.1 会计师事务所审计意见

信永中和 ShineWing | 信永中和会计师事务所 ShineWing certified public accountants | 北京市东城区朝阳门北大街8号富华大厦A座9层 9/F, Block A, Fu Hua Mansion, No.8, Chaoyangmen Beidajie, Dongcheng District, Beijing, 100027, P.R.China | 联系电话: telephone: +86(010)6554 2288 +86(010)6554 2288 传真: facsimile: +86(010)6554 7190 +86(010)6554 7190

XYZH/2019BJA90108

审 计 报 告

中信信托有限责任公司董事会：

一、审计意见

我们审计了中信信托有限责任公司（以下简称中信信托公司）财务报表，包括2018年12月31日的合并及母公司资产负债表，2018年度的合并及母公司利润表、合并及母公司现金流量表、合并及母公司所有者权益变动表，以及相关财务报表附注。

我们认为，后附的财务报表在所有重大方面按照企业会计准则的规定编制，公允反映了中信信托公司2018年12月31日的合并及母公司财务状况以及2018年度的合并及母公司经营成果和现金流量。

二、形成审计意见的基础

我们按照中国注册会计师审计准则的规定执行了审计工作。审计报告的“注册会计师对财务报表审计的责任”部分进一步阐述了我们在这些准则下的责任。按照中国注册会计师职业道德守则，我们独立于中信信托公司，并履行了职业道德方面的其他责任。我们相信，我们获取的审计证据是充分、适当的，为发表审计意见提供了基础。

三、管理层和治理层对财务报表的责任

中信信托公司管理层（以下简称管理层）负责按照企业会计准则的规定编制财务报表，使其实现公允反映，并设计、执行和维护必要的内部控制，以使财务报表不存在由于舞弊或错误导致的重大错报。

在编制财务报表时，管理层负责评估中信信托公司的持续经营能力，披露与持续经营相关的事项（如适用），并运用持续经营假设，除非管理层计划清算中信信托公司、终止运营或别无其他现实的选择。

治理层负责监督中信信托公司的财务报告过程。

四、注册会计师对财务报表审计的责任

我们的目标是对财务报表整体是否不存在由于舞弊或错误导致的重大错报获取合理保证，并出具包含审计意见的审计报告。合理保证是高水平的保证，但并不能保证按照审计准则执行的审计在某一重大错报存在时总能发现。错报可能由于舞弊或错误导致，如果合理预期错报单独或汇总起来可能影响财务报表使用者依据财务报表作出的经济决策，则通常认为错报是重大的。

在按照审计准则执行审计工作的过程中，我们运用职业判断，并保持职业怀疑。同时，我们也执行以下工作：

（1）识别和评估由于舞弊或错误导致的财务报表重大错报风险，设计和实施审计程序以应对这些风险，并获取充分、适当的审计证据，作为发表审计意见的基础。由于舞弊可能涉及串通、伪造、故意遗漏、虚假陈述或凌驾于内部控制之上，未能发现由于舞弊导致的重大错报的风险高于未能发现由于错误导致的重大错报的风险。

（2）了解与审计相关的内部控制，以设计恰当的审计程序，但目的并非对内部控制的有效性发表意见。

（3）评价管理层选用会计政策的恰当性和作出会计估计及相关披露的合理性。

（4）对管理层使用持续经营假设的恰当性得出结论。同时，根据获取的审计证据，就可能导致对中信信托公司持续经营能力产生重大疑虑的事项或情况是否存在重大不确定性得出结论。如果我们得出结论认为存在重大不确定性，审计准则要求我们在审计报告中提请报表使用者注意财务报表中的相关披露；如果披露不充分，我们应当发表非无保留意见。我们的结论基于截至审计报告日可获得的信息。然而，未来的事项或情况可能导致中信信托公司不能持续经营。

（5）评价财务报表的总体列报、结构和内容（包括披露），并评价财务报表是否公允反映相关交易和事项。

（6）就中信信托公司中实体或业务活动的财务信息获取充分、适当的审计证据，以对财务报表发表审计意见。我们负责指导、监督和执行集团审计，并对审计意见承担全部责任。

我们与治理层就计划的审计范围、时间安排和重大审计发现等事项进行沟通，包括沟通我们在审计中识别出的值得关注的内部控制缺陷。

信永中和会计师事务所(特殊普通合伙)　　中国注册会计师:

中国注册会计师:

中国 北京　　二〇一九年三月二十二日

5.1.2 资产负债表

单位:人民币万元

项　目	合并		母公司	
	2018.12.31	2018.01.01	2018.12.31	2018.01.01
资产:				
货币资金	19,104.02	4,396.10	1.98	2.96
存放同业款项	376,447.27	911,177.63	321,535.18	893,492.92
应收款项	191,227.80	23,328.25	21,915.66	9,102.15
其他应收款	341,713.73	371,145.93	349,886.90	383,896.67
买入返售金融资产	55,980.02	—	55,500.00	—
发放贷款和垫款	539,674.97	263,824.03	511,577.09	263,324.35
金融投资:				
交易性金融资产	520,090.18	1,003,788.02	424,297.68	184,588.40
债权投资	709,191.07	665,936.01	487,282.71	524,855.70
其他权益工具投资	174,942.96	141,672.19	174,942.96	141,672.19
长期股权投资	738,602.99	125,094.98	295,853.44	152,455.61
固定资产	1,655.43	1,508.70	1,491.84	1,306.18
无形资产	3,449.84	2,479.30	3,449.84	2,479.30
商誉	36.21	36.21	—	—
递延所得税资产	85,584.41	78,210.90	79,098.90	72,362.96
其他资产	33,552.34	26,280.48	26,345.07	20,548.73
资产总计	3,791,253.24	3,618,878.73	2,753,179.25	2,650,088.12
负债:				
借款	551,015.25	632,485.54	—	—
交易性金融负债	32,400.98	—	—	—
应付职工薪酬	133,858.20	125,084.10	129,096.22	117,594.51
应交税费	82,913.12	64,545.88	79,577.61	62,338.26
其他应付款	166,001.21	332,640.53	110,792.69	310,425.90

续表

项　目	合并		母公司	
	2018.12.31	2018.01.01	2018.12.31	2018.01.01
预计负债	82,264.78	66,516.70	—	—
应付债券	207,441.51	115,132.19	—	—
合同负债	6,123.69	11,368.02	5,847.69	10,412.03
递延所得税负债	17.52	16.72	—	—
其他负债	7,872.39	5,502.28	577.50	—
负债合计	1,269,908.65	1,353,291.96	325,891.71	500,770.70
所有者权益：				
实收资本	1,000,000.00	1,000,000.00	1,000,000.00	1,000,000.00
资本公积	2,134.09	2,134.09	—	—
其他综合收益	15,169.41	-17,568.51	12,889.65	-11,976.42
盈余公积	274,815.72	238,210.74	274,815.72	238,210.74
一般风险准备	42,148.65	41,915.85	42,148.65	41,915.85
信托赔偿准备	135,481.18	117,178.69	135,481.18	117,178.69
未分配利润	1,051,176.46	883,444.95	961,952.34	763,988.56
归属于母公司所有者权益合计	2,520,925.51	2,265,315.81	2,427,287.54	2,149,317.42
少数股东权益	419.08	270.96	—	—
所有者权益合计	2,521,344.59	2,265,586.77	2,427,287.54	2,149,317.42
负债和所有者权益合计	3,791,253.24	3,618,878.73	2,753,179.25	2,650,088.12

公司法定代表人：陈一松　　主管会计工作的公司负责人：王道远　　公司会计机构负责人：胡椪

5.1.3　利润表

单位：人民币万元

项　目	合并		母公司	
	2018 年度	2017 年度	2018 年度	2017 年度
一、营业收入	536,524.36	739,895.86	614,466.57	574,951.48
手续费及佣金收入	556,674.97	454,848.12	545,000.76	444,770.70
利息净收入	77,119.98	81,830.02	85,397.04	77,373.31
投资收益	90,891.13	62,905.38	38,205.89	54,754.33
公允价值变动收益	-187,648.28	140,589.18	-54,081.72	-1,899.24
汇兑净收益	-461.83	-235.98	5.27	-6.76
资产处置损失	-60.67	-46.85	-60.67	-46.85
其他业务收入	9.05	5.99	—	5.99
二、营业支出	191,759.34	302,292.11	132,518.65	258,272.86
税金及附加	4,186.56	3,262.78	4,149.98	3,232.60

续表

项　目	合并		母公司	
	2018 年度	2017 年度	2018 年度	2017 年度
业务及管理费	157,682.14	163,201.54	128,130.11	117,168.86
信用减值损失	29,457.05	—	116.21	—
资产减值损失	—	135,788.95	—	137,832.57
其他业务支出	433.59	38.84	122.35	38.84
加:营业外收入	110,062.94	17.03	337.96	0.08
减:营业务支出	862.75	206.51	287.62	0.47
四、利润总额	453,965.21	437,414.26	481,998.26	316,678.22
减:所得税费用	118,098.61	78,377.65	115,948.44	74,165.82
五、净利润	335,866.59	359,036.61	366,049.82	242,512.40
归属于母公司所有者的净利润	335,817.56	358,558.02	—	—
少数股东损益	49.03	478.59	—	—

公司法定代表人:陈一松　　主管会计工作的公司负责人:王道远　　公司会计机构负责人:胡楠

5.1.4 所有者权益变动表

单位：人民币万元

项目	2018年度(合并)									2018年度(母公司)						
	归属于母公司所有者权益							少数股东权益	所有者权益合计	实收资本	其他综合收益	盈余公积	一般风险准备	信托赔偿准备	未分配利润	所有者权益合计
	实收资本	资本公积	其他综合收益	盈余公积	一般风险准备	信托赔偿准备	未分配利润									
2018年1月1日余额	1,000,000.00	2,134.09	5,668.76	235,684.52	42,009.16	115,915.58	868,569.30	270.96	2,270,252.37	1,000,000.00	17,951.40	235,684.52	42,009.16	115,915.58	742,422.36	2,153,983.02
会计政策变更	—	—	-23,237.27	2,526.22	-93.31	1,263.11	14,875.65	—	-4,665.60	—	-29,927.82	2,526.22	-93.31	1,263.11	21,566.20	-4,665.60
2018年1月1日余额	1,000,000.00	2,134.09	-17,568.51	238,210.74	41,915.85	117,178.69	883,444.95	270.96	2,265,586.77	1,000,000.00	-11,976.42	238,210.74	41,915.85	117,178.69	763,988.56	2,149,317.42
本年增减变动金额																
1. 综合收益总额	—	—	32,737.92	—	—	—	335,817.56	49.03	368,604.51	—	24,866.07	—	—	—	366,049.82	390,915.89
2. 利润分配	—	—	—	36,604.98	232.80	18,302.49	-168,086.05	—	-112,945.78	—	—	36,604.98	232.80	18,302.49	-168,086.04	-112,945.77
提取盈余公积	—	—	—	36,604.98	—	—	-36,604.98	—	—	—	—	36,604.98	—	—	-36,604.98	—
对所有者的分配	—	—	—	—	—	—	-112,945.78	—	-112,945.78	—	—	—	—	—	-112,945.78	-112,945.78
提取一般风险准备	—	—	—	—	—	18,302.49	-18,302.49	—	—	—	—	—	—	18,302.49	-18,302.49	—
提取信托赔偿准备	—	—	—	—	232.80	—	-232.80	—	—	—	—	—	232.80	—	-232.80	—
3. 非同一控制下企业合并	—	—	—	—	—	—	—	99.09	99.09	—	—	—	—	—	—	—
上述1至3小计	—	—	32,737.92	36,604.98	232.80	18,302.49	167,731.51	148.12	255,757.82	—	24,866.07	36,604.98	232.80	18,302.49	197,963.78	277,970.12
2018年12月31日余额	1,000,000.00	2,134.09	15,169.41	274,815.72	42,148.65	135,481.18	1,051,176.46	419.08	2,521,344.59	1,000,000.00	12,889.65	274,815.72	42,148.65	135,481.18	961,952.34	2,427,287.54

所有者权益变动表(续)

单位:人民币万元

项目	2017年度(合并)									2017年度(母公司)						
	归属于母公司所有者权益							少数股东权益	所有者权益合计	实收资本	其他综合收益	盈余公积	一般风险准备	信托赔偿准备	未分配利润	所有者权益合计
	实收资本	资本公积	其他综合收益	盈余公积	一般风险准备	信托赔偿准备	未分配利润									
2017年1月1日余额	1,000,000.00	2,441.84	17,223.11	211,433.28	36,861.15	103,789.96	653,300.70	4,142.51	2,029,192.56	1,000,000.00	16,235.62	211,433.28	36,861.15	103,789.96	639,778.84	2,008,098.84
本年增减变动金额																
1. 综合收益总额	—	—	-11,554.35	—	—	—	358,558.02	478.59	347,482.26	—	1,715.78	—	—	—	242,512.40	244,228.19
2. 利润分配	—	—	—	24,251.24	5,148.01	12,125.62	-141,511.10	-1,642.22	-101,628.44	—	—	24,251.24	5,148.01	12,125.62	-139,868.88	-98,344.01
提取盈余公积	—	—	—	24,251.24	—	—	-24,251.24	—	—	—	—	24,251.24	—	—	-24,251.24	—
对所有者的分配	—	—	—	—	—	—	-99,986.23	-1,642.22	-101,628.44	—	—	—	—	—	-98,344.01	-98,344.01
提取一般风险准备	—	—	—	—	5,148.01	—	-5,148.01	—	—	—	—	—	5,148.01	—	-5,148.01	—
提取信托赔偿准备	—	—	—	—	—	12,125.62	-12,125.62	—	—	—	—	—	—	12,125.62	-12,125.62	—
3. 同一控制下企业合并调整	—	-307.74	—	—	—	—	-1,778.33	-2,707.93	-4,794.00	—	—	—	—	—	—	—
上述1至3小计	—	-307.74	-11,554.35	24,251.24	5,148.01	12,125.62	215,268.59	-3,871.55	241,059.81	—	1,715.78	24,251.24	5,148.01	12,125.62	102,643.52	145,884.18
2017年12月31日余额	1,000,000.00	2,134.09	5,668.76	235,684.52	42,009.16	115,915.58	868,569.29	270.96	2,270,252.37	1,000,000.00	17,951.40	235,684.52	42,009.16	115,915.58	742,422.36	2,153,983.02

公司法定代表人:陈一松　　主管会计工作的公司负责人:王道远　　公司会计机构负责人:胡楠

5.2 信托资产

5.2.1 信托项目资产负债汇总表

单位:人民币万元

信托资产	2018.12.31	2017.12.31
信托资产:		
存放同业款项	13,748,670.41	14,112,772.19
拆出资金	—	—
衍生金融资产	—	—
交易性金融资产	8,704,478.68	11,176,331.77
买入返售金融资产	575,930.09	686,471.07
应收票据	—	—
应收帐款	15,020,574.03	17,151,777.77
应收利息	68,549.82	51,435.95
应收股利	89,701.49	84,413.00
其他应收款	1,342,013.39	1,855,429.64
贷款	60,115,622.58	88,711,546.64
可供出售金融资产	45,213,345.67	42,944,101.36
长期应收款	—	—
持有至到期金融资产	1,982,472.47	2,851,952.68
长期股权投资	18,320,004.03	18,998,935.55
其他资产	38,341.71	47,808.35
信托资产总计	165,219,704.37	198,672,975.97
信托负债和信托权益	2018.12.31	2017.12.31
信托负债:		
交易性金融负债	—	—
应交税费	71,345.68	727.88
其他应付款	1,899,781.06	2,397,766.82
应付账款	77,373.05	53,421.27
长期应付款	—	—
信托负债合计	2,048,499.79	2,451,915.97
信托权益:		
实收信托	159,471,685.10	189,845,682.67
资本公积	3,384,835.53	3,903,904.91
未分配利润	314,683.95	2,471,472.42
信托权益合计	163,171,204.58	196,221,060.00
信托负债及权益总计	165,219,704.37	198,672,975.97

公司法定代表人:陈一松　　主管信托财务的公司负责人:王道远　　会计机构负责人:杜永生

5.2.2 信托项目利润及利润分配汇总表

单位:人民币万元

项目	2018 年度	2017 年度
一、营业收入	7,024,115.05	7,807,201.41
利息收入	4,845,357.59	5,027,597.84
投资收益	2,982,161.09	1,485,991.08
租赁收入	—	—
公允价值变动损益	-1,436,526.41	575,351.51
汇兑损益	196.04	-1,677.04
其他收入	632,926.74	719,938.02
二、营业费用	1,018,551.05	825,250.99
三、税金及附加	28,824.31	442.49
四、扣除资产损失前的信托利润	5,976,739.69	6,981,507.93
减:资产减值损失	5,482.10	-10,637.17
五、扣除资产损失后的信托利润	5,971,257.59	6,992,145.10
加:期初未分配信托利润	2,471,472.42	2,803,894.50
六、可供分配的信托利润	8,442,730.01	9,796,039.60
减:本期已分配信托利润	8,128,046.06	7,324,567.18
七、期末未分配信托利润	314,683.95	2,471,472.42

公司法定代表人:陈一松　　主管信托财务的公司负责人:王道远　　会计机构负责人:杜永生

6. 会计报表附注

6.1 会计报表编制基准不符合会计核算基本前提的说明

6.1.1 会计报表不符合会计核算基本前提的事项

本公司无上述情况。

6.1.2 纳入公司合并会计报表范围的子公司情况

子公司名称	业务性质	注册地	注册资本	实际投资额	母公司持有的权益性资本的比例	合并期间
中信聚信(北京)资本管理有限公司	服务业	北京	50,000 万元	50,000 万元	100%	2012 年 4 月至 2018 年 12 月
中信信惠国际资本有限公司	金融业	香港	164,657 万港元	144,096.89 万元	100%	2014 年 10 月至 2018 年 12 月

注:2012 年,公司出资 20,000 万元设立全资子公司中信聚信(北京)资本管理有限公司(以下简称"中信聚信"),并将其纳入合并会计报表范围,纳入合并报表的基准日为 2012 年 4 月 17 日。2014 年,公司以现金方式向中信聚信增加注册资本 20,000 万元,变更后注册资本为 40,000 万元。2017 年,公司以现金方式向中信聚信增加注册资本 10,000万元,变更后注册资本为 50,000 万元。

2014 年,公司出资 15.83 万元受让中信信惠国际资本有限公司(以下简称"信惠国际")51%股权,并将其纳入合并会计报表范围,纳入合并报表的基准日为 2014 年 10 月 31 日。2015 年 3 月,公司以现金 3,173.83 万元向信惠国际增资。2015 年 10 月,公司以现金 3,073.82 万元购买信惠国际少数股权(占该公司股份的 49%),由此取得对信惠国际 100%控制权。2018 年公司以现金方式向中信信惠国际资本有限公司增加注册资本 137,833.40 万元。

6.2 重要会计政策和会计估计说明

公司自2018年1月1日起执行《企业会计准则第14号-收入》、《企业会计准则第22号-金融工具确认和计量》、《企业会计准则第23号-金融资产转移》、《企业会计准则第24号-套期会计》和《企业会计准则第37号-金融工具列报》等准则。《企业会计准则第14号-收入》的采用对本公司2018年1月1日的财务报表未产生重大影响，但《企业会计准则第22号-金融工具确认和计量》、《企业会计准则第23号-金融资产转移》、《企业会计准则第24号-套期会计》和《企业会计准则第37号-金融工具列报》的采用对金融工具的分类和计量、金融资产的减值等方面产生如下主要影响：

①金融资产分类发生变化

②金融资产减值由原准则的已发生损失模型更改为预期信用损失模型

③采用《企业会计准则第22号-金融工具确认和计量》、《企业会计准则第23号-金融资产转移》、《企业会计准则第24号-套期会计》和《企业会计准则第37号-金融工具列报》后，并根据2018年12月26日财政部发布的《关于修订印发2018年度金融企业财务报表格式的通知》(财会〔2018〕36号)进行报表项目调整。

6.2.1 计提资产减值准备的范围和方法

公司计提资产减值准备的范围包括：贷款损失准备、债权投资减值准备、其他债权投资减值准备、长期股权投资减值准备、固定资产减值准备和无形资产减值准备。主要计提方法是：

①贷款损失准备

对贷款资产以预期信用损失为基础，评估贷款信用风险自初始确认后是否已显著增加，运用三阶段减值模型分别计量其损失准备、确认预期信用损失。

②债权投资减值准备

对债权投资资产以预期信用损失为基础，评估贷款信用风险自初始确认后是否已显著增加，运用三阶段减值模型分别计量其损失准备、确认预期信用损失。

③其他债权投资减值准备

对其他债权投资资产以预期信用损失为基础，评估贷款信用风险自初始确认后是否已显著增加，运用三阶段减值模型分别计量其损失准备、确认预期信用损失。

④长期股权投资减值准备

期末对单项投资由于市价持续下跌或被投资单位经营状况恶化等原因，导致其可收回金额低于账面价值的差额，分项提取长期投资减值准备。

⑤固定资产减值准备

期末对单项资产由于市价持续下跌、技术陈旧、损坏或长期闲置等原因，导致其可收回金额低于账面价值的差额，分项提取固定资产减值准备。

⑥无形资产减值准备

期末按单项资产预计可收回金额低于其账面价值的差额，分项提取无形资产减值准备。

6.2.2 金融资产分类

公司根据管理金融资产的业务模式和金融资产的合同现金流量特征，将金融资产划分为以下三类：

①以摊余成本计量的金融资产。

②以公允价值计量且其变动计入其他综合收益的金融资产。

③以公允价值计量且其变动计入当期损益的金融资产。

金融资产同时符合下列条件的，分类为以摊余成本计量的金融资产：

①本公司管理该金融资产的业务模式是以收取合同现金流量为目标。

②该金融资产的合同条款规定，在特定日期产生的现金流量，仅为对本金和以未偿付本金金额为基础的利息的支付。

金融资产同时符合下列条件的，分类为以公允价值计量且其变动计入其他综合收益的金融资产：

①本公司管理该金融资产的业务模式既以收取合同现金流量为目标，又以出售该金融资产为目标。

②该金融资产的合同条款规定，在特定日期产生的现金流量，仅为对本金和以未偿付本金金额为基础的利息的支付。

在初始确认时，本公司可以将非交易性权益工具投资指定为以公允价值计量且其变动计入其他综合收益的金融资产，该指定一经做出，不得撤销。

按照上述条件分类为以摊余成本计量的金融资产或以公允价值计量且其变动计入其他综合收益的金融资产之外的金融资产，本公司将其分类为以公允价值计量且其变动计入当期损益的金融资产。

在初始确认时，如果能够消除或显著减少会计错配，本公司可以将金融资产指定为以公允价值计量且其变动计入当期损益的金融资产。该指定一经做出，不得撤销。

6.2.3 公允价值

存在活跃市场的金融资产，采用活跃市场中的报价确定其公允价值。金融工具不存在活跃市场的，采用适当的估值技术，审慎确认其公允价值。估值技术主要包括市场法、收益法和成本法。估值技术的应用中，优先使用相关可观察输入值，只有在相关可观察输入值无法取得或取得不切实可行的情况下，才可以使用不可观察输入值。

6.2.4 金融资产转移

在已将金融资产所有权上几乎所有的风险和报酬转移给转入方时终止对该项金融资产的确认。本公司在金融资产整体转移满足终止确认条件的，将下列两项的差额计入当期损益：

①被转移金融资产在终止确认日的账面价值。

②因转移金融资产而收到的对价，与原直接计入其他综合收益的公允价值变动累计额中对应终止确认部分的金额之和。

金融资产部分转移满足终止确认条件的，将所转移金融资产整体的账面价值，在终止确认部分和继续确认部分之间，按照转移日各自的相对公允价值进行分摊，并将下列两项金额的差额计入当期损益：

①终止确认部分在终止确认日的账面价值。

②终止确认部分收到的对价，与原计入其他综合收益的公允价值变动累计额中对应终止确认部分的金额之和。

对保留了被转移金融资产所有权上几乎所有风险和报酬而不满足终止确认条件的，继续确认被转移金融资产整体，将所收到的对价确认为一项金融负债。

对于采用继续涉入方式的金融资产转移，按照继续涉入所转移金融资产的程度确认一项金融资产，同时确认一项金融负债。

6.2.5　以摊余成本计量的金融资产核算方法

以摊余成本计量的金融资产初始确认按照公允价值计量，摊余成本以该金融资产或金融负债的初始确认金额经下列调整后的结果确定：1）扣除已偿还的本金；2）加上或减去采用实际利率法将该初始确认金额与到期日金额之间的差额进行摊销形成的累计摊销额；3）扣除累计计提的损失准备。根据金融资产账面余额乘以实际利率计算确定利息收入。

6.2.6　以公允价值计量且其变动计入其他综合收益的金融资产核算方法

①债务工具

该金融资产的减值损失或利得、采用实际利率法计算的利息和汇兑损益计入当期损益。除此之外，账面价值的变动均计入其他综合收益。

该金融资产终止确认时，之前计入其他综合收益的累计利得或损失应当从其他综合收益中转出，计入当期损益。

②权益工具

将非交易性权益工具投资指定为以公允价值计量且其变动计入其他综合收益的金融资产的，除了获得的股利（属于投资成本收回部分的除外）计入当期损益外，其他相关利得和损失（包括汇兑损益）均应计入其他综合收益，且后续不得转入当期损益（包括处置时）。当期终止时，之前计入其他综合收益的累计利得和损失应当从其他综合收益中转出，计入留存收益。作为投资回报的股利在同时满足以下条件时进行确认并计入损益：1）公司收取股利的权利已经确立；2）与股利相关的经济利益很可能流入本公司；3）股利的金额能够可靠计量。

6.2.7　以公允价值计量且其变动计入当期损益的金融资产核算方法

以公允价值计量且其变动计入当期损益的金融资产的利得和损失，应当计入当期损益。

6.2.8　长期股权投资核算方法

①长期股权投资的初始计量

长期股权投资在取得时按初始投资成本计量。初始投资成本一般为取得该项投资而付出的资产、发生或承担的负债以及发行的权益性证券的公允价值，并包括直接相关费用。但同一控制下的企业合并形成的长期股权投资，其初始投资成本为合并日取得的被合并方所有者权益的账面价值份额。

②长期股权投资的后续计量

能够对被投资单位实施控制的长期股权投资，以及对被投资单位不具有共同控制或重大影响，且在活跃市场中没有报价、公允价值不能可靠计量的长期股权投资采用成本法核算；对被投资单位具有共同控制或重大影响的长期股权投资，采用权益法核算。

长期股权投资采用权益法核算时，对长期股权投资初始投资成本大于投资时应享有被投资单位可辨认净资产公允价值份额的，不调整长期股权投资的初始投资成本；对长期股权投资初始投资成本小于投资时应享有被投资单位可辨认净资产公允价值份额的，其差额计入当期损益，同时调整长期股权投资的成本。

按权益法对长期股权投资进行核算时，先对被投资单位的净利润进行取得投资时被投资单位各项可辨认资产等的公允价值、会计政策和会计期间方面的调整，再按应享有或应分担的被投资单位的净损益份额确认当期投资损益。

6.2.9　固定资产计价和折旧方法

固定资产按照取得时的实际成本进行初始计量，采用年限平均法计提折旧。

6.2.10　无形资产计价及摊销政策

无形资产按照成本进行初始计量，采用直线法摊销。

6.2.11　收入确认原则和方法

在与交易相关的经济利益很可能流入公司且收入的金额能够可靠计量时，确认提供与金融业务相关服务收入的实现。

6.2.12　所得税的会计处理方法

采用资产负债表债务法计提递延所得税，所得税率为25%。

6.2.13　信托报酬的确认原则和方法

在收入确认原则基础上，信托业务手续费收入按照信托合同约定的结算方法，一般以收益分配结算报告确认。

6.3　或有事项说明

报告期末，公司没有对外担保。

6.4　重要资产转让及其出售的说明

报告期内，公司没有重要资产转让及其出售。

6.5　会计报表中重要项目的明细资料

6.5.1　固有资产经营情况

6.5.1.1　信用风险资产五级分类情况

按照《中国银行业监督管理委员会关于非银行金融机构全面推行资产质量五级分类管理的通知》的分类标准，本年度公司固有资产质量情况是：

表 6.5.1.1　　单位:人民币万元

信用风险资产五级分类	正常类	关注类	次级类	可疑类	损失类	信用风险资产合计	不良资产合计	不良资产率(%)
期初数	1,896,254.86	179,431.76	56,400.00	—	62,794.40	2,194,881.02	119,194.40	5.43%
期末数	1,481,940.96	311,993.58	56,400.00	—	64,011.90	1,914,346.44	120,411.90	6.29%

不良资产合计 = 次级类 + 可疑类 + 损失类

6.5.1.2　资产减值准备情况

表 6.5.1.2　　单位:人民币万元

	期初数	本期计提	本期转回	本期核销	期末数
应收利息减值准备	4,291.58	—	969.97	—	3,321.61
发放贷款和垫款减值准备	77,291.57	—	7,222.75	—	70,068.82
金融资产投资减值准备	65,038.36	8,303.93	—	—	73,347.29
其中:债权投资减值准备	65,038.36	8,303.93	—	—	73,347.29
长期股权投资减值准备	713.16	—	—	244.00	469.16
合　计	147,334.67	8,303.93	8,192.72	244.00	147,206.88

6.5.1.3　固有股票投资、基金投资、债券投资、长期股权投资等投资情况

表 6.5.1.3　　单位:人民币万元

	固有股票	基金	债券	长期股权投资	其他投资	合　计
期初数	23,741.68	—	—	152,455.61	565,843.25	742,040.54
期末数	6,121.57	5,446.73	1,574.09	295,853.44	1,073,380.97	1,382,376.80

6.5.1.4　固有长期股权投资的前五名

表 6.5.1.4　　单位:人民币万元

企业名称	占被投资企业权益的比例	主要经营活动	投资收益
中信聚信(北京)资本管理有限公司	100.00%	投资管理、经济信息咨询	并表子公司
中信信惠国际资本有限公司	100.00%	资产管理	并表子公司
中信保诚基金管理有限公司	49.00%	证券投资基金	7,094.66
天津信唐货币经纪有限责任公司	48.00%	资产管理	1,855.25
中信信诚资产管理有限公司	45.00%	资产管理	57.45

6.5.1.5 固有贷款前五名

表 6.5.1.5　单位:人民币万元

企业名称	占贷款总额的比例	还款情况
云南信亿投资有限公司	25.12%	正常
镇江交通产业集团有限公司	23.21%	正常
杭州御府园林绿化工程有限公司	10.32%	正常
昆明嘉丽泽旅游文化有限公司	9.97%	正常
杭州富文日用百货有限公司	8.60%	正常

6.5.1.6 表外业务的期初数、期末数

表 6.5.1.6　单位:人民币万元

表外业务	期末数	期初数
担保业务	—	—
代理业务(委托业务)	72,527.79	72,870.75
其他	—	—
合计	72,527.79	72,870.75

6.5.1.7 公司当年的收入结构

表 6.5.1.7　单位:人民币万元

	合并		母公司	
收入结构	金额	占比	金额	占比
手续费及佣金收入	558,020.83	86.04%	545,000.76	87.00%
其中:信托手续费收入	545,000.76	84.03%	545,000.76	87.00%
投资银行业务收入				
利息收入	77,683.90	11.98%	96,939.56	15.48%
其他业务收入	9.05		—	
其中:计入信托业务收入部分				
投资收益	90,891.13	14.01%	38,205.89	6.10%
其中:股权投资收益	27,683.20	4.27%	10,068.71	1.61%
证券投资收益	5,407.25	0.83%	5,407.25	0.86%
其他投资收益	57,800.68	8.91%	22,729.94	3.63%
公允价值变动收益	-187,648.28	-28.93%	-54,081.72	-8.63%
营业外收入	110,062.94	16.97%	342.60	0.05%
汇兑损益	-461.83	-0.07%	5.27	0.00%
收入合计	648,557.75	100.00%	626,412.36	100.00%

注:本年营业外收入主要来源于固有投资业务。

6.5.2 信托资产管理情况

6.5.2.1 信托资产的期初数、期末数。

表 6.5.2.1　单位:人民币万元

信托资产	期初数	期末数
集合	62,213,650.34	64,783,762.03
单一	80,602,048.86	68,692,105.14
财产权	55,857,276.77	31,743,837.20
合计	198,672,975.97	165,219,704.37

6.5.2.1.1 主动管理型信托业务期初数、期末数。

表 6.5.2.1.1　单位:人民币万元

主动管理型信托资产	期初数	期末数
证券投资类	24,403,369.93	20,817,266.85
股权投资类	5,061,041.61	15,518,928.96
融资类	19,020,384.93	19,041,322.44
事务管理类	—	—

续表

主动管理型信托资产	期初数	期末数
合计	48,484,796.47	55,377,518.25

6.5.2.1.2 非主动管理型信托业务期初数、期末数

表 6.5.2.1.2 单位：人民币万元

非主动管理型信托资产	期初数	期末数
证券投资类	—	—
股权投资类	—	—
融资类	—	—
事务管理类	150,188,179.50	109,842,186.12
合计	150,188,179.50	109,842,186.12

6.5.2.2 本年度已清算结束的信托项目个数、实收信托合计金额、加权平均实际年化收益率。

6.5.2.2.1 本年度已清算结束的集合类、单一类资金信托项目和财产管理类信托项目个数、金额、加权平均实际年化收益率。

表 6.5.2.2.1 单位：人民币万元

已清算结束信托项目	项目个数	合计金额	加权平均实际年化收益率
集合类	283	17,193,750.89	7.99%
单一类	376	23,889,866.87	5.87%
财产管理类	95	19,373,843.11	5.28%

6.5.2.2.2 本年度已清算结束的主动管理型信托项目个数、合计金额、加权平均实际年化收益率。分证券投资、股权投资、融资、事务管理类分别披露。

表 6.5.2.2.2 单位：人民币万元

已清算结束信托项目	项目个数	合计金额	加权平均实际年化收益率
证券投资类	166	3,135,951.28	13.94%
股权投资类	21	3,543,030.63	6.71%
融资类	95	8,069,823.27	7.12%
事务管理类	—	—	—

6.5.2.2.3 本年度已清算结束的非主动管理型信托项目个数、合计金额、加权平均实际年化收益率。分证券投资、股权投资、融资、事务管理类分别披露。

表 6.5.2.2.3 单位：人民币万元

已清算结束信托项目	项目个数	合计金额	加权平均实际年化收益率
证券投资类	—	—	—
股权投资类	—	—	—
融资类	—	—	—
事务管理类	472	45,708,655.69	5.58%

6.5.2.3 本年度新增的集合类、单一类和财产管理类信托项目个数、合计金额。

表 6.5.2.3 单位：人民币万元

新增信托项目	项目个数	合计金额
集合类	335	22,173,009.73
单一类	343	9,687,695.48
财产管理类	270	6,269,104.02
新增合计	948	38,129,809.23
其中：主动管理型	796	21,813,484.88
非主动管理型	152	16,316,324.35

注：上述统计未包括尚未清算的开放式信托项目本年度内发生的申购和赎回金额，故期初余额 - 本期清算 + 本期新增 ≠ 期末余额

6.5.2.4 信托创新研究成果

公司积极推进业务创新，在资产证券化、国际业务、消费金融、家族信托与保险金信托、公益慈善等领域取得了较大进展，引领行业创新。

6.5.2.5 本公司履行受托人义务情况

公司以受益人利益最大化为原则，严格按照《信托法》、《信托公司管理办法》、《信托公司集合资金信托计划管理办法》等法律法规的规定及信托合同等文件的约定，恪尽职守，诚实、信用、谨慎、有效地管理信托财产，严格履行受托人的义务，为受益人的最大利益处理信托事务，公平、公正地处置信托财产，建立金融消费者权益保护机制和管理体系，为投资者提供了回报稳定且风险可控的投资产品。

6.5.2.6 信托赔偿准备的提取、使用和管理情况

公司从2018年的税后利润提取5%的信托赔偿准备金，即18,302.49万元，余额达135,481.18万元。公司2018年度未发生需要使用信托赔偿准备金的事件，也未使用信托赔偿准备金。

6.6 关联方关系及其交易的披露

6.6.1 关联交易方的数量、关联交易的总金额及关联交易的定价原则等

表 6.6.1 单位：人民币万元

	关联交易方数量	关联交易金额	定价政策
合计	29	1,412,886.50	1. 遵循市场价格的原则，有客观的市场价格作为参照的一律以市场价格为准； 2. 如果没有市场价格，按照成本加成定价； 3. 如果既没有市场价格，也不适合采用成本加成价的，按照协议价定价

6.6.2 关联交易方与本公司的关系性质、关联交易方的名称、法定代表人、注册地址、注册资本及主营业务等

表 6.6.2 单位：人民币亿元

关系性质	关联方名称	法定代表人	注册地址	注册资本	主营业务
母公司	中国中信有限公司	常振明	北京市朝阳区新源南路6号	1390.00	金融、实业
同一母公司	中信银行股份有限公司	李庆萍	北京东城区朝阳门北大街8号富华大厦C座	489.35	银行业务
母公司对其有重大影响	中信证券股份有限公司	张佑君	广东省深圳市福田区中心三路8号卓越时代广场(二期)北座	121.17	证券经纪、投行业务

注：公司本年度共有关联方29个，主要来自中信集团内部，表中为公司主要关联方。

6.6.3 公司与关联方的重大交易事项

6.6.3.1 固有财产与关联方：贷款、投资、租赁、应收账款、担保、其他方式等期初汇总数、本期发生额汇总数、期末汇总数

表 6.6.3.1 单位：人民币万元

固有与关联方关联交易				
	期初数	借方发生额	贷方发生额	期末数
贷款	—	—	—	—
投资	9,552.22	6,618.20	4,680.79	11,489.62
租赁	18.44	2	0.00	20.44
担保	—	—	—	—
应收账款	13,762.80	29,006.14	39,568.26	3,200.68
其他	310,074.38	411,032.47	104,057.00	3,098.91
合计	333,407.84	446,658.81	148,306.06	17,809.65

6.6.3.2 信托资产与关联方：贷款、投资、租赁、应收账款、担保、其他方式等期初汇总数、本期发生额汇总数、期末汇总数。

表 6.6.3.2 单位：人民币万元

信托与关联方关联交易				
	期初数	借方发生	贷方发生	期末数
贷款	73,985.19	—	—	73,985.19
投资	110,981.41	—	46,834.96	64,146.45

续表

信托与关联方关联交易				
	期初数	借方发生	贷方发生	期末数
合计	184,966.60	0.00	46,834.96	138,131.64

注:此外,还包括支付给关联方中信银行的托管费17,046.32万元。

6.6.3.3 固有财产和信托财产之间的交易金额期初汇总数、本期发生额汇总数、期末汇总数

表6.6.3.3 单位:人民币万元

固有财产与信托财产相互交易			
	期初数	本期发生额	期末数
合计	348,721.82	127,985.98	476,707.80

6.6.3.4 信托资产与信托财产之间的交易金额期初汇总数、本期发生额汇总数、期末汇总数。

表6.6.3.4 单位:人民币万元

信托资产与信托财产相互交易			
	期初数	本期发生额	期末数
合计	5,189,488.09	-512,125.53	4,677,362.56

6.6.4 关联方逾期未偿还本公司资金的详细情况以及本公司为关联方担保发生或即将发生垫款的情况

关联方无逾期不偿还本公司资金情况,本公司无为关联方担保发生或即将发生垫款情况。

6.7 会计制度的披露

本公司固有业务和信托业务均执行财政部颁布的企业会计准则及相关规定。

7. 财务情况说明书

7.1 利润实现和分配情况

2018年母公司净利润为366,049.82万元,合并净利润为335,866.59万元。

依据《公司法》、《信托公司管理办法》和本公司章程,公司对本年实现的母公司净利润366,049.82万元进行分配,其中:提10%法定盈余公积金36,604.98万元,提取5%信托赔偿准备18,302.49万元。

7.2 主要财务指标

指标名称	指标值	
	合并	母公司
资本利润率	14.03%	15.69%
人均净利润(单位:人民币万元)	462.71	540.31

注:资本利润率=净利润/所有者权益平均余额×100%。

人均净利润=净利润/年平均人数。

平均值采取期初、期末余额简单平均法。

公式为:a(平均)=(期初数+期末数)/2。

7.3 对本公司财务状况、经营成果有重大影响的其他事项

报告期内,公司没有对财务状况、经营成果产生重大影响的其他事项。

8. 特别事项揭示

8.1 股东报告期内变动情况及原因

报告期内,本公司没有发生股东变动。

8.2 董事、监事及高级管理人员变动情况及原因

2018年1月,董事会聘任戴家凯为董事会秘书;8月,董事会聘任戴家凯为公司副总经理;上述任职资格已获得北京银保监局核准。

2018年7月,董事会选举薄伟康为公司副董事长;报告期末,任职资格尚在北京银保监局核准中。

2018年4月,张翔燕因工作变动不再担任公司副董事长、董事职务;赵娜因工作变动不再担任公司副总经理;12月,任霞因工作变动不再担任公司董事职务。

8.3 变更注册资本、注册地或公司名称、公司分立合并事项

报告期内,注册资本、注册地或公司名称、公司分立合并事项均未发生。

8.4 公司的重大诉讼事项

报告期内,公司无重大诉讼事项。

8.5 公司及其董事、监事和高级管理人员受到处罚情况

报告期内无上述处罚情况。

8.6 银保监会及其派出机构对公司进行检查及提出整改意见的情况

报告期内,公司接受北京银保监局"影子银行和交

叉金融业务专项检查”，按照监管要求上报整改工作方案，相关整改工作有序推进中。同期，公司按照北京银保监局要求，组织开展了深化整治市场乱象、扫黑除恶斗争等专项工作，进行了房地产资金信托、服务信托等业务自查，进一步提高完善了公司内部控制与风险合规管理水平。

8.7　重大事项临时报告情况

报告期内，公司2018年度审计师由毕马威华振会计师事务所（特殊普通合伙）更换为信永中和会计师事务所（特殊普通合伙）。

8.8　其他有必要让客户及相关利益人了解的重要信息

无。

9. 公司监事会意见

监事会根据有关法律、法规，监督检查了公司依法运作、重大决策、重大经营活动情况及财务状况，认为公司能够合规运作，公司董事、总经理等在履行公司职务时未有违反法律、法规、公司章程或损害公司利益的行为，公司年度报告真实反映了公司的财务状况和经营成果。

华能贵诚信托有限公司　2018 年年度报告

1. 重要提示

1.1　公司董事会及董事保证本报告所载资料不存在任何虚假记载、误导性陈述或者重大遗漏，并对其内容的真实性、准确性和完整性承担个别及连带责任。

1.2　公司独立董事对年度报告内容的真实性、准确性、完整性无异议。

1.3　公司总经理金志培、主管会计工作的副总经理鲍吉胜保证年度报告中财务报告的真实、完整。

2. 公司概况

2.1　公司简介

华能贵诚信托有限公司成立于 2002 年，2008 年 12 月由华能资本服务有限公司增资扩股重组而成。2009 年 2 月，经中国银监会批准，公司换发新的金融许可证。目前公司注册资本金为 61.94557406 亿元。

1. 中文名称：华能贵诚信托有限公司

中文名称缩写：华能信托

2. 英文名称：Huaneng Guicheng Trust Corporation Limited

英文名称缩写：HNGCTC

法定代表人：田军

注册地址：贵州省贵阳市观山湖区长岭北路 55 号贵州金融城 1 期商务区 10 号楼 23、24 层。

邮政编码：550081

网址：www. hngtrust. com

电子邮箱：public@ hngtrust. com

3. 公司负责信息披露事务的高级管理人员：赵刚

公司信息披露事务联系人：万灵

电话：0851 – 88661603

传真：0851 – 88661708

信息披露报纸：金融时报

4. 年度报告备置地点：（公司办公地点）贵州省贵阳市观山湖区长岭北路 55 号贵州金融城 1 期商务区 10 号楼 23、24 层。

5. 公司聘请的会计师事务所：大信会计师事务所

办公地点：北京市海淀区知春路 1 号学院国际大厦 15 层

6. 公司聘请的律师事务所：北京市中盛律师事务所

办公地点：北京朝阳区建外大街 8 号国际财源中心 22 层

2.2　组织结构

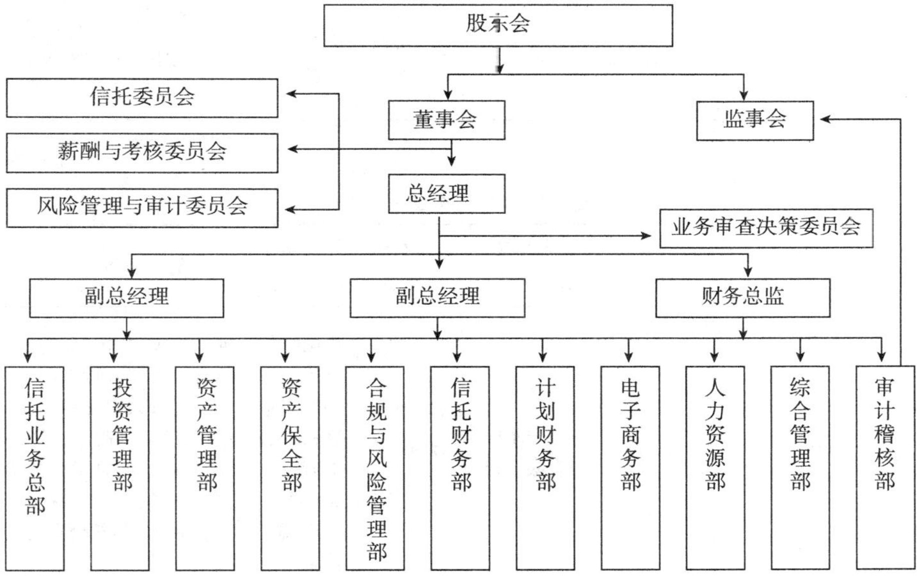

图 2.2

3. 公司治理

3.1 公司治理结构

3.1.1 股东

3.1.1.1 报告期末公司股东总数:8(占公司10%以上(含10%)出资比例的股东:2个)

表3.1.1.1

股东名称	持股比例	法人代表	注册资本	注册地址	主要经营业务及主要财务情况
华能资本服务有限公司	67.92%	丁 益	98亿元	北京市丰台区丽泽路18号1号楼401－09室	实业投资及资产管理、资产受托管理、投资策划、信息咨询服务,2018年底净资产为528.95亿元
贵州产业投资(集团)有限责任公司	31.48%	沈新国	98.4亿元	贵州省贵安新区湖潮乡贵州产投贵安新区高端装备工业园	实业投资、资产管理和资本经营、旅游业开发、投资咨询,2018年底净资产为154.35亿元

3.1.1.2 公司前三位股东

表3.1.1.2

股东名称	出资比例	法人代表	注册资本	注册地址	主要经营业务及主要财务情况
华能资本服务有限公司	67.92%	丁 益	98亿元	北京市丰台区丽泽路18号1号楼401－09室	实业投资及资产管理、资产受托管理、投资策划、信息咨询服务,2018年底净资产为528.95亿元
贵州产业投资(集团)有限责任公司	31.48%	沈新国	98.4亿元	贵州省贵安新区湖潮乡贵州产投贵安新区高端装备工业园	实业投资、资产管理和资本经营、旅游业开发、投资咨询,2018年底净资产为154.35亿元
人保投资控股有限公司	0.16%	谢一群	8亿元	北京市西城区西长安街88号7层东区	实业、房地产投资;资产经营和管理等。2018年底净资产为56.75亿元

3.1.2 董事、董事会及其下属委员会

表3.1.2－1 (董事会成员)

姓名	职务	性别	年龄	选任日期	所推举的股东名称	该股东持股比例	简要履历
田军	董事长	男	55	2017.3	华能资本服务有限公司	67.92%	中国社科院研究生部,货币银行专业研究生学历,经济师职称,历任人行山西大同分行办公室副主任、主任;大同证券公司副总经理;长城证券公司综合部副主任、董事会秘书兼董事会办公室主任、总裁办公会成员、党委委员、副总裁;华能贵诚信托公司党委书记、总经理;华能贵诚信托公司党委书记、董事长

续表

姓名	职务	性别	年龄	选任日期	所推举的股东名称	该股东持股比例	简要履历
李仪华	副董事长	男	61	2015.5	贵州产业投资(集团)有限责任公司	31.48%	中南财经大学硕士研究生学历,历任建行贵阳市分行主任、建行省分行国际业务部经理、计财处副处长、毕节地区分行副行长、行长、省分行业务部总经理、办公室主任;黔隆信托公司副总经理;华能贵诚信托公司副董事长
严晓茂	董事	女	48	2017.5	华能资本服务有限公司	67.92%	东南大学研究生院硕士研究生。历任中国银行重庆南岸支行科员、营业部副主任、中国东方资产管理公司重庆办事处资产评估部经理、资产处置审查办主任、东兴证券股份有限公司投资银行部重庆地区总经理、期货筹备组副组长、东兴期货有限责任公司执行董事、副总经理、华能资本服务有限公司审计监察与风险控制部主管、研究发展部部门副经理、股权管理部部门副经理、经理。现拟任永诚财产保险股份有限公司副总裁
段一萍	董事	女	43	2015.5	华能资本服务有限公司	67.92%	中国人民大学硕士研究生学历,高级会计师职称。先后在民福房地产开发有限公司和华能资本服务有限公司工作,历任处长、副经理、经理
王颖	董事	女	33	2017.10	贵州产业投资(集团)有限责任公司	31.48%	贵州大学管理学院工商管理专业,管理学硕士。先后在北京诚创易通科技发展公司中国太平洋财产保险公司贵州省分公司员工、贵州金久水泥有限公司营销部经理、贵州省贵财投资有限责任公司、贵州产业投资(集团)有限公司工作,历任贵州产投香港投资有限公司副经理、贵州产投资产管理部副经理、贵州产投金融事业部副总经理
金志培	职工董事	男	48	2017.5			中国人民银行研究生部货币银行专业硕士,研究生学历。历任中国人保信托投资公司武汉营业部总经理;长城证券有限责任公司北京中关村大街营业部总经理;长城证券有限责任公司资产管理部总经理;华能贵诚信托公司副总经理、党委副书记、总经理

表 3.1.2－2 （独立董事）

姓名	所在单位及职务	性别	年龄	选任日期	所推举的股东名称	该股东持股比例	简要履历
徐英		女	65	2017.5			北京财贸学院金融系，经济学学士。历任北京燕山石化总厂研究院芳烃车间车间副主任、党支部书记，北京财贸学院金融系助教、讲师，海南汇通国际信托投资公司副总经理、常务副总经理，长城证券有限公司总裁、董事长、党委书记（期间担任南方基金管理公司董事、长城基金管理公司董事），景顺长城基金管理有限公司全职董事长，中国证券业协会理事，新华资产管理股份有限公司全职副董事长（期间任新华人寿股份有限公司投资管理委员会委员、资产负债委员会委员、苏格兰（皇家）银行中国有限公司独立董事），已退休
矫丽燕		女	55	2015.5			北京第二外国语学院学士，历任英国施罗德银行（美国纽约）公司业务副总裁、第一劝业银行公司业务副总裁、新加坡大华银行（北京）业务总监、加拿大皇家银行（北京）资本市场副总裁、基点商品期货交易公司（北京）董事总经理
王涌		男	50	2015.5			中国政法大学博士研究生学历。现担任中国政法大学民商经济法学院法学教授，博士生导师。同时担任中国商法学副秘书长、法大评论执行主编、月旦民商法学副主编、江平法学基金会秘书长等多项职务

表 3.1.2－3 （董事会下属委员会）

董事会下属委员会名称	职责	组成人员姓名	职务
信托委员会	督促公司依据法律、行政法规、规章及中国银监会的监管要求及有关信托文件履行受托职责；当公司或股东利益与受益人利益发生冲突时，保证公司为受益人的最大利益服务；董事会授予的其他职责。	矫丽燕	主任委员
		李仪华	委员
		金志培	委员
薪酬与考核委员会	拟定公司高级管理人员的薪酬与奖励政策，并提请董事会审批；对公司高级管理人员进行考核，并出具绩效评价报告，报董事会核准；审议公司职工的薪酬福利及绩效考核方案；董事会授予的其他职责。	田军	主任委员
		徐英	委员
		严晓茂	委员
风险管理与审计委员会	拟定公司风险管理政策和重大风险管理解决方案；审议公司风险管理组织机构设置及其职责；定期审查公司风险管理、合规管理、内部审计工作报告，就完善内部控制向董事会提出建议；董事会授予的其他职责。	王涌	主任委员
		段一萍	委员
		王颖	委员

3.1.3 监事、监事会及其下属委员会

表3.1.3－1 （监事会成员）

姓名	职务	性别	年龄	选任日期	所推举的股东名称	该股东持股比例	简要简历
周英序	监事会主席	男	60	2015.5	贵州产业投资(集团)有限责任公司	31.48%	贵州师范大学本科学历,历任贵州省机械厅直属机关党委副书记、贵州省机电产品质量监测总站党委书记、贵州省旅游投资公司办公室主任、贵州省开发公司人力资源部经理、黔隆信托董事、党委副书记、纪委书记;华能贵诚信托公司监事会主席
何瑛	监事	女	45	2015.5	贵州产业投资(集团)有限责任公司	31.48%	贵州财经学院大学本科学历。先后任职于贵阳大众电脑软件有限公司、贵州仁信会计师事务所、贵州省开发投资公司、贵州省产业投资(集团)有限责任公司,历任贵州省开发投资有限责任公司审计法规部经理、计划财务部经理,贵州省产业投资(集团)有限责任公司计划财务部经理、总经理助理
于新仁	职工监事	男	59	2015.5			贵州省委党校在职研究生学历,历任贵阳耐火材料厂副处长、总会计师兼财务处长;贵州省国际信托投资公司计财部、审计部副经理;黔隆信托公司审计部经理;华能贵诚信托公司审计稽核部经理

注:公司监事会未设立下属委员会。

3.1.4 高级管理人员:9人

表3.1.4

姓名	职务	性别	年龄	任职日期	金融从业年限	学历	专业	简要履历
金志培	总经理	男	48	2017.3	23	硕士研究生	货币银行	见表3.1.2－1
涂继国	副总经理	男	54	2015.5	27	大学本科	经济学	武汉大学经济学专业,经济学学士学位,经济师职称。历任北京国际信托有限公司投资银行总部总经理,兼任天音控股董事、北京力诺资产管理有限公司董事长;华能贵诚信托公司副总经理

续表

姓名	职务	性别	年龄	任职日期	金融从业年限	学历	专业	简要履历
鲍吉胜	副总经理兼财务总监	男	54	2015.5	30	研究生	财贸经济金融	中国社会科学院研究生院研究生学历,高级经济师职称。历任中国农业银行贵州省分行科员、副主任科员、处长助理、副处长,处长;农行贵州省分行贷款评估中心主任;黔隆信托公司副总经理、党委委员;华能贵诚信托公司副总经理
孙磊	副总经理	男	45	2015.5	23	硕士研究生MBA	金融	香港中文大学金融MBA,注册会计师。历任中国电子财务有限责任公司计划财务部副经理;华能资本服务有限公司风控部、审监部主管、副处长;华能贵诚信托公司合规与风险管理部经理、首席合规官、副总经理
刘芳	副总经理	女	47	2017.3	24	大学本科	经济学	中国人民大学投资经济管理经济学,学士学位。历任北京国际信托公司证券总部安华桥营业部副总经理、证券总部研发部经理、安定路营业部总经理,国都证券有限公司北京安定门营业部总经理、北京国际信托公司信托总部高级信托经理,、华能贵诚信托公司信托业务总部经理、信托总监、总经理助理、副总经理
顾学新	总经理助理	男	54	2015.5	34	研究生	金融学	厦门大学金融学硕士研究生学历。历任长城证券有限责任公司营业部副总经理、海南港澳信托有限公司深圳营业部副总经理、长城证券有限责任公司营业部总经理、国都证券有限责任公司资产管理部总经理、华能贵诚信托公司深圳业务总部经理、资产总监、总经理助理
雷妮亚	首席合规官兼合规与风险管理部	女	39	2017.3	6	硕士研究生	民商法学	中国人民大学民商法学,法学硕士,研究生学历。2004年7月在金杜律师事务所参加工作,2008年2月至2013年1月在北京市中盛律师事务所工作,2013年1月加入华能贵诚信托有限公司,历任信托业务总部信托经理、合规与风险管理部副经理,合规与风险管理经理、首席合规官

续表

姓名	职务	性别	年龄	任职日期	金融从业年限	学历	专业	简要履历
赵刚	总经理助理兼董事会秘书	男	47	2017. 3 2017. 7	11	大学本科	经济信息管理	吉林大学经济信息管理专业，经济学学士，会计师。历任电研高技术实业总公司财务部出纳、会计；赛贝思电力系统工程有限责任公司财务主管；电科院审计部项目经理；华能资本公司审计监察部主管、副处长、计划财务部副处长；长城证券财务部副经理、营销管理总部副经理、项目管理部副经理；华能贵诚信托公司信托财务部经理、人力资源部经理、运营总监、总经理助理兼董事会秘书
黄海峰	总经理助理	女	47	2017. 3	21	硕士研究生	金融学	对外经济贸易大学金融学专业，经济学硕士学位，高级经济师。历任北京国际信托有限公司信托经理、高级信托经理和信托业务部副总经理；华能贵诚信托公司信托五部经理、信托业务总部副经理、总经理助理

3. 1. 5　公司员工：

表 3. 1. 5

项　　目		报告期年度		上年度	
		人数	比例%	人数	比例%
年龄分布	20 以下	0	0	0	0
	20 – 29	124	35	101	30
	30 – 39	156	45	160	47
	40 及以上	71	20	80	23
学历分布	博士	6	2	5	1. 5
	硕士	166	47	158	46
	本科	174	50	173	51
	专科	5	1	5	1. 5
	其他	0	0	0	0
岗位分布	董事、监事及其高管人员	12	3. 4	13	4
	固有业务人员	15	4. 3	14	4
	信托业务人员	228	65	224	66
	其他人员	96	27. 3	90	26

3. 2　公司治理信息

华能信托按照现代企业制度的要求建立健全了以股东会、董事会、监事会和高级经营层为主体的法人治理结构，制定并实施了股东会、董事会、监事会议事规则，明确了股东会、董事会、监事会、高级经营层以及股东、董事、监事高级管理人员的职责、决策权限、决策程序和方法，形成了有效的制衡。

报告期内，公司按照有关规定召开股东会议，确保股东能够依法行使表决权；公司董事会严格按法律、法规及公司章程履行职权，按照法定程序召开董事会会议，董事勤勉履职，充分发挥董事会的专业知识和经营管理经验，认真审议公司的各项重大决策，积极维护公司、股东和委托人、受益人的利益；公司监事会本着对股东负责的态度，严格按照法律、法规及公司章程的规定，通过列席董事会会议，对公司董事会、财务运作的监督等履行其职责，维护了公司及股东的合法权益。

3.2.1　年度内召开股东会的情况

2018年共召开了四次股东会：

1. 2018年第一次临时股东会通过了公司股东变更名称后修改公司《章程》的议案。

2. 2018年第一次股东会通过了公司2017年度工作情况报告及2018年工作安排、2017年度财务决算报告、股东分红、2018年度财务预算方案、公司2017年度董、监事会工作报告的议案、2017年度独立董事履职情况报告等议案。

3. 2018年第二次股东会通过了关于公司增资扩股相关事项的议案。

4. 2018年第三次股东会通过了公司增资扩股协议的议案。

3.2.2　董事会及其下属委员会履行职责的情况

2018年共召开七次董事会：

1. 第三届董事会二○一八年第一次临时会议审议通过调整公司董事会风险与管理委员会组成人员等议案。

2. 第三届董事会二○一八年第二次临时会议审议通过设立华能信托·万宝广源集合资金信托计划的议案。

3. 第三届董事会第七次会议审议通过公司2017年度工作情况报告及2018年工作安排、2017年度财务决算报告的议案、股东分红、2018年财务预算方案、2017年度董事会工作报告、2017年度消费者权益保护工作报告等议案。

4. 第三届董事会二○一八年第三次临时会议审议通过固有资金受让隆基股份定增项目信托受益权的议案。

5. 第三届董事会二○一八年第四次临时会议审议通过公司增资扩股相关事项的议案。

6. 第三届董事会二○一七年第五次临时会议审议通过设立华能信托·贵阳万科宏阳棚改集合资金信托计划等议案。

7. 第三届董事会第八次会议审议通过了公司2018年前三季度工作情况的报告；公司2018年前三季度财务情况的报告；公司2018年前三季度信托业务情况的报告等。

董事会下属委员会履职情况：

公司董事会专门委员会在报告期内认真履行《公司法》和《公司章程》赋予的各项职权，通过各种方式认真审查向董事会提交的各项议案，充分发挥专门委员会的作用，提高了董事会的决策效率，促进了公司在内部控制、风险与合规管理和人力资本等方面的建设。

1. 风险管理与审计委员会报告期内召开了1次会议，审议通过了2017年度公司风险管理工作情况报告和2017年度公司审计工作情况报告，全面掌握公司风险管理状况和内部审计情况。

2. 信托委员会报告期内召开了5次会议，审议通过了公司2017年度信托业务情况及受益人利益实现情况等议案。

3. 薪酬与考核委员会报告期内召开了1次会议，审议通过了公司2017年度高管奖金等事项的议案等。

3.2.3　监事会及其下属委员会履行职责情况

报告期内共召开二次监事会：

1. 第三届监事会第七次会议审议通过公司2017年度监事会工作报告和公司2017年度审计工作情况等议案。

2. 第三届监事会第八次会议审议通过了公司监事会2018年前三季度工作情况和公司2018年前三季度审计工作等报告。

监事会列席了2018年公司股东会和董事会会议，主要成员列席了公司总经理办公会等会议，监督检查了公司依法运作情况、重大决策和重大经营活动情况及公司的财务状况，并在此基础上发表如下独立意见：

公司监事会根据有关法律、法规，监督检查了公司依法运作、重大决策、重大经营活动情况及财务状况，认为公司在经营管理活动中能够守法经营，合规风险防范意识强，财务报告真实反映了公司的财务状况和经营成果，公司董事、经营层等在履行公司职务时未有违反法律法规、公司章程或损害公司利益的行为发生，公司党组织充分发挥了战斗堡垒作用。

3.2.4　高级管理人员履职情况

公司高管人员公道正派，包容大度，团结和谐、目标一致，推动公司内部建立了和谐、信任、高效的工作氛围；素质高，工作能力强，思路清晰，准确把握公司发展方向；对信托业务的熟悉程度高，管理协调能力强，具有很强的市场应变能力和创新能力；经营审慎性强，能及时识别和准确度量公司风险，预防、处置风险的经验和能力强。

公司高管人员在《公司章程》和董事会授权的范围内，以党的十九大精神为指引，认真学习和领会监管部门的法规政策，坚决贯彻"诚信、专业、创新、和谐"的经营理念，勤勉进取，开拓创新，团结协作，推动各项重点工作落实到位，带领全体员工实现显著的业绩，超额完成了全年工作目标。管理层的良好表现得到了监管部门、公司股东、董事会、监事会、员工等的较高肯定。

4. 经营管理

4.1 经营目标、方针、战略规划

经营目标:围绕提高公司核心资产管理能力和理财能力,以发展自主管理类信托业务为重点,打造专属产品,逐步培育和形成公司核心竞争力,推动公司发展方式从外延式增长向内涵式增长转变;加强公司各项基础管理,重点提升公司合规与风控能力。通过努力,确保完成董事会下达的各项经营指标,力争信托业务规模和利润迈上新台阶。

经营方针:诚信、专业、创新、和谐。

战略规划:依托股东的管理与资源优势,打造核心竞争力,重点发展面向能源、基础设施行业的产业投资基金业务和企业资产证券化业务(ABS),把公司建设成为在信托规模、盈利能力和管理水平上具有领先地位的、国内一流的电力、能源行业的信托公司。

4.2 所经营业务的主要内容

除另有注明外,本报告中所有披露内容均为母公司口径。

自营资产运用与分布表

单位:万元

资产运用	金额	占比(%)	资产运用	金额	占比(%)
货币资产	4,285.79	0.20	基础产业		0.00
贷款及应收款			房地产业		0.00
交易性金融资产投资	195,897.72	9.19	证券市场	237,766.82	11.16
可供出售金融资产投资	1,824,600.36	85.60	实业		0.00
持有至到期投资			金融机构	1,807,017.05	84.77
长期股权投资	20,000.00	0.94	其他	86,793.57	4.07
其他	86,793.57	4.07	—		0.00
资产合计	2,131,577.44	100.00	资产合计	2,131,577.44	100.00

信托资产运用与分布表

单位:万元

资产运用	金额	占比(%)	资产运用	金额	占比(%)
货币资产	2,050,814.54	2.82	基础产业	5,054,646.96	6.94
贷款及应收款	12,210,236.34	16.77	房地产业	5,814,156.48	7.99
交易性金融资产投资	634,682.82	0.87	证券市场	705,975.79	0.97
可供出售金融资产投资	14,528,768.19	19.96	实业	11,773,069.79	16.17
持有至到期投资	—	—	金融机构	8,704,604.66	11.96
长期股权投资	9,317,591.20	12.80	其他	40,737,286.08	55.97
其他	34,047,646.67	46.78	—	—	—
资产合计	72,789,739.76	100.00	资产合计	72,789,739.76	100.00

4.3 市场分析

影响公司业务发展的主要因素:

有利因素:1. 外部环境的变化为公司带来众多业务机会:如,随着供给侧结构性改革深入推进及资产价格泡沫的挤出,参与产业优化整合的机会浮现;随着“一带一路”、京津冀、粤港澳大湾区、长三角等区域国家战略的实施,公司现有的业务领域范围大大拓宽;城际交通、物流、市政基础设施等领域的“补短板”工程、教育、医疗、健康、养老等行业消费升级,给公司带来更多与龙头企业的合作空间;中国家族财富的不断积累,及高净值客户对财富管理需求的持续上涨,助力公司财产管理类信托稳步发展,为公司带来稳定的利润增长点。2. 行业顶层设计逐渐完善,监管要求逐步明确,资管新规等综合性监管制度陆续出台,为公司回归信托本源、服务实体经济、提升主动管理能力,优化业务结构提供了更为有力的政策支持。3. 公司完成新一轮增资扩股,资本实力进一步提升,资本金达到61.95亿元,净资产达到185亿元,持续支持公司业务转型升级。4. 公司始终坚持创新引领和创新驱动,风险把控防范意识不断加强,服务功能进一步提升,业务拓展能力持续创新。

不利因素:1. 伴随着去杠杆进程,宏观经济下行,企业的盈利能力下滑,融资渠道收紧,资本寒冬带来了违约潮,公司风险识别、风险控制压力增大。2. 监管部门措施密集,加强通道业务监管、打破刚兑、严禁期限错配、限制杠杆水平、禁止多层嵌套等，这些在短期内对公司业务的管理规模和盈利能力造成一定冲击，业务开展的合规性压力增大。3. 大资管行业的竞争逐渐加剧，混业化及金融牌照多元化趋势大大提升了整体金融服务的供给量，信托业务获利空间进一步被压缩，同时也对公司的创新能力、主动管理能力等核心竞争力提出了更高的要求。

4.4 内部控制

4.4.1 内部控制环境和内部控制文化

为切实履行公司党委职责，充分发挥党委的政治核心作用，公司设立党委会，引导和监督党的路线、方针、政策和国家法律法规在公司的正确贯彻执行，为公司的发展、改革、稳定服务。建立了以股东会、董事会、监事会、管理层等为主体的法人治理结构，党委会与“三会一层”作为整体，对公司的整个经营活动统一协调，各个管理层面制度健全、运作规范、分权制衡。董事会下设信托、风险管理与审计、薪酬与考核三个专业委员会，制订了董事会各专业委员会议事规则以及独立董事工作规则。董事会信托委员会、风险管理与审计委员会、监事会和独立董事充分发挥监督职能。在经营层面，公司建立了权责明确、合理制衡、报告关系清晰的组织架构，建立了业务审查决策委员会集体决策机制，建立了合规与风险管理部、审计稽核部定期分别向董事会提交风险管理及内部审计工作情况的报告机制。公司目前已经形成了“分级管理、灵活高效、有效监督”的内部运行机制，并进行持续改善。

董事会、管理层大力倡导和培育“诚信为本、规范运作、稳健经营”的信托文化理念，时刻将控制信托业务风险放在首位，切实履行受托人职责，致力于在合规的前提下维护受益人利益最大化。公司高度重视内控文化建设，通过各种形式的讲座、交流和研讨活动，及时将有关内控的最新制度、要求和内控经验传递给广大员工，不断提高广大员工的风险意识、合规理念和责任意识，积极营造“管理讲秩序，发展讲风险”经营氛围。

4.4.2 内部控制措施

董事会（及其下设专业委员会）、监事会等制订了严格的议事规则和内部控制制度；管理层本着规范管理、防范风险的原则，制订和建立了公司员工行为准则和职业道德规范，建立了合理授权、有效问责、内部举报和奖惩制度；通过定期或不定期教育培训，进行持续教育，不断提高员工法律意识及合规经营的理念，充分掌握最新的文件和资料（法律法规、内部控制和行为规范）。

公司内部控制的主要政策和程序是：（1）授权控制：根据业务发展需要，建立相应的权限管理体系，实行法人统一授权和管理；（2）资产隔离：对固有资产和信托资产分别管理、分别核算；（3）岗位分离：固有业务和信托业务部门分设，人员不相互兼职；（4）规范操作：按业务流程和操作指引，实行统一规范化操作。

公司建立了固有业务和信托业务相互分离的业务管理体系；各项业务均有健全的决策机构和决策程序，前、中、后台相对独立；各项业务均有相应的管理办法和操作规定，并根据业务实际及监管法规的要求，不断更新。公司不断强化内部管理，保证内部控制的充分、有效执行。

4.4.3 信息交流与反馈

公司建立并不断完善了信息交流与反馈制度，同时持续提高信息化建设水平，为该机制的顺利运转提供有效技术支持。信息交流与反馈制度主要有：信息披露管理办法、信托业务信息披露管理办法、关联交易管理办法、业务审查决策管理办法、费用报销管理办法、客户投诉管理办法、反洗钱内部控制办法、公司年度工作报告、经营活动分析报告、风险管理报告、审计工作报告、重大突发事件报告、企业信用信息基础数据库运行管理办法、信托业务网上银行系统管理规定、信托业务信息系统管理规定、系统网络管理办法、网络维护管理办法等等。公司信息管理系统高效运转，董事会、监事会、管理层能及时了解公司的经营和风险状况，每一项信息均能够及时传递给相关的员工，各个部门和员工的有关信息均能够顺畅反馈。

4.4.4 监督评价与纠正

公司建立了自控、互控、监控三结合的内控机制，及时对内部控制活动进行检查、评价、监督和纠正。公司建立了业务部门（岗位）自查、业务部门（岗位）互相制约、员工内部举报、合规部门检查、内审部门审计相结合的机制。业务部门（岗位）定期开展自查自纠活动，一旦发现内部控制问题，迅速纠正；办理业务时，相关部门、岗位之间互相监督、制衡；全体员工主动参与公司管理，及时监督和举报公司内部运营缺陷或违规行为；公司合规与风险管理部审核评价内控制度和操作流程的合规性；按照风险管理“事前全面调查”、“事中严格审查”、“事后跟踪管理”的要求，相应规范内部审批、操作和风险管理程序，细化和完善内部控制制度，实行合规风险“全过程、嵌入式”管理。审计稽核部对业务的各项运作和风险管理进行动态审计和检查，对相关人员的规范操作进行监督和检查，对各项业务、各部门、各岗位实施全面监督、检查，并直接向董事会、管理层报告，管理层根据内部控制的检查情况和审计评价结果，提出整改意见和纠正措施，并督促各部门严格落实。

4.4.5 消费者权益保护

公司消费者权益保护工作由公司董事会授权消费者权益保护工作委员会牵头管理，公司分管副总经理主持日常工作，消费者权益保护专职部门及各相关部门共同承办具体工作。2018 年公司紧紧围绕公司工作报告中“委托客户重构”这一工作核心，秉承产品风险可控、存续正常运行、收益符合预期且投资者风险适配这一宗旨，推动消费者权益保护工作的各项工作不断深化。具体包括：（1）继续加强制度体系的补充与完善，明确消费者权益保护工作的管理要求，清晰界定各岗位职责和工作流程，为客户提供更加安全、有效的专业化服务制度保障。（2）坚守风险底线，严把产品风控关，并在评审阶段切实听取消费者权益保护工作专项评委意见，使产品创设更贴近委托客户需求。(3)以规范"双录"为抓手，向消费者充分揭示风险，诚实、守信、合规销售产品。(4)建立通畅的客户反馈通道(如客户自助系统、客服热线、公司官网、微信公众号、APP等)，实现与客户更直接、更有效的沟通、处理和互动。(5)积极参与监管机构发起的"金融知识普及月金融知识进万家"暨"提升金融素养争做金融好网民"宣传活动，通过报纸、网站及微信公众号等媒介，通俗易懂且合法合规地向民众阐述信托产品投资与其他金融产品投资的区别，警示民众要结合自身风险偏好审慎投资，切实履行保障消费者合法权益的主体职责。

4.5 风险管理

4.5.1 风险管理概况

公司以诚信和尽职履责理念为引领，建立并不断完善了以发展战略为导向，以防范和控制风险为核心，以信息系统为支撑，覆盖公司决策、执行、监督、反馈等各环节，科学、完善、高效的风险管理体系，忠实履行受托人职责，切实实现受益人利益最大化。

一是公司建立了由董事会负最终责任、管理层直接领导、以风险管理部门为中心、其他部门密切配合的四级嵌入式风险管理组织架构，形成了自上而下垂直型风险管理组织，同时对公司整体风险和各项业务风险实施统一管理。四级风险管理体系能够有效落实风险管理责任制，保证风险控制措施的有效实施，既强化了全员全过程的风险管理，又保证了风险管理部门的独立性。

二是公司已建立由董事会对管理层，管理层对总经理、副总经理、各部门的两级业务授权体系，以及董事长对总经理的法定代表人授权体系，并根据公司发展情况不断完善，以此保障公司业务运行呈现分级管理、各负其责、相互制衡、运转有效的特点。同时实行集中管理和分散监控有机结合，明确各级风险防范职责。

三是在业务层面、风险管理层面、内部审计层面构筑了三道风险管理防线。由各业务部门作为风险管理的第一道防线，承担所负责业务风险责任，对业务风险实施一线管理；在经营层面设立业务审查决策委员会，对业务风险进行集体审查决策；设立合规与风险管理部，全面组织开展公司日常风险管理工作，对公司业务风险进行全过程监控；审计稽核部对公司风险管理的有效性实施独立监督和评价。

四是在实施方面，公司实行Pvar(程序+风险限额)的风险管理基本策略，保证业务高效、安全、规范运营。针对信用风险、市场风险等可量化风险，严格实施风险指标管理和风险限额控制；对合规风险、操作风险等非量化风险，明确岗位职责，制定精细化的业务操作规程、风险控制流程，加强员工风险意识，实施岗位和流程控制。

五是通过推行风控专业化分工机制，确保在各专门领域均有专人与业务部门对接。目前，专业化分工已经实现了公司几大主要业务条线的全覆盖，并且专门设立监管政策解读小组及时为公司合规展业提供参考意见。公司将通过不断的积累来提升风控人员在细分领域的专业水准，构建出更加精细化的风控体系，助力公司高效获取优质资产。

4.5.2 风险状况

公司主要面临的风险包括信用风险、市场风险、操作风险、法律合规风险等。

4.5.2.1 信用风险状况

信用风险是公司面临的主要风险之一，主要是指公司在运营过程中可能面临的交易对手不能或不愿履行其义务而使信托财产或固有财产遭受潜在损失的风险，主要表现为在贷款、资产回购、后续资金安排、担保、履约承诺等交易过程中，借款人、担保人、保管人等交易对手不能或者不愿履行合约承诺而使信托财产和固有财产遭受损失。

报告期内，公司资产质量良好，项目运行正常，资产分类均为正常类，信用风险可控。公司到期的全部信托项目，均按期向受益人安全兑付信托利益。公司无新增不良资产，并严格按照有关规定计提信托赔偿准备金及风险准备。信用风险防范手段的实施以到期清偿为核心，附加过程管理，在维护受益人利益的同时，也促进了使用信托资金的企业良性发展。

4.5.2.2 市场风险状况

市场风险是指因市场价格的不利变动而使公司管理的资产遭受损失的风险。市场风险可以分为利率风险、汇率风险、证券价格风险和商品价格风险等。

报告期内，公司注重市场风险的提前预判与识别，在经营目标上合理设立盈利目标，避免过分追求盈利而承受较大风险。针对金融市场或环境的剧烈变化，动态评估在极端不利情况下的风险承受能力，以此为依据及时制定相应的应急处理预案。

在投资类业务上，公司对市场风险实施限额管理，根据业务性质、资本规模和风险承受能力制定对各类业务和各级限额的内部审批程序和操作规程。

4.5.2.3 操作风险状况

操作风险表现为由于公司治理机制、内部控制失效或者有关责任人出现失误、欺诈等问题，公司没有充分及时地做好尽职调查、持续监控、信息披露等工作，未能及时做出应有的反应，或做出的反应明显有失专业和常理，甚至违规违约。操作风险表现在信托业务和固有业务的整个管理过程中。

基于操作风险与操作人员的主观方面相关的特点，公司重点建立和动态完善操作风险管理制度。公司严格执行各项规章制度，从产品设计、尽职调查、风险管控、产品营销、后续管理等环节入手，通过修订、完善各项业务指引，有效指导业务发展；通过强化法律文本的标准化制定，规范业务操作模式，防范操作风险。

4.5.2.4 法律合规风险状况

法律合规风险是指公司因没有遵循法律、部门规章和行业准则而可能遭受法律制裁、监管处罚、重大财务损失和声誉损失的风险。

公司牢固树立“防风险、促规范”的合规意识，以强化合规经营作为经营活动的重点，以防范金融风险作为经营活动的底线。报告期内，公司通过不断强化责任意识，全面提升合规管理能力。严格执行各项监管要求，狠抓整改落实，通过加强监管政策的学习和宣讲，确保依法合规经营；强化合规风控基础管理，开展多种形式的职业道德和风险警示教育。报告期内公司没有因法律合规问题而遭受法律制裁、重大财务损失或声誉损失。

4.5.2.5　其他风险状况

其他风险包括流动性风险、声誉风险等。

4.5.2.5.1　流动性风险状况

流动性风险主要指清偿能力不足或虽然有清偿能力，但无法及时支付到期债务所引发的风险。主要因风险事件突发或公司资产负债变化导致。

报告期内，公司针对即将到期的信托项目，严格按照合同约定督促企业采取提前归集、分期还款等措施分散流动性风险。公司固有项下各项财务指标均在正常范围之内，未发生流动性异常状况。此外，在股东的支持下，公司2018年继续增资扩股，确保公司现金流能够持续满足长短期资金需求和监管要求。

4.5.2.5.2　声誉风险状况

声誉风险主要是在突发风险事件及风险事件缓释处置过程中，出现对公司的负面评价，进而影响公司声誉及品牌形象。

良好的声誉风险管理对公司增强竞争优势、提升盈利能力和实现长期战略目标起着不可忽视的作用。公司已建立突发事件应急预案及报告机制，能够持续做好舆情监测，及时发现情况并快速采取应对措施，防范和化解声誉风险。

报告期内，公司未发生声誉风险状况和其他衍生情况，公司没有因为各种风险而出现声誉损失。

4.5.3　风险管理

2018年，在外部形势严峻的情况下，公司紧紧围绕防范经营风险，突出推进合规经营。一是坚守底线，严格增量业务风险审查标准，强化存量业务的风险防控，注重风险的预判与识别，不断提升风险防控的主动性和有效性，有效规避行业内出现风险的项目，风险防控能力进一步提升。二是坚持“风险管理创造价值”，紧紧围绕公司转型发展重点领域，不断制定并完善业务指引和风控标准，有效指导展业；继续践行风控前移，与业务部门协调运作、形成合力，助推公司高质量发展；借助金融科技力量，开发了贷前风险审核系统和资产运营管理平台，不断培育新型风险管理能力。三是坚持合规理念和自律意识，以更严格的标准遵守、执行各项监管规定；通过监管政策解读、培训、考试、问责等措施，确保各项业务在合规框架下开展，确保国家各项宏观调控政策在公司得到贯彻实施。

4.5.3.1　信用风险管理

报告期内，公司不断强化信用风险管控。严格交易对手准入标准，项目选择上坚持合法合规及符合国家政策，加大并完善对存续项目的信用风险管理。

一是加大交易对手审查力度，严把项目准入关。严格按照公司各类业务指引的要求，坚决规避产能过剩行业和空壳企业，坚持优中选优，选择股东背景强、经营状况佳、财务结构好、融资渠道畅通的交易对手开展合作。同时加强对新行业、新产业及具体商业模式的研究、理解，前瞻性地研究新形势下可能出现的风险，洞察新业务领域的风险演化规律和趋势，提高风险预判能力，切实把好项目准入关。

二是不断健全信用风险监测预警机制。公司不定期地在全公司范围内开展信用风险排查工作，加大对重点行业、重点区域、重点类型客户信用风险隐患的检查力度，对信托项目交易对手的经营状况、管理状况、财务状况进行持续动态监测和预警，摸清摸透信用风险隐患，并将排查中发现的问题及时向监管部门报告。

三是建立信用风险转移机制。资产端通过控制信贷集中度降低信用风险，资金端通过将合适的项目营销给具有相应风险识别和承担能力的机构客户，实现信用风险转移，切实做到“卖者有责，买者自负”。

4.5.3.2　市场风险管理

报告期内，公司注重有效控制市场风险。通过严格监测业务风险限额，健全风险监测预警和干预机制，对各种有市场风险敞口的资产进行组合化管理，严格遵守资产配置比例要求，加强对存续项目的风险评估及量化管理，确保总体风险控制在风险偏好和风险承受能力之内。

一是公司注重市场风险的提前预判与识别，强调在经营过程中提前设置相关措施对未来市场风险进行检测、对冲乃至化解。

二是做到前瞻性防控、投前研判专业化、投后管理精细化。高度强调以受托人尽职履责为核心，明确专人专责，定期与不定期进行风险排查和压力测试，以确保投后管理高质高效、不出纰漏。

三是公司对市场风险实施限额管理，根据业务性质、资本规模和风险承受能力制定对各类业务和各级限额的内部审批程序和操作规程。经营层根据限额实际控制情况进行动态管理，合规与风险管理部对业务部门交易账户头寸风险进行动态监控，对于投资风险较大的交易账户逐日重估价值。

4.5.3.3　操作风险管理

报告期内，公司持续加强操作风险防范。进一步完善内控管理制度，做好审计监督，狠抓落实，加强审核监管规定及内控制度的落实、执行情况；坚持合规风险一票否决制，严格遵守审贷分离、审投分离；强化尽职调查、抵质押办理、中后期管理等基础管理工作，坚决防范对操作风险的麻木和迟钝。

一是严格规范员工各项业务操作流程。为进一步加强业务风险管理、规范业务流程操作要求、推动公司业务健康发展，合规与风险管理部梳理了信托业务开展过程中核心环节的注意事项与行为规范要求，制定并下发了

《信托业务核心操作风险指引》，并组织了全体业务人员进行信托业务核心操作风险资格认证考试。同时结合前期信托业务核心操作风险指引的执行情况，对指引进行了补充修订。

二是公司要求各业务部门建立自查制度，定期核实业务开展过程中相关操作要求执行是否到位、操作风险是否可控，坚决防范对操作风险的麻木和迟钝。

三是公司对本年度新入职员工开展全面系统培训，将合规知识及公司核心制度中的相关规范及操作要求纳入培训及考核范围内，并就公司核心制度组织全体业务人员进行考试测评。

4.5.3.4 法律合规风险管理

报告期内，公司进一步夯实公司风险管理基础，加大合规监管制度培训力度，开展多种形式的职业道德和风险警示教育，增强全员对合规风险危害性的认识。

一是公司以"塑造合规文化，建设平安公司"为总体目标，以"风险防控和合规建设"为主题，开展了"合规管理年"活动，进一步完善了公司规章制度、业务流程、合规指引。通过组织全体员工学习各项监管法规、内控和案防制度，着力培养公司从业人员诚实信用、守法合规的职业操守，提升全员合规意识。

二是加大合规监管制度培训力度，以考促学。积极开展监管专题会及案防合规知识培训会，督促全体员工学习、掌握合规政策。

三是强化合规基础管理，开展多种形式的职业道德和风险警示教育。公司通过每周收集并发布监管和行业动态信息，加强对全局性、系统性风险的预警和对监管合规动态的掌握。通过持续在公司内网发布"风险警示案例"、"基础管理风险提示"将风险信息传达至全公司，提升全员风险意识。

4.5.3.5 其他风险的管理

4.5.3.5.1 流动性风险管理

一是充分考虑市场波动给公司流动资产可变现净值带来的影响。公司始终坚持审慎的原则，按季定期对流动性风险进行压力测试，按照"守规矩、重制度、制度先行、落实到位"的管理要求，不断加强应对流动性风险的内部决策控制、实施控制、事后监控和预警机制，做好对资产负债流动性的预测和分析，完成对潜在流动性的衡量。同时，严格控制权益类投资品种的比重，保持自营资产的高流动性及收益的稳定性。通过综合运用多种手段，不断增强公司的流动性风险管理能力。

二是严格遵守监管要求，并未直接或变相开展或参与任何具有"滚动发行、集合运作、期限错配、分离定价"特征的资金池业务，所有信托产品均实现了资金和资产的一一对应。

三是切实履行受托人职责，专人负责确认投资人赎回安排，逐日盯市、估值并做好预警工作，评估和研判标的资产的可变现能力变化，确保可变现信托财产的充足性，切实防范流动性风险。

4.5.3.5.2 声誉风险管理

报告期内，公司不断强化声誉风险意识、提升声誉管理能力，未发生重大声誉风险事项。

一是公司始终将声誉风险管理作为公司发展战略的重要组成部分，从公司可持续发展的角度出发，不断树立行业口碑、重视声誉风险。公司董事会是公司声誉风险管理的最高决策机构，每年审定声誉风险管理策略。公司建立了舆情监测机制，配备具有专业素质的人员从事声誉风险管理工作，包括舆情监测、舆情引导等工作，并严格执行舆情报告制度。

二是公司始终保持谨慎的业务决策风格，确保业务决策科学性。公司建立了以业务审查决策委员会为主体的集体决策机制，同时谨慎的业务决策风格帮助公司躲过了多起行业已经发生的风险事件。

三是公司将声誉风险考核纳入绩效考核组成部分，风险事件发生后由人力资源部根据公司声誉风险考核要求启动公司问责机制，对有关责任人严格问责。

4.6 企业社会责任

公司以"为客户提供最佳的增值服务，为股东创造最大的价值，为职工搭建实现自我价值的平台，为社会做出最大的贡献"为使命，积极践行《信托公司社会责任公约》，不断丰富企业社会责任的实践内容。

一是全力支持实体经济发展。2018年，公司投向实体经济的规模达到5532亿元，占公司信托规模的77%；同时，通过优化服务手段、减少中间环节等，使融资人的融资成本平均降低达一个百分点以上。

二是坚持以客户为中心。2018年，公司为委托客户创造的收益和为合作银行创造的中间业务收入合计达552.75亿元。

三是依法履行纳税义务，支持贵州建设。2018年度公司为贵州贡献税收总额达21.86亿元，为贵州省经济建设提供投融资规模余额931.2亿元。

四是公司坚持为贵州精准扶贫做贡献，投入扶贫资金余额210.6亿元。

五是公司2018年定点扶贫贵州省黔南布依族苗族自治州瓮安县猴场镇大河村，目前投入扶贫30万元，已完成交付使用，主要是产业发展鱼苗给农户，修黄泥屯组的道路，村委会办公室装修。

六是支持贵州省册亨县丫他镇板其小学。公司筹集信托公益基金300万元捐赠贵州省册亨县丫他镇板其小学，主要用于学生宿舍、教师宿舍、食堂和运动场、厕所等基础设施改扩建工作。随着改扩建工程的完成，板其小学成为了贵州省边远山区基础设施最好的小学，并更名为"华能信托板其希望小学"。

七是公司2018年设立"华能信托·尊承槿花慈善信托"，在内蒙古察科右中旗扶贫发展中心旗辖乡镇村投入20万元，已完成发放，主要用于建档立卡贫困户帮扶、教育帮扶；在北京市大爱清尘公益基金会多发尘肺病贫困地区投入捐助资金10万元，已足额完成发放，用于尘肺病人救助。

八是维护和保障员工的切身利益，为员工创造便捷的职业培训平台，通过完善绩效考核机制，优化考核内容推进“举手制”，不断启用有理想、有能力、有担当的年轻人，增强公司创新的活力，同时积极保障员工福利，为员工构建和谐、进取的企业氛围。

5. 报告期末及上一年度末的比较式会计报表

5.1 自营资产

5.1.1 会计师事务所审计意见全文

审 计 报 告

大信审字[2019]第1－01081号

华能贵诚信托有限公司：

一、审计意见

我们审计了华能贵诚信托有限公司（以下简称“贵公司”）的财务报表，包括2018年12月31日的合并及母公司资产负债表，2018年度的合并及母公司利润表、合并及母公司现金流量表、合并及母公司所有者权益变动表，以及财务报表附注。

我们认为，后附的财务报表在所有重大方面按照企业会计准则的规定编制，公允反映了贵公司2018年12月31日的合并及母公司财务状况以及2018年度的合并及母公司经营成果和现金流量。

二、形成审计意见的基础

我们按照中国注册会计师审计准则的规定执行了审计工作。审计报告的“注册会计师对财务报表审计的责任”部分进一步阐述了我们在这些准则下的责任。按照中国注册会计师职业道德守则，我们独立于贵公司，并履行了职业道德方面的其他责任。我们相信，我们获取的审计证据是充分、适当的，为发表审计意见提供了基础。

三、管理层和治理层对财务报表的责任

管理层负责按照企业会计准则的规定编制财务报表，使其实现公允反映，并设计、执行和维护必要的内部控制，以使财务报表不存在由于舞弊或错误导致的重大错报。

在编制财务报表时，管理层负责评估贵公司的持续经营能力，披露与持续经营相关的事项（如适用），并运用持续经营假设，除非管理层计划清算贵公司、终止运营或别无其他现实的选择。

治理层负责监督贵公司的财务报告过程。

四、注册会计师对财务报表审计的责任

我们的目标是对财务报表整体是否不存在由于舞弊或错误导致的重大错报获取合理保证，并出具包含审计意见的审计报告。合理保证是高水平的保证，但并不能保证按照审计准则执行的审计在某一重大错报存在时总能发现。错报可能由于舞弊或错误导致，如果合理预期错报单独或汇总起来可能影响财务报表使用者依据财务报表作出的经济决策，则通常认为错报是重大的。

在按照审计准则执行审计工作的过程中，我们运用职业判断，并保持职业怀疑。同时，我们也执行以下工作：

（一）识别和评估由于舞弊或错误导致的财务报表重大错报风险，设计和实施审计程序以应对这些风险，并获取充分、适当的审计证据，作为发表审计意见的基础。由于舞弊可能涉及串通、伪造、故意遗漏、虚假陈述或凌驾于内部控制之上，未能发现由于舞弊导致的重大错报的风险高于未能发现由于错误导致的重大错报的风险。

（二）了解与审计相关的内部控制，以设计恰当的审计程序，但目的并非对内部控制的有效性发表意见。

（三）评价管理层选用会计政策的恰当性和作出会计估计及相关披露的合理性。

（四）对管理层使用持续经营假设的恰当性得出结论。同时，根据获取的审计证据，就可能导致对贵公司持续经营能力产生重大疑虑的事项或情况是否存在重大不确定性得出结论。如果我们得出结论认为存在重大不确定性，审计准则要求我们在审计报告中提请报表使用者注意财务报表中的相关披露；如果披露不充分，我们应当发表非无保留意见。我们的结论基于截至审计报告日可获得的信息。然而，未来的事项或情况可能导致贵公司不能持续经营。

（五）评价财务报表的总体列报、结构和内容（包括披露），并评价财务报表是否公允反映相关交易和事项。

（六）就贵公司中实体或业务活动的财务信息获取充分、恰当的审计证据，以对合并财务报表发表审计意见。我们负责指导、监督和执行集团审计，并对审计意见承担全部责任。

我们与治理层就计划的审计范围、时间安排和重大审计发现等事项进行沟通，包括沟通我们在审计中识别出的值得关注的内部控制缺陷。

大信会计师事务所（特殊普通合伙）

中国注册会计师：王进

中国注册会计师：陈立彤

二〇一九年三月十五日

5.1.2 资产负债表

资产负债表

编制单位：华能贵诚信托有限公司　　单位：万元

项目	合并		母公司	
	年末数	年初数	年末数	年初数
资产：				
贵金属贵	4,339.95	82,522.87	4,285.79	81,912.42
拆出资金				
以公允价值计量且其变动计入当期损益的金融资产	109,827.28	67,291.42	109,827.28	67,291.42
衍生金融资产				
买入返售金融资产	86,070.44		86,070.44	
应收利息				
发放贷款和垫款				
可供出售金融资产	1,846,559.55	1,189,763.64	1,824,600.36	1,169,360.96
持有至到期投资				
长期股权投资			20,000.00	20,000.00
投资性房地产				
固定资产	2,064.88	1,680.87	2,064.88	1,680.87
无形资产	1,040.40	651.60	1,040.40	651.60
递延所得税资产	28,171.22	28,661.93	28,171.22	28,661.93
其他资产	55,517.07	14,564.56	55,517.07	14,564.56
资产总计	2,133,590.79	1,385,136.89	2,131,577.44	1,384,123.76

资产负债表(续)

项目	合并		母公司	
	年末数	年初数	年末数	年初数
负　债：				
向中央银行借款		—		—
同业及其他金融机构存放款项		—		—
拆入资金		—		—
交易性金融负债		—		—
衍生金融负债				—
卖出回购金融资产款		—		—
吸收存款		—		—
应付职工薪酬	80,858.10	104,661.11	80,858.10	104,661.11
应交税费	101,304.75	21,450.33	101,216.87	21,340.64

续表

项　　目	合并		母公司	
	年末数	年初数	年末数	年初数
应付股利				
预计负债				
应付债券				
递延所得税负债	1,560.33	8,330.92	1,559.54	8,321.25
其他负债	102,844.28	28,347.84	102,844.28	28,347.84
负债合计	286,567.46	162,790.20	286,478.79	162,670.84
所有者权益:				
实收资本	619,455.74	420,000.00	619,455.74	420,000.00
资本公积	606,313.90	281,583.30	606,313.90	281,583.30
减:库存股				
其他综合收益	-288.02	21,051.67	-290.39	21,022.66
盈余公积	109,575.32	85,498.07	109,575.32	85,498.07
一般风险准备	84,514.73	64,334.76	84,514.73	64,334.76
未分配利润	427,451.66	349,878.89	425,529.35	349,014.13
所有者权益合计	1,847,023.33	1,222,346.69	1,845,098.65	1,221,452.92
负债和所有者权益总计	2,133,590.79	1,385,136.89	2,131,577.44	1,384,123.76

5.1.3　利润和利润分配表

利润和利润分配表

编制单位:华能贵诚信托有限公司　　　　单位:万元

项　　目	合并		母公司	
	2018年度	2017年度	2018年度	2017年度
一、营业收入	349,188.55	342,582.89	347,738.87	342,122.19
利息净收入	-12,237.84	-13,723.88	-12,241.09	-13,729.08
利息收入	1,368.48	1,627.66	1,365.23	1,622.46
利息支出	13,606.32	15,351.54	13,606.32	15,351.54
手续费及佣金净收入	243,888.17	264,590.21	243,888.17	264,577.33
手续费及佣金收入	244,673.85	265,295.24	244,673.85	265,282.36
手续费及佣金支出	785.68	705.03	785.68	705.03
投资收益(损失以"-"号填列)	130,208.65	86,543.36	128,762.22	86,100.75
其中:对联营企业和合营企业的投资收益				
公允价值变动收益(损失以"-"号填列)	-14,181.31	4,309.61	-14,181.31	4,309.61
汇兑收益(损失以"-"号填列)	0.92	-1.13	0.92	-1.13
其他业务收入	144.83	159.04	144.83	159.04

续表

项目	合并		母公司	
	2018年度	2017年度	2018年度	2017年度
资产处置收益(损失以“-”号填列)				
其他收益	1,365.13	705.68	1,365.13	705.67
二、营业支出	44,073.24	74,245.99	44,033.92	74,236.55
税金及附加	1,818.04	1,896.30	1,818.04	1,896.27
业务及管理费	35,966.87	68,153.20	35,927.55	68,143.79
资产减值损失	6,288.33	4,196.49	6,288.33	4,196.49
其他业务成本				
三、营业利润(亏损以“-”号填列)	305,115.31	268,336.90	303,704.95	267,885.64
加:营业外收入	15,696.06	3,137.63	15,696.06	3,137.63
减:营业外支出	292.38	206.35	292.38	206.35
四、利润总额(亏损以“-”号填列)	320,518.99	271,268.18	319,108.63	270,816.92
减:所得税费用	78,689.00	62,532.47	78,336.19	62,419.59
五、净利润(净亏损以“-”号填列)	241,829.99	208,735.71	240,772.44	208,397.33
加:年初未分配利润	349,878.89	272,402.78	349,014.13	271,876.40
六、可供分配的利润	591,708.88	481,138.49	589,786.57	480,273.73
减:提取法定盈余公积	24,077.24	20,839.73	24,077.24	20,839.73
提取信托赔偿准备	12,038.62	10,419.87	12,038.62	10,419.87
提取一般风险准备	8,141.36		8,141.36	
其他减少				
七、可供股东分配的利润	547,451.66	449,878.89	545,529.35	449,014.13
减:分配股东股利	120,000.00	100,000.00	120,000.00	100,000.00
八、未分配利润	427,451.66	349,878.89	425,529.35	349,014.13

5.2 信托资产

5.2.1 信托项目资产负债汇总表

信托项目资产负债表

编制单位:华能贵诚信托有限公司　　2018年12月31日　　单位:万元

信托资产	期末余额	年初余额	信托负债和信托权益	期末余额	年初余额
信托资产:			信托负债:		
货币资金	2,050,814.54	1,518,494.44	交易性金融负债	—	—
拆出资金	—	—	衍生金融负债	—	—
存出保证金	5,095.00	—	应付受托人报酬	7,809.36	2,660.74
交易性金融资产	634,682.8	923,376.23	应付托管费	258.34	385.49
衍生金融资产		—	应付受益人收益	6,213.75	920.24
买入返售金融资产	5,568,923.41	62,694.78	应交税费	160.01	1.42

续表

信托资产	期末余额	年初余额	信托负债和信托权益	期末余额	年初余额
应收款项	112,139.42	7,514.31	应付销售服务费	588.18	602.52
发放贷款	12,210,236.33	14,721,564.50	其他应付款项	20,177.39	11,573.33
可供出售金融资产	14,528,768.19	—	预计负债		—
持有至到期投资	0.00	7,813,368.51	其他负债		—
长期应收款		—	信托负债合计	35,207.03	16,143.74
长期股权投资	9,317,591.20	11,078,786.32			—
投资性房地产		—	信托权益:		
固定资产		—	实收信托	71,975,807.37	99,728,892.37
无形资产		—	资本公积	69,028.43	9,562.50
长期待摊费用		—	损益平准金		—
其他资产	28,361,488.87	64,899,540.67	未分配利润	709,696.93	1,270,741.15
减:各项资产减值准备	—	—	信托权益合计	72,754,532.73	101,009,196.02
信托资产总计	72,789,739.76	101,025,339.76	信托负债及信托权益合计	72,789,739.76	101,025,339.76

5.2.2 信托项目利润及利润分配汇总表

编制单位:华能贵诚信托有限公司　　　　单位:万元

项　目	2018年度	2017年度
1. 营业收入	5,451,912.27	5,755,573.70
1.1 利息收入	927,547.11	946,268.21
1.2 投资收益(损失以"-"号填列)	4,674,215.55	4,745,692.43
1.2.1 其中:对联营企业和合营企业的投资收益		—
1.3 公允价值变动收益(损失以"-"号填列)	-153,359.96	63,530.93
1.4 租赁收入		—
1.5 汇兑损益(损失以"-"号填列)		—
1.6 其他收入	3,509.57	82.12
2. 支出	552,145.22	490,587.23
2.1 营业税金及附加	12,279.44	1,005.47
2.2 受托人报酬	240,075.69	223,646.80
2.3 托管费	30,166.65	35,674.29
2.4 投资管理费	105.56	197.61
2.5 销售服务费	30,847.47	30,085.18
2.6 交易费用	671.05	289.98
2.7 资产减值损失	11,265.39	159.33

续表

项　　目	2018 年度	2017 年度
2.8 其他费用	226,733.97	199,528.57
3. 信托净利润(净亏损以“－”号填列)	4,899,767.04	5,264,986.46
4. 其他综合收益	6,789.52	11,911.87
5. 综合收益	4,906,556.57	5,276,898.34
6. 　加:期初未分配信托利润	1,269,626.56	766,111.10
7. 可供分配的信托利润	6,176,183.13	6,043,009.44
8. 　减:本期已分配信托利润	5,466,486.19	4,772,268.28
9. 期末未分配信托利润	709,696.93	1,270,741.16

6. 会计报表附注

6.1 会计报表编制基准不符合会计核算基本前提的说明

6.1.1 会计报表不符合会计核算基本前提的事项。

公司无会计报表不符合会计核算基本前提的事项。

6.1.2 合并会计报表。

6.2 重要会计政策和会计估计说明

公司名称	业务性质	注册地	注册资本	实际投资额	母公司所持有的权益性资本的比例	合并期间
贵诚汇鑫股权投资有限公司	股权投资管理等	珠海	20,000 万元	20,000 万元	100%	2018 年 1 月至 2018 年 12 月

6.2.1 计提资产减值准备的范围和方法。

1. 金融资产减值

以摊余成本计量的金融资产发生减值时,按预计未来现金流量(不包括尚未发生的未来信用损失)现值低于账面价值的差额,计提减值准备。如果有客观证据表明该金融资产价值已恢复,且客观上与确认该损失后发生的事项有关,原确认的减值损失予以转回,计入当期损益。

以成本计量的金融资产,如有证据表明由于无法可靠地计量其公允价值所以未以公允价值计量的无市价权益性金融工具出现减值,减值损失的金额应按该金融资产的账面金额与以类似金融资产当前市场回报率折现计算所得的预计未来现金流量现值之间的差额进行计量,计提减值准备。发生的减值损失,一经确认,不再转回。

当有客观证据表明可供出售金融资产发生减值时,原直接计入股东权益的因公允价值下降形成的累计损失予以转出并计入减值损失。对已确认减值损失的可供出售债务工具投资,在期后公允价值上升且客观上与确认原减值损失后发生的事项有关的,原确认的减值损失予以转回并计入当期损益。对已确认减值损失的可供出售权益工具投资,期后公允价值上升直接计入股东权益。

对于权益工具投资,本公司判断其公允价值发生“严重”或“非暂时性”下跌的具体量化标准、成本的计算方法、期末公允价值的确定方法,以及持续下跌期间的确定依据为:

公允价值发生“严重”下跌的具体量化标准	期末公允价值相对于成本的下跌幅度已达到或超过 50%。
公允价值发生“非暂时性”下跌的具体量化标准	连续 12 个月出现下跌。
成本的计算方法	取得时按支付对价(扣除已宣告但尚未发放的现金股利或已到付息期但尚未领取的债券利息)和相关交易费用之和作为投资成本。

续表

期末公允价值的确定方法	存在活跃市场的金融工具，以活跃市场中的报价确定其公允价值；如不存在活跃市场的金融工具，采用估值技术确定其公允价值。
持续下跌期间的确定依据	连续下跌或在下跌趋势持续期间反弹上扬幅度低于20%，反弹持续时间未超过6个月的均作为持续下跌期间。

2. 应收账款减值

在资产负债表日有客观证据表明应收账款发生了减值的，本公司根据其账面价值与预计未来现金流量现值之间差额确认减值损失。

3. 其他资产减值

长期股权投资、采用成本模式计量的投资性房地产、固定资产、在建工程、采用成本模式计量的生产性生物资产、油气资产、无形资产、商誉等长期资产于资产负债表日存在减值迹象的，进行减值测试。减值测试结果表明资产的可收回金额低于其账面价值的，按其差额计提减值准备并计入减值损失。

可收回金额为资产的公允价值减去处置费用后的净额与资产预计未来现金流量的现值两者之间的较高者。资产减值准备按单项资产为基础计算并确认，如果难以对单项资产的可收回金额进行估计的，以该资产所属的资产组确定资产组的可收回金额。资产组是能够独立产生现金流入的最小资产组合。

在财务报表中单独列示的商誉，无论是否存在减值迹象，至少每年进行减值测试。减值测试时，商誉的账面价值分摊至预期从企业合并的协同效应中受益的资产组或资产组组合。测试结果表明包含分摊的商誉的资产组或资产组组合的可收回金额低于其账面价值的，确认相应的减值损失。减值损失金额先抵减分摊至该资产组或资产组组合的商誉的账面价值，再根据资产组或资产组组合中除商誉以外的其他各项资产的账面价值所占比重，按比例抵减其他各项资产的账面价值。

上述资产减值损失一经确认，以后期间不予转回价值得以恢复的部分。

6.2.2－6.2.5 金融工具

金融工具划分为金融资产或金融负债和权益工具。本公司成为金融工具合同的一方时，确认为一项金融资产或金融负债，或权益工具。

金融资产于初始确认时分类为：以公允价值计量且其变动计入当期损益的金融资产、持有至到期投资、应收款项、可供出售金融资产。除应收款项以外的金融资产的分类取决于本公司及其子公司对金融资产的持有意图和持有能力等。金融负债于初始确认时分类为：以公允价值计量且其变动计入当期损益的金融负债以及其他金融负债。

以公允价值计量且其变动计入当期损益的金融资产包括持有目的为短期内出售的金融交易性资产和初始确认时指定为以公允价值计量且其变动计入当期损益的金融资产；应收款项是指在活跃市场中没有报价、回收金额固定或可确定的非衍生金融资产；可供出售金融资产包括初始确认时即被指定为可供出售的非衍生金融资产及未被划分为其他类的金融资产；持有至到期投资是指到期日固定、回收金额固定或可确定，且管理层有明确意图和能力持有至到期的非衍生金融资产。

2. 金融工具的计量

本公司金融工具初始确认按公允价值计量。后续计量分类为：以公允价值计量且其变动计入当期损益的金融资产、可供出售金融资产及以公允价值计量且其变动计入当期损益的金融负债按公允价值计量；持有到期投资、贷款和应收款项以及其他金融负债按摊余成本计量；在活跃市场中没有报价且其公允价值不能可靠计量的权益工具投资，以及与该权益工具挂钩并须通过交付该权益工具结算的衍生金融资产或者衍生金融负债，按照成本计量。本公司金融资产或金融负债后续计量中公允价值变动形成的利得或损失，除与套期保值有关外，按照如下方法处理：①以公允价值计量且其变动计入当期损益的金融资产或金融负债公允价值变动形成的利得或损失，计入公允价值变动损益。②可供出售金融资产的公允价值变动计入其他综合收益。

3. 本公司对金融工具的公允价值的确认方法

如存在活跃市场的金融工具，以活跃市场中的报价确定其公允价值；如不存在活跃市场的金融工具，采用估值技术确定其公允价值。估值技术主要包括市场法、收益法和成本法。

4. 金融资产负债转移的确认依据和计量方法

金融资产所有权上几乎所有的风险和报酬转移时，或既没有转移也没有保留金融资产所有权上几乎所有的风险和报酬，但放弃了对该金融资产控制的，应当终止确认该项金融资产。金融资产满足终止确认条件的，将所转移金融资产的账面价值与因转移而收到的对价和原直接计入其他综合收益的公允价值变动累计额之和的差额部分，计入当期损益。部分转移满足终止确认条件的，将所转移金融资产整体的账面价值，在终止确认部分和未终止确认部分之间，按照各自的相对公允价值进行分摊。

金融负债的现时义务全部或部分已经解除的，则应终止确认该金融负债或其一部分。

6.2.6 股权投资核算方法。

1. 初始投资成本确定

对于企业合并取得的长期股权投资，如为同一控制下的企业合并，应当按照取得被合并方所有者权益账面价值的份额确认为初始成本；非同一控制下的企业合并，应当按购买日确定的合并成本确认为初始成本；以支付现金取得的长期股权投资，初始投资成本为实际支付的购买价款；以发行权益性证券取得的长期股权投资，初始投资成本为发行权益性证券的公允价值；通过债务重组取得的长期股权投资，其初始投资成本应当按照《企业会计准则第12号—债务重组》的有关规定确定；非货币性资产交换取得的长期股权投资，初始投资成本根据准则相关规定确定。

2. 后续计量及损益确认方法

投资方能够对被投资单位实施控制的长期股权投资应当采用成本法核算，对联营企业和合营企业的长期股权投资采用权益法核算。投资方对联营企业的权益性投资，其中一部分通过风险投资机构、共同基金、信托公司或包括投连险基金在内的类似主体间接持有的，无论以上主体是否对这部分投资具有重大影响，投资方都应当按照《企业会计准则第22号——金融工具确认和计量》的有关规定，对间接持有的该部分投资选择以公允价值计量且其变动计入损益，并对其余部分采用权益法核算。

3. 确定对被投资单位具有共同控制、重大影响的依据

对被投资单位具有共同控制，是指对某项安排的回报产生重大影响的活动必须经过分享控制权的参与方一致同意后才能决策，包括商品或劳务的销售和购买、金融资产的管理、资产的购买和处置、研究与开发活动以及融资活动等；对被投资单位具有重大影响，是指当持有被投资单位20%以上至50%的表决权资本时，具有重大影响。或虽不足20%，但符合下列条件之一时，具有重大影响：在被投资单位的董事会或类似的权力机构中派有代表；参与被投资单位的政策制定过程；向被投资单位派出管理人员；被投资单位依赖投资公司的技术或技术资料；与被投资单位之间发生重要交易。

6.2.7 投资性房地产核算方法。

投资性房地产是指为赚取租金或资本增值，或者两者兼有而持有的房地产。本公司的投资性房地产主要是已出租的建筑物。

本公司采用公允价值模式对投资性房地产进行计量和列示，不对其计提折旧或进行摊销，并以期末投资性房地产的公允价值为基础调整其账面价值，公允价值与原账面价值之间的差额计入当期损益。自用房地产转换为投资性房地产时，该项投资性房地产按照转换日的公允价值计量。转换日的公允价值小于原账面价值的，其差额计入当期损益；转换日的公允价值大于原账面价值的，其差额作为资本公积，计入所有者权益。处置该项投资性房地产时，原计入所有者权益的部分转入处置当期损益。

投资性房地产转换为自用房地产时，以其转换当日的公允价值作为自用房地产的账面价值，公允价值与原账面价值的差额计入当期损益。

6.2.8 固定资产计价和折旧方法。

1. 固定资产确认条件

固定资产指为生产商品、提供劳务、出租或经营管理而持有的，使用寿命超过一个会计年度的有形资产。同时满足以下条件时予以确认：与该固定资产有关的经济利益很可能流入企业；该固定资产的成本能够可靠地计量。

2. 固定资产分类和折旧方法

本公司固定资产主要分为：房屋建筑物、机器设备、电子设备、运输设备等；折旧方法采用年限平均法。根据各类固定资产的性质和使用情况，确定固定资产的使用寿命和预计净残值。并在年度终了，对固定资产的使用寿命、预计净残值和折旧方法进行复核，如与原先估计数存在差异的，进行相应的调整。除已提足折旧仍继续使用的固定资产和单独计价入账的土地之外，本公司对所有固定资产计提折旧。

资产类别	预计使用寿命（年）	预计净残值率（%）	年折旧率（%）
房屋建筑物	30	3	3.23
运输设备	9	3	10.78
电子设备	5	0	20
办公设备	5	0	20
其他设备	5－12	0－3	8.08－20

3. 融资租入固定资产的认定依据、计价方法

融资租入固定资产为实质上转移了与资产所有权有关的全部风险和报酬的租赁。融资租入固定资产初始计价为租赁期开始日租赁资产公允价值与最低租赁付款额现值较低者作为入账价值；融资租入固定资产后续计价采用与自有固定资产相一致的折旧政策计提折旧及减值准备。

6.2.9 无形资产计价及摊销政策。

1. 无形资产的计价方法

本公司无形资产按照成本进行初始计量。购入的无形资产，按实际支付的价款和相关支出作为实际成本。投资者投入的无形资产，按投资合同或协议约定的价值确定实际成本，但合同或协议约定价值不公允的，按公允价值确定实际成本。自行开发的无形资产，其成本为达到预定用途前所发生的支出总额。

本公司无形资产后续计量方法分别为：使用寿命有限无形资产采用直线法摊销，并在年度终了，对无形资产的使用寿命和摊销方法进行复核，如与原先估计数存在

差异的，进行相应的调整；使用寿命不确定的无形资产不摊销，但在年度终了，对使用寿命进行复核，当有确凿证据表明其使用寿命是有限的，则估计其使用寿命，按直线法进行摊销。

2. 使用寿命不确定的判断依据

本公司将无法预见该资产为公司带来经济利益的期限，或使用期限不确定等无形资产确定为使用寿命不确定的无形资产。使用寿命不确定的判断依据为：来源于合同性权利或其他法定权利，但合同规定或法律规定无明确使用年限；综合同行业情况或相关专家论证等，仍无法判断无形资产为公司带来经济利益的期限。

每年年末，对使用寿命不确定无形资产使用寿命进行复核，主要采取自下而上的方式，由无形资产使用相关部门进行基础复核，评价使用寿命不确定判断依据是否存在变化等。

6.2.10 长期应收款的核算方法。

长期应收款指的是企业融资租赁产生的应收款项和采用递延方式分期收款、实质上具有融资性质的销售商品和提供劳务等经营活动产生的应收款项。

6.2.11 长期待摊费用的摊销政策。

本公司长期待摊费用是指已经支出，但受益期限在一年以上（不含一年）的各项费用。长期待摊费用按费用项目的受益期限分期摊销。若长期待摊的费用项目不能使以后会计期间受益，则将尚未摊销的该项目的摊余价值全部转入当期损益。

6.2.12 合并会计报表的编制方法。

1. 合并财务报表范围

本公司将全部子公司（包括本公司所控制的单独主体）纳入合并财务报表范围，包括被本公司控制的企业、被投资单位中可分割的部分以及结构化主体。

2. 统一母子公司的会计政策、统一母子公司的资产负债表日及会计期间

子公司与本公司采用的会计政策或会计期间不一致的，在编制合并财务报表时，按照本公司的会计政策或会计期间对子公司财务报表进行必要的调整。

3. 合并财务报表抵销事项

合并财务报表以母公司和子公司的资产负债表为基础，已抵销了母公司与子公司、子公司相互之间发生的内部交易。子公司所有者权益中不属于母公司的份额，作为少数股东权益，在合并资产负债表中所有者权益项目下以“少数股东权益”项目列示。子公司持有母公司的长期股权投资，视为企业集团的库存股，作为所有者权益的减项，在合并资产负债表中所有者权益项目下以“减：库存股”项目列示。

4. 合并取得子公司会计处理

对于同一控制下企业合并取得的子公司，视同该企业合并于自最终控制方开始实时控制时已经发生，从合并当期的期初起将其资产、负债、经营成果和现金流量纳入合并财务报表；对于非同一控制下企业合并取得的子公司，在编制合并财务报表时，以购买日可辨认净资产公允价值为基础对其个别财务报表进行调整。

6.2.13 收入确认原则和方法。

收入是指本公司在日常活动中形成的，会导致所有者权益增加的，与所有者投入资本无关的经济利益的总流入。

收入在经济利益很可能流入且流入金额能够可靠计量，能同时满足不同类型收入的其他确认条件时，予以确认。

1. 利息收入

金融资产的利息收入根据让渡资金使用权的时间和实际利率在发生时计入当期损益。利息收入包括折让或溢价摊销，或生息资产的初始账面金额与到期日金额之间的差异按实际利率基准计算的摊销。

实际利率是指按金融资产的预计存续期间或更短期间将其预计未来现金流量折现至该金融资产当前账面价值所使用的利率。在计算实际利率时，本公司在考虑金融工具的所有合同条款（如提前还款权、看涨期权、类似期权等，但不会考虑未来信用损失）的基础上预计未来现金流量。

已计提减值准备的贷款按照计算相关减值损失时对未来现金流量进行折现采用的折现率计算利息收入。

2. 手续费及佣金收入

手续费及佣金收入可分为信托报酬和财务顾问费收入。其中，信托报酬在实际收到信托项目的信托报酬并考虑代垫信托项目款后确认收入；财务顾问费收入在满足下列条件时确认收入：(1)合同规定的服务已经提供；(2)按合同收款权利已经产生；(3)收入的金额能够可靠的计量，相关的经济利益很可能流入企业。

6.2.14 所得税的会计处理方法。

所得税包括当期所得税和递延所得税。除由于与直接计入股东权益的交易或者事项相关的计入股东权益外，均作为所得税费用或收益计入当期损益。

1. 当期所得税

当期所得税是按照当期应纳税所得额计算的当期应交所得税金额。应纳税所得额系根据有关税法规定对本年度税前会计利润作相应调整后得出。

本公司对于当期和以前期间形成的当期所得税负债或资产，按照税法规定计算的预期应交纳或返还的所得税金额计量。

2. 递延所得税

(1)根据资产、负债的账面价值与其计税基础之间的差额（未作为资产和负债确认的项目按照税法规定可以确定其计税基础的，确定该计税基础为其差额），按照预期收回该资产或清偿该负债期间的适用税率计算确认递延所得税资产或递延所得税负债。

(2)递延所得税资产的确认以很可能取得用来抵扣可抵扣暂时性差异的应纳税所得额为限。资产负债表日，有确凿证据表明未来期间很可能获得足够的应纳税

所得额用来抵扣可抵扣暂时性差异的,确认以前会计期间未确认的递延所得税资产。如未来期间很可能无法获得足够的应纳税所得额用以抵扣递延所得税资产的,则减记递延所得税资产的账面价值。

(3)对与子公司及联营企业投资相关的应纳税暂时性差异,确认递延所得税负债,除非本公司能够控制暂时性差异转回的时间且该暂时性差异在可预见的未来很可能不会转回。对与子公司及联营企业投资相关的可抵扣暂时性差异,当该暂时性差异在可预见的未来很可能转回且未来很可能获得用来抵扣可抵扣暂时性差异的应纳税所得额时,确认递延所得税资产。

6.2.15 信托报酬确认原则和方法。

见6.2.13.2。

6.2.16 会计政策变更、会计估计变更以及重大前期差错更正的说明:无。

6.3 或有事项说明:无。

6.4 重要资产转让及其出售的说明:无。

6.5 会计报表中重要项目的明细资料。

6.5.1 披露自营资产经营情况。

6.5.1.1 信用风险资产

表6.5.1.1 单位:万元

信用风险资产五级分类	正常类	关注类	次级类	可疑类	损失类	信用风险资产合计	不良合计	不良率(%)
期初数	1,342,390.62	0	0	926.32	1,308.11	1,344,625.05	2,234.43	0.17
期末数	2,102,444.61	0	0	926.32	1,308.11	2,104,679.04	2,234.43	0.11

注:不良资产合计=次级类+可疑类+损失类

1. 海南贵州大厦应收款项145万元,为2008年公司履行担保责任代海南贵州大厦支付执行款。该公司产权未理顺,经营不善。公司将此款项划分为可疑类,全额计提损失准备。

2. 盛安房地产开发有限公司应收款项为781.32万元,为代垫盛安公司台湾大厦后续建设资金。公司将此款项划分为可疑类,全额计提损失准备。

3. 2003年,公司信托资金委托华夏证券理财。华夏证券于2008年7月31日经法院裁定受理破产,现已进入清算程序,应收华夏证券股份有限公司的余额为1,053.42万元。公司将此款项划分为损失类,全额计提损失准备。

4. 海南发展银行清算组应收款项247.44万元,为本公司1993年发放贷款,所质押的海南发展银行定期存单,由于海南发展银行被人民银行关闭清算,该笔定期存单成为清算债权。经清算组确认领取了“海南发展银行债务确认书”,截至目前海南发展银行尚未清算完毕。公司将此款项划分为损失类,全额计提损失准备。

5. 李伟煤款应收款项7.25万元,为2007年子公司信达贸易公司注销转入,法院已判决,但无可执行财产。公司将此款项划分为损失类,全额计提损失准备。

前述1-5项不良资产全部为2009年公司重组前存续的不良资产。

6.5.1.2 各项资产减值损失准备。

表6.5.1.2 单位:万元

	期初数	本期计提	本期转回	本期核销	期末数
贷款损失准备	—	—	—	—	—
一般准备	—	—	—	—	—
专项准备	—	—	—	—	—
其他资产减值准备	4,810.58	566.09	0.00	0.00	5,376.67
可供出售金融资产减值准备	3,282.58	5,722.24	0.00	0.00	9,004.82
持有至到期投资减值准备	—	—	—	—	—
长期股权投资减值准备	—	—	—	—	—
坏账准备	2,234.43	0 00	0.00	0.00	2,234.43
投资性房地产减值准备	—	—	—	—	—

6.5.1.3 自营股票投资、基金投资、债券投资、股权投资等投资业务。

表6.5.1.3 单位：万元

	自营股票	基金	债券	长期股权投资
期初数	62,593.08	66,803.14	3,592.99	20,000.00
期末数	97,480.70	43,218.21	10,997.48	20,000.00

6.5.1.4 前五名的自营长期股权投资的企业名称、占被投资企业权益的比例、主要经营活动及投资收益情况等：

企业名称	占被投资企业权益的比例	主要经营活动	投资收益
贵诚汇鑫股权投资有限公司	100%	股权投资管理等	0

6.5.1.5 前五名的自营贷款的企业名称、占贷款总额的比例和还款情况等：无。

6.5.1.6 表外业务：无。

6.5.1.7 收入结构。

表6.5.1.7 单位：万元

收入结构	合并		母公司	
	金额	占比（%）	金额	占比（%）
手续费及佣金收入	244,673.85	64.51	244,673.85	64.76
其中：信托手续费收入	244,673.85	64.51	244,673.85	64.76
投资银行业务收入				
利息收入	1,368.48	0.36	1,365.23	0.36
其他业务收入	1,509.96	0.40	1,509.96	0.40
其中：计入信托业务收入部分				
投资收益	116,027.34	30.59	114,580.90	30.33
其中：股权投资收益	2,500.00	0.66	2,500.00	0.66
公允价值变动收益	-14,181.31	-3.74	-14,181.31	-3.75
其他投资收益	127,708.65	33.67	126,262.21	33.42
营业外收入	15,696.06	4.14	15,696.06	4.15
收入合计	379,275.69	100.00	377,826.00	100.00

6.5.2 披露信托资产管理情况。

6.5.2.1 信托资产

表6.5.2.1 单位：万元

信托资产	期初数	期末数
集合	27,846,273.73	22,216,288.91
单一	27,026,455.16	21,889,427.65
财产权	46,152,610.87	28,684,023.20
合计	101,025,339.76	72,789,739.76

6.5.2.1.1 主动管理型信托业务

表6.5.2.1.1 单位：万元

主动管理型信托资产	期初数	期末数
证券投资类	567,161.46	427,100.82
股权投资类	4,488,818.55	3,731,896.56
融资类	11,792,040.09	16,471,133.48
事务管理类	12,691,894.48	2,998,948.93
合计	29,539,914.58	23,629,079.79

6.5.2.1.2 被动管理型信托业务

表 6.5.2.1.2 单位：万元

被动管理型信托资产	期初数	期末数
证券投资类	354,814.78	194,170.18
股权投资类	6,589,967.77	5,464,876.65
融资类	2,756,106.24	499,943.26
事务管理类	61,784,536.39	43,001,669.88
合计	71,485,425.18	49,160,659.97

6.5.2.2 本年度有305个项目清算，实收信托合计6,345.93亿元，加权平均实际年化收益率6.24%。

6.5.2.2.1 本年度已清算结束的集合类、单一类资金信托项目和财产管理类信托项目

表 6.5.2.2.1 单位：万元

已清算结束信托项目	项目个数	合计金额	加权平均实际年化收益率
集合类	28	25,492,101.33	6.45%
单一类	213	11,297,344.57	6.22%
财产管理类	64	26,669,819.62	6.05%

6.5.2.2.2 本年度已清算结束的主动管理型信托项目

表 6.5.2.2.1 单位：万元

已清算结束信托项目	项目个数	合计金额	加权平均实际年化收益率
证券投资类	8	926,572.67	6.57%
股权投资类	8	1,885,720.00	6.60%
融资类	60	11,977,731.63	6.86%
事务管理类	50	12,355,898.41	6.15%

6.5.2.2.3 本年度已清算结束的被动管理型信托项目

表 6.5.2.2.3 单位：万元

已清算结束信托项目	项目个数	合计金额	加权平均实际年化收益率
证券投资类	8	221,480.69	6.10%
股权投资类	3	1,577,397.12	8.01%
融资类	18	2,422,338.32	6.56%
事务管理类	135	32,092,126.68	5.90%

6.5.2.3 本年度新增的集合类、单一类和财产管理类信托项目

表 6.5.2.3 单位：万元

新增信托项目	项目个数	合计金额
集合类	254	20,096,980.34
单一类	294	6,238,479.13
财产管理类	41	9,370,721.06
新增合计	589	35,706,180.53
其中：主动管理型	484	23,866,726.34
被动管理型	105	11,839,454.19

6.5.2.4 信托业务创新成果和特色业务有关情况：

（1）在普惠金融领域，秉承金融服务民生理念，加深同互联网巨头合作与供应链金融创新，发行国内首单专项用于新农村普惠金融的资产证券化产品，借助金融科技力量，为小微企业、城乡低收入人群、创业农户提供融资支持。

（2）在资产证券化领域，发行国内首单以信托公司作为管理人的企业资产证券化产品，在行业中率先进入证监会体系下的企业资产证券化市场；取得银行间债券市场非金融企业债务融资工具承销资格，实现从受托角色向承销角色的延伸，初步形成资产证券化全链条增值服务体系。

（3）在资本市场领域，不断丰富资本市场产品体系，发行首单主动管理型货币基金产品、首单主动管理型权益类投资产品、首单投向可转债领域信托产品，向资产管理业务转型迈出实质性一步。

（4）在受托服务等信托本源业务领域，家族信托业务逐渐成熟，设立首个保险金信托，践行真正意义上的财富传承；发行标准化慈善信托产品，积极履行公益责任，用于教育、医疗帮扶、拥军爱军、产业扶贫等公益项目。

6.5.2.5 本公司履行受托人义务情况及因本公司自身责任而导致的信托资产损失情况本公司严格遵照行业监管法规和信托合同规定，在信息披露、受托资产管理、信托财务核算、项目到期清算及信托财产分配等方面都能自觉履行受托人义务，全年不存在因公司自身责任导致信托资产发生损失的情况。

6.5.2.6 信托赔偿准备金的提取、使用和管理情况。

年初公司信托赔偿准备金余额43,196万元，本年提取12,038.62万元。因无信托项目出现风险，故不存在使用情况，年末结存信托赔偿准备金55,234.62万元。

依据：《财政部关于印发<金融企业财务规则——实施指南>的通知》（财金〔2007〕23号）规定，属于信托公司性质的金融企业，应按本年实现净利润的5%提取信托赔准备金。

6.6 关联方关系及其交易披露。

6.6.1 关联交易方的数量、关联交易的总金额及关联交易的定价政策等。（以下关联期末余额合计）

表 6.6.1　　单位：万元

	关联交易方数量	关联交易金额	定价政策
合计	10	1,409,692.79	以市场交易价格为定价依据

6.6.2　关联交易方与本公司的关系性质、关联交易方的名称、法定代表人、注册地址、注册资本及主营业务等。

表 6.6.2　　单位：万元

关系性质	关联方名称	法定代表人	注册地址	注册资本（万元）	主营业务
母公司	华能资本服务有限公司	丁益	北京市丰台区丽泽路18号院1号楼401－09室	980,000	投资及投资管理；资产管理；资产受托管理；投资及管理咨询服务。
最终控制人	中国华能集团公司	舒印彪	北京市西城区复兴门内甲6号	3,490,000	实业投资经营及管理；电源的开发、投资、建设、经营和管理等。
同属一最终控制方	中国华能财务有限责任公司	张咸阳	北京市西城区复兴门南大街丙2号天银大厦C段西区7层、8层	500,000	对成员单位办理财务和融资顾问、信用鉴定及相关的咨询、代理业务等。
同属一母公司	长城证券股份有限公司	曹宏	深圳市深南大道6008号特区报业大厦16、17层	279,306	证券经纪；证券投资咨询；与证券交易、证券投资活动有关的财务顾问等。
同属一最终控制方	华能南方实业开发股份有限公司	吴永钢	南京市秦淮区解放路20号	10,000	煤炭批发；危险化学品经营（按许可证所列范围经营）；煤制品批发等；自有场地租赁；燃料油销售。
同属一最终控制方	华能呼伦贝尔能源开发有限公司	王书杰	内蒙古自治区呼伦尔市海拉尔区胜利大街29号	265,675	电力、热力、煤炭、水务、铁路运输、煤化工相关产业的投资、生产、经营和销售；配电网的投资和经营；电力供应服务的培训、咨询。
同属一最终控制方	庆阳新庄煤业有限公司	王玉清	甘肃省庆阳市西峰区石油东路	114,900	煤炭投资管理（不含开采）
同属一最终控制方	华能能源交通产业控股有限公司	吴永钢	北京市海淀区复兴路甲23号7、8层	365,000	销售化工产品；煤炭批发经营；煤矿、道路、港口、航运等能源基础设施项目投资及管理；国际招投标代理；进出口业务；实业项目的投资及管理；资产受托管理等。
同属一最终控制方	北京市昌平华能培训中心	宋宗璟	北京市昌平区小汤山镇常兴庄村南264号	500	会议服务；企业管理技术培训；种植花卉、蔬菜；销售化妆品、日用品、文化用品、体育用品；游泳；住宿；销售食品；餐饮服务。
同属一母公司	永城财产保险股份有限公司	许坚	中国（上海）自由贸易试验区世博馆路200号	217,800	财产损失保险、责任保险、信用保险和保证保险；短期健康保险和意外伤害保险；上述业务的再保险业务，国家法律、法规允许的保险资金运用业务；经保监会批准的其他业务。

6.6.3 逐笔披露本公司与关联方的重大交易事项。

6.6.3.1 固有财产与关联方：

表 6.6.3.1

单位：万元

固有财产与关联方关联交易			
	期初	发生额	期末
贷款	—	—	—
投资	—	—	—
租赁	—	—	—
担保	—	—	—
应收账款	—	—	—
其他应收款项	131.06	-121.95	9.11
其他应付款项	—	—	—
其他	—	1,549.35	—
合计	131.06	1,427.40	9.11

6.6.3.2 信托资产与关联方：

6.6.3.2

单位：万元

信托资产与关联方关联交易			
	期初	发生额	期末
贷款	139,785.00	-49,810.00	89,975.00
投资			
租赁	—		—
担保	—		—
应收账款	—		—
其他	550,000.00	-299,990.00	250,010.00
合计	689,785.00	-349,800.00	339,985.00

信托资产与关联方交易：主要关联交易对家共5家，分别为华能资本服务有限公司、华能呼伦贝尔能源开发有限公司、华能能源交通产业控股有限公司、庆阳新庄煤业有限公司及南京华能南方实业开发股份有限公司。具体关联交易方与本公司的关系性质、关联交易方的名称、法定代表人、注册地址、注册资本及主营业务等详见表6.6.2。

6.6.3.3 固有财产与信托财产之间的交易：

表 6.6.3.3

单位：万元

固有财产与信托财产相互交易			
	期初数	本期发生额	期末数
	—	—	—

6.6.3.4 信托资产与信托财产之间的交易：

表 6.5.3.4

单位：万元

信托资产与信托财产相互交易			
	期初数	本期发生额	期末数
—	657,704.84	411,993.84	1,069,698.68

信托资产与信托财产相互交易中，单笔金额超过3亿的交易双方主要涉及以下信托项目：嘉月2号单一资金信托、万科筑元集合资金信托计划、悦盈9号单一资金信托、诚奕睿盈7号单一资金信托、尊悦晟鑫12号集合资金信托计划、嘉月1号单一资金信托、悦盈3号单一资金信托、悦盈2号单一资金信托、万盈瑞鑫集合资金信托计划、京华财富管理集合信托计划、北京北大科技园建设开发有限公司2018年第一期资产支持票据。

6.6.4 关联方逾期未偿还本公司资金的详细情况以及本公司为关联方担保发生或即将发生垫款的详细情况：无。

6.7 会计制度的披露。

固有业务：执行财政部2006年2月颁布的《企业会

计准则—基本准则》和38项具体会计准则、其后颁布的应用指南、解释以及其它相关规定(统称“企业会计准则”)。

信托业务:执行财政部于2005年1月5日正式颁布的《信托业务会计核算办法》。

7. 财务情况说明书

7.1　利润实现和分配情况。

2018年,公司实现净利润240,772.44万元,按净利润5%比例提取信托赔偿准备12,038.62万元,按净利润10%比例提取盈余公积24,077.24万元,当年分配股利120,000万元,年末未分配利润425,529.35万元。

7.2　主要财务指标。

表7.2

指标名称	指标值(合并)	指标值(母公司)
资本利润率	17.62%	17.56%
人均净利润	699.94万元	696.88万元

7.3　对本公司财务状况、经营成果有重大影响的其他事项:

本年政府补贴收入15,497.39万元。

7.4　净资本情况:

表7.4

指标名称	指标值
净资本	1,608,375.61万元
风险资本	750,648.87万元
净资本/各项业务风险资本之和	214.26%
净资本/净资产	87.17%

8. 特别事项提示

8.1　前五名股东报告期内变动情况:

因公司2018年完成了增资扩股工作,故前五名股东的出资金额和占比为:

华能资本服务有限公司出资额4,207,435,958元,占比67.9215%;贵州产业投资(集团)有限责任公司出资额1,949,931,000元,占比31.4781%;人保投资控股有限公司出资额10,099,800元,占比0.1630%;贵州省技术改造投资有限责任公司出资9,975,800元,占比0.1610%;中国有色金属工业贵阳有限责任公司出资5,685,400元,占比0.0918%。

8.2　董事、监事及高级管理层变化情况:无。

8.3　变更注册资本、变更公司名称、地址:

截至2018年末,公司注册资本由42亿元增至61.94557406亿元。公司住所由贵州省贵阳市金阳新区金阳南路6号购物中心商务楼一号楼24层5、6、7号迁到贵州省贵阳市观山湖区长岭北路55号贵州金融城1期商务区10号楼23、24层。

8.4　公司重大诉讼事项:无。

8.5　公司及其董事、监事和高级管理人员受到处罚的情况:无。

8.6　银监会及其派出机构对公司检查后的整改情况:无。

8.7　本年度重大事项临时报告的简要内容、披露时间、所披露的媒体及其版面:

1. 2018年1月29日,在金融时报第3版刊登了因公司股权发生变更及公司章程修改的公告。

2. 2018年4月19日,在金融时报第6版刊登了公司住所变更的公告。

3. 2018年7月12日,在金融时报第6版刊登了因公司股东名称变更等事项发生变化导致公司章程变更的公告。

8.8　银监会及其省级派出机构认定的其他有必要让客户及相关利益人了解的重要信息:

无。

交银国际信托有限公司 2018年年度报告

1. 重要提示

本公司董事会及董事保证本年度报告所载资料不存在任何虚假记载、误导性陈述或者重大遗漏,并对其内容的真实性、准确性和完整性承担个别及连带责任。

公司独立董事戴国强先生、刘红忠先生、王华先生声明:保证本年度报告内容的真实、准确和完整。

普华永道中天会计师事务所(特殊普通合伙)根据中国注册会计师审计准则对本公司2018年度财务报告进行审计,出具了标准无保留意见的审计报告。

公司法定代表人、董事长童学卫,总裁李依贫(分管财务),预算财务部总经理张悦迎声明:保证本年度报告中财务报告的真实、完整。

2. 公司概况

2.1 公司简介

2.1.1 公司历史沿革

"交银国际信托有限公司"(以下简称"公司")成立于1981年6月,原名为湖北省国际信托投资公司,注册资本1亿元人民币。2001年12月,按照中国人民银行关于信托投资公司清理整顿和重新登记的有关要求,公司改制并更名为湖北省国际信托投资有限公司,并于2003年1月经中国人民银行核准重新登记。2007年5月,经中国银监会批准,公司引进交通银行股份有限公司(以下简称"交通银行")实施战略重组。重组完成后,公司更名为"交银国际信托有限公司",注册资本12亿元人民币,交通银行持有85%的股份,湖北省财政厅持有15%的股份。经中国银监会湖北监管局批准,公司注册资本分别于2011年12月增加至20亿元人民币,2013年3月增加至31.76亿元人民币,2013年11月增加至37.65亿元人民币,股东出资比例均不变。2014年10月,湖北省财政厅持有的本公司15%股权划转至湖北省交通投资集团有限公司持有。2017年4月,公司增资20亿元,注册资本达到57.65亿元,股东出资比例保持不变。

2.1.2 公司基本信息

法定中文名称	交银国际信托有限公司
法定中文缩写名称	交银国际信托
公司法定英文名称	BANK OF COMMUNICATIONS INTERNATIONAL TRUST CO. ,LTD.
法定英文缩写名称	BOCOMMTRUST
法定代表人	童学卫
注册地址	湖北省武汉市江汉区建设大道847号瑞通广场B座16－17层
邮政编码	430015
国际互联网网址	www. bocommtrust. com
电子信箱	jygx@ bocommtrust. com
信息披露事务联系人	赵德刚
信息披露事务联系人联系方式	电话:021－32169666;传真:021－62706820
选定的信息披露报纸	金融时报、上海证券报、证券时报
公司年报备置地点	湖北省武汉市江汉区建设大道847号瑞通广场B座16层
聘请的会计师事务所	普华永道中天会计师事务所(特殊普通合伙)
聘请的会计师事务所住所	上海市黄浦区湖滨路202号企业天地2号楼普华永道中心11楼
聘请的律师事务所	上海市锦天城律师事务所
聘请的律师事务所住所	上海市浦东新区银城中路501号上海中心大厦

2.2 公司组织结构

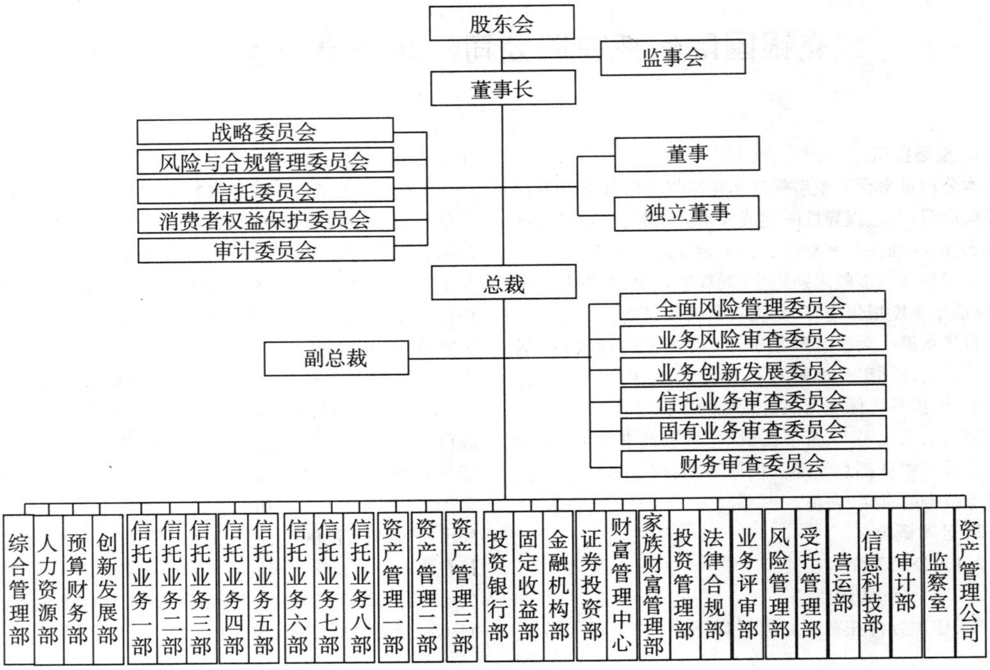

3. 公司治理

3.1 公司治理结构

3.1.1 股东

报告期内，公司股东总数2家，出资比例及股东情况如下：

表3.1.1 股东

序号	股东名称	持股比例	法定代表人（负责人）	注册资本	注册地址	主要经营业务	主要财务状况
1	★交通银行股份有限公司	85%	彭纯	742.63亿元	上海市浦东新区银城中路188号	银行业务	2018年末，资产总额人民币95,311.71亿元，每股净资产人民币8.6元，资本充足率14.37%，全年实现净利润（归属于母公司股东）人民币736.30亿元。
2	湖北省交通投资集团有限公司	15%	龙传华	100亿元	武汉市汉阳区龙阳大道36号顶琇广场A栋25楼	交通基础项目建设等	2018年末，资产总额人民币3899.48亿元，负债总额人民币2705.66亿元，全年实现净利润人民币24.56亿元。

注：★表示实际控制人。

3.1.2 公司董事、董事会及其下属委员会

表3.1.2.1 公司董事会成员

姓名	职务	性别	年龄	选任日期	所推举的股东名称	该股东持股比例	简要履历
童学卫	董事长	男	54	2018.09.10	交通银行股份有限公司	85%	硕士,高级经济师,历任交通银行南京分行综合计划处副处长,白下支行行长,南京分行国际业务部经理,宁波分行副行长、高级信贷执行官,总行公司业务部/公司机构业务部副总经理(总行部门正职级)、金融机构部总经理;现任交银国际信托有限公司董事长(省分行正职级)。
龙传华	董事	男	56	2014.12.31	湖北省交通投资集团有限公司	15%	博士,高级经济师,历任黄石市委政研室副主任、主任,黄石市经济开发区管委会副主任,湖北省交通厅副厅长,湖北省交通投资集团有限公司总经理;现任湖北省交通投资集团有限公司董事长。
金旗	董事	男	50	2017.12.04	交通银行股份有限公司	85%	本科,中级经济师,历任交通银行上海分行市南支行副行长,总行公司业务部高级经理、公司业务部/公司机构业务部总经理助理、副总经理,票据业务中心副总裁(主持工作)、总裁;现任交通银行总行资产管理业务中心总裁。
陈蔚	董事	男	53	2017.12.04	交通银行股份有限公司	85%	硕士,高级经济师,历任交通银行武汉分行汉阳支行行长、武昌支行行长,华南授信审批中心副总经理、总经理,广东省分行副行长,总行零售信贷管理部/小企业信贷部副总经理(总行部门正职级)、风险管理部(资产保全部)副总经理、小企业金融部副总经理,法律合规部总经理;现任交通银行湖南省分行行长。
颇颖	董事	女	47	2013.01.25	交通银行股份有限公司	85%	硕士,高级会计师,历任交通银行南宁分行计划处副处长,总行财务会计部副处长、高级经理,苏州分行副行长,总行预算财务部副总经理;现任交通银行总行战略投资部总经理。
李依贫	执行董事	男	54	2018.12.29	交通银行股份有限公司	85%	硕士,高级经济师,历任交通银行武汉分行太平洋支行行长助理、江岸支行副行长及行长、青山支行行长,武汉分行公司业务部高级经理、交银国际信托有限公司副总裁;现任交银国际信托有限公司执行董事、总裁。

续表

姓名	职务	性别	年龄	选任日期	所推举的股东名称	该股东持股比例	简要履历
戴国强	独立董事	男	66	2015. 5. 27	—	—	博士，历任上海财经大学讲师、副教授、教授，财务金融学院副院长，金融学院常务副院长、院长，MBA 学院院长，商学院副院长；现任上海财经大学商学院教授、博士研究生导师，享受国务院政府特殊津贴专家，中国金融学会常务理事、中国国际金融学会常务理事、上海城市金融学会副会长等。
刘红忠	独立董事	男	54	2018. 12. 29	—	—	博士，历任复旦大学讲师、副教授、教授，国际金融系主任、金融研究院副院长等；现任复旦大学金融学教授、博士生导师、中国金融史研究中心副主任、金融研究中心副主任，中国金融学会理事、中国国际金融学会理事等。
王华	独立董事	男	42	2018. 12. 29	—	—	博士，中国注册会计师，历任中南财经政法大学讲师、副教授、教授，会计学院成本管理教研室副主任、财务管理系副主任、国际会计教育中心主任；现任中南财经政法大学会计学院副院长，教授，博士生导师，管理会计与绩效研究所所长等，财政部管理会计咨询委员会委员等。

表 3.1.2.2　公司董事会下属委员会

名称	职责	组成人员	职务
战略委员会	研究和拟定公司发展战略和发展规划；研究信托行业监管政策并提出建议；研究内外部经营发展环境并提出建议；对公司战略与规划实施情况进行监督；对公司年度经营计划、投资方案执行情况进行监督；根据董事会授权对公司信托与固有业务有关事项进行审批决策；董事会授权的其他事宜。	童学卫	主任委员
		龙传华	委员
		王华	委员
风险与合规管理委员会	研究和拟定公司风险管理战略及总体政策；研究和拟定公司合规管理战略及总体政策；对公司信用、市场、操作等风险管理情况以及关联交易、授权管理、合规管理情况进行监督；对公司风险管理状况、风险承受能力及水平进行评估；定期审阅反洗钱工作报告，及时了解重大洗钱风险事件及处理情况等。	李依贫	主任委员
		金旗	委员
		陈蔚	委员

续表

名称	职责	组成人员	职务
信托委员会	对公司开展信托业务中维护受益人利益情况进行检查，研究提出维护受益人权益的具体措施；定期对公司私人股权信托业务的开展情况进行检查评价。定期听取公司关于客户反馈、投诉情况的报告，并检查督促妥善处理客户的要求或投诉；监管规定和董事会授予的其他职责。	戴国强	主任委员
		金旗	委员
		刘红忠	委员
消费者权益保护委员会	研究制定消费者权益保护工作的整体战略，建立公司消费者权益保护工作制度和体制；做好消费者权益保护工作的推进和落实；指导开展消费者权益保护教育、宣传活动，提高金融消费者维权的意识与技能；审议重大消费者权益侵害事件与群体性舆情风险事件的应急预案；董事会授权的其他事宜。	刘红忠	主任委员
		金旗	委员
		戴国强	委员
审计委员会	提议聘请或更换外部审计机构；审议并报请董事会批准内部审计制度并监督实施；审议公司经审计的财务信息披露事项；评价公司内部控制和风险管理制度设计的合理性和运行的有效性，并根据需要对重大关联交易、重大投资事项进行审计；公司董事会授权的其他事宜。	王华	主任委员
		颇颖	委员
		刘红忠	委员

3.1.3 公司监事会成员

表 3.1.3

姓名	职务	性别	年龄	选任日期	所推举的股东名称	该股东持股比例	简要履历
郑智勇	监事长	男	44	2018.11.19	交通银行股份有限公司	85%	硕士，会计师，经济师，历任交通银行总行公司业务部高级经理、公司业务部/公司机构业务部总经理助理、副总经理，海南省分行副行长，公司机构业务部（投资银行部）副总经理（省分行副职级），总行公司机构业务部（投资银行部）副总经理；现任交通银行总行公司机构业务部副总经理（省分行副职级），交银国际信托有限公司监事长。
李琳	监事	男	44	2019.03.29	湖北省交通投资集团有限公司	15%	硕士，会计师，历任湖北省交通投资集团有限公司融资财务部副部长、证券部部长、资本运营部部长、董事会办公室主任；现任湖北省交通投资集团有限公司审计部部长。
韩泽民	职工监事	男	56	2010.11.05	—	—	本科，经济师，历任湖北省国际信托投资公司金融部经理、国际金融部经理、办公室副主任，交银国际信托有限公司综合管理部副总经理、监察室副主任；现任交银国际信托有限公司人力资源部副总经理（主持工作）。

注：1. 2019年3月，公司股东会选举李琳为本公司监事，三国光因工作变动原因不再担任本公司监事。

3.1.4 公司高级管理人员

表3.1.4

姓名	职务	性别	年龄	任职日期	金融从业年限	学历/学位	专业	简要履历
李依贫	总裁	男	54	2019.02.26	22	硕士	财务金融	高级经济师，历任交通银行武汉分行太平洋支行行长助理、江岸支行副行长及行长、青山支行行长，武汉分行公司业务部高级经理、交银国际信托有限公司副总裁；现任交银国际信托有限公司执行董事、总裁。
孟宪宇	副总裁	男	41	2013.04.28	19	硕士	企业管理	经济师，历任交通银行北京分行副高级经理、交银国际控股有限公司北京代表处代表、中信银行总行营业部部门副总经理、交银国际信托有限公司财务总监；现任交银国际信托有限公司副总裁。
谢洁	副总裁	男	45	2013.04.28	18	硕士	世界经济	经济师，历任交通银行公司业务部高级经理、交银国际信托有限公司信托业务总监；现任交银国际信托有限公司副总裁。
蔡平	副总裁	男	56	2013.09.03	6	硕士	管理工程	中国注册会计师，高级会计师，历任湖北省国资委统计评价处副处长、处长、财务监督处处长；现任交银国际信托有限公司副总裁。
唐云岳	副总裁	男	42	2019.02.26	16	硕士	国际贸易	中级经济师，非执业注册会计师，律师职业资格，历任交银国际信托有限公司预算财务部副总经理、受托管理副总经理、总经理、资产管理部总经理、投资业务总监兼任资产管理一部、资产管理三部总经理；现任交银国际信托有限公司副总裁。

3.1.5 公司员工

表3.1.5

项目		报告期年度		上年度	
		人数	比例(%)	人数	比例(%)
年龄分布	25岁以下	6	2.6%	1	0.46%
	25-29岁	47	20.5%	40	18.35%
	30-39岁	122	53.3%	121	55.50%
	40岁及以上	54	23.6%	56	25.69%

续表

项目		报告期年度		上年度	
		人数	比例(%)	人数	比例(%)
学历分布	博士	0	0%	1	0.46%
	硕士	140	61.1%	125	57.34%
	本科	86	37.6%	89	40.83%
	专科	1	0.4%	1	0.47%
	其他	2	0.9%	2	0.91%
岗位分布	董事、监事及其他高级管理人员	6	2.6%	6	2.75%
	自营业务人员	9	3.9%	9	4.13%
	信托业务人员	159	69.43%	160	73.40%
	其他业务人员	55	24%	43	19.72%

注:董事、监事不包含非在本公司任职人员。

3.2 公司治理信息

3.2.1 年度内召开股东会情况

2018年度,公司共召开6次股东会会议,会议议题及决议如下:

1. 2018年4月20日,以现场方式召开2018年股东会第一次会议,审议批准:(1)《公司2017年度董事会工作报告》;(2)《公司2017年度监事会工作报告》;(3)《公司2017年度财务决算情况报告》;(4)《公司2017年度利润分配预案报告》;(5)《公司2018年度财务预算及资本性支出预算报告》。

2. 2018年6月20日,以通讯表决召开2018年股东会第二次会议,审议批准《关于对交银国信资产管理有限公司进行增资的议案》,新增资本金5亿元人民币。

3. 2018年9月10日,以通讯表决方式召开2018年股东会第三次会议,审议批准《关于调整交银国信部分董事的议案》,选举童学卫先生为公司董事,赵炯不再担任公司董事。

4. 2018年11月15日,以通讯表决方式召开2018年股东会第四次会议,审议批准《关于修改公司章程的议案》。

5. 2018年11月19日,以现场方式召开2018年股东会第五次会议,审议批准《关于调整公司监事的议案》,选举郑智勇任公司监事,姚永杰因到龄退休不再担任公司监事。

6. 2018年12月29日,以通讯表决方式召开2018年股东会第六次会议,审议批准:(1)《关于交银国信董事会换届的议案》。选举童学卫为董事长,李依贫为执行董事,龙传华、金旗、陈蔚、颇颖为非执行董事,戴国强、刘红忠、王华为独立董事。赵海慧不再担任本公司董事,张纯不再担任本公司独立董事。(2)《关于交银国信监事会换届的议案》。选举郑智勇为监事长,兰国光为监事,韩泽民为职工代表监事。

3.2.2 董事会及其下属委员会履行职责情况

报告期内,公司董事会及其下属委员会严格按照《公司法》、《信托公司治理指引》、《公司章程》、《交银国际信托有限公司董事会议事规则》等履行职责,切实维护了股东和受益人的利益。公司独立董事勤勉尽责,认真履行《公司章程》中有关独立董事的各项职责。

2018年度,公司共召开7次董事会会议。会议议题及决议如下:

1. 2018年4月20日,以现场方式召开第三届董事会第17次会议,审议通过:(1)《公司2017年度董事会工作报告》;(2)《公司2017年度经营管理报告》;(3)《公司2017年度风险管理情况报告》;(4)《公司2017年度内部审计情况报告》;(5)《公司2017年度消费者权益保护工作报告》;(6)《2017年度财务决算情况报告》;(7)《2017年度利润分配预案报告》;(8)《2018年度财务预算及资本性支出预算报告》;(9)《公司2018年度自有资金配置计划》;(10)《公司2018年度高管人员绩效考核方案》。

2. 2018年6月15日,以通讯表决方式召开第三届董事会第18次会议,审议通过《关于对交银国信资产管理有限公司进行增资的议案》。

3. 2018年9月10日,以通讯表决方式召开第三届董事会第19次会议,审议通过《关于选举童学卫为交银国信董事长的议案》。

4. 2018年11月9日,以通讯表决方式召开第三届董事会第20次会议,审议通过《关于修改公司章程的议案》,同意提请本公司股东会批准。

5. 2018年11月19日,以现场方式召开第三届董事会第21次会议,审议听取:(1)《公司2018年上半年经营管理报告》;(2)《公司2018年上半年风险管理报告》;(3)《公司2018年上半年内部审计报告》。

6. 2018年12月17日,以通讯表决方式召开第三届董事会第22次会议,审议通过:(1)《关于对交银国信资产管理有限公司增资的议案》;(2)《关于交银国信资产管理有限公司投资健康大数据股权项目的议案》;(3)《关于聘任李依贫为公司总裁的议案》;(4)《关于聘任唐云岳为公司副总裁的议案》。

7. 2018年12月12日,以通讯表决方式召开第三届董事会第23次会议,审议通过《关于交银国信资产管理有限公司参与设立军民融合基金的议案》。

报告期内,公司董事会各下属委员会按照既定的决策程序和议事规则有效发挥职能。

报告期内,信托委员会着眼于关注公司业务中有关维护受益人权益的措施,督促妥善处理客户的要求或投诉,切实保护社会投资人利益;风险管理委员会通过听取阶段性风险管理情况报告,对公司全流程精细化风险管理水平的提升起到了积极作用;审计委员审议通过了公司《2017年度内部审计情况报告及2018年度内部审计工作计划》及《2018年上半年内部审计情况报告》,审计委员会通过定期会议等方式,对公司业务经营和内控管理中存在的薄弱环节,提出内审工作指导意见,不断强化对公司内审业务的指导和监督工作。

3.2.3 监事会履行职责情况

2018年度,公司共召开2次监事会会议。主要议题及决议如下:

1. 2018年4月20日,以现场会议方式召开第三届监事第十次会议,审议通过:(1)《公司2017年度监事会工作报告》,同意提请本公司股东会审议批准;(2)《公司2017年度风险管理情况报告》;(3)《公司2017年度内部审计情况报告及2018年内部审计工作计划》;(4)《公司2017年度财务决算情况报告》,同意提请本公司股东会审议批准;(5)《公司2018年度利润分配预案报告》,同意提请本公司股东会审议批准;(6)《公司2018年度财务预算及资本性支出预算报告》,同意提请本公司股东会审议批准。

2. 2018年11月19日,以现场会议方式召开第三届监事会第十一次会议,审议事项:(1)审议通过《关于选举郑智勇为交银国信监事长的议案》;(2)听取《公司2018年上半年财务情况报告》;(3)听取《公司2018年上半年风险管理情况报告》;(4)听取《公司2018年上半年内部审计情况报告》。

公司监事会无下属委员会。

3.2.4 监事会对公司2018年度有关事项的独立意见

报告期内,公司监事会成员认真履职,恪尽职守,通过查阅资料、列席董事会等方式,对公司依法运行情况进行监督。在此基础上,监事会发表如下独立意见:

3.2.4.1 公司依法运作情况

公司董事会严格按照《信托公司治理指引》等有关要求,切实履行职责,决策程序符合国家法律、法规和公司章程及相关制度的有关规定。公司建立了完善的内控制度,公司董事、高级管理层认真履行了职责,公司发展目标明确,管理科学,决策民主,运作规范。报告期内未发现有违法、违规、违章的行为,也没有损害公司利益、股东利益和委托人利益的行为。

3.2.4.2 检查公司财务情况

报告期内,公司财务报告真实、客观地反映了公司的财务状况和经营成果,无重大遗漏和虚假记载。

3.2.5 高级管理人员履行职责情况

公司高级管理人员具有多年的金融行业的从业经验,熟悉经济金融法规、政策及相关业务知识,在内部管理、业务运行、风险管控等方面具有较高的驾驭能力。报告期内,无违反法律、法规、公司章程或损害公司利益的行为。

4. 经营管理

4.1 经营目标、方针、战略规划

4.1.1 经营目标

认真贯彻落实国家宏观政策和金融监管要求,发挥信托制度和集团资源两个优势,聚焦"专业资产管理、高端财富管理、优质受托服务"三大核心业务,积极服务实体经济,积极服务人民美好生活需要,打造成为"最值得信赖的信托资产管理机构"。

4.1.2 经营方针

公司坚持"多元化、低风险、轻资本"的经营策略,围绕转型发展主线,专注主业,做精专业,加强风险管控,实现由规模驱动向价值驱动转型,切实提升服务实体经济质效,推动公司业务实现高质量发展。

4.1.3 战略规划

公司构建了"1+3+6"战略框架体系,即一个战略定位:打造最值得信赖的信托资产管理机构;三大战略支柱业务:专业资产管理、高端财富管理、优质受托服务;六大核心竞争能力:深化产融结合,加强集团协同,坚持创新引领,强化风险管理,发挥党建优势,打造专业团队。

4.2 所经营业务的主要内容

4.2.1 信托业务

4.2.1.1 资产管理类业务

公司充分发挥在投融资业务领域的业务优势和专业能力,深入挖掘客户需求,坚持开拓创新,应需而变,在严控风险的前提下,为客户提供个性化、差异化、多元化的资产管理服务。资产管理类业务包括信托贷款、应收账款融资、并购融资、房地产融资、投资基金、证券投资信托等。

4.2.1.2 财富管理类业务

公司发挥信托跨境、跨业、跨市场的制度优势,根据客户不同风险偏好提供差异化的高端财富管理产品和服务,帮助客户实现多元化资产配置,满足客户不同财富水平、不同风险偏好、不同期限偏好、不同收益目的财富管理目标,满足客户财富保值增值和家族财富传承的需求。财富管理类业务包括高端信托理财产品、家族财富管理信托、现金管理类产品、受托境外理财(QDII)等。

4.2.1.3 受托管理类业务

通过打造独立第三方清算、估值和交易服务为主的综合受托服务体系，公司坚持回归本源，大力发展受托服务业务，为客户提供严谨、高效、全面的增值受托服务。受托管理类业务包括信贷资产证券化、企业资产证券化、公益慈善信托、消费信托、土地流转信托、员工持股计划等。

4.2.2 自营业务

公司按照“低风险、多元化”的配置原则管理运用自有资金，适量投资理财产品、合理有序发放贷款和投资债券，适度进行股票投资和股权投资，发展创新业务，兼顾权益类和固定收益类，充分考虑资产流动性、期限和收益之间的合理平衡，确保上述各类资产配置比例都在合理范围内。

4.2.3 主要业务的资产组合与分布

表 4.2.3.1 信托资产运用与分布表　　单位：人民币万元

资产运用	金额	占比	资产分布	金额	占比
货币资产	2,508,715.54	2.88%	基础产业	27,809,176.94	31.95%
贷款	24,724,886.70	28.40%	房地产	5,851,124.33	6.72%
交易性金融资产	11,567,685.04	13.29%	证券市场	12,225,992.31	14.04%
可供出售金融资产	1,441,290.32	1.66%	实业	12,279,280.71	14.11%
持有至到期投资	4,044,403.70	4.65%	金融机构	18,132,851.39	20.83%
长期股权投资	1,496,529.92	1.72%	其他	10,753,728.81	12.35%
其他	41,268,643.27	47.40%	—	—	—
信托资产总计	87,052,154.49	100.00%	信托资产总计	87,052,154.49	100.00%

表 4.2.3.2 自营资产运用与分布表　　单位：人民币万元

资产运用	金额	占比	资产分布	金额	占比
货币资产	99,948.75	8.24%	基础产业	94,998.46	7.83%
交易性金融资产	446,210.90	36.80%	房地产业	433,027.00	35.71%
债权投资	534,323.38	44.06%	证券市场	323,500.00	26.68%
发放贷款和垫款	26,351.03	2.17%	实业	—	—
长期股权投资	682.44	0.06%	金融机构	32,000.00	2.64%
其他	105,128.52	8.67%	其他	329,119.56	27.14
资产总计	1,212,645.02	100.00%	资产总计	1,212,645.02	100.00%

4.3 市场分析

4.3.1 有利因素

一是实体经济稳中向好。2018 年我国全年 GDP 同比增长 6.6%，首次突破 90 万亿元大关。国民经济稳中向好、好于预期，经济发展，呈现出增长与质量、结构、效益相得益彰的良好局面，为信托公司发挥制度优势提供了稳定的宏观经济环境。

二是经济转型升级提速。“一带一路”、“长三角区域一体化”、“粤港澳大湾区”等出台、落地；稳增长、降杠杆带来高质量发展动力；科创板和注册制激发资本市场新活力；绿色金融、健康养老等体现着人民对美好生活的向往，为信托公司服务实体经济创造了良好的市场环境。

三是财富管理和传承需求不断增强。改革开放 40 年，经济发展带来居民财产性收入稳步增加，高净值人群快速增长，信托公司开展高端财富管理业务时机日趋成熟。

4.3.2 不利因素

一是从宏观来看，全球经济增长放缓，我国经济运行稳中有变、变中有忧，行业、区域、企业发展分化情况比较突出。信用风险、市场风险和流动性风险交织叠加，对信托公司风险管控提出更高要求。

二是从监管来看，“强监管”态势依然持续，监管趋细、趋严、趋实成为常态；资管新规“去通道、限嵌套、破刚兑、尽职管理”，对公司展业提出了更高要求；《信托公司受托责任尽职指引》出台，对信托公司开展信托业务的全流程进行了规范，对信托公司展业提出更高要求。

三是从市场来看，银行理财子公司相继获批，资管市场竞争日趋激烈；优质企业融资渠道更为多元和顺畅，对信托公司获取优质客户和优质项目带来一定挑战。

4.4 内部控制

4.4.1 内部控制环境和内部控制文化

公司按照“纵到底、横到边、全覆盖”的要求，着力营造氛围和谐、运转高效的内部控制环境。第一,公司建立健全公司治理架构,理顺“三会一层”之间的权责关系,建立相对完善的公司治理机制。第二,公司聘请了独立董事,同时在董事会下设立了审计委员会和风险委员会,强化内部审计和风险管理,有效保障公司内部控制的稳健运行。第三,公司高度重视制度建设、执行,密切关注监管政策、市场形势、内部运行的发展动向,适时调整有关规章制度,做到动态更新和维护,并通过培训、考核等各种办法夯实规章制度的执行效果。第四,公司部门和岗位的设置遵循权责分明、相互制约的原则,前台业务运作与中后台支持相分离,凡涉及影响公司经营管理和业务的重大事项均不得由单人独自操作,并建立起路线清晰、运转高效的报告体系,形成分工合理、职责明确、相互制约、报告关系清晰的组织结构。

公司积极弘扬全员合规与内控优先的内部控制文化。第一,公司“三会一层”均牢固树立合法合规经营的理念,营造合规经营的文化环境;同时,公司积极学习监管政策,将监管政策化为日常业务的行动指南。第二,公司上下树立起内控优先的意识,建立公司员工行为准则、职业道德规范,并持续开展合规管理、合规宣传和专题业务培训,积极提升全员的合规经营意识,进一步夯实内控制度的落实与执行。

4.4.2 内部控制措施

公司坚持“内控优先、制度先行”的管理理念,持续加强内控制度体系建设和完善细化工作,制定出台多项业务管理和基础管理制度。公司建立健全防火墙制度,实现四个分离:即信托业务与自营业务相分离;不同的信托财产之间相分离;同一信托财产运用与保管相分离;业务操作与风险监控相分离。

对于信托业务,在设立环节,公司严格按照制度规定开展信托项目审批,制定规范的信托文件和项目尽职调查标准;在资金运用环节,公司严格履行受托人职责,依法运用信托财产,实现审批、运用和保管分离;在管理环节,公司不断完善风险识别、评估、监控、报告体系,前、中、后台紧密配合,形成职责明晰、相互制约的管理机制;在清算终止环节,公司严格依据法律法规、信托文件制作清算报告,并向受益人进行信息披露,持续完善信托业务档案管理制度。

对于固有业务,公司建立健全固有业务决策机制,2018年年初制定科学合理的年度自有资金配置计划与风险容忍度,并严格按照相关程序进行审批,实现固有业务协调发展;通过动态的监控机制、严密的账户管理、严格的资金审批调度、规范的交易操作以及完善的业务档案管理,公司严格控制固有资金的投资风险,重要投资均有详细的风险分析支持。

4.4.3 信息交流与反馈

公司建立完备的信息共享、信息交流与信息反馈机制,确保信息传递路径通畅,信息交流与反馈及时、有效,各项信息上通下达;公司建立完善的信息披露制度和程序,保障公司信息披露的真实、准确、完整、及时;公司建立健全计算机系统风险防范制度,确保计算机系统设备、数据、系统运行和系统环境的安全、可靠。

4.4.4 监督评价与纠正

公司建立了内部控制检查、报告和纠正机制,确保内控制度的执行落实和对发现问题的及时整改。内审部门对公司内部控制制度的执行情况进行持续的检查和监督,对被审计项目做出客观评价,提出意见或建议,并对内审报告做出的结论和处理意见的执行及整改情况进行后期追踪检查,督促整改落实。董事会定期评价内部控制的有效性,定期召开审计委员会会议,听取公司内部控制管理工作的汇报与建议,并根据环境变化适时调整和完善。

4.5 风险管理

4.5.1 风险管理概况

公司经营活动中面临信用风险、市场风险、操作风险及其他风险等。公司形成了“事前防范、事中控制、事后评价”的风险管理机制。

(1)风险管理的基本原则与政策

第一,合规性原则,即严格按照法律法规、监管要求和公司各项规章制度开展管理和业务活动。第二,全面性原则,即风险管理体系要全面涵盖公司各业务和流程、各环节和岗位。第三,有效性原则,即采取有效的风险管理措施,并随着国家法律法规、行业发展变化及公司业务发展要求及时完善和调整,切实加强业务风险管控的实效。

风险管理的控制政策主要包括以下几项:第一,公司建立合理、有效的规章制度体系,严格按照法律法规和公司各项规章制度的要求开展经营管理活动。第二,在深入把握各项业务的盈利模式和流程的基础上,公司对业务风险点进行动态监控、分析、预警,并采取行之有效的风控机制。第三,公司建立战略性和日常性的分层次、多渠道的风险管理架构,确保各项风险管理政策与措施的有效实施。

(2)风险管理的组织结构和职责划分

公司按照“纵到底、横到边、全覆盖”的要求,构建符合业务发展需求的全面风险管理架构。公司董事会制定公司风险管理总体目标、战略、措施,并对公司风险管理负最终责任。公司董事会下设风险管理委员会,在董事会授权范围内开展风险管理工作。

公司经营管理层根据风险管理战略制定并执行具体的风险管理制度,指导、协调和监督各管理部门和各业务机构开展风险管理工作。

公司在经营管理层下设立了信托业务审查委员会、固有业务审查委员会、私人股权投资信托计划项目投资审查委员会、业务风险审查委员会,分别对信托、固有等不同类型的项目进行审查;同时,公司设立全面风险管理委员会,根据董事会确定的风险管理战略及总体政策,确定公司的风险控制目标,公司整体及信托、固有、子公司等业务的风险策略、管理政策、程序和措施。

公司按照构建全面风险管理体系的要求,将风险管理的重心落实到业务部门、业务岗位和业务人员,并将风险管理职责覆盖到前、中、后台。

4.5.2 风险状况

4.5.2.1 信用风险状况

（1）信托业务信用风险状况。截至2018年12月31日，公司存续信托项目1047个，存续受托规模8,544.26亿元，公司按照相关要求计提准备。公司严格筛选借款人等交易对手，高度关注影响交易对手履约能力、资信情况的风险因素，截至2018年末，项目均正常分配投资者收益。同时，公司对抵质押品审慎评估，严格控制抵质押率，并审慎评估保证人的履约能力，确保第二还款来源的有效性。此外，公司全面监控有关还款来源的变化情况，并按照公司相关制度规定开展项目后续管理。截至2018年末，公司信托业务信用风险处于较低水平。

（2）固有业务信用风险状况。截至2018年12月31日，公司自有资金贷款余额为2.7亿元，固有业务信用风险资产均为正常类，不良资产的期初数与期末数均为零，按照相关要求计提准备。公司审慎开展固有业务，严格筛选借款人等交易对手，高度关注影响交易对手履约能力、资信情况的风险因素，截至2018年末，交易对手履约情况正常，其他投资的运行情况亦稳定，截至2018年末，固有业务信用风险处于较低水平。

4.5.2.2 市场风险状况

截至2018年12月31日，信托资产投资、固有资产投资市场风险情况正常；自有资金证券投资未突破公司确定的风险容忍度限额。

4.5.2.3 操作风险状况

公司建立了严格的部门职责、员工岗位职责、业务流程和操作规程，形成了职责分明、相互监督制约的机制，和严格的审核、复核程序。截至2018年12月31日，公司未发现重大操作风险事件。

4.5.2.4 其他风险状况

其他风险主要有合规风险、政策风险等。截至2018年12月31日，公司未发生因上述风险造成的损失。

4.5.3 风险管理

4.5.3.1 信用风险管理

公司高度重视交易对手的信用情况，加强项目运行前端的风险管控，以尽职调查为重要风控抓手，科学评估交易对手的履约能力与意愿，筛选现金流充裕且第二还款来源稳固的项目，辅以有效的信用增级措施，如聘请专业的评估机构对抵押品进行评估，对担保物的充足性进行严格把关，审慎评估保证人的履约能力等，切实提高信用风险的保障系数。已根据监管要求按照注册资本20%足额提取信托赔偿准备金。

在项目运行过程中，公司深入研究影响交易对手履约能力的各种风险因素，持续跟踪抵质押物价值对融资本息的保障系数，加强监测有关还款来源的变化情况，持续加强业务日常监测、换手查访、风险排查、风险预警、风险提示和督导落实的力度，有效落实项目到期兑付资金安排监测机制，持续高效开展项目后续管理，并根据具体问题研究采取相关应对措施，确保项目信用风险的可控、可测、可承受。

4.5.3.2 市场风险管理

第一，公司高度重视市场价格风险因素的管理，不断强化对自有资金投资项目的科学决策与管理，密切关注经济运行状况，严控因宏观政策调整带来不利影响的风险。第二，在业务评审环节，公司详细评估项目的市场风险；在资金运用环节，公司密切关注有关风险因子、情景的变化情况，采取有针对性的举措。第三，公司配备了与市场风险管理需求相适应的专业团队，对市场风险的研究较为充分、投资行为较为审慎。第四，公司加强对宏观经济及金融形势的分析预测，制定年度自有资金配置计划与风险容忍度，并严格执行该配置计划及风险容忍度指标。

4.5.3.3 操作风险管理

第一，公司建立了严格的部门职责、员工岗位职责、业务流程和操作规程，形成了职责分明、相互监督制约的管理机制，通过建立健全内控考核机制，有效提升了操作风险管理实效；第二，公司持续推进综合业务系统开发上线，不断开发、完善业务管理信息系统，并建立了贴合业务实际、满足业务需求的信息系统管理流程；第三，公司不断完善各项规章制度，持续完善操作风险管理机制，切实提高业务管理的精细化水平。截至2018年12月31日，未发现重大操作风险事件。

4.5.3.4 其他风险管理

公司严格按照国家法律法规和监管部门的有关要求开展业务；不断健全突发事件应急处理机制，以应对可能发生的突发风险事件。

4.5.4 净资本管理

2018年末，公司净资本风险控制指标为：净资本100.31亿元，各项风险资本77.90亿元，净资本与各项业务风险资本之和之比为128.8%，净资本与净资产之比为90.9%，大于监管要求的40%标准。2018年末净资本监管各项指标全面达标。

4.6 消费者权益保护

2018年，公司认真贯彻落实监管机构关于消费者权益保护工作的各项要求，切实加强消费者权益保护工作，在监管机构消保工作考评中获二级A，保持全年零投诉。董事会下设消费者权益保护委员会，成立了消费者权益保护工作部；制定（修订）了《交银国信消费者权益保护工作考评试行办法》、《交银国信客户信息收集更新管理办法》、《交银国信销售专区录音录像管理暂行办法》、《交银国信消费者权益保护工作审计试行办法》，严格实施信托产品销售“一区双录”（即销售专区、录音、录像）工作，加强客户信息保护，深入开展金融知识宣传教育，切实提高消费者金融维权意识。

4.7 企业社会责任

报告期内，本公司重视发挥企业社会价值，履行社会责任。一是2018年12月25日赴湖北省恩施州咸丰县黄金洞乡黄家村开展“冬日暖阳”帮困助学活动，组织公司党员及员工筹集爱心善款5.13万元看望慰问贫困家庭中小学生。二是与交行新疆、贵州、广西等分行开展业务联动，大力开拓扶贫项目发展基金类信托计划，为扶贫开发民生工程提供资金支持。截至2018年末,扶贫类信托存续资金规模63.46亿元。三是支持实体经济发展,服务供给侧结构性改革,全年投向实体经济信托资金规模916亿元。四是通过全资子公司出资7.5亿元参与发起设立国家军民融合产业基金,服务于国家军民融合发展战略推进实施。五是通过全资子公司出资2亿元,参与设立中国健康医疗大数据股份有限公司,承担国家级“互联网+健康医疗”业务运营,服务民生医疗服务,服务人民美好生活。六是注重员工关爱,为员工解决“小事、实事、具体事”,开展丰富多彩的员工活动,推动企业与个人共同发展。

5. 报告期末及上一年末的比较式会计报表

5.1 自营资产

5.1.1 会计师事务所审计意见全文

审 计 报 告

普华永道中天审字(2019)第26209号

交银国际信托有限公司董事会:

一、审计意见

(一)我们审计的内容

我们审计了交银国际信托有限公司(以下简称“贵公司”)的财务报表,包括2018年12月31日的合并及公司资产负债表,2018年度的合并及公司利润表、合并及公司现金流量表、合并及公司所有者权益变动表以及财务报表附注。

(二)我们的意见

我们认为,后附的财务报表在所有重大方面按照企业会计准则的规定编制,公允反映了贵公司2018年12月31日的合并及公司财务状况以及2018年度的合并及公司经营成果和现金流量。

二、形成审计意见的基础

我们按照中国注册会计师审计准则的规定执行了审计工作。审计报告的“注册会计师对财务报表审计的责任”部分进一步阐述了我们在这些准则下的责任。我们相信,我们获取的审计证据是充分、适当的,为发表审计意见提供了基础。

按照中国注册会计师职业道德守则,我们独立于贵公司,并履行了职业道德方面的其他责任。

三、其他信息

贵公司管理层对其他信息负责。其他信息包括贵公司2018年年度报告中涵盖的信息,但不包括财务报表和我们的审计报告。

我们对财务报表发表的审计意见不涵盖其他信息,我们也不对其他信息发表任何形式的鉴证结论。

结合我们对财务报表的审计,我们的责任是阅读其他信息,在此过程中,考虑其他信息是否与财务报表或我们在审计过程中了解到的情况存在重大不一致或者似乎存在重大错报。基于我们已经执行的工作,如果我们确定其他信息存在重大错报,我们应当报告该事实。在这方面,我们无任何事项需要报告。

四、管理层和治理层对财务报表的责任

贵公司管理层负责按照企业会计准则的规定编制财务报表,使其实现公允反映,并设计、执行和维护必要的内部控制,以使财务报表不存在由于舞弊或错误导致的重大错报。

在编制财务报表时,管理层负责评估贵公司的持续经营能力,披露与持续经营相关的事项(如适用),并运用持续经营假设,除非管理层计划清算贵公司、终止运营或别无其他现实的选择。

治理层负责监督贵公司的财务报告过程。

五、注册会计师对财务报表审计的责任

我们的目标是对财务报表整体是否不存在由于舞弊或错误导致的重大错报获取合理保证,并出具包含审计意见的审计报告。合理保证是高水平的保证,但并不能保证按照审计准则执行的审计在某一重大错报存在时总能发现。错报可能由于舞弊或错误导致,如果合理预期错报单独或汇总起来可能影响财务报表使用者依据财务报表作出的经济决策,则通常认为错报是重大的。

在按照审计准则执行审计工作的过程中,我们运用职业判断,并保持职业怀疑。同时,我们也执行以下工作:

(一)识别和评估由于舞弊或错误导致的财务报表重大错报风险;设计和实施审计程序以应对这些风险,并获取充分、适当的审计证据,作为发表审计意见的基础。由于舞弊可能涉及串通、伪造、故意遗漏、虚假陈述或凌驾于内部控制之上,未能发现由于舞弊导致的重大错报的风险高于未能发现由于错误导致的重大错报的风险。

(二)了解与审计相关的内部控制,以设计恰当的审计程序,但目的并非对内部控制的有效性发表意见。

(三)评价管理层选用会计政策的恰当性和作出会计估计及相关披露的合理性。

(四)对管理层使用持续经营假设的恰当性得出结论。同时,根据获取的审计证据,就可能导致对贵公司持续经营能力产生重大疑虑的事项或情况是否存在重大不确定性得出结论。如果我们得出结论认为存在重大不确定性,审计准则要求我们在审计报告中提请报表使用者注意财务报表中的相关披露;如果披露不充分,我们应当发表非无保留意见。我们的结论基于截至审计报告日可获得的信息。然而,未来的事项或情况可能导致贵公司不能持续经营。

(五)评价财务报表的总体列报、结构和内容(包括披露),并评价财务报表是否公允反映相关交易和事项。

(六)就贵公司中实体或业务活动的财务信息获取充分、适当的审计证据,以对合并财务报表发表审计意见。我们负责指导、监督和执行集团审计,并对审计意见承担全部责任。

我们与治理层就计划的审计范围、时间安排和重大审计发现等事项进行沟通,包括沟通我们在审计中识别出的值得关注的内部控制缺陷。

普华永道中天会计师事务所

(特殊普通合伙) 注册会计师 周章

注册会计师 谭麟林

中国·上海市

2019年4月26日

5.1.2 合并及公司资产负债表

合并资产负债表(除特别注明外,金额单位为人民币元)

	2018年12月31日	2017年12月31日
附注	合并	合并
资产		
货币资金	999,487,535.70	1,045,323,915.70
以公允价值计量且其变动		
计入当期损益的金融资产	不适用	1,881,131,714.65
买入返售金融资产	—	959,000,000.00
金融投资:		
交易性金融资产	4,462,109,015.83	不适用
债权投资	5,343,233,762.72	不适用
可供出售金融资产	不适用	968,561,364.23
持有至到期投资	不适用	735,000,000.00
应收款项类投资	不适用	3,459,194,332.00
发放贷款和垫款	263,510,342.47	487,500,000.00
长期股权投资	6,824,373.89	5,561,711.62
固定资产	23,731,308.04	26,759,642.78
无形资产	9,249,184.27	8,735,110.19
递延所得税资产	25,832,764.81	20,258,132.91
其他资产	992,471,895.04	803,135,959.20
资产总计	**12,126,450,182.77**	**10,400,161,883.28**
负债		
应付职工薪酬	131,893,479.57	166,947,689.01
应交税费	220,033,605.35	97,163,025.98
递延所得税负债	1,091,443.81	14,480.38
其他负债	707,013,905.30	103,939,268.04
负债合计	**1 060,032,434.03**	**368,064,463.41**
所有者权益		
实收资本	5,764,705,882.35	5,764,705,882.35
盈余公积	532,818,601.77	428,770,564.39
一般风险准备	165,772,516.91	112,326,319.57
信托赔偿准备	1,152,941,176.47	801,359,727.50
未分配利润	3,450,179,571.24	2,924,934,926.06
所有者权益合计	**11,066,417,748.74**	**10,032,097,419.87**
负债及所有者权益总计	**12,126,450,182.77**	**10,400,161,883.28**

企业负责人:童学卫　　主管会计工作的负责人:李依贫　　会计机构负责人:张悦迎

5.1.2 合并及公司资产负债表(续)

公司资产负债表(除特别注明外,金额单位为人民币元)

	2018年12月31日	2017年12月31日
附注	公司	公司
资产		
货币资金	956,387,731.69	1,004,717,449.85
以公允价值计量且其变动计入当期损益的金融资产	不适用	1,810,052,861.10
买入返售金融资产	—	959,000,000.00
金融投资:		
交易性金融资产	3,398,613,468.42	不适用
债权投资	5,319,436,422.59	不适用
可供出售金融资产	不适用	601,661,364.23
持有至到期投资	不适用	735,000,000.00
应收款项类投资	不适用	3,326,736,249.68
发放贷款和垫款	263,510,342.47	487,500,000.00
长期股权投资	1,300,000,000.00	800,000,000.00
固定资产	23,661,173.88	26,689,508.62
无形资产	9,249,184.27	8,735,110.19
递延所得税资产	25,632,431.43	20,027,293.83
其他资产	790,513,324.93	600,767,044.27
资产总计	**12,087,004,079.68**	**10,380,886,881.77**
负债		
应付职工薪酬	131,686,757.74	166,790,011.92
应交税费	216,861,298.08	94,838,525.50
其他负债	705,642,958.00	103,895,600.34
负债合计	**1,054,191,013.82**	**365,524,137.76**
所有者权益		
实收资本	5,764,705,882.35	5,764,705,882.35
盈余公积	532,818,601.77	428,770,564.39
一般风险准备	165,772,516.91	112,326,319.57
信托赔偿准备	1,152,941,176.47	801,359,727.50
未分配利润	3,416,574,888.36	2,908,200,250.20
所有者权益合计	**11,032,813,065.86**	**10,015,362,744.01**
负债及所有者权益总计	**12,087,004,079.68**	**10,380,886,881.77**

企业负责人:童学卫　　主管会计工作的负责人:李依贫　　会计机构负责人:张悦迎

5.1.3 合并及公司利润表

合并利润表(除特别注明外,金额单位为人民币元)

	2018 年度	2017 年度
附注	合并	合并
一、营业收入	**1,727,623,298.27**	**1,584,990,896.89**
利息净收入	347,919,376.82	65,544,960.35
手续费及佣金收入	1,084,037,969.53	1,085,610,102.28
公允价值变动(损失)/收益	(9,993,821.82)	29,536,072.65
投资收益	127,967,503.33	223,249,346.84
其中:对联营企业和合营企业的投资收益	216,731.27	69,676.39
其他收益	50,872,451.67	837,637.53
汇兑收益/(损失)	5,507,099.72	(6,472,559.82)
其他业务收入	121,462,868.13	186,685,337.06
资产处置损失	(150,149.11)	—
二、营业支出	**(323,343,983.49)**	**(282,041,170.67)**
税金及附加	(8,509,532.58)	(9,469,453.36)
业务及管理费	(301,804,124.10)	(314,620,524.47)
信用减值损失	(13,030,326.81)	不适用
资产减值转回	不适用	42,048,807.16
三、营业利润	**1,404,279,314.78**	**1,302,949,726.22**
加:营业外收入	0.05	253,285.39
减:营业外支出	—	(945,634.52)
四、利润总额	**1,404,279,314.83**	**1,302,257,377.09**
减:所得税费用	(346,928,934.00)	(322,359,439.81)
五、净利润	**1,057,350,380.83**	**979,897,937.28**
按经营持续性分类		
持续经营净利润	1,057,350,380.83	979,897,937.28
终止经营净利润	—	—
按所有权归属分类		
少数股东损益	—	—
归属于母公司股东的净利润	1,057,350,380.83	979,897,937.28
六、其他综合收益的税后净额		
以后将重分类进损益的其他综合收益 可供出售金融资产公允价值变动	不适用	(5,837,828.16)
七、综合收益总额	**1,057,350,380.83**	**974,060,109.12**

企业负责人:童学卫　　主管会计工作的负责人:李依贫　　会计机构负责人:张悦迎

5.1.3 合并及公司利润表(续)

公司利润表(除特别注明外,金额单位为人民币元)

	2018年度	2017年度
附注	公司	公司
一、营业收入	**1,699,473,224.51**	**1,567,245,647.04**
利息净收入	338,366,505.11	74,226,987.42
手续费及佣金收入	1,071,664,734.80	1,078,086,804.80
公允价值变动(损失)/收益	(13,717,422.95)	29,057,219.10
投资收益	125,607,565.62	204,833,920.23
其他收益	50,732,023.19	827,938.25
汇兑收益/(损失)	5,507,099.72	(6,472,559.82)
其他业务收入	121,462,868.13	186,685,337.06
资产处置损失	(150,149.11)	—
二、营业支出	**(317,662,338.76)**	**(279,662,522.53)**
税金及附加	(8,305,332.83)	(9,282,869.12)
业务及管理费	(295,628,692.14)	(311,286,853.61)
信用减值损失	(13,728,313.79)	不适用
资产减值转回	不适用	40,907,200.20
三、营业利润	**1,381,810,885.75**	**1,287,583,124.51**
加:营业外收入	0.05	203,285.39
减:营业外支出	—	(944,561.23)
四、利润总额	**1,381,810,885.80**	**1,286,841,848.67**
减:所得税费用	(341,330,511.99)	(318,470,828.06)
五、净利润	**1,040,480,373.81**	**968,371,020.61**
按经营持续性分类		
持续经营净利润	1,040,480,373.81	968,371,020.61
终止经营净利润	—	—
六、其他综合收益的税后净额		
以后将重分类进损益的其他综合收益 可供出售金融资产公允价值变动	—	(5,799,679.63)
七、综合收益总额	**1,040,480,373.81**	**962,571,340.98**

企业负责人:童学卫　　主管会计工作的负责人:李依贫　　会计机构负责人:张悦迎

5.1.4 合并及公司所有者权益变动表

合并所有者权益变动表(除特别注明外,金额单位为人民币元)

附注	实收资本	其他综合收益	盈余公积	一般风险准备	信托赔偿准备	未分配利润	所有者权益合计
2017年1月1日年初余额	**3,764,705,882.35**	**5,837,828.16**	**331,933,462.33**	**101,393,440.16**	**752,941,176.47**	**2,138,274,303.49**	**7,095,086,092.96**
2017年度增减变动额							
综合收益总额							
净利润	—	—	—	—	—	979,897,937.28	979,897,937.28
其他综合收益	—	(5,837,828.16)	—	—	—	—	(5,837,828.16)
综合收益总额合计	—	(5,837,828.16)	—	—	—	979,897,937.28	974,060,109.12
所有者投入和减少资本							
所有者投入资本	2,000,000,000.00	—	—	—	—	—	2,000,000,000.00
利润分配							
对所有者的分配	—	—	—	—	—	(37,048,782.21)	(37,048,782.21)
提取盈余公积	—	—	96,837,102.06	—	—	(96,837,102.06)	—
提取一般风险准备	—	—	—	10,932,879.41	—	(10,932,879.41)	—
提取信托风险准备	—	—	—	—	48,418,551.03	(48,418,551.03)	—
2017年12月31日年末余额	**5,764,705,882.35**	**—**	**428,770,564.39**	**112,326,319.57**	**801,359,727.50**	**2,924,934,926.06**	**10,032,097,419.87**
2018年1月1日年初余额	**5,764,705,882.35**	**—**	**428,770,564.39**	**112,326,319.57**	**801,359,727.50**	**2,924,934,926.06**	**10,032,097,419.87**
2018年度增减变动额							
综合收益总额							
净利润	—	—	—	—	—	1,057,350,380.83	1,057,350,380.83
利润分配							
对所有者的分配	—	—	—	—	—	(23,030,051.96)	(23,030,051.96)
提取盈余公积	—	—	104,048,037.38	—	—	(104,048,037.38)	—

续表

附注	实收资本	其他综合收益	盈余公积	一般风险准备	信托赔偿准备	未分配利润	所有者权益合计
提取一般风险准备	—	—	—	53,446,197.34	—	(53,446,197.34)	—
提取信托风险准备	—	—	—	—	351,581,448.97	(351,581,448.97)	—
2018年12月31日年末余额	5,764,705,882.35	—	532,818,601.77	165,772,516.91	1,152,941,176.47	3,450,179,571.24	11,066,417,748.74

企业负责人:童学卫　　主管会计工作的负责人:李依贫　　会计机构负责人:张悦迎

5.1.4 合并及公司所有者权益变动表(续)

公司所有者权益变动表(除特别注明外,金额单位为人民币元)

附注	实收资本	其他综合收益	盈余公积	一般风险准备	信托赔偿准备	未分配利润	所有者权益合计
2017 年 1 月 1 日年初余额	**3,764,705,882.35**	**5,799,679.63**	**331,933,462.33**	**101,393,440.16**	**752,941,176.47**	**2,133,066,544.30**	**7,089,840,185.24**
2017 年度增减变动额							
综合收益总额							
净利润	—	—	—	—	—	968,371,020.61	968,371,020.61
其他综合收益	—	(5,799,679.63)	—	—	—	—	(5,799,679.63)
综合收益总额合计	—	(5,799,679.63)	—	—	—	968,371,020.61	962,571,340.98
所有者投入和减少资本							
所有者投入资本	2,000,000,000.00	—	—	—	—	—	2,000,000,000.00
利润分配							
对所有者的分配	**—**	**—**	**—**	**—**	**—**	**(37,048,782.21)**	**(37,048,782.21)**
提取盈余公积	—	—	96,837,102.06	—	—	(96,837,102.06)	—
提取一般风险准备	—	—	—	10,932,879.41	—	(10,932,879.41)	—
提取信托风险准备	—	—	—	—	48,418,551.03	(48,418,551.03)	—
2017 年 12 月 31 日年末余额	**5,764,705,882.35**		**428,770,564.39**	**112,326,319.57**	**801,359,727.50**	**2,908,200,250.20**	**10,015,362,744.01**
2018 年 1 月 1 日年初余额	**5,764,705,882.35**	**—**	**428,770,564.39**	**112,326,319.57**	**801,359,727.50**	**2,908,200,250.20**	**10,015,362,744.01**
2018 年度增减变动额							
综合收益总额							
净利润	—	—	—	—	—	1,040,480,373.81	1,040,480,373.81
利润分配							
对所有者的分配	—	—	—	—	—	(23,030,051.96)	(23,030,051.96)
提取盈余公积	—	—	104,048,037.38	—	—	(104,048,037.38)	—

续表

附注	实收资本	其他综合收益	盈余公积	一般风险准备	信托赔偿准备	未分配利润	所有者权益合计
提取一般风险准备	—	—	—	53,446,197.34	—	(53,446,197.34)	—
提取信托风险准备	—	—	—	—	351,581,448.97	(351,581,448.97)	—
2018年12月31日年末余额	**5,764,705,882.35**	**—**	**532,818,601.77**	**165,772,516.91**	**1,152,941,176.47**	**3,416,574,888.36**	**11,032,813,065.86**

企业负责人:童学卫　　主管会计工作的负责人:李依贫　　会计机构负责人:张悦迎

5.2　信托资产

5.2.1　信托项目资产负债汇总表

信托项目资产负债汇总表(未经审计)

编制单位:交银国信托有限公司　　2018年12月31日　　单位:人民币万元

序号	项目	期末余额	年初余额
1	信托资产:		
2	1. 货币资金	2,508,715.54	3,082,727.70
3	2. 拆出资金	—	—
4	3. 存出保证金	—	—
5	4. 交易性金融资产	11,567,685.04	13,771,151.35
6	5. 衍生金融资产	—	—
7	6. 买入返售金融资产	23,576,556.10	32,265,568.55
8	7. 应收款项	399,835.57	558,629.30
9	8. 发放贷款	24,724,886.70	27,757,325.58
10	9. 可供出售金融资产	1,441,290.32	1,261,801.88
11	10. 持有至到期投资	4,044,403.70	5,460,060.41
12	11. 长期应收款	—	—
13	12. 长期股权投资	1,496,529.92	1,938,309.75
14	13. 投资性房地产	—	—
15	14. 固定资产	—	—
16	15. 无形资产	—	—
17	16. 长期待摊费用	—	—
18	17. 其他资产	17,292,251.60	10,467,380.70
19	18. 信托资产总计	87,052,154.49	96,562,955.22
20	19. 各项资产减值准备	56,125.15	—
21	信托负债:		
22	20. 交易性金融负债	—	—
23	21. 衍生金融负债	—	—
24	22. 应付受托人报酬	10,601.93	10,504.65
25	23. 应付托管费	3,239.30	5,001.05
26	24. 应付受益人收益	113,698.37	7082.9
27	25. 应交税费	11,710.47	1,756.41
28	26. 应付销售服务费	30.18	0.12
29	27. 其他应付款项	418,414.62	644,689.36
30	28. 其他负债	—	—
31	29. 信托负债合计	557,694.87	669,034.49
32	信托权益:		
33	30. 实收信托	85,442,619.37	94,454,280.67

续表

序号	项目	期末余额	年初余额
34	31. 资本公积	682,096.95	550,583.50
35	32. 外币报表折算差额	11,023.05	5,702.87
36	33. 未分配利润	358,720.25	883,353.69
37	34. 信托权益合计	86,494,459.62	95,893,920.73
38	35. 信托负债和信托权益总计	87,052,154.49	96,562,955.22

公司负责人:童学卫　　主管信托会计工作负责人:李依贫　　信托会计机构负责人:张悦迎

5.2.2 信托项目利润及利润分配汇总表

信托项目利润及利润分配汇总表

编制单位:交银国际信托有限公司　　2018年度　　单位:人民币万元

序号	项目	本期数	上期数
1	1. 营业收入	4,680,385.56	4,448,119.77
2	1.1 利息收入	3,591,257.56	3,915,866.61
3	1.2 投资收益(损失以"-"号填列)	1,202,594.79	592,337.84
4	1.2.1 其中:对联营企业和合营企业的投资收益	—	—
5	1.3 公允价值变动收益(损失以"-"号填列)	-126,925.65	-68,707.03
6	1.4 租赁收入	—	—
7	1.5 汇兑损益(损失以"-"号填列)	868.42	-6,238.12
8	1.6 其他收入	12,590.44	14,860.47
9	2. 支出	406,580.09	328,389.50
10	2.1 营业税金及附加	13241.11	—
11	2.2 受托人报酬	129,816.04	136,896.57
12	2.3 托管费	38,002.60	39,897.18
13	2.4 投资管理费	-3,182.91	12,469.18
14	2.5 销售服务费	12,308.92	3,714.98
15	2.6 交易费用	3,242.75	2,375.66
16	2.7 资产减值损失	56125.15	—
17	2.8 其他费用	157,026.43	133,035.93
18	3. 信托净利润(净亏损以"-"号填列)	4,273,805.47	4,119,730.27
19	4. 其他综合收益	17685.11	121.53
20	5. 综合收益	4,291,490.58	4,119,851.80
21	6. 加:期初未分配信托利润	883,353.69	644,587.89
22	7. 可供分配的信托利润	5,157,159.16	4,764,318.16
23	8. 减:本期已分配信托利润	4,798,438.91	3,880,964.47
24	9. 期末未分配信托利润	358,720.25	883,353.69

公司负责人:童学卫　　主管信托会计工作负责人:李依贫　　信托会计机构负责人:张悦迎

6. 会计报表附注

6.1 会计报表编制基准不符合会计核算基本前提的说明

本公司及下属子公司(以下简称“本集团”)执行财政部于2006年2月15日及以后期间颁布的《企业会计准则——基本准则》、各项具体会计准则及相关规定,财务报表以持续经营为基础编制。

合并财务报表的合并范围以控制为基础予以确定。

子公司采用的主要会计政策和会计期间按照本公司统一规定的会计政策和会计期间厘定。本公司与子公司之间的所有重大账目及交易于合并时抵销。

根据财政部于2018年12月发布的《关于修订印发2018年度金融企业财务报表格式的通知》(财会〔2018〕36号),本集团从2018年1月1日开始的会计年度起采用新的金融企业财务报表格式编制财务报表,本集团无需重述前期可比数。上述修订的采用对本集团和本公司的财务状况、经营成果及现金流量未产生重大影响。

会计报表编制无不符合会计核算基本前提事项。

6.2 重要会计政策、会计估计的说明

6.2.1 金融工具

金融工具,是指形成一方的金融资产并形成其他方的金融负债或权益工具的合同。当本集团成为金融工具合同的一方时,确认相关的金融资产或金融负债。

6.2.1.1 金融资产分类和计量

本集团根据管理金融资产的业务模式和金融资产的合同现金流量特征,将金融资产划分为:(1)以摊余成本计量的金融资产;(2)以公允价值计量且其变动计入其他综合收益的金融资产;(3)以公允价值计量且其变动计入当期损益的金融资产。

于初始确认时,本集团按公允价值计量金融资产,对于不是以公允价值计量且其变动计入损益的金融资产,则还应该加上或减去可直接归属于获得或发行该金融资产的交易费用,例如手续费和佣金。以公允价值计量且其变动计入损益的金融资产的交易费用作为费用计入损益。初始确认后,对于以摊余成本计量的金融资产以及以公允价值计量且其变动计入其他综合收益的债务工具投资,立即确认预期信用损失准备并计入损益。

债务工具

本集团持有的债务工具是指从发行方角度分析符合金融负债定义的工具,分别采用以下三种方式进行计量:

以摊余成本计量:

本集团管理此类金融资产的业务模式为以收取合同现金流量为目标,且此类金融资产的合同现金流量特征与基本借贷安排相一致,即在特定日期产生的现金流量,仅为对本金和以未偿付本金金额为基础的利息的支付。本集团对于此类金融资产按照实际利率法确认利息收入。此类金融资产主要包括货币资金、债权投资和发放贷款和垫款等。

以公允价值计量且其变动计入其他综合收益:

本集团管理此类金融资产的业务模式为既以收取合同现金流量为目标又以出售为目标,且此类金融资产的合同现金流量特征与基本借贷安排相一致。此类金融资产按照公允价值计量且其变动计入其他综合收益,但减值损失或利得、汇兑损益和按照实际利率法计算的利息收入计入当期损益。此类金融资产列示为其他债权投资。本集团暂无以公允价值计量且其变动计入其他综合收益的金融资产。

以公允价值计量且其变动计入当期损益:

本集团将持有的未划分为以摊余成本计量和以公允价值计量且其变动计入其他综合收益的债务工具,以公允价值计量且其变动计入当期损益,列示为交易性金融资产。

权益工具

本集团将对其没有控制、共同控制和重大影响的权益工具投资按照公允价值计量且其变动计入当期损益,列示为交易性金融资产。

6.2.1.2 金融资产减值

本集团对于以摊余成本计量的金融资产等以预期信用损失为基础确认损失准备。

本集团考虑有关过去事项、当前状况以及对未来经济状况的预测等合理且有依据的信息,以发生违约的风险为权重,计算合同应收的现金流量与预期能收到的现金流量之间差额的现值的概率加权金额,确认预期信用损失。

于每个资产负债表日,本集团对于处于不同阶段的金融工具的预期信用损失分别进行计量。金融工具自初始确认后信用风险未显著增加的,处于第一阶段,本集团按照未来12个月内的预期信用损失计量损失准备;金融工具自初始确认后信用风险已显著增加但尚未发生信用减值的,处于第二阶段,本集团按照该工具整个存续期的预期信用损失计量损失准备;金融工具自初始确认后已经发生信用减值的,处于第三阶段,本集团按照该工具整个存续期的预期信用损失计量损失准备。

本集团对于处于第一阶段和第二阶段的金融工具,按照其未扣除减值准备的账面余额和实际利率计算利息收入。对于处于第三阶段的金融工具,按照其账面余额减已计提减值准备后的摊余成本和实际利率计算利息收入。

对于应收账款,无论是否存在重大融资成分,本集团均按照整个存续期的预期信用损失计量损失准备。本集团将计提或转回的损失准备计入当期损益。

本集团依据信用风险特征将应收款项划分为若干组合,在组合基础上计算预期信用损失,对于划分为组合的应收账款,本集团参考历史信用损失经验,结合当前状况以及对未来经济状况的预测,通过违约风险敞口和整个存续期预期信用损失率,计算预期信用损失。

6.2.1.3 金融资产终止确认

金融资产满足下列条件之一的,予以终止确认:

(1)收取该金融资产现金流量的合同权利终止;(2)该金融资产已转移,且本集团将金融资产所有权上几乎所有的风险和报酬转移给转入方;(3)该金融资产已转移,虽然本集团既没有转移也没有保留金融资产所有权上几乎所有的风险和报酬,但是放弃了对该金融资产控制。

金融资产终止确认时,其账面价值与收到的对价的差额,计入当期损益。

6.2.1.4 金融负债

金融负债于初始确认时分类为以摊余成本计量的金融负债和以公允价值计量且其变动计入当期损益的金融负债。

本集团的金融负债主要为以摊余成本计量的金融负债。该类金融负债按其公允价值扣除交易费用后的金额进行初始计量,并采用实际利率法进行后续计量。

当金融负债的现时义务全部或部分已经解除时,本集团终止确认该金融负债或义务已解除的部分。终止确认部分的账面价值与支付的对价之间的差额,计入当期损益。

6.2.1.5 金融工具的公允价值确定

存在活跃市场的金融工具,以活跃市场中的报价确定其公允价值。不存在活跃市场的金融工具,采用估值技术确定其公允价值。在估值时,本集团采用在当前情况下适用并且有足够可利用数据和其他信息支持的估值技术,选择与市场参与者在相关资产或负债的交易中所考虑的资产或负债特征相一致的输入值,并尽可能优先使用相关可观察输入值。在相关可观察输入值无法取得或取得不切实可行的情况下,使用不可观察输入值。

6.2.2 长期股权投资核算方法

长期股权投资包括:本公司对子公司的长期股权投资;本集团对合营企业和联营企业的长期股权投资。

6.2.2.1 对子公司投资

子公司为本公司能够对其实施控制的被投资单位。对子公司的投资,在公司财务报表中按照成本法确定的金额列示,在编制合并财务报表时按权益法调整后进行合并。

采用成本法核算的长期股权投资按照初始投资成本计量。被投资单位宣告分派的现金股利或利润,确认为投资收益计入当期损益。

6.2.2.2 对合营企业和联营企业投资

合营企业为本集团通过单独主体达成,能够与其他方实施共同控制,且基于法律形式、合同条款及其他事实与情况仅对其净资产享有权利的合营安排;联营企业为本集团能够对其财务和经营决策具有重大影响的被投资单位。

对合营企业和联营企业投资采用权益法核算。初始投资成本大于投资时应享有被投资单位可辨认净资产公允价值份额的,以初始投资成本作为长期股权投资成本;初始投资成本小于投资时应享有被投资单位可辨认净资产公允价值份额的,其差额计入当期损益,并相应调增长期股权投资成本。

采用权益法核算时,本集团按应享有或应分担的被投资单位的净损益份额确认当期投资损益。确认被投资单位发生的净亏损,以长期股权投资的账面价值以及其他实质上构成对被投资单位净投资的长期权益减记至零为限,但本集团负有承担额外损失义务且符合或有事项准则所规定的预计负债确认条件的,继续确认投资损失并作为预计负债核算。被投资单位除净损益、其他综合收益和利润分配以外所有者权益的其他变动,调整长期股权投资的账面价值并计入资本公积。被投资单位分派的利润或现金股利于宣告分派时按照本集团应分得的部分,相应减少长期股权投资的账面价值。本集团与被投资单位之间未实现的内部交易损益按照持股比例计算归属于本集团的部分,予以抵销;然后在此基础上确认投资损益。本集团与被投资单位发生的内部交易损失,其中属于资产减值损失的部分,相应的未实现损失不予抵销。

6.2.3 固定资产计价和折旧方法

固定资产包括房屋及建筑物、电器及设备、运输设备以及办公家具等。购置或新建的固定资产按取得时的成本进行初始计量。

与固定资产有关的后续支出,在相关的经济利益很可能流入本集团且其成本能够可靠的计量时,计入固定资产成本;对于被替换的部分,终止确认其账面价值;所有其他后续支出于发生时计入当期损益。

固定资产折旧采用年限平均法并按其入账价值减去预计净残值后在预计使用寿命内计提。对计提了减值准备的固定资产,则在未来期间按扣除减值准备后的账面价值及依据尚可使用年限确定折旧额。

对固定资产的预计使用寿命、预计净残值和折旧方法于每年年度终了进行复核并作适当调整。

符合持有待售条件的固定资产,以账面价值与公允价值减去处置费用孰低的金额列示为其他流动资产。公允价值减去处置费用低于原账面价值的金额,确认为资产减值损失。

当固定资产被处置、或者预期通过使用或处置不能产生经济利益时,终止确认该固定资产。固定资产出售、转让、报废或毁损的处置收入扣除其账面价值和相关税费后的金额计入当期损益。

6.2.4 无形资产计价及摊销政策

无形资产是指本集团拥有或者控制的没有实物形态的可辨认非货币性资产。

无形资产按成本进行初始计量。使用寿命有限的无形资产自可供使用时起,对其原值在其预计使用寿命内采用直线法分期平均摊销。使用寿命不确定的无形资产不予摊销。本集团至少于年度终了,对使用寿命有限的无形资产的使用寿命和摊销方法进行复核,必要时进行调整。

6.2.5 合并会计报表的编制方法

编制合并财务报表时,合并范围包括本公司及全部子公司。

从取得子公司的实际控制权之日起，本集团开始将其纳入合并范围；从丧失实际控制权之日起停止纳入合并范围。对于同一控制下企业合并取得的子公司，自其与本公司同受最终控制方控制之日起纳入本公司合并范围，并将其在合并日前实现的净利润在合并利润表中单列项目反映。

在编制合并财务报表时，子公司与本公司采用的会计政策或会计期间不一致的，按照本公司的会计政策或会计期间对子公司财务报表进行必要的调整。对于非同一控制下企业合并取得的子公司，以购买日可辨认净资产公允价值为基础对其财务报表进行调整。

集团内所有重大往来余额、交易及未实现利润在合并财务报表编制时予以抵销。子公司的所有者权益、当期净损益及综合收益中不属于本公司所拥有的部分分别作为少数股东权益、少数股东损益及归属于少数股东的综合收益总额在合并财务报表中所有者权益、净利润及综合收益总额项下单独列示。本公司向子公司出售资产所发生的未实现内部交易损益，全额抵销归属于母公司股东的净利润；子公司向本公司出售资产所发生的未实现内部交易损益，按本公司对该子公司的分配比例在归属于母公司股东的净利润和少数股东损益之间分配抵销。子公司之间出售资产所发生的未实现内部交易损益，按照母公司对出售方子公司的分配比例在归属于母公司股东的净利润和少数股东损益之间分配抵销。

如果以本集团为会计主体与以本公司或子公司为会计主体对同一交易的认定不同时，从本集团的角度对该交易予以调整。

6.2.6 收入确认

利息收入是用实际利率乘以金融资产账面余额计算得出，以下情况除外：对于源生或购入已发生信用减值的金融资产，其利息收入用经信用调整的原实际利率乘以该金融资产摊余成本计算得出；不属于源生或购入已发生信用减值的金融资产，但后续已发生信用减值的金融资产（或“第三阶段”），其利息收入用实际利率乘以摊余成本（即，扣除损失准备后的净额）计算得出。

实际利率是指按金融资产或金融负债的预计存续期间将其预计未来现金流入或流出折现至该金融资产账面余额（即扣除损失准备之前的摊余成本）或该金融负债摊余成本的利率。实际利率的计算需要考虑金融工具的合同条款并且包括所有归属于实际利率组成部分的费用和所有交易成本。

信托报酬收入于服务已经提供且收取的金额能够可靠地计量时，按权责发生制确认收入。其中，对于具有固定信托报酬条款的信托项目，在未来很有可能取得该固定信托报酬且能够可靠计量的情况下，本集团在期末根据信托合同约定的条款对固定信托报酬按权责发生制确认收入。对于需要依靠未来某些条件的发生或者不发生来确定的浮动收益，一般在信托计划实际分配即收到浮动收益时或在取得该收益的权利确定，且能够可靠计量时，本集团才予以确认。

信托业务财务顾问费收入于服务已经提供且收取的金额能够可靠地计量时，按完工百分比法确认收入。

6.2.7 所得税

本集团在正常的经营活动中，有部分交易其最终的税务处理和计算存在一定的不确定性。部分项目是否能够在税前列支需要政府主管机关的审批。如果这些税务事项的最终认定结果同最初入账的金额存在差异，则该差异将对其最终认定期间的当期所得税和递延所得税产生影响。

6.2.8 递延所得税资产及递延所得税负债

递延所得税资产和递延所得税负债根据资产和负债的计税基础与其账面价值的差额（暂时性差异）计算确认。对于按照税法规定能够于以后年度抵减应纳税所得额的可抵扣亏损，确认相应的递延所得税资产。对于商誉的初始确认产生的暂时性差异，不确认相应的递延所得税负债。对于既不影响会计利润也不影响应纳税所得额（或可抵扣亏损）的非企业合并的交易中产生的资产或负债的初始确认形成的暂时性差异，不确认相应的递延所得税资产和递延所得税负债。于资产负债表日，递延所得税资产和递延所得税负债，按照预期收回该资产或清偿该负债期间的适用税率计量。

递延所得税资产的确认以很可能取得用来抵扣可抵扣暂时性差异、可抵扣亏损和税款抵减的应纳税所得额为限。

对与子公司、联营企业及合营企业投资相关的应纳税暂时性差异，确认递延所得税负债，除非本集团能够控制该暂时性差异转回的时间且该暂时性差异在可预见的未来很可能不会转回。对与子公司、联营企业及合营企业投资相关的可抵扣暂时性差异，当该暂时性差异在可预见的未来很可能转回且未来很可能获得用来抵扣可抵扣暂时性差异的应纳税所得额时，确认递延所得税资产。

同时满足下列条件的递延所得税资产和递延所得税负债以抵销后的净额列示：递延所得税资产和递延所得税负债与同一税收征管部门对本集团内同一纳税主体征收的所得税相关；本集团内该纳税主体拥有以净额结算当期所得税资产及当期所得税负债的法定权利。

6.3 或有事项说明

报告期内，公司未发生对外担保及其他或有事项。

6.4 重要资产转让及其出售的说明

报告期内，无重要资产转让或出售。

6.5 会计报表中重要项目的明细资料

6.5.1 披露自营资产经营情况

6.5.1.1 按信用风险五级分类结果披露信用风险资产的期初数、期末数

表 6.5.1.1　　单位：人民币万元

信用风险资产五级分类	正常类	关注类	次级类	可疑类	损失类	资产合计	不良资产合计	不良资产率(%)
期初数	1,034,919.17	0.00	0.00	0.00	0.00	1,034,919.17	0.00	0.00
期末数	1,206,761.71	0.00	0.00	0.00	0.00	1,206,761.71	0.00	0.00

6.5.1.2 各项资产减值损失准备的期初、本期计提、本期转回、本期核销、期末数

表 6.5.1.2　　单位：人民币万元

项目	期初数	本期计提	本期转回	本期核销	期末数
贷款损失准备	1,250.00	0.00	575.00	0.00	675.00
一般准备	1,250.00	0.00	575.00	0.00	675.00
专项准备	0.00	0.00	0.00	0.00	0.00
其他资产减值准备	0.00	0.00	0.00	0.00	0.00
债权投资减值准备	3,483.6	1,332.12	0.00	0.00	4,815.72
其他减值准备	0.00	0.00	0.00	0.00	0.00
可供出售金融资产减值准备	0.00	0.00	0.00	0.00	0.00
持有至到期投资减值准备	0.00	0.00	0.00	0.00	0.00
长期股权投资减值准备	0.00	0.00	0.00	0.00	0.00
坏账准备	0.00	545.91	0.00	0.00	545.91
投资性房地产减值准备	0.00	0.00	0.00	0.00	0.00

6.5.1.3 自营股票投资、基金投资、债券投资、长期股权投资等投资的期初数、期末数

表 6.5.1.3　　单位：人民币万元

项目	自营股票	基金	债券	长期股权投资
期初数	0.00	0.00	73,500	58,747
期末数	0.00	0.00	32,500	76,288

6.5.1.4 按照投资入股金额排序，前五名的自营长期股权投资的企业名称、占被投资企业权益的比例、主要经营活动及投资收益情况等。

表 6.5.1.4

企业名称	投资总额（万元）	投资占例（%）
陕西煤业化工集团财务有限公司	20,000	6.07
中国航油集团财务有限公司	12,000	10.00
上海锦项投资管理有限公司	490	49
上海中交达资产管理有限公司	106.67	40
杭州投发交银投资管理有限公司	49	49

6.5.1.5 前五名的自营贷款的企业名称、占贷款总额的比例和还款情况

表 6.5.1.5

企业名称	占贷款总额的比例(%)	还款情况（万元）
光明房地产集团有限公司	100	正常

6.5.1.6 表外业务的期初数、期末数；按照代理业务、担保业务和其他类型表外业务分别披露

报告期内，本公司无代理业务、担保业务和其他类型表外业务。

6.5.1.7 公司当年的收入结构

表6.5.1.7 单位：人民币万元

收入结构	金额	占比
手续费及佣金收入	108,403.80	62.75%
其中：信托手续费收入	107,166.47	
基金和资管计划管理费收入	1,237.33	
利息收入	34,791.93	20.14%
其他业务收入	12,146.29	7.03%
其中：计入信托业务收入部分	12,146.29	
投资收益	12,796.75	7.41%
其中：股权投资收益	1,938.37	
证券投资收益		
其他投资收益	10,858.38	
公允价值变动收益	(999.39)	(0.58)%
汇兑收益	550.71	0.32%
其他收益	5,087.25	2.94%
资产处置收益	(15.01)	(0.01)%
收入合计	172,762.33	100%

其他业务收入主要指公司为融资企业提供财务顾问、咨询及融资方案设计等服务，获得的财务顾问费收入。

本报告年度共实现信托业务收入总额为119,312.76万元，其中手续费及佣金收入107,166.47万元、财务顾问费收入12,146.29万元。

6.5.2 披露信托财产管理情况

6.5.2.1 信托资产的期初数、期末数。

表6.5.2.1 单位：人民币万元

信托资产	期初数	期末数
集合	31,285,232.58	48,893,854.11
单一	63,475,233.27	37,544,777.28
财产权	1,802,489.37	613,523.10
合计	96,562,955.22	87,052,154.49

6.5.2.1.1 主动管理类信托业务的信托资产期初数、期末数，分投资、融资类分别披露。

表6.5.2.1.1 单位：人民币万元

主动管理类信托资产	期初数	期末数
投资类	854,505.59	852,258.77
融资类	14,899,819.84	20,235,535.94
合计	15,754,325.43	21,087,794.71

6.5.2.1.2 事务管理类信托业务的信托资产期初数、期末数。

表6.5.2.1.2 单位：人民币万元

事务管理类信托资产	期初数	期末数
事务管理类	80,808,629.79	65,964,359.78
合计	80,808,629.79	65,964,359.78

6.5.2.2 本年度已清算结束的信托项目个数、实收信托合计金额、加权平均实际年化收益率。

6.5.2.2.1 本年度已清算结束的集合类，单一类资金信托项目和财产管理类信托项目个数、实收信托金额、加权平均实际年化收益率。

表6.5.2.2.1 单位：人民币万元

已清算结束信托项目	项目个数	实收信托合计金额	加权平均实际年化收益率
集合类	40	1,671,769.50	6.60%
单一类	192	7,748,979.39	5.42%
财产管理类	5	181,258.75	0.74%

6.5.2.2.2 本年度已清算结束的主动管理类信托项目个数、实收信托合计金额、加权平均实际年化收益率，分投资类、融资类分别计算并披露。

表6.5.2.2.2 单位：人民币万元

已清算结束信托项目	项目个数	实收信托合计金额	加权平均实际年化信托报酬率	加权平均实际年化收益率
投资类	—	—	—	—
融资类	11	311,020.00	1.14%	5.87%

6.5.2.2.3 本年度已清算结束的事务管理类信托项目个数、实收信托合计金额、加权平均实际年化收益率。

表6.5.2.2.3　　单位:人民币万元

已清算结束信托项目	项目个数	实收信托合计金额	加权平均实际年化信托报酬率	加权平均实际年化收益率
事务管理类	226	9,290,987.64	0.13%	5.66%

6.5.2.3　本年度新增的集合类、单一类和财产管理类信托项目个数、实收信托合计金额。

表6.5.2.3　　单位:人民币万元

新增信托项目	项目个数	实收信托合计金额(万元)
集合类	91	23,563,887.69
单一类	375	1,890,661.19
财产管理类	—	—
新增合计	466	25,454,548.88
其中:主动管理类	62	5,865,095.00
事务管理类	404	19,589,453.88

注:本年新增信托项目指在本报告年度内累计新增的信托项目个数和金额。包含本年度新增并于本年度内结束的项目和本年度新增至报告期末仍在持续管理的信托项目。

6.5.2.4　信托业务创新成果和特色业务有关情况

2018年,公司全面布局创新发展战略,加快转型发展步伐,积极动信贷资产证券化、企业资产证券化、家族财富管理等创新业务落地。当年公司主要推出如下创新产品:

1. 信贷资产证券化

报告期内,公司进一步巩固在信贷资产证券化领域的领先优势,成功发行交元2018年信用卡分期ABS、交诚2018年不良资产支持证券、交盈2018年个人住房RMBS,工元2018年个人住房RMBS等多单信贷资产证券化项目,全年公募信贷资产证券化发行规模突破1500亿元,位行业前二。凭借全流程专业服务,连续五年被中央国债登记结算有限责任公司评为"资产支持证券(ABS)优秀发行人"。

2. 企业资产证券化

公司紧紧把握市场发展机遇,大力拓展企业资产证券化业务。报告期内,公司成功落地上海易鑫租赁、君创融资租赁、中交一航局、二航局、中交一公局等多单公募企业资产证券化项目,发行规模60.32亿元,排名市场第九位。

3. 家族财富管理

公司紧抓家族财富管理市场需求,在报告期内,新设家族财富管理部,加大与交银集团私银条线合作,通过"定制化产品+个性化服务"等措施,成功发行多单家族财富管理产品,当年新成立项目规模超过36亿元,有力促进了家族财富管理业务规模化发展。

6.5.2.5　本公司未发生未履行受托人义务情况及因本公司自身责任而导致的信托资产损失情况。

公司按照《中华人民共和国信托法》、《信托公司管理办法》、《信托公司集合资金信托计划管理办法》等法律法规的规定以及信托文件的约定,恪尽职守、履行诚实、信用、谨慎、有效管理的义务,为受益人的最大利益处理信托事务。

本年度无因本公司自身责任而导致的信托资产损失情况。

6.5.2.6　信托赔偿准备金的提取、使用和管理情况

截至2018年末,公司注册资本5,764,705,882.35元,计提信托赔偿准备金1,152,941,176.47元,已达到注册资本20%。报告期内,公司未发生对信托产品赔偿的事项。

6.6　关联方关系及其交易的披露

6.6.1　关联交易方的情况

表6.6.1　　单位:人民币万元

	关联交易方数量	关联交易金额	定价政策
合计	3家	4,300	按市场价格交易;若无市场价格,则按公允原则,以不优于对非关联方同类交易的条件定价交易。

6.6.2　关联交易方的情况

表6.6.2

关系性质	关联方名称	法定代表人	注册地址	注册资本	主营业务
控股股东	交通银行股份有限公司	彭纯	上海市浦东新区银城中路188号	人民币742.63亿元	银行业务

续表

关系性质	关联方名称	法定代表人	注册地址	注册资本	主营业务
受同一母公司控制	交银施罗德基金管理有限公司	阮红	上海市浦东新区银城中路188号	人民币20000万元	基金募集、基金销售、资产管理和中国证监会许可的其他业务
受同一母公司控制	上海汇经置业有限公司	孙磊	上海陆家嘴环路333号金砖大厦3楼301室	人民币87000万元	办公楼及附属配套设施的经营、出租、出售

6.6.3 公司与关联方的重大交易事项

6.6.3.1 固有财产与关联方交易情况

表6.6.3.1 单位：人民币万元

固有与关联方关联交易				
	期初数	借方发生额	贷方发生额	期末数
贷款	0.00	0.00	0.00	0.00
投资	0.00	0.00	0.00	0.00
租赁	0.00	0.00	0.00	0.00
担保	0.00	0.00	0.00	0.00
应收账款	0.00	0.00	0.00	0.00
其他	16,000.00	0.00	6,000.00	10,000.00
合计	16,000.00	0.00	6,000.00	10,000.00

6.6.3.2 信托与关联方交易情况：贷款、投资、租赁、应收账款、担保、其他方式等期初汇总数、本期借方和贷方发生额汇总数、期末汇总数

表6.6.3.2 单位：人民币万元

信托与关联方关联交易				
	期初数	借方发生额	贷方发生额	期末数
贷款	0.00	0.00	0.00	0.00
投资	0.00	0.00	0.00	0.00
租赁	0.00	0.00	0.00	0.00
担保	0.00	0.00	0.00	0.00
应收账款	0.00	0.00	0.00	0.00
其他	0.00	0.00	0.00	0.00
合计	0.00	0.00	0.00	0.00

6.6.3.3 信托公司自有资金运用于自己管理的信托项目（固信交易）、信托公司管理的信托项目之间的相互（信信交易）金额，包括余额和本报告年度的发生额

6.6.3.3.1 固有与信托财产之间的交易

表 6.6.3.3.1　　单位:人民币万元

固有财产与信托财产相互交易				
	年初数	本年借方发生额	本年贷方发生额	年末数
合计	468,520.00	819,470.00	572,724.54	715,265.46

6.6.3.3.2　信托项目之间的交易金额期初汇总数、本期发生额汇总数、期末汇总数

表 6.6.3.3.2　　单位:人民币万元

信托资产与信托财产相互交易			
	期初数	本期发生额	期末数
合计	2,853,179.28	-78,665.49	2,774,513.79

注:以公司受托管理的一个信托项目的资金购买自己管理的另一个信托项目的受益权或信托项下资产均应纳入统计披露范围

6.6.4　关联方逾期未偿还公司资金的情况

无。

6.6.5　公司为关联方担保发生或即将发生垫款的情况

无。

6.7　会计制度的披露

6.7.1　固有业务

公司固有业务的会计核算执行中华人民共和国财政部2006年颁布的《企业会计准则》及其以后颁布的相关规定。

6.7.2　信托业务

本公司信托业务的会计报表是根据2006年国家财政部颁布的《企业会计准则》等规定编制,编制的会计基础是收付实现制,采用的计量属性一般是历史成本,对交易性金融资产和可供出售金融资产采用公允价值计量。

7. 财务情况说明书

7.1　利润实现和分配情况

公司2018年度实现净利润人民币1,040,480,373.81元,有关利润分配方案如下:

1. 根据《公司法》和《公司章程》规定,按照净利润的10%计提法定公积金104,048,037.38元;

2. 根据财政部《金融企业准备金计提管理办法》规定,按照公司2018年末风险资产账面余额的1.5%差额计提一般准备53,446,197.34元;

3. 根据《信托公司管理办法》规定及银保监会监管要求,信托公司信托赔偿准备金计提比例达到公司注册资本的20%时可以不再计提。2018年末,公司注册资本5,764,705,882.35元,应计提信托赔偿准备金1,152,941,176.47元,公司已计提的信托赔偿准备金1,152,941,176.47元,已达到注册资本20%。

4. 扣除上述1-3项利润分配项目后,公司2018年度母公司剩余可供分配利润882,986,139.09元,拟按照剩余可供分配利润的6%向股东分配利润52,979,168.35元。

7.2　主要财务指标

表 7.2

指标名称	指标值
资本利润率	10.02%
加权年化信托报酬率	0.17%
人均净利润	478.44

7.3　对公司财务状况、经营成果有重大影响的其他事项

2018年无其他对公司财务状况、经营成果有重大影响的其他事项。

8. 特别事项揭示

8.1　前五名股东报告期内变动情况及原因

无。

8.2　董事、监事及高级管理人员变动情况及原因

报告期内,董事、监事及高级管理人员发生以下变动:

(1)2018年8月,赵炯因工作变动原因不再担任董事长、总裁职务。

(2)2018年9月,公司召开股东会及董事会,选举童学卫为董事长。

(3)2018年11月,公司召开股东会及监事会,选举郑智勇为监事长,姚永杰因到龄退休不再担任本公司监事长职务。

(4)2018年12月,公司召开股东会,选举李依贫为执行董事,刘红忠、王华为独立董事。赵海慧不再担任本公司董事职务,张纯不再担任本公司独立董事职务。

(5)2018年12月,公司召开董事会,聘任李依贫为公司总裁,聘任唐云岳为公司副总裁。

8.3　变更注册资本、变更注册地或公司名称、公司分立合并事项

无。

8.4 公司的重大未决诉讼事项

报告期内，公司信托项目“交银国信—中宏投资贷款集合资金信托计划”由于出现融资方违约情况涉及司法程序。同时，个别事务管理类项目存在代为诉讼或涉诉情形，相关风险均由委托人承担。

8.5 公司及其高级管理人员受到处罚的情况

报告期内，无公司及其董事、监事和高级管理人员受处罚情况。

8.6 银保监会及其派出机构对公司检查后提出的整改意见

报告期内，湖北银保监局于2018年4月至6月对公司开展了进一步深化整治银行业市场乱象及通道业务专项现场检查，未发现公司有重大实质性风险。对公司治理、内部控制、业务开展及规范经营等方面提出的检查意见和监管要求，积极推进整改工作落实。

8.7 本年度重大事项临时报告的简要内容、披露时间、所披露的媒体及其版面

2018年6月29日，在《金融时报》第七版披露了公司章程修改公告。简要内容：根据本公司2017年股东会第三次会议决议，对本公司章程进行了修订。一是落实从严治党要求，把党的领导写入公司章程；二是落实监管要求，把消费者权益保护工作写入公司章程；三是结合公司治理运行实践，对公司章程其他条款进行了梳理修订。

2018年11月16日，在《金融时报》第七版披露了变更法定代表人公告，简要内容：根据交银国际信托有限公司第三届董事会第十九次会议决议，经湖北银保监局筹备组鄂银保监筹〔2018〕9号文批复核准任职资格，童学卫任交银国际信托有限公司董事长。2018年11月公司法定代表人变更为童学卫。

8.8 银保监会及其省级派出机构认定的其他有必要让客户及相关利益人了解的重要信息

无。

渤海国际信托股份有限公司　2018年年度报告

1. 重要提示

1.1　本公司董事会及董事保证本报告所载资料不存在任何虚假记载、误导性陈述或者重大遗漏，并对其内容的真实性、准确性和完整性承担个别及连带责任。

1.2　本公司独立董事朱玉杰、苏敬勤、孟庆斌对本报告内容的真实性、准确性和完整性表示认可。

1.3　中兴财光华会计师事务所（特殊普通合伙）为本公司出具了标准无保留意见的审计报告。

1.4　公司董事长郑宏、执行董事兼总裁马建军、财务总监董丁丁声明：保证年度报告中财务会计报告的真实、完整。

2. 公司概况

2.1　公司简介

渤海国际信托股份有限公司前身为河北省国际信托投资有限责任公司，成立于1983年12月，2004年1月获准重新登记，注册资本金32565万元（含1500万美元），2006年12月完成重组，2007年2月增资扩股后，注册资本金增加到72565万元（含1500万美元）。2007年11月，原中国银监会批准公司名称变更为渤海国际信托有限公司。2009年3月由原股东再次增资7000万元，注册资本金增加至79565万元（含1500万美元）。2011年6月，海航资本控股有限公司（现更名为"海航资本集团有限公司"）增资120435万元，注册资本金增加至200000万元（含1500万美元）。2015年8月完成股改，更名为渤海国际信托股份有限公司。2017年2月，渤海信托注册资本金增加到360000万元。

法定中文名称	渤海国际信托股份有限公司
法定中文缩写名称	渤海信托
公司法定英文名称	Bohai International Trust Co. ,Ltol.
法定英文缩写名称	BITC
法定代表人	郑宏
注册地址	石家庄市新石中路377号B座22－23层
公司网址	www. bohaitrust. com
邮政编码	050090
信息披露事务联系人	李晓晨，电话：010－57583390，传真：010－59782079； 电子信箱：xch_li@ bohaitrust. com
选定的信息披露报纸	《证券时报》
信息披露事务负责人	马建军
公司年报备置地点	石家庄市新石中路377号B座22－23层
聘请的会计师事务所	中兴财光华会计师事务所（特殊普通合伙）
聘请的会计师事务所住所	北京市西城区阜成门外大街2号22层A24

2.2　组织结构

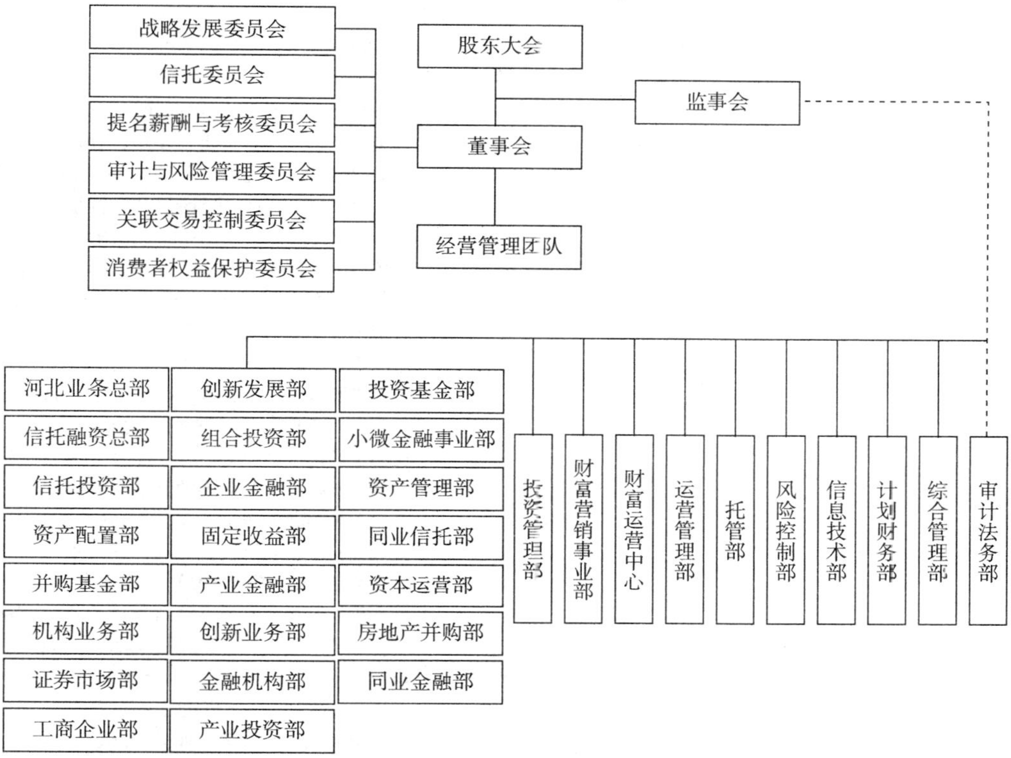

3. 公司治理

3.1　公司治理结构

3.1.1　股东

截至 2018 年末，股东总数 3 家，母公司为海航资本集团有限公司，最终控制方为海南省慈航公益基金会。

表 3.1.1

股东名称	持股比例（%）	法人代表	注册资本（万元）	注册地址	主要经营业务
海航资本集团有限公司	51.23	金川	3348035	海南省海口市海秀路 29 号	企业资产重组、购并及项目策划，财务顾问中介服务，信息咨询服务，交通能源新技术、新材料的投资开发，航空器材的销售及租赁业务，建筑材料、酒店管理，游艇码头设施投资。

续表

股东名称	持股比例（%）	法人代表	注册资本（万元）	注册地址	主要经营业务
北京海航金融控股有限公司	26.67	于波	2120000	北京市丰台区丽泽路18号院1号楼701－31室	投资与资产管理；投资咨询；经济贸易咨询；企业策划；财务咨询（不得开展审计、验资、查账、评估、会计咨询、代理记账等需经专项审批的业务，不得出具相应的审计报告、验资报告、查账报告、评估报告等文字材料）；技术开发；技术服务。（“1. 未经有关部门批准，不得以公开方式募集资金；2. 不得公开开展证券类产品和金融衍生品交易活动；3. 不得发放贷款；4. 不得对所投资企业以外的其他企业提供担保；5. 不得向投资者承诺投资本金不受损失或者承诺最低收益”；不得以公开方式募集资金；不得公开交易证券类产品和金融衍生品；不得发放贷款；不得向所投资企业以外的其他企业提供担保；不得向投资者承诺投资本金不受损失或者承诺最低收益。企业依法自主选择经营项目，开展经营活动；依法须经批准的项目，经相关部门批准后依批准的内容开展经营活动；不得从事本市产业政策禁止和限制类项目的经营活动。）
中国新华航空集团有限公司	22.10	罗军	438665	北京市顺义区天竺镇府前一街16号	由天津始发（部分航班由北京始发）至国内部分城市的航空客货运输业务；与航空运输相关的服务业务；自有房地产经营；资产管理；航空器材、建筑材料、装饰材料、化工产品（不含危险化学品）、电子产品、日用百货、纺织品、机械、电子设备、黑色金属的销售；广告设计、制作、代理、发布；设计和制作印刷品广告，利用《新华航空》杂志发布国内外广告；进出口业务。（企业依法自主选择经营项目，开展经营活动；依法须经批准的项目，经相关部门批准后依批准的内容开展经营活动；不得从事本市产业政策禁止和限制类项目的经营活动。）

股东的主要股东

（1）海航资本集团有限公司的主要股东

表3.1.1－1

股东名称	持股比例（%）	法人代表	注册资本（万元）	注册地址	主要经营业务
海航集团有限公司	88.05	陈峰	6000000	海口市美兰区国兴大道7号新海航大厦25层	航空运输及机场的投资与管理；酒店及高尔夫球场的投资与管理；信息技术服务；飞机及航材进出口贸易；能源、交通、新技术、新材料的投资开发及股权运作；境内劳务及商务服务中介代理。

续表

股东名称	持股比例(%)	法人代表	注册资本(万元)	注册地址	主要经营业务
珠海东方嘉泽投资管理中心(有限合伙)	11.95	深圳东方藏山资产管理有限公司(执行事务合伙人)	—	珠海市横琴新区宝华路6号105室	合伙协议记载的经营范围:投资管理;股权投资;投资咨询;企业管理咨询;投资兴办实业;受托资产管理。(依法须经批准的项目,经相关部门批准后方可开展经营活动。)

(2)北京海航金融控股有限公司的主要股东

表3.1.1-2

股东名称	持股比例(%)	法人代表	注册资本(万元)	注册地址	主要经营业务
海航投资控股有限公司	61.32	于波	889700	海南省海口市美兰区国兴大道7号新海航大厦22楼	项目投资及管理;投资顾问、经济信息咨询、财务信息咨询、投资咨询;股权投资;受托资产管理;进出口贸易。
海南海航实业控股有限公司	37.74	何家福	3701857	海南省海口市美兰区国兴大道7号新海航大厦22层	物流项目投资;机场管理;商场管理;旅游项目投资;各类工业与民用建设项目的策划、管理、投资与开发;企业管理(投资管理及资产管理除外)。
天津中亿渤海股权投资基金管理有限公司	0.94	于波	5000	天津滨海高新区华苑产业区工华道壹号D座2门1101、1102、1103、1104、1105	受托管理股权投资基金,从事投融资管理及相关咨询服务。国家有专营、专项规定的按专营专项规定办理。

(3)中国新华航空集团有限公司的主要股东

表3.1.1-2

股东名称	持股比例(%)	法人代表	注册资本(万元)	注册地址	主要经营业务
海南航空控股股份有限公司	61.75	谢皓明	1680000	中国海南省海口市国兴大道7号海航大厦	国际、国内(含港澳)航空客货邮运输业务;与航空运输相关的服务业务;航空旅游;机上供应品,航空器材,航空地面设备及零配件的生产;候机楼服务和经营;保险兼业代理服务(限人身意外险)。(以上凡涉及行政许可的项目须凭许可证经营。)

续表

股东名称	持股比例（%）	法人代表	注册资本（万元）	注册地址	主要经营业务
中国对外经济贸易信托有限公司	26.08	杨林	274062	北京市西城区复兴门内大街28号凯晨世贸中心中座F6层	本外币业务：资金信托；动产信托；不动产信托；有价证券信托；其他财产或财产权信托；作为投资基金或者基金管理公司的发起人从事投资基金业务；经营企业资产的重组、购并及项目融资、公司理财、财务顾问等业务；受托经营国务院有关部门批准的证券承销业务；办理居间、咨询、资信调查等业务；代保管及保管箱业务；以存放同业、拆放同业、贷款、租赁、投资方式运用固有财产；以固有财产为他人提供担保；从事同业拆借；法律法规规定或中国银行业监督管理委员会批准的其他业务。（企业依法自主选择经营项目，开展经营活动；依法须经批准的项目，经有关部门批准后依批准的内容开展经营活动；不得从事本市产业政策禁止和限制类项目的经营活动。）
嘉兴兴晟海新投资合伙企业	12.18	宁波梅山保税港区远晟投资管理有限公司（执行事务合伙人）	—	浙江省嘉兴市广益路705号嘉兴世界贸易中心1号楼2202室-155	实业投资、投资管理。

3.1.2 董事、董事会及其下属委员会

表3.1.2-1（董事长、董事）

姓名	职务	性别	年龄	选任日期	所推举股东名称	该股东持股比例（%）	简要履历
郑宏	董事长	男	52	2017年8月9日	海航资本集团有限公司	51.23	历任海南航空股份有限公司总经理、财务总监，海航集团有限公司财务总监，海航机场集团有限公司首席运营官兼财务总监、副董事长，海航集团华东总部有限公司财务总监，渤海国际信托股份有限公司执行董事兼总裁，海航资本集团有限公司财务总监、运营总裁；现任海航物流集团有限公司副总裁。

续表

姓名	职务	性别	年龄	选任日期	所推举股东名称	该股东持股比例(%)	简要履历
马建军	执行董事	男	47	2017 年 1 月 18 日	中国新华航空集团有限公司	22.10	历任渤海国际信托股份有限公司信托业务部副总经理,信托业务二部总经理,总裁助理,副总裁;现任渤海国际信托股份有限公司执行董事兼总裁。
李令星	董事	男	51	2013 年 3 月 26 日	海航资本集团有限公司	51.23	历任河北省国际信托投资有限公司稽核审计部总经理,海航资本集团有限公司合规管理部总经理;现任渤海人寿保险股份有限公司副总经理,渤海国际信托股份有限公司董事。
陈虹	董事	男	44	2018 年 3 月 20 日	北京海航金融控股有限公司	26.67	现任中南财经政法大学法学院经济法系副教授,渤海国际信托股份有限公司董事。

注:2018 年 9 月 17 日渤海信托董事会进行换届选举,经股东大会、董事会选举,成小云先生接替郑宏先生担任渤海信托董事、董事长职务,成小云先生的董事、董事长任职资格于 2019 年 2 月 28 日获得河北银保监局核准。

表 3.1.2-2(独立董事)

姓名	职务	性别	年龄	选任日期	所推举股东名称	该股东持股比例(%)	简要履历
朱玉杰	独立董事	男	49	2017 年 11 月 28 日	—	—	历任清华大学经济管理学院金融系助教、讲师、副教授;现任清华大学经济管理学院金融系教授,渤海国际信托股份有限公司独立董事。
苏敬勤	独立董事	男	57	2017 年 11 月 28 日	—	—	历任大连理工大学图书情报专业教研室副主任,技术经济研究所所长,管理学院党总支副书记、党委书记、副院长、党委组织部部长、党校常务副校长、管理学院副院长;现任大连理工大学管理学院院长、中国工业科技管理大连培训中心主任,渤海国际信托股份有限公司独立董事。

续表

姓名	职务	性别	年龄	选任日期	所推举股东名称	该股东持股比例(%)	简要履历
孟庆斌	独立董事	男	38	2018年7月20日	—	—	现任中国人民大学商学院财务金融系副教授,渤海国际信托股份有限公司独立董事。

表3.1.2-3(董事会下属委员会)

董事会下属委员会名称	职　责	组成人员	职　务
战略发展委员会	主要负责制定公司经营管理目标和长期发展战略,监督、检查年度经营计划、投资方案的执行情况	郑宏	主任委员
		马建军	委员
		陈虹	委员
		朱玉杰	委员
		孟庆斌	委员
信托委员会	主要负责督促公司依法履行受托职责。当公司或其股东利益与受益人利益发生冲突时,保证公司为受益人的最大利益服务	朱玉杰	主任委员
		马建军	委员
		陈虹	委员
提名薪酬与考核委员会	主要负责拟定董事和高级管理层成员的选任程序和标准,对董事和高级管理层成员的任职资格进行初步审核,并向董事会提出建议;审议公司薪酬管理制度和政策,拟定董事和高级管理层成员的薪酬方案,向董事会提出薪酬方案建议,并监督方案实施;制定公司董事及高级管理层成员的考核标准并进行考核	苏敬勤	主任委员
		郑宏	委员
		马建军	委员
审计与风险管理委员会	主要负责检查公司风险及合规状况、会计政策、财务报告程序和财务状况;负责公司年度审计工作,提出外部审计机构的聘请与更换建议,并就审计后的财务报告信息真实性、准确性、完整性和及时性作出判断性报告,提交董事会审议;监督高级管理层关于信用风险、流动性风险、市场风险、操作风险、合规风险和声誉风险等风险的控制情况,对公司风险政策、管理状况及风险承受能力进行定期评估,提出完善公司风险管理和内部控制的意见	朱玉杰	主任委员
		李令星	委员
		陈虹	委员
关联交易控制委员会	主要负责公司关联交易的管理、审批,控制关联交易风险	孟庆斌	主任委员
		李令星	委员
		陈虹	委员
消费者权益保护委员会	主要负责制定公司金融消费者权益保护工作的战略、政策和目标,对消费者权益保护工作进行总体规划指导,督促高管层有效执行和落实相关工作	郑宏	主任委员
		马建军	委员

3.1.3 监事、监事会及其下属委员会

表3.1.3 （监事会成员）

姓名	职务	性别	年龄	选任日期	所推举股东名称	该股东持股比例(%)	简要履历
程庆芳	监事会主席	男	55	2017年9月25日	—	—	历任苏州纺织机械厂工程师，苏州市职业大学教师，苏州通宝期货经纪有限公司经纪人，上海中期经纪有限公司苏州营业部业务经理，海航期货股份有限公司苏州营业部业务经理、苏州营业部负责人、副总经理、总经理、董事、董事长；现任渤海国际信托股份有限公司监事会主席。
唐晓蕾	职工监事	女	45	2013年3月29日	—	—	历任渤海国际信托股份有限公司法律事务主管，审计法务部总经理；现任渤海国际信托股份有限公司职工监事、运营管理部总经理。
童清	外部监事	男	51	2013年3月29日	—	—	历任华安财产保险股份有限公司董事长特别助理、副总裁；现任华安财产保险股份有限公司执行董事兼总裁，渤海国际信托股份有限公司外部监事。

3.1.4 公司高级管理人员

表3.1.4

姓名	职务	性别	年龄	任职日期	金融从业年限	学历	专业	简要履历
马建军	总裁	男	47	2017年1月18日	21	本科	金融学	历任渤海国际信托股份有限公司信托业务部副总经理，信托业务二部总经理，总裁助理，副总裁；现任渤海国际信托股份有限公司执行董事兼总裁。

续表

姓名	职务	性别	年龄	任职日期	金融从业年限	学历	专业	简要履历
符高萌	副总裁	男	49	2017年7月14日	26	本科	财政学	历任海南省信托投资公司信贷主管、投资部副经理、资金部副经理，海南海信期货经纪有限公司交割部总经理、海南营业部总经理、总经理助理，国泰君安证券股份有限责任公司海口营业部市场部经理、资本运作部经理，幸运旅行社项目经理，渤海国际信托股份有限公司信托业务部信托经理，信托业务二部高级经理，信托业务五部信托业务总监，副总经理，总裁助理；现任渤海国际信托股份有限公司副总裁。
姜鲁宁	副总裁	女	35	2017年9月7日	10	硕士	法律	历任渤海国际信托股份有限公司信托业务二部总经理助理、副总经理，北京业务一部副总经理，信托融资总部总经理；现任渤海国际信托股份有限公司副总裁。
章全明	副总裁	男	51	2018年3月20日	18	硕士	金融学	历任人民银行营业管理部副主任科员，原中国银监会北京监管局副科长、科长、副处长，国民信托有限公司副总裁，中节能财务有限公司副总经理；现任渤海国际信托股份有限公司副总裁。
董丁丁	财务总监	男	38	2016年8月15日	11	硕士	金融学	历任海南航空股份有限公司飞行计划员、机组资源管理员，海航集团财务有限公司金融服务部信贷信息助理、信贷信息主管、客户经理、总经理助理，资金信贷部副总经理、总经理；现任渤海国际信托股份有限公司财务总监。

续表

姓名	职务	性别	年龄	任职日期	金融从业年限	学历	专业	简要履历
李力盛	首席风控官	男	39	2018年7月20日	4	本科	会计	历任普华永道会计师事务所高级审计师,中国海洋石油总公司高级审计师,新东方教育科技集团有限公司审计经理,百年城集团财务总监,首开商业地产有限公司财务总监,渤海国际信托有限公司审计法务部副总经理、风险控制部副总经理、总经理;现任渤海国际信托股份有限公司首席风控官兼风险控制部总经理。
李欣	总裁助理	女	36	2017年9月7日	12	本科	统计学	历任扬子江地产集团有限公司综合管理部薪酬绩效主管,扬子江保险经纪有限公司综合管理部人力资源主管、部门经理,海航资本集团有限公司人力资源部薪酬绩效中心经理、部门副总经理;现任渤海国际信托股份有限公司总裁助理兼综合管理部总经理。
侯庆涛	总裁助理	男	36	2017年9月7日	8	硕士	法律	历任渤海国际信托股份有限公司信托业务一部信托运营助理、信托经理、高级信托经理,河北业务总部信托业务总监,创新发展部信托业务总监、副总经理、总经理;现任渤海国际信托股份有限公司总裁助理兼创新发展部总经理。

3.1.5 公司员工

表3.1.5

项目		报告期年度		上年度	
		人数	比例	人数	比例
年龄分布	20以下	—	—	—	—
	20-29	80	33.20%	79	31.60%
	30-39	130	53.94%	135	54.00%
	40以上	31	12.86%	36	14.40%

续表

项目		报告期年度		上年度	
		人数	比例	人数	比例
学历分布	博士	2	0.83%	1	0.40%
	硕士	113	46.89%	121	48.40%
	本科	123	51.04%	123	49.20%
	专科	3	1.24%	5	2.00%
	其他	—	—	—	—
岗位分布	董事、监事及高管人员	9	3.74%	8	3.20%
	自营业务人员	5	2.07%	6	2.40%
	信托业务人员	130	53.94%	130	52.00%
	其他人员	97	40.25%	106	42.40%

3.2 公司治理信息

3.2.1 2018年度内召开股东大会情况

公司2018年共召开5次股东大会会议：

2018年1月27日，公司以通讯表决的方式召开2018年第一次临时股东大会，全体股东以全票通过如下议案：

(1)《关于选举第一届董事会董事的议案》；

(2)《关于审议〈渤海国际信托股份有限公司独立董事、外部监事津贴标准及发放办法〉的议案》。

2018年4月26日，公司以现场会议的方式，在北京市召开了2017年年度股东大会，全体股东以全票通过了如下议案：

(1)《关于审议〈2017年度董事会工作报告〉的议案》；

(2)《关于审议〈2017年度监事会工作报告〉的议案》；

(3)《关于审议〈2017年度财务决算报告〉的议案》；

(4)《关于审议〈2018年财务预算报告〉的议案》；

(5)《关于审议〈2017年度利润分配方案〉的议案》；

(6)《关于审议〈2017年度报告〉正文及摘要的议案》；

(7)《关于审议〈2017年度信托项目受益人利益实现情况报告〉的议案》；

(8)《关于审议〈2017年度监管部门对公司的监管意见及公司执行整改情况报告〉的议案》；

(9)《关于审议〈2017年度董事尽职报告〉的议案》；

(10)《关于审议〈2017年度独立董事尽职报告〉的议案》；

(11)《关于渤海金控受让海航资本持有渤海信托股权的议案》；

(12)《关于选举第一届董事会独立董事的议案》。

2018年7月20日，公司以通讯表决的方式召开2018年第二次临时股东大会，全体股东以全票通过如下议案：

(1)《关于豁免2018年第二次临时股东大会提前15日通知的议案》；

(2)《关于审议〈2018年中利润分配方案〉的议案》；

(3)《关于审议〈渤海国际信托股份有限公司关联交易管理制度〉的议案》。

2018年9月17日，公司以通讯表决的方式召开2018年第三次临时股东大会，全体股东以全票通过如下议案：

(1)《关于豁免2018年第三次临时股东大会提前15日通知的议案》；

(2)《关于选择第二届董事会董事的议案》。

2018年12月3日，公司以通讯表决的方式召开2018年第四次临时股东大会，全体股东以全票通过如下议案：

(1)《关于豁免2018年第四次临时股东大会提前15日通知的议案》；

(2)《关于修订〈渤海国际信托股份有限公司章程〉的议案》。

3.2.2 董事会及下属委员会履行职责情况

公司2018年共召开9次董事会会议：

2018年1月11日，公司以通讯表决的方式召开第一届董事会第二十三次会议，全体董事以全票通过如下议案：

(1)《关于提名第一届董事会董事候选人的议案》；

(2)《关于选举陈虹先生担任公司第一届董事会战略发展委员会委员的议案》；

(3)《关于选举陈虹先生担任公司第一届董事会信托委员会委员的议案》；

(4)《关于选举陈虹先生担任公司第一届董事会审计与风险管理委员会委员的议案》；

(5)《关于选举陈虹先生担任公司第一届董事会关联交易控制委员会委员的议案》；

(6)《关于审议〈渤海国际信托股份有限公司独立董事、外部监事津贴标准及发放办法〉的议案》；

(7)《关于选举朱玉杰先生担任公司第一届董事会审计与风险管理委员会委员及主任委员的议案》。

2018年1月17日,公司以现场会议的方式,在北京市召开了第一届董事会第二十四次会议,全体董事以全票通过《关于选举章全明先生担任公司副总裁的议案》。

2018年4月26日,公司以现场会议的方式,在北京市召开了第一届董事会第二十五次会议,全体董事以全票通过如下议案:

(1)《关于审议〈2017年度董事会工作报告〉的议案》;

(2)《关于审议〈2017年度经营工作报告〉的议案》;

(3)《关于审议〈2017年度财务决算报告〉的议案》;

(4)《关于审议〈2018年度财务预算报告〉的议案》;

(5)《关于审议〈2017年度利润分配方案〉的议案》;

(6)《关于审议〈2017年度报告〉正文及摘要的议案》;

(7)《关于审议〈2017年度内部控制自我评价报告〉的议案》;

(8)《关于审议〈2017年度风险管理工作报告〉的议案》;

(9)《关于审议〈2017年度合规工作报告〉的议案》;

(10)《关于审议〈2017年度内部审计工作报告〉的议案》;

(11)《关于审议〈2017年度信托项目受益人利益实现情况报告〉的议案》;

(12)《关于审议〈2017年度监管部门对公司的监管意见及公司执行整改情况报告〉的议案》;

(13)《关于审议〈2017年度董事尽职报告〉的议案》;

(14)《关于审议〈2017年度独立董事尽职报告〉的议案》;

(15)《关于审议〈2017年度高管人员绩效考核情况报告〉的议案》;

(16)《关于审议〈2017年度消费者权益保护工作的报告〉的议案》;

(17)《于审议渤海金控受让海航资本持有渤海信托股权的议案》;

(18)《关于聘任李力盛先生担任公司首席风控官的议案》;

(19)《关于提名第一届董事会独立董事候选人的议案》;

(20)《关于选举孟庆斌先生担任公司第一届董事会战略发展委员会委员的议案》和《关于选举孟庆斌先生担任公司第一届董事会关联交易委员会委员及主任委员的议案》。

2018年5月29日,公司以通讯表决的方式召开第一届董事会第二十六次会议,全体董事以全票通过《关于审议渤海信托接受广州国寿城市发展产业投资企业(有限合伙)委托向海航资本集团有限公司提供的4亿元贷款期限延长的议案》。

2018年6月12日,公司以通讯表决的方式召开第一届董事会第二十七次会议,全体董事以全票通过《关于同意公司与中国信托业保障基金有限责任公司开展流动性支持业务的议案》。

2018年7月11日,公司以现场会议的方式,在北京市召开了第一届董事会第二十八次会议,全体董事以全票通过如下议案:

(1)《关于审议〈2018年中利润分配方案〉的议案》;

(2)《关于审议〈渤海国际信托股份有限公司关联交易管理制度〉的议案》;

(3)《关于审议〈渤海国际信托股份有限公司总裁工作细则〉的议案》;

(4)《关于提请召开2018年第二次临时股东大会的议案》。

2018年9月17日,公司以现场会议的方式,在北京市召开了第一届董事会第二十九次会议,全体董事以全票通过如下议案:

(1)《关于审议〈2018年上半年经营工作报告〉的议案》;

(2)《关于审议〈2018年上半年内部控制管理报告〉的议案》;

(3)《关于审议〈2018年上半年风险管理工作报告〉的议案》;

(4)《关于审议〈2018年上半年合规工作报告〉的议案》;

(5)《关于审议〈2018年上半年内部审计工作报告〉的议案》;

(6)《关于审议〈2018年上半年消费者权益保护工作的报告〉的议案》;

(7)《关于审议〈渤海信托从业人员行为管理办法〉的议案》;

(8)《关于审议〈渤海信托员工行为排查情况总结报告〉的议案》;

(9)《关于审议〈渤海信托股权管理暂行办法〉的议案》;

(10)《关于修改〈渤海信托审批流程指引〉的议案》;

(11)《关于提名第二届董事会董事候选人的议案》;

(12)《关于提请召开2018年第三次临时股东大会的议案》。

2018年9月17日,公司以现场会议的方式,在北京市召开了第二届董事会第一次会议,全体董事以全票通过如下议案:

(1)《关于选举公司第二届董事会董事长的议案》;

(2)《关于选举公司第二届董事会各专业委员会委员的议案》;

(3)《关于聘任公司总裁的议案》;

(4)《关于聘任公司副总裁的议案》;

(5)《关于聘任公司财务总监的议案》;

(6)《关于聘任公司首席风控官的议案》;

(7)《关于聘任公司总裁助理的议案》;

(8)《关于审议〈渤海信托经营管理团队2018年度绩效考核办法〉的议案》。

2018年11月24日,公司以通讯表决的方式召开第二届董事会第二次会议,全体董事以全票通过如下议案:

(1)《关于修订〈渤海国际信托股份有限公司章程〉的议案》;

(2)《关于提请召开2018年第四次临时股东大会的议案》。

公司2018年共召开1次董事会战略发展委员会会议:

2018年4月25日,第一届董事会战略发展委员会以通讯表决的方式召开了2018年第一次会议,全体委员以全票通过《关于渤海金控受让海航资本持有渤海信托股权的议案》。

公司2018年共召开1次董事会信托委员会会议:

2018年4月25日,第一届董事会信托委员会以通讯表决的方式召开了2018年第一次会议,全体委员以全票通过《关于审议〈2017年度信托项目受益人利益实现情况的报告〉的议案》。

公司2018年共召开5次董事会提名薪酬与考核委员会会议:

2018年1月4日,第一届董事会提名薪酬与考核委员会以通讯表决的方式召开了2018年第一次会议,全体委员以全票通过如下议案:

(1)《关于提名陈虹先生担任公司第一届董事会董事候选人的议案》;

(2)《关于审议〈渤海国际信托股份有限公司独立董事、外部监事津贴标准及发放办法〉的议案》。

2018年1月11日,第一届董事会提名薪酬与考核委员会以通讯表决的方式召开了2018年第二次会议,全体委员以全票通过《关于提名章全明先生担任公司副总裁候选人的议案》。

2018年4月25日,第一届董事会提名薪酬与考核委员会以通讯表决的方式召开了2018年第三次会议,全体委员以全票通过如下议案:

(1)《关于审议〈2017年度董事尽职报告〉的议案》;

(2)《关于审议〈2017年度独立董事尽职报告〉的议案》;

(3)《关于审议〈2017年度高管人员绩效考核情况的报告〉的议案》;

(4)《关于提名李力盛先生担任公司首席风控官的议案》;

(5)《关于提名孟庆斌先生担任公司第一届董事会独立董事候选人的议案》。

2018年9月17日,第一届董事会提名薪酬与考核委员会以通讯表决的方式召开了2018年第四次会议,全体委员以全票通过《关于提名第二届董事会董事候选人的议案》。

2018年9月17日,第二届董事会提名薪酬与考核委员会以通讯表决的方式召开了2018年第一次会议,全体委员以全票通过如下议案:

(1)《关于提名公司总裁的议案》;

(2)《关于提名公司副总裁的议案》;

(3)《关于提名公司财务总监的议案》;

(4)《关于提名公司首席风控官的议案》;

(5)《关于提名公司总裁助理的议案》;

(6)《关于审议〈渤海信托经营管理团队2018年度绩效考核办法〉的议案》。

公司2018年共召开2次萱事会审计与风险管理委员会会议:

2018年4月25日,第一届董事会审计与风险管理委员会以通讯表决的方式召开了2018年第一次会议,全体委员以全票通过如下议案:

(1)《关于审议〈2017年度内部控制自我评价报告〉的议案》;

(2)《关于审议〈2017年度风险管理工作报告〉的议案》;

(3)《关于审议〈2017年度合规工作报告〉的议案》;

(4)《关于审议〈2017年度内部审计工作报告〉的议案》。

2018年9月17日,第一届董事会审计与风险管理委员会以通讯表决的方式召开了2018年第二次会议,全体委员以全票通过如下议案:

(1)《关于审议〈2018年上半年内部控制管理报告〉的议案》;

(2)《关于审议〈2018年上半年风险管理工作报告〉的议案》;

(3)《关于审议〈2018年上半年合规工作报告〉的议案》;

(4)《关于审议〈2018年上半年内部审计工作报告〉的议案》。

公司2018年共召开2次董事会关联交易控制委员会会议:

2018年5月24日,第一届董事会关联交易控制委员会以通讯表决的方式召开了2018年第一次会议,全体委员以全票通过如下议案:

(1)《关于豁免第一届董事会关联交易控制委员会2018年第一次会议提前5天通知的议案》;

(2)《关于审议渤海信托接受广州国寿城市发展产业投资企业(有限合伙)委托向海航资本集团有限公司提供的4亿元贷款期限延长的议案》。

2018年7月9日,第一届董事会关联交易控制委员会以通讯表决的方式召开了2018年第二次会议,全体委员以全票通过《关于审议〈渤海国际信托股份有限公司关联交易管理制度〉的议案》。

公司2018年共召开2次董事会消费者权益保护委

员会会议：

2018年4月25日，第一届董事会消费者权益保护委员会以通讯表决的方式召开了2018年第一次会议，全体委员以全票通过《关于审议〈2017年度消费者权益保护工作报告〉的议案》。

2018年9月17日，第一届董事会消费者权益保护委员会以通讯表决的方式召开了2018年第二次会议，全体委员以全票通过《关于审议〈2018年上半年消费者权益保护工作报告〉的议案》。

报告期内，董事会遵照《公司法》、《信托公司治理指引》和《公司章程》及相关议事规则，认真审议公司经营管理重大事项；董事会专门委员会认真履行《公司法》和《公司章程》所赋予的各项职权，切实发挥辅助董事会决策等职能，认真审查向董事会提交的各项议案、报告，积极发挥委员在各个领域的专业知识和丰富经验，在促进董事会审慎和科学决策方面发挥了积极作用。

报告期内，公司独立董事严格按照《公司法》和《公司章程》赋予的各项职责，恪尽职守，勤勉尽责，对董事会审议的各项议案认真负责的发表明确意见并积极行使表决权，在公司发展战略、业务开展、财务监督、薪酬管理、风险管控等方面积极建言献策，对董事会的科学决策形成有力支持，高度负责地履行了独立董事职责。

3.2.3 监事、监事会及其下属委员会

公司2018年召开三次监事会会议：

2018年4月26日，公司以现场会议的方式，在北京市召开了第一届监事会第七次会议，全体监事以全票通过如下议案：

(1)《关于审议〈2017年度监事会工作报告〉的议案》；

(2)《关于审议〈2017年度经营工作报告〉的议案》；

(3)《关于审议〈2017年度财务决算报告〉的议案》；

(4)《关于审议〈2018年度财务预算报告〉的议案》；

(5)《关于审议〈2017年度利润分配方案〉的议案》；

(6)《关于审议〈2017年度报告〉正文及摘要的议案》；

(7)《关于审议〈2017年度内部控制自我评价报告〉的议案》；

(8)《关于审议〈2017年度风险管理工作报告〉的议案》；

(9)《关于审议〈2017年度合规工作报告〉的议案》；

(10)《关于审议〈2017年度内部审计工作报告〉的议案》；

(11)《关于审议〈2017年度监管部门对公司的监管意见及公司执行整改情况报告〉的议案》；

(12)《关于审议〈2017年度董事尽职报告〉的议案》；

(13)《关于审议〈2017年度独立董事尽职报告〉的议案》；

(14)《关于审议〈2017年度高管人员绩效考核情况报告〉的议案》。

2018年7月11日，公司以现场会议的方式，在北京市召开了召开第一届监事会第八次会议，全体监事以全票通过《关于审议〈2018年中利润分配方案〉的议案》。

2018年9月17日，公司以现场会议的方式，在北京市召开了第一届监事会第九次会议，全体监事以全票通过如下议案：

(1)《关于审议〈2018年度上半年经营工作报告〉的议案》；

(2)《关于审议〈2018年上半年内部控制管理报告〉的议案》；

(3)《关于审议〈2018年上半年风险管理报告〉的议案》；

(4)《关于审议〈2018年上半年合规工作报告〉的议案》；

(5)《关于审议〈2018年上半年内部审计工作报告〉的议案》。

监事会认为，报告期内，公司能够按照合法决策程序对重大事项进行决策，对所开展的业务经营活动符合《公司法》、《信托法》、《信托管理办法》及《信托公司治理引》等有关法律规定，内部控制制度较为完善，没有发现公司董事、高级管理人员在执行公司职务时有违法违纪和损害委托人、受益人、公司及股东利益的行为。公司财务报告真实客观地反映了公司的财务状况和经营成果。

3.2.4 高级管理层履职情况

公司高管人员拥有多年金融、经济从业经验，具有高度的责任感和强烈的使命感，具有勤勉诚信的品质和良好的职业素养，具有与公司业务发展相适应的风险管理能力。报告期内，公司高级管理层遵纪守法、合规经营，团结协作、勇于创新；在经营管理过程中能严格执行股东大会、董事会的各项决议和公司的各项管理制度，完成了公司年度经营目标。

4. 经营管理

4.1 经营目标、方针、战略规划

4.1.1 经营目标

立足信托本源，遵循金融本质规律，服务社会经济发展，通过优质的产品和服务，成为客户资产保值增值的理财专家和首选管家；紧密结合国家宏观战略，信息时代的新型社会特征，选择一个业务方向，形成一个业务模式，走差异化发展的道路；注重沉淀长远价值，对国家负责，对社会负责，对员工负责，对股东负责，致力于成长为核心竞争优势明显、可持续发展能力强的综合金融服务机构。

4.1.2 经营方针

坚持“诚信、业绩、创新”的企业理念，以诚信树品牌，以创新促发展，以客户为中心，以市场为导向，规范经营，严控风险，通过优异的经营业绩，实现国家、社会、员工和股东价值的共同增长。

4.1.3 战略规划

立足"受人之托、代人理财"的信托本源,以"扎根实体、服务实体"为发展理念,以资产管理和信托业务为依托,战略培育财富管理的核心竞争力,为客户提供综合金融服务,致力于使渤海信托成为国内差异化和综合金融服务能力领先的信托公司。

4.2 所经营业务的主要内容

自营资产运用与分布表

单位:人民币万元

资产运用	金额	占比(%)	资产分布	金额	占比(%)
货币资产	65,702.02	4.68	基础产业	2,030.57	0.14
贷款及应收款	83,150.68	5.92	房地产业	8,626.09	0.61
以公允价值及其变动计入当期损益的金融资产	1,874.25	0.13	证券市场	6,292.82	0.45
可供出售金融资产	731,253.68	52.09	实业	947,497.89	67.50
持有至到期投资	—	—	金融机构	384,802.57	27.42
长期股权投资	—	—	其他	54,472.66	3.88
其他	521,741.97	37.18	—		
资产总计	1,403,722.60	100.00	资产总计	1,403,722.60	100.00

信托资产运用与分布表

单位:人民币万元

资产运用	金额	占比(%)	资产分布	金额	占比(%)
货币资产	2,388,433.69	3.85	基础产业	7,282,460.84	11.74
贷款	37,867,305.66	61.04	房地产	7,355,986.35	11.86
以公允价值及其变动计入当期损益的金融资产	303,647.70	0.49	证券市场	2,294,069.45	3.70
可供出售金融资产	0.00	0.00	实业	29,385,277.39	47.37
持有至到期投资	17,042,094.88	27.47	金融机构	12,684,322.01	20.45
长期股权投资	4,333,389.92	6.99	其他	3,031,108.25	4.88
其他	98,352.44	0.16	—		
信托资产总计	62,033,224.29	100.00	信托资产总计	62,033,224.29	100.00

4.3 市场分析

4.3.1 有利因素

(1)国内经济总体运行平稳、稳中有进,国内生产总值增长6.6%,总量首次突破90万亿元,供给侧结构性改革持续深化,经济结构不断优化,给信托业带来了新的发展机遇。

(2)京津冀协同发展取得明显进展,区域经济协调性显著提升,作为河北省唯一一家信托公司,公司具有得天独厚的优势条件。

(3)资管新规正式落地,金融监管顶层设计不断完善,为信托业改革发展指明了方向,规划了蓝图,设计了路线。

(4)公司顶层设计进一步完善,转型步伐不断加快,在主动管理、风险管控、自主营销等方面有了较为明显的提升,发展基础持续夯实。

4.3.2 不利因素

(1)在经济下行压力加大、中美贸易摩擦升级的大背景下,宏观经济波动性加剧,经营面临较多不确定性。

(2)资管规则相继统一,资管格局正在重塑,信托的牌照优势日趋弱化,同业竞争进一步加剧。

(3)实体经济持续承压,各类项目风险频发,信用违约风险上升,信托业在客户资源、业务模式、风险防控等方面面临巨大挑战。

(4)随着监管强化和金融去杠杆,信托资产规模降幅明显,传统业务模式难以为继,创新转型尚处于探索之中,短期内缺乏新的增长点。

4.4 内部控制

4.4.1 内部控制机制依据和内部控制机制覆盖范围

4.4.1.1 内部控制机制依据

渤海信托内部控制评估工作的依据是《公司法》、《信托公司管理办法》、《信托公司治理指引》等法律法规,《渤海国际信托股份有限公司章程》(以下简称"《公司章程》")、《渤海国际信托股份有限公司内部控制指引》及其他相关规章制度。

4.4.1.2 内部控制机制覆盖范围

渤海信托内部控制评估涵盖公司治理结构三会一层,固有、信托两大业务体系及前中后台各部门。

4.4.2 内部控制制度及执行情况

4.4.2.1 公司治理内控

《公司章程》规范、完善,股东大会、董事会和监事会的议事规则和决策程序健全,董事会和董事长的决策权限明确、具体,对关联交易设置了专门的审议规则和决策机制;董事会、监事会及董事会下设的战略发展委员会、信托委员会、审计与风险管理委员会、提名薪酬与考核委员会、关联交易控制委员会以及消费者权益保护委员会的议事规则健全、决策程序完善、工作职责明确和年度工作计划具体,且落实情况良好,为公司内部控制的运作提供了良好的基础和环境。股东大会正常、有效地行使在决定公司经营方针和投资计划、更换董事、批准财务预算和决算方案等方面的权利。董事会、监事会能够正常有效地行使《公司章程》所赋予的各项职权。

公司股东严格遵守法律、行政法规和监管机构的规定履行出资人义务和行使出资人的权利。公司建立了规范的关联交易管理制度,涉及关联交易项目均严格执行相关审核原则和程序,关联交易活动遵循了平等、自愿、信用和对价的商业原则,向利益关系人予以充分披露关联交易的定价依据,关联交易均按监管要求事先向监管机构报告。

在公司经营管理过程中,董事会、监事会和公司高级管理人员认真履行了《公司章程》及公司内部控制制度所赋予的职责,遵守《公司法》、《金融违法行为处罚办法》和《金融机构高级管理人员任职资格管理办法》等相关法律法规以及《公司章程》和内部控制制度所列示的禁止性规定,展现了公正廉洁、遵纪守法、忠于职守、重视内控、规范经营、严防风险的高度责任意识和优良的工作作风;组织管理能力和业务能力与任职相称。

4.4.2.2 业务控制

4.4.2.2.1 信托业务与固有业务独立机制。《中华人民共和国信托法》、《信托公司管理办法》、《信托公司集合资金信托计划管理办法》等相关法律规定信托业务和固有业务完全独立,形成防火墙,确保相关人员、系统以及财产不交叉。《渤海国际信托股份有限公司审批流程指引》对此也进行了明确的确认和区分。

4.4.2.2.2 项目独立评审机制。按照《渤海信托业务评审指引》、《渤海信托融资项目尽职调查工作指引》等相关制度,项目尽职调查、审查、评审、审批、执行、后期管理、信息反馈、审计监督基本是相互分离的,项目尽职调查基本上客观、如实地记录和报告了业务状况和风险状况,风险控制部和业务评审委员会在项目审查、评审环节独立发表意见。业务评审委员会在公平公开的前提下的评审项目,业务评审委员对于项目的评审遵循独立客观原则。

4.4.2.2.3 风险量化机制。公司按照《渤海国际信托股份有限公司交易对手及项目评级指引》对交易对手进行量化评估。交易对手及项目评级由定量评价和定性评价构成,评级要素包括市场竞争地位、信誉状况、管理水平、财务指标及项目评估等五个方面。交易对手及项目评级通过对潜在交易对手及拟融资项目主要风险要素的评价,系统分析和识别潜在交易对手及项目存在的风险和问题,据此确定对潜在交易对手融资需求拟采取的风控措施。

4.4.2.2.4 项目操作指引规范化机制。公司重视完善风险管理制度,通过完善业务管理制度,明确业务操作规范。随着业务发展,公司相关部门不断总结风险管理工作经验,积极落实监管要求,逐步提高风险管理工作水平,适时制定并修订《信托项目过程管理办法》、《信托业务合同签署和风控措施落实管理办法》、《金融消费者权益保护制度》、《金融消费者权益保护工作考核评价办法》、《产品信息公开查询平台管理制度》、《金融消费者投诉处理制度》、《金融知识宣传教育管理办法》、《集合信托产品销售专区和录音录像管理工作制度》、《集合资金信托业务客户认购资金退款事项操作指引》、《集合资金信托业务信息披露操作指引》、《集合资金信托受益权转让登记操作指引》、《信托业务档案管理办法》等操作指引,将公司的风险管理理念和工作经验固化到规章制度中,使业务标准和操作程序更加明确、风险管理更加有效。

4.4.2.2.5 项目审计机制。根据监管要求,跟踪审核业务整改情况。监管机构开展年度例行现场检查后,根据发现的问题,提出一系列监管要求,需要管理层或信托业务部门马上落实,对相关问题进行整改。审计法务部对业务部门的整改工作进行审计监督,有效保证了监管要求的落实和缺陷项目的整改,降低了公司经营风险。此外,公司修订并发布《内部审计管理制度》,定期向股东及公司领导上报公司业务发展情况、执行差异及处理情况、即将到期项目还款来源落实情况。上述措施为公司加强内部控制、有效落实各项管理制度、提早落实到期项目还款来源、敦促业务部门及时对已出现执行差异的项目提出和落实解决方案、防范与化解各类经营风险、提升非现场审计风险监控工作水平等,提供了有力的支持。

4.4.2.2.6 合规管理机制。为防控合规风险,由风险控制部合规内控管理模块专职负责合规内控事宜。公司与各业务部门签订《风险合规责任书》和《案件防控责任书》，落实业务风险合规责任和金融机构案件防控责任。此外，风险控制部密切保持与当地监管部门的工作联系和信息沟通，确保公司治理、业务经营等诸方面均能较好落实监管政策，依法依规稳健经营。

4.4.2.2.7　业务流程监控机制。信息技术部按照《信息化需求管理制度》编制IT建设方案并与开发商恒生电子公司协商落实系统开发，积极推进公司业务流程监控系统建设，为科学开展风险管理创造条件。

4.4.2.2.8　注重过程管理机制。为进一步规范信托项目运营管理，提高运营管理水平，公司成立运营管理部。以《信托项目过程管理办法》、《信托业务合同签署和风控措施落实管理办法》、《信托项目风险应急响应和处置办法》、《关于集合资金信托及固有资金贷款项目运营管理工作有关问题的通告》相关制度为依托，严格控制项目操作风险，提高项目过程管理水平。

4.4.2.3　授权审批控制

公司授权管理制度规定清晰、明确。董事会在公司日常经营管理方面对总裁合理授权，经营管理层各位高级管理人员、职能部门负责人和关键岗位均在公司经营相应层次和项目管理的相应环节有适度授权，且授权范围及额度根据市场形势及公司业务运作实际需要适时调整。特别是固有资金运用和费用预算审批，在不同层级有明确的授权额度。从实际运行情况看，目前各层级、各类型授权范围及额度是适当的，符合公司经营需要，也能够满足风险控制要求。

4.4.2.4　重大投资控制

对于重大投资项目，公司设有投资风险评估与控制（项目小组、风险控制部、业务评审委员会和审计与风险管理委员会）、财务成本收益监管与控制（计划财务部和财务总监）、董事会决策控制和股东大会授权控制多层次控制机制。

4.4.2.5　信息披露控制

公司信息反馈机制完善，内部报告路径明确完整，交流渠道通畅，不断加强信息系统建设，逐步实现信息的共享，确保公司股东、董事会、监事会和高管层能够及时全面了解公司的经营和内控情况；公司通过监管报表、专项报告、事前报告和重大事项报告等形式向监管部门及时报送各种数据信息和资料；公司严格执行信息披露的监管要求，根据信托文件约定通过公司网站和书面通知的形式，向当事人全面披露信托财产管理运用的相关信息，按时披露公司年报和重要经营信息等重大事项。信息披露内容真实、完整、充分，按照监管机构的规定刊登在全国性报纸上向公众披露有关信息。

4.4.2.6　财务管理内部控制

4.4.2.6.1　核算管理方面。认真贯彻落实《中华人民共和国会计法》、《企业财务会计报告条例》、《企业会计准则》等有关法律、法规；以实际发生的交易或事项为依据，提供的会计信息能够如实反映财务状况、经营成果和现金流量；按照公司制度规定的会计处理方法进行会计核算，核算及时、清晰明了，会计指标口径一致，相互可比；能够及时、准确上报各种财务报表。

4.4.2.6.2　资金管理方面。现金管理和银行存款管理均按照《现金管理暂行条例》和《人民币银行结算账户管理办法》认真执行，严格账户开立审批制度；根据公司业务开展模式，完善公司资金管理形式，并按照流程严格执行，做到既配合业务部门及时完成资金的划转，同时保证了资金的安全和相对可控。

4.4.2.6.3　税收管理方面。计划财务部将纳税管理责任落实到具体岗位，实行纳税专管制度；日常税务申报及时；按照税务机关《发票管理办法》购买和正确使用各种发票；按照国务院财政、税务主管部门规定的保管期限保管账簿、记账凭证、完税凭证及其他有关资料。

4.4.2.7　预算控制

公司严格执行相关预算管理办法，控制日常各项经济活动的支出。

4.4.2.8　财产保护控制

计划财务部按照公司相关制度每月进行固定资产折旧的计提、无形资产的摊销；按时对资产变动状况进行维护，并保证账务处理正确、及时；对账面保留的原有业务产生的债权、资产，计划财务部积极配合资产处置，提出财务建议和意见，降低公司不良资产率。

4.4.2.9　绩效考评控制

公司高度重视绩效考评工作，通过完善的绩效考评机制，建立竞争意识强又公平公正的公司环境。目前，公司绩效考评从工作业绩、胜任素质、合规管理、风险控制、价值准则，民主评议等六个方面展开。根据全员考核成绩确定考核等级，并根据考核等级对干部员工进行相应的激励和处罚，建立起绩效考评与员工激励的联动机制，使绩效考评真正落到实处。

4.4.2.10　反洗钱内部控制

为了建立健全反洗钱工作管理机制，加强公司反洗钱工作，有效预防洗钱活动，保持公司经营稳健，制定并修订《反洗钱工作管理制度及操作流程》、《客户身份识别和客户风险等级划分管理办法》、《洗钱和恐怖融资风险自评估管理办法》。要求各相关部门按照中国人民银行《人民币银行结算账户管理办法》相关规定，严格审查客户提供的法定代表人身份证、经办人身份证、企业营业执照、组织机构代码证、国地税务登记证以及贷款卡信息等证明文件和资料，确保其真实性、完整性和有效性。交易对手是自然人的，严格审查自然人的身份证明等基本资料。真正做到"了解客户"、"识别客户"。对于委托人的信托财产，公司按照《信托法》等有关法律规定严格审查其来源的合法性，严禁与财产来源不明确的委托人开展业务。

4.4.2.11　重大突发事件应急控制

公司制定了《渤海信托信托项目风险应急响应和处

置办法》，为应对业务及其他方面的重大突发事件作了预先准备。为妥善处置重大突发事件，在组织领导、工作程序、物质准备、信息披露及反馈等方面进行了周密的计划和安排，将事件对公司的不利影响降到最低。

4.4.2.12　信息系统保障机制

公司的信息系统可全流程支持公司现有全部业务开展。此外，公司为严格防范信息技术风险，积极部署双活系统。2018年，公司在全部信息系统均已实现双机热备的基础上，按照“分系统、分步骤”的原则，完成了14个核心生产运营系统的双活，同时聘请专业的信息安全团队为我司提供漏洞扫描、网络防护、渗透测试及应急响应服务，有效为信息系统运营安全提供了保障。

4.4.3　内部控制监督体系

内部控制监督体系由公司的董事会、经营管理层和全体员工共同建立并实施的，公司为控制风险，实现经营管理目标，通过制定和执行一系列制度、程序和方法，对风险进行识别、评估、控制、监测和纠正的动态持续过程和机制。

4.4.4　内部审计机制

审计法务部担任着公司内部审计的职能，按照《信托公司管理办法》、《信托公司治理指引》以及公司制定的《内部审计管理制度》的有关规定，每年进行两次年度审计。在日常工作中，对公司业务后期管理的跟踪等进行实时、不定期的监督审查。此外，审计法务部还依照《内部审计管理制度》对拟离任的公司高管进行审计，以核查其在任职期间是否依法合规履行自己的权利和义务。

4.4.5　内部控制缺陷认定及跟踪整改机制

公司通过不断完善内控机制，已形成了以合规审核、风险管理和内部审计为主，业务授权控制、会计控制以及业务流程环节控制等方面共同作用的内部监督评价与纠正机制，实现了内控缺陷的及时发现和自主纠正。监督评价机制的有效运作，一方面促进了业务操作流程的不断优化和完善，另一方面增强了对操作风险的实时掌控，使内部监督制约机制更加健全有效。同时，审计法务部按照监管要求和公司制度对内部控制机制和业务运作进行监督、检查与跟踪评价，发现问题迅速自纠。公司高级管理层高度重视监管意见和专业机构的审计结果，根据监管政策和业务发展现状，及时梳理公司规章制度和业务审批流程，不断修订完善，确保内部控制体系的科学有效运行。

公司定期聘请外部审计机构对公司的经营状况、财务状况和内部控制状况进行外部审计，并积极采纳外部审计机构的意见，改善和健全自身的内部控制。

4.5　风险管理

4.5.1　风险管理概况

公司终坚持“全员风控”的理念，将“三会一层”和前、中、后台各部门、各岗位均纳入了公司风险管理体系，以董事会下设的审计与风险管理委员会做原则统领，经营层下设的业务评审委员会和风险控制部、审计法务部、运营管理部，前台各业务部门（团队）负责具体项目的筛选和风险识别。公司全面实施风险管理精细化、流程化体系建设、明确风险防控目标和职责。通过健全和完善审计与风险管理委员会的功能和作用，建立直接向董事会汇报的内控管理机制；通过建立完善资产质量考核体系和问责制，形成良好的风险管理文化；通过建立重大事项报告和信息沟通制度，为董事会、监事会履行职责和正确决策提供基础。

董事会作为公司的经营决策机构，对公司风险管理承担最终责任；监事会对董事会、董事会审计与风险管理委员会、公司高级管理层风险管理的有效性进行监督；董事会审计与风险管理委员会统筹负责风险管理政策的制定，并对其执行情况进行监督。高级管理层负责公司风险管理的有效执行，承担有效管理和执行风险管理的责任。业务评审委员会作为总裁领导下的风险管理及决策机构，主要负责对公司的固有项目、信托项目以及与项目有关的其他重大事项进行审查、评估和决策。前台业务部门直接管理，承担风险管理的直接责任；运营管理与风险控制部门统筹推动，承担制定政策和流程，监测和管理风险的责任；审计法务部门监督检查，承担业务部门和风险管理部门履职情况的审计责任。公司建立“三道防线”的风险管理体系，不断促进业务流程优化和系统升级，合理保障公司的稳健经营和健康发展。

公司高度重视风险管理，认为风险管理能力是公司核心竞争力的重要构成，是公司持续稳健发展的基本保障，持续关注业务经营所面临的信用风险、市场风险、流动性风险、操作风险和声誉风险等各类风险。

4.5.2　风险状况

4.5.2.1　信用风险状况

信用风险是指由于债务人或交易对手不能履行或不能按时履行其合同义务，或者信用状况的不利变动而导致的风险。报告期末公司自营业务信用风险资产按资产质量进行五级分类并按规定标准足额提取呆账准备金，公司按规定提取信托赔偿准备金和各项资产减值损失准备。信托业务信用风险资产按照资产五级分类标准均为“正常”，报告期内，信托业务均按期清算，无违约和逾期现象出现。

4.5.2.2　市场风险状况

市场风险是指因市场价格（利率、汇率、股票价格和商品价格）的不利变动而使公司表内和表外业务发生损失的风险。公司开展的证券投资业务比重较低，固有业务和信托业务整体受股价波动的影响较轻；公司融资类业务存在利率风险，面临由于利率水平不利变动产生的收益相对减少的利率风险；商品价格的不利变动可能给交易对手带来销售下降或成本上升收益减少，进而给公司财产或者信托财产带来市场风险；报告期内公司未开展外币业务，汇率变动不会对公司的盈利能力和财务状况产生直接影响。

4.5.2.3　操作风险状况

操作风险是因内部程序、人员和业务系统的不完善或者工作失误给公司造成损失的风险。报告期内,公司不断优化业务操作指引和工作流程,进一步完善以风险管理为导向的综合业务管理平台,前中后台各部门的业务操作更加规范,公司各项业务运行正常,未发生操作风险事件。

4.5.2.4　合规风险状况

合规风险是指公司因没有遵循法律、规则和准则可能遭受法律制裁、监管处罚、重大财务损失和声誉损失的风险。报告期内,银保监会组织开展"进一步深化整治银行业市场乱象工作"专项检查,公司从始至终高度重视整治市场乱象工作,认真组织落实各项自查事项,内部自查、配合检查、整改落实等具体工作,工作成果得到监管机构认可。公司未因开展违法违规业务或受托履职不当受到监管处罚,也未因法律风险管控不当导致交易无效或发生重大财务损失。

4.5.2.5　其他风险状况

公司面临的其他风险主要是指声誉风险和战略风险等。报告期内,公司未发生声誉风险和战略风险事件。

4.5.3　风险管理

4.5.3.1　信用风险管理

公司通过规范尽调程序和尽调报告内容,并对业务人员进行专项培训,不断加强尽职调查工作,实施交易对手信用风险量化管理,审慎选择交易对手,严控项目信用风险。公司融资类信托业务普遍采取实物抵押、权利质押、企业保证等风控措施。报告期内,公司交易对手均具有良好信用纪录,没有违约事件发生。在项目前期尽调阶段,业务部门切实履行受托责任,确保收集的信息完整真实;在立项审批阶段,业务评审委员会和风险控制部独立评估项目风险及风控措施的充足性有效性,审核合同资料;在项目操作阶段,运营管理部督导业务部门严格落实项目风控措施;在项目执行过程管理中,运营管理部监督项目经理实时跟踪评价交易对手的风险状况。运营管理部建立业务管理台账,加强对公司整体信用风险的动态管理,定期向业务部门收集项目履约情况、风控措施落实情况和还款来源落实情况,进行风险监测。

4.5.3.2　市场风险管理

公司加强对证券投资业务的专业培训,利用外部专业研究机构提供的信息和数据,加强对经济形势、金融市场行情、重点行业状况和行业周期的研究,确定投资范围、设计预警线和止损限额;增设专门实时监控岗位、降低股票质押率和增强信息披露等方式,有效防范股价波动风险;对部分业务通过合同约定实行浮动利率,有效规避利率风险;对于受商品价格影响较大的交易对手,加强对其所处行业的跟踪研究,动态关注其产销情况和盈利能力的变动状况,有效防范商品价格波动带来的风险。报告期内,公司未发生因市场风险造成的损失。

4.5.3.3　操作风险管理

公司高度重视内部控制制度建设,根据监管政策和业务发展需要,不断修订和完善《渤海信托审批流程指引》以及各项业务操作流程,调整授权体系,明确岗位职责和操作规范,实行岗位职责和监督检查相结合,形成不同部门和不同岗位之间的既协作配合又监督制衡的关系。信托业务以及固有业务实行调查评估、预审、审批、风险监测与监督检查相互分离的原则,风险管控流程覆盖了信托项目以及固有项目的设立、信托财产以及固有资金的运用与管理、固有融资到期偿还以及信托计划终止与清算等所有业务环节。加强员工业务技能和企业文化培训,提高员工的业务素质、工作品质和职业道德水平;制定完善各类合同文本模板,提升业务规范化程度和操作效率,降低操作风险隐患。

4.5.3.4　合规风险管理

公司始终将合规文化作为企业文化的一个重要组成部分来培育,倡导和培育的合规基调和理念:在公司上下倡导并积极推行诚信和正直的道德行为准则和价值观念,努力培育所有员工的合规意识,强化合规理念、意识和行为准则,促进公司内部合规与外部监管之间的有效互动;合规人人有责,合规应从公司高层做起,主动合规;合规创造价值;依法合规是公司生存与发展的生命线。公司坚持开展制度文件合规审查机制,从制度源头上完善内控建设、加强合规管理;持续开展各类业务合规审核机制,将合规审核内嵌于公司业务审批流程当中,各类业务均需履行合规审查,以实现对各项业务的事前合规审查;深入开展合规文化培训与宣导,培育守法合规意识,纠正片面追求规模扩张、高速发展的粗放式经营理念,注重向管理要效益、向质量要效益、向服务要效益,真正形成"不能违规、不敢违规、不愿违规"的合规文化。

4.5.3.5　其他风险管理

公司不断强化全面风险管理的理念,在合规经营和稳健发展的基础上,着力提升公司的品牌价值和市场形象。

4.6　金融消费者权益保护

公司在监管部门的要求和指导下,有序开展消费者权益保护各项工作,不断完善公司各项机制建设,稳步推进公司消费者宣传教育长效机制建设规划,持续提高金融消费者金融素质及风险意识。

公司董事会下设有消费者权益保护委员会,负责制定公司消费者权益保护工作的目标和政策,对相关工作进行总体规划指导;消费者权益保护委员会定期召开工作会议,并向董事会提交有关工作报告。

2018年,公司共开展了"315"消费者权益保护日、防范与打击非法集资宣传月、金融知识普及宣传月、客户沙龙等各类宣传教育活动10余场次,进一步提高了社会公众防范风险和正确使用金融服务的意识和能力,充分履行金融机构义务。

4.7　社会责任履行情况

报告期内,公司围绕"回归本源""服务实体经济"

“防范金融风险”等具体要求，发挥多层次、多领域、多渠道配置资源的优势，积极落实国家重大战略，不断将社会资金引入实体经济领域，全年新增服务实体业务规模达1350亿元。公司逐步推进消费者权益保护长效机制建设，组织开展各类投资者教育活动。渤海信托积极开展形式多样、内容丰富的志愿活动，向社会注入暖流，全年累计开展志愿服务活动10余场，受到社会公众一致好评。2018年，公司荣膺多项社会责任类奖项，奖项涵盖综合金融服务、依法纳税、党建、人力资源建设等多个方面，逐步塑造出“诚实守信，规范经营”和积极履行社会责任的正面品牌形象。

5. 报告期末及上一年度末的比较式会计报表

5.1　自营资产

5.1.1　会计师事务所审计意见全文

审　计　报　告

中兴财光华审会字(2019)第215002号

渤海国际信托股份有限公司全体股东：

一、审计意见

我们审计了渤海国际信托股份有限公司(以下简称“渤海信托公司”)财务报表，包括2018年12月31日的资产负债表，2018年度的利润表、现金流量表、股东权益变动表以及财务报表附注。

我们认为，后附的财务报表在所有重大方面按照企业会计准则的规定编制，公允反映了渤海信托公司2018年12月31日的财务状况以及2018年度的经营成果和现金流量。

二、形成审计意见的基础

我们按照中国注册会计师审计准则的规定执行了审计工作。审计报告的“注册会计师对财务报表审计的责任”部分进一步阐述了我们在这些准则下的责任。按照中国注册会计师职业道德守则，我们独立于渤海信托公司，并履行了职业道德方面的其他责任。我们相信，我们获取的审计证据是充分、适当的，为发表审计意见提供了基础。

三、管理层和治理层对财务报表的责任

渤海信托公司管理层(以下简称“管理层”)负责按照企业会计准则的规定编制财务报表，使其实现公允反映，并设计、执行和维护必要的内部控制，以使财务报表不存在由于舞弊或错误导致的重大错报。

在编制财务报表时，管理层负责评估渤海信托公司的持续经营能力，披露与持续经营相关的事项(如适用)，并运用持续经营假设，除非管理层计划清算渤海信托公司、终止运营或别无其他现实的选择。

治理层负责监督渤海信托公司的财务报告过程。

四、注册会计师对财务报表审计的责任

我们的目标是对财务报表整体是否不存在由于舞弊或错误导致的重大错报获取合理保证，并出具包含审计意见的审计报告。合理保证是高水平的保证，但并不能保证按照审计准则执行的审计在某一重大错报存在时总能发现。错报可能由于舞弊或错误导致，如果合理预期错报单独或汇总起来可能影响财务报表使用者依据财务报表作出的经济决策，则通常认为错报是重大的。

在按照审计准则执行审计工作的过程中，我们运用职业判断，并保持职业怀疑。同时，我们也执行以下工作：

(1)识别和评估由于舞弊或错误导致的财务报表重大错报风险，设计和实施审计程序以应对这些风险，并获取充分、适当的审计证据，作为发表审计意见的基础。由于舞弊可能涉及串通、伪造、故意遗漏、虚假陈述或凌驾于内部控制之上，未能发现由于舞弊导致的重大错报的风险高于未能发现由于错误导致的重大错报的风险。

(2)了解与审计相关的内部控制，以设计恰当的审计程序，但目的并非对内部控制的有效性发表意见。

(3)评价管理层选用会计政策的恰当性和作出会计估计及相关披露的合理性。

(4)对管理层使用持续经营假设的恰当性得出结论。同时，根据获取的审计证据，就可能导致对渤海信托公司持续经营能力产生重大疑虑的事项或情况是否存在重大不确定性得出结论。如果我们得出结论认为存在重大不确定性，审计准则要求我们在审计报告中提请报表使用者注意财务报表中的相关披露；如果披露不充分，我们应当发表非无保留意见。我们的结论基于截至审计报告日可获得的信息。然而，未来的事项或情况可能导致渤海信托公司不能持续经营。

(5)评价财务报表的总体列报、结构和内容(包括披露)，并评价财务报表是否公允反映相关交易和事项。

我们与治理层就计划的审计范围、时间安排和重大审计发现等事项进行沟通，包括沟通我们在审计中识别出的值得关注的内部控制缺陷。

中兴财光华会计师事务所（特殊普通合伙）　　中国注册会计师：

　　　　　　　　　　　　　　　　　　　　中国注册会计师：

中国·北京　　　　　　　　　　　　　　　2019年2月26日

5.1.2　资产负债表

资产负债表

单位：人民币元

项　　目	期末余额	期初余额
资　产：	—	—
现金及存放中央银行款项	11,863.14	24,633.14
存放同业款项	657,008,325.23	4,951,814,059.26
贵金属	—	—
拆出资金	—	—
以公允价值计量且其变动计入当期损益的金融资产	18,742,499.62	91,108,926.01
买入返售金融资产	5,046,300,013.00	—
其他应收款	373,606,786.52	133,948,631.54
发放贷款和垫款	457,900,000.00	5,493,500,000.00
可供出售金融资产	7,312,536,762.93	3,264,607,068.23
持有至到期投资	—	—
长期股权投资	—	—
投资性房地产	21,139,388.24	21,816,691.52
固定资产	2,707,176.10	3,228,048.29
在建工程	6,901,432.34	9,524,649.81
无形资产	10,301,885.94	2,618,352.58
递延所得税资产	128,953,403.26	39,964,186.88
长期待摊费用	1,116,494.16	2,108,289.37
其他资产	—	—
资产合计	14,037,226,030.48	14,014,263,536.63

资产负债表（续表）

单位：人民币元

项　　目	期末余额	期初余额
负　债：	—	—
向中央银行借款	—	—

续表

项　　目	期末余额	期初余额
同业及其他金融机构存放款项	—	—
拆入资金	—	—
以公允价值计量且其变动计入当期损益的金融负债	—	—
衍生金融负债	—	—
卖出回购金融资产款	—	—
吸收存款	—	—
应付职工薪酬	91,220,888.59	92,198,266.59
应交税费	248,393,411.77	159,199,023.76
其他应付款	1,664,124,618.33	2,218,759,433.23
预计负债	—	—
长期借款	—	—
应付债券	—	—
递延所得税负债	—	—
其他负债	247,604.74	247,604.74
负债合计	2,003,986,523.43	2,470,404,328.32
股东权益：	—	—
股本	3,600,000,000.00	3,600,000,000.00
资本公积	5,603,586,997.66	5,603,586,997.66
减：库存股	—	—
其他综合收益	-58,006,091.00	
盈余公积	357,243,533.36	255,580,942.31
一般风险准备	217,712,066.39	217,712,066.39
信托赔偿准备金	275,290,810.21	224,459,514.69
未分配利润	2,037,412,191.08	1,642,519,687.26
股东权益合计	12,033,239,507.05	11,543,859,208.31
负债和股东权益总计	14,037,226,030.48	14,014,263,536.63

5.1.3　利润表

利润表

单位：人民币元

项　　目	本年金额	上年金额
一、营业收入	1,984,925,510.76	2,135,862,641.98
利息净收入	306,643,262.05	80,375,086.69
利息收入	436,640,095.36	182,106,100.54
利息支出	129,996,833.31	101,731,013.85
手续费及佣金净收入	1,572,412,375.58	1,682,179,736.23
手续费及佣金收入	1,796,382,216.13	1,923,068,073.22

续表

项　　目	本年金额	上年金额
手续费及佣金支出	223,969,840.55	240,888,336.99
投资收益(损失以“-”号填列)	112,630,373.32	199,773,159.76
其中:对联营企业和合营企业的投资收益	—	—
公允价值变动损益(损失以“-”号填列)	-8,648,678.60	172,785,898.91
汇兑损益(损失以“-”号填列))	2,569.20	-3,141.42
资产处置收益(损失以“-”号填列)	30.49	-10,585.84
其他收益	—	—
其他业务收入	1,885,578.72	762,487.65
二、营业支出	626,689,774.65	455,692,851.29
税金及附加	14,247,552.21	16,077,920.41
业务及管理费	341,117,121.46	364,520,313.70
资产减值损失	270,647,797.70	74,417,313.90
其他业务成本	677,303.28	677,303.28
三、营业利润(亏损以“-”号填列)	1,358,235,736.11	1,680,169,790.69
加:营业外收入	810,055.90	8,711.70
减:营业外支出	3,501,984.42	539,945.11
四、利润总额(亏损总额以“—”号填列)	1,355,543,807.59	1,679,638,557.28
减:所得税费用	338,917,897.14	415,933,045.44
五、净利润(净亏损以“—”号填列)	1,016,625,910.45	1,263,705,511.84
(一)持续经营净利润(净亏损以“—”号填列)	1,016,625,910.45	1,263,705,511.84
(二)终止经营净利润(净亏损以“—”号填列)	—	—
六、每股收益:	—	—
基本每股收益	—	—
稀释每股收益	—	—
七、其他综合收益	-58,006,091.65	—
八、综合收益总额	958,619,818.80	1,263,705,511.84

5.1.4　所有者权益变动表

所有者权益(股东权益)变动表

单位:人民币元

项目	本年金额							
	实收资本(股本)	资本公积	其他综合收益	盈余公积	一般风险准备	信托赔偿准备金	未分配利润	所有者权益合计
一、上年年末余额	3,600,000,000.00	5,603,586,997.66	—	255,580,942.31	217,712,066.39	224,459,514.69	1,642,519,687.26	11,543,859,208.31
加:1. 会计政策变更	—	—	—	—	—	—	—	—
2. 前期差错更正	—	—	—	—	—	—	—	—
二、本年年初余额	3,600,000,000.00	5,603,586,997.66	—	255,580,942.31	217,712,066.39	224,459,514.69	1,642,519,687.26	11,543,859,208.31
三、本年增减变动金额(减少以"-"号填列)	—	—	-58,006,091.65	101,662,591.05	—	50,831,295.52	394,892,503.82	489,380,298.74
(一)本年净利润	—	—	—	—	—	—	1,016,625,910.45	1,016,625,910.45
(二)其他综合收益	—	—	-58,006,091.65	—	—	—	—	—
上述(一)和(二)小计	—	—	-58,006,091.65	—	—	—	1,016,625,910.45	958,619,818.80
(三)股东投入和减少资本	—	—	—	—	—	—	—	—
1. 股东投入资本	—	—	—	—	—	—	—	—
2. 股份支付计入股东权益的金额	—	—	—	—	—	—	—	—
3. 其他	—	—	—	—	—	—	—	—
(四)利润分配	—	—	—	101,662,591.05	—	50,831,295.52	-621,733,406.63	-469,239,520.06
1. 提取盈余公积	—	—	—	101,662,591.05	—	—	-101,662,591.05	—
2. 提取一般风险准备	—	—	—	—	—	—		—
3. 提取信托赔偿准备金	—	—	—	—	—	50,831,295.52	-50,831,295.52	—
4. 对股东的分配	—	—	—	—	—	—	-469,239,520.06	-469,239,520.06
(五)股东权益内部结转	—	—	—	—	—	—	—	—
1. 资本公积转增股本	—	—	—	—	—	—	—	—
2. 盈余公积转增股本	—	—	—	—	—	—	—	—

续表

项　目	本年金额							
	实收资本(股本)	资本公积	其他综合收益	盈余公积	一般风险准备	信托赔偿准备金	未分配利润	所有者权益合计
3. 盈余公积弥补亏损	—	—	—	—	—	—	—	—
4. 其他	—	—	—	—	—	—	—	—
四、本年年末余额	3,600,000,000.00	5,603,586,997.66	-58,006,091.65	357,243,533.36	217,712,066.39	275,290,810.21	2,037,412,191.08	12,033,239,507.05

5.2 信托资产

5.2.1 信托项目资产负债汇总表

信托项目资产负债汇总表

单位:人民币万元

信托资产	2018年12月31日	2017年12月31日	信托负债和信托权益	2018年12月31日	2017年12月31日
信托资产:			信托负债:		
货币资金	2,388,433.69	2,169,309.52	交易性金融负债	—	—
拆出资金	—	—	衍生金融负债	—	—
存出保证金	—	—	应付账款	5,734.00	5,734.00
买入返售金融资产	—	—	应付受托人报酬	—	—
以公允价值及其变动计入当期损益的金融资产	303,647.70	1,022,684.05	应付托管费	—	—
衍生金融资产	—	—	应付受益人收益	—	—
持有至到期投资	17,042,094.88	28,316,131.63	其他应付款项	420,231.38	209,672.51
应收账款	200.00	9,140.00	应交税金	2,589.70	—
应收利息	—	—	卖出回购金融资产款	—	—
应收股利	—	—	其他负债	—	—
应收票据	—	—	信托负债合计	428,555.08	215,406.51
其他应收款	98,152.44	193,367.97			
长期应收款	—	—			
长期股权投资	4,333,389.92	4,129,493.78			
发放贷款	37,867,305.66	39,657,358.08			
可供出售金融资产	—	—	信托权益:		
投资性房地产	—	—	实收信托	61,297,560.33	74,965,338.01
融资租赁资产	—	—	资本公积	—	—
固定资产	—	—	损益平准金	—	—
固定资产清理	—	—	未分配利润	307,108.88	316,740.51
无形资产	—	—	信托权益合计	61,604,669.21	75,282,078.52
长期待摊费用	—	—			
其他资产	—	—			
信托资产总计	62,033,224.29	75,497,485.03	信托负债和信托权益总计	62,033,224.29	75,497,485.03

5.2.2 信托项目利润及利润分配汇总表

信托项目利润及利润分配汇总表

单位:人民币万元

项目	2018年度	2017年度
一、营业收入	4,396,938.58	3,473,927.71

续表

项目	2018 年度	2017 年度
利息收入	2,900,687.99	2,128,720.77
投资收入	1,465,056.87	1,286,831.62
租赁收入	—	—
其他收入	31,193.72	58,375.31
二、营业费用	373,189.16	377,447.14
三、营业税金及附加	—	—
四、扣除资产损失前的信托利润	4,023,749.42	3,096,480.57
减:资产减值损失	1.30	—
五、扣除资产损失后的信托利润	4,023,748.12	3,096,480.57
加:期初未分配信托利润	316,740.51	21,799.69
六、可供分配的信托利润	4,340,488.63	3,118,280.26
减:本期已分配信托利润	4,033,379.75	2,801,539.75
七、期末未分配信托利润	307,108.88	316,740.51

6. 会计报表附注

6.1 财务报表的编制基础

6.1.1 编制基础

本公司财务报表以持续经营假设为基础,根据实际发生的交易和事项,按照财政部于 2006 年 2 月 15 日及以后颁布的《企业会计准则——基本准则》和各项具体会计准则、企业会计准则应用指南、企业会计准则解释及其他相关规定(以下合称"企业会计准则")的披露规定编制。

根据企业会计准则的相关规定,本公司会计核算以权责发生制为基础。除某些金融工具外,本财务报表均以历史成本为计量基础。资产如果发生减值,则按照相关规定计提相应的减值准备。

6.1.2 持续经营

本公司自本报告期末至少 12 个月内具备持续经营能力,无影响持续经营能力的重大事项。

6.2 重要会计政策和会计估计说明

6.2.1 计提资产减值准备的范围和方法

根据银监发〔2004〕4 号《中国银行业监督管理委员会关于非银行金融机构全面推行资产质量五级分类管理的通知》的相关规定要求,计提相应的资产减值准备。

6.2.2 金融工具的分类

管理层按照取得持有金融资产和承担金融负债的目的,将其划分为:以公允价值计量且其变动计入当期损益的金融资产或金融负债,包括交易性金融资产或金融负债和直接指定为以公允价值计量且其变动计入当期损益的金融资产或金融负债;持有至到期投资;贷款和应收款项;可供出售金融资产;其他金融负债等。

6.2.3 长期股权投资

6.2.3.1 投资成本的确定

(1)企业合并形成的长期股权投资

同一控制下的企业合并,合并方以支付现金、转让非现金资产或承担债务方式作为合并对价的,应当在合并日按照被合并方所有者权益在最终控制方合并财务报表中的账面价值的份额作为长期股权投资的初始投资成本。长期股权投资初始投资成本与支付的现金、转让的非现金资产以及所承担债务账面价值之间的差额,应当调整资本公积;资本公积不足冲减的,调整留存收益。

合并方以发行权益性证券作为合并对价的,应当在合并日按照被合并方所有者权益在最终控制方合并财务报表中的账面价值的份额作为长期股权投资的初始投资成本。按照发行股份的面值总额作为股本,长期股权投资初始投资成本与所发行股份面值总额之间的差额,应当调整资本公积;资本公积不足冲减的,调整留存收益。

非同一控制下的企业合并,购买方在购买日应当按照《企业会计准则第 20 号——企业合并》的有关规定确定的合并成本作为长期股权投资的初始投资成本。

合并方或购买方为企业合并发生的审计、法律服务、评估咨询等中介费用以及其他相关管理费用,应当于发生时计入当期损益。

(2)其他方式取得的长期股权投资

以支付现金取得的长期股权投资,应当按照实际支付的购买价款作为初始投资成本。初始投资成本包括与取得长期股权投资直接相关的费用、税金及其他必要支出。

以发行权益性证券取得的长期股权投资,应当按照发行权益性证券的公允价值作为初始投资成本。与发行权益性证券直接相关的费用,应当按照《企业会计准则第 37 号——金融工具列报》的有关规定确定。

通过非货币性资产交换取得的长期股权投资，其初始投资成本应当按照《企业会计准则第7号——非货币性资产交换》的有关规定确定。

通过债务重组取得的长期股权投资，其初始投资成本应当按照《企业会计准则第12号——债务重组》的有关规定确定。

6.2.3.2 长期股权投资的核算

投资方能够对被投资单位实施控制的长期股权投资应当采用成本法核算。投资方对联营企业和合营企业的长期股权投资，采用权益法核算。

6.2.4 投资性房地产

投资性房地产包括已出租的土地使用权、持有并准备增值后转让的土地使用权和已出租的建筑物。

投资性房地产按照成本进行初始计量，采用成本模式进行后续计量，按期预计使用寿命及净残值率对建筑物和土地使用权计提折旧或摊销。投资性房地产的预计使用寿命、净残值率及折旧率列示如下：

项目	折旧年限（年）	残值率（%）	年折旧率（%）
房屋及建筑物	20－40	5	2.38－4.75

资产负债表日，若单项投资性房地产的可收回金额低于账面价值时，将资产账面价值减记至可收回金额，减记的金额确认为资产减值损失，计入当期损益，同时计提相应的资产减值准备。投资性房地产减值一经确认，在以后会计期间不再转回。

当投资性房地产被处置，或者永久退出使用且预计不能从其处置中取得经济利益时，终止确认该项投资性房地产。投资性房地产出售、转让、报废或毁损的处置收入扣除其账面价值和相关税费后的金额计入当期损益。

6.2.5 固定资产及其累计折旧

6.2.5.1 固定资产确认条件、计价和折旧方法

固定资产是指为生产商品、提供劳务、出租或经营管理而持有的，使用年限超过一个会计年度的有形资产。

固定资产以取得时的实际成本入账，并从其达到预定可使用状态的次月起采用年限平均法计提折旧。

6.2.5.2 各类固定资产的折旧方法

类别	使用年限（年）	残值率%	年折旧率%
房屋及建筑物	20－40	5	2.38－4.75
运输设备	5	5	19
电子设备	5	5	19
机器设备	5	5	19
办公家具	5	5	19

6.2.5.3 资产负债表日，有迹象表明固定资产发生减值的，按照账面价值与可收回金额的差额计提相应的减值准备。

6.2.6 无形资产

无形资产包括土地使用权、专利权及非专利技术等，按成本进行初始计量。

使用寿命有限的无形资产，在使用寿命内按照与该项无形资产有关的经济利益的预期实现方式系统合理地摊销，无法可靠确定预期实现方式的，采用直线法摊销。摊销方式如下：

项目	使用寿命（年）	摊销方法	备注
软件	5－10	直线法	

使用寿命确定的无形资产，在资产负债表日有迹象表明发生减值的，按照账面价值与可收回金额的差额计提相应的减值准备；使用寿命不确定的无形资产和尚未达到可使用状态的无形资产，无论是否存在减值迹象，每年均进行减值测试。

6.2.7 在建工程

在建工程同时满足经济利益很可能流入、成本能够可靠计量则予以确认。在建工程按建造该项资产达到预定可使用状态前所发生的实际成本计量。

在建工程达到预定可使用状态时，按工程实际成本转入固定资产。已达到预定可使用状态但尚未办理竣工决算的，先按估计价值转入固定资产，待办理竣工决算后再按实际成本调整原暂估价值，但不再调整原已计提的折旧。

资产负债表日，有迹象表明在建工程发生减值的，按照账面价值与可收回金额的差额计提相应的减值准备。

6.2.8 长期待摊费用的摊销政策

长期待摊费用按实际发生额入账，在受益期或规定的期限内分期平均摊销。如果长期待摊的费用项目不能使以后会计期间受益则将尚未摊销的该项目的摊余价值全部转入当期损益。

6.2.9 收入确认原则

销售商品收入确认的确认标准及收入确认时间的具体判断标准：已将商品所有权上的主要风险和报酬转移给购买方；既没有保留与所有权相联系的继续管理权，也没有对已售出的商品实施有效控制；收入的金额能够可靠地计量；相关的经济利益很可能流入企业；相关的已发生或将发生的成本能够可靠地计量时，确认商品销售收入实现。

提供劳务交易的结果在资产负债表日能够可靠估计的（同时满足收入的金额能够可靠地计量、相关经济利益很可能流入、交易的完工进度能够可靠地确定、交易中已发生和将发生的成本能够可靠地计量），采用完工百分比法确认提供劳务的收入，并按已完工作的测量确定提供劳务交易的完工进度。提供劳务交易的结果在资产负债表日不能够可靠估计的，若已经发生的劳务成本预

计能够得到补偿,按已经发生的劳务成本金额确认提供劳务收入,并按相同金额结转劳务成本;若已经发生的劳务成本预计不能够得到补偿,将已经发生的劳务成本计入当期损益,不确认劳务收入。

让渡资产使用权在同时满足相关的经济利益很可能流入、收入金额能够可靠计量时,确认让渡资产使用权的收入。利息收入按照他人使用本公司货币资金的时间和实际利率计算确定;使用费收入按有关合同或协议约定的收费时间和方法计算确定。

6.2.10 所得税的会计处理方法

所得税包括当期所得税和递延所得税。除由于企业合并产生的调整商誉,或与直接计入所有者权益的交易或者事项相关的递延所得税计入所有者权益外,均作为所得税费用计入当期损益。

当期所得税是按照当期应纳税所得额计算的当期应交所得税金额。应纳税所得额系根据有关税法规定对本年度税前会计利润作相应调整后得出。

本公司根据资产、负债于资产负债表日的账面价值与计税基础之间的暂时性差异,采用资产负债表债务法确认递延所得税。

6.3 或有事项说明

期末,公司对外担保余额4.49亿元。

6.4 资产负债表日后事项

无。

6.5 会计报表中重要项目的明细资料

6.5.1 披露自营资产经营情况

6.5.1.1 按信用风险五级分类结果披露信用风险资产的期初数、期末数

表6.5.1.1 单位:人民币万元

信用风险资产五级分类	正常类	关注类	次级类	可疑类	损失类	信用风险资产合计	不良合计	不良率
期初数	1,375,801.00	8,690.00	12,240.00	—	9,856.00	1,406,587.00	22,096.00	0.65%
期末数	1,391,895.00	37,542.00	3,720.00	—	38,473.00	1,471,630.00	42,193.00	0.14%

注:不良资产合计=次级类+可疑类+损失类

6.5.1.2 各项资产减值损失准备的期初、本期计提、本期转回、本期核销、期末数

表6.5.1.2 单位:人民币万元

	期初数	本期计提	本期转回	本期核销	期末数
贷款损失准备	3,000.00	30,430.00	—	—	33,430.00
一般准备	—	—	—	—	—
专项准备	3,000.00	30,430.00	—	—	33,430.00
其他资产减值准备	—	—	—	—	—
可供出售金融资产减值准备	9,979.25	—	3,518.40	—	6,460.85
持有至到期投资减值准备	—	—	—	—	—
长期股权投资减值准备	—	—	—	—	—
坏账准备	110.32	153.18	—	—	263.50
投资性房地产减值准备	2,859.73	—	—	—	2,859.73

6.5.1.3 按照投资品种分类,分别披露固有业务股票投资、基金投资、债券投资、股权投资等投资业务的期初数、期末数

表6.5.1.3 单位:人民币万元

项目	自营股票	基金	债券	股权	理财产品	合计
期初数	6,103.49	—	0.30	61,965.14	267,502.67	335,571.60
期末数	1,866.85	—	—	60,610.49	670,650.58	733,127.92

6.5.1.4 按投资入股金额排序，前五名的自营长期股权投资的企业名称、占被投资企业权益的比例、主要经营活动及投资收益情况等。（从大到小顺序排列）

表 6.5.1.4　单位：人民币万元

企业名称	占被投资企业权益的比例（%）	主要经营活动	投资损益
—	—	—	—

注：投资损益是指按照企业会计准则规定，核算股权投资确认损益并计入披露年度利润表的金额。

6.5.1.5 前五名的自营贷款的企业名称、占贷款总额的比例和还款情况等（从贷款金额大到小顺序排列）

表 6.5.1.5

项目	占贷款总额的比例	还款情况
1	29.02%	尚未到期
2	25.88%	逾期
3	25.25%	尚未到期
4	15.15%	逾期
5	4.70%	逾期

6.5.1.6 表外业务的期初数、期末数；按照代理业务、担保业务和其他类型表外业务分别披露

表 6.5.1.6　单位：人民币万元

表外业务	期初数	期末数
担保业务	44,867.46	44,867.46
代理业务（委托业务）	—	—
其他	—	—
合计	44,867.46	44,867.46

注：代理业务主要反映因客观原因应规范而尚未完成规范的历史遗留委托业务，包括委托贷款和委托投资。无其他表外业务。

6.5.1.7 公司当年的收入结构

表 6.5.1.7　单位：人民币万元

收入结构	金额	占比（%）
手续费及佣金收入	179,638.22	76.78
其中：信托手续费收入	179,638.22	76.78
投资银行业务收入	—	—
利息收入	43,664.01	18.66
其他业务收入	188.56	0.08
其中：计入信托业务收入部分	—	—
投资收益	11,263.04	4.82
其中：股权投资收益	667.59	0.29
证券投资收益	-320.28	-0.14
其他投资收益	10,915.73	4.67
公允价值变动收益	-864.87	-0.37
资产处置收益	—	—
营业外收入	81.01	0.03
收入合计	233,969.97	100.00

6.5.2 披露信托财产管理情况

6.5.2.1 信托资产的期初数、期末数。

表 6.5.2.1　单位：人民币万元

信托资产	期初数	期末数
集合	16,867,356.34	11,571,112.14
单一	48,638,249.62	45,774,970.57
财产权	9,991,879.07	4,687,141.58
合计	75,497,485.03	62,033,224.29

6.5.2.1.1 主动管理型信托业务的信托资产期初数、期末数。分证券投资、股权投资、融资、事务管理类分别披露。

表 6.5.2.1.1　单位：人民币万元

主动管理型信托资产	期初数	期末数
证券投资类	—	—
股权投资类	65,590.00	864,768.68
融资类	3,359,109.06	8,722,025.12
事务管理类	80,000.00	678,182.14
合计	3,504,699.06	10,264,975.94

6.5.2.1.2 被动管理型信托业务的信托资产期初数、期末数。分证券投资、股权投资、融资、事务管理类分别披露。

表 6.5.2.1.2　单位：人民币万元

被动管理型信托资产	期初数	期末数
证券投资类	3,133,788.84	2,294,069.45

续表

被动管理型信托资产	期初数	期末数
股权投资类	3,939,003.11	3,326,986.11
融资类	54,442,686.73	41,114,817.65
事务管理类	10,477,307.29	5,032,375.14
合计	71,992,785.97	51,768,248.35

6.5.2.2 本年度已清算结束的信托项目个数、实收信托合计金额、加权平均实际年化收益率。

6.5.2.2.1 本年度已清算结束的集合类、单一类资金信托项目和财产管理类信托项目个数、实收信托金额、加权平均实际年化收益率。

6.5.2.2.1 单位:人民币万元

已清算结束信托项目	项目个数	实收信托合计金额	加权平均实际年化收益率
集合类	64	11,441,959.76	7.48%
单一类	465	20,159,491.92	6.63%
财产管理类	124	10,203,160.61	3.33%

注:收益率是指信托项目清算后,给受益人赚取的实际收益水平。加权平均实际年化收益率=(信托项目1的实际年化收益率×信托项目1的实收信托+信托项目2的实际年化收益率×信托项目2的实收信托+…信托项目n的实际年化收益率×信托项目n的实收信托)/(信托项目1的实收信托+信托项目2的实收信托+…信托项目n的实收信托)×100%

6.5.2.2.2 本年度已清算结束的主动管理型信托项目个数、实收信托合计金额、加权平均实际年化收益率。分证券投资、股权投资、融资、事务管理类分别计算并披露。

表6.5.2.2.2 单位:人民币万元

已清算结束信托项目	项目个数	实收信托合计金额	加权平均实际年化信托报酬率	加权平均实际年化收益率
证券投资类	0	—		
股权投资类	2	73,281.32	0.80%	7.46%
融资类	36	1,844,198.68	1.04%	7.41%
事务管理类	2	144,300.00	0.15%	9.50%

注:加权平均实际年化信托报酬率=(信托项目1的实际年化信托报酬率×信托项目1的实收信托+信托项目2的实际年化信托报酬率×信托项目2的实收信托+…信托项目n的实际年化信托报酬率×信托项目n的实收信托)/(信托项目1的实收信托+信托项目2的实收信托+…信托项目n的实收信托)×100%

6.5.2.2.3 本年度已清算结束的被动管理型信托项目个数、实收信托合计金额、加权平均实际年化收益率。分证券投资、股权投资、融资、事务管理类分别计算并披露。

表6.5.2.2.3 单位:人民币万元

已清算结束信托项目	项目个数	实收信托合计金额	加权平均实际年化信托报酬率	加权平均实际年化收益率
证券投资类	46	1,204,419.39	0.32%	1.43%
股权投资类	6	570,412.65	0.29%	7.29%
融资类	434	27,947,777.17	0.28%	6.88%
事务管理类	127	10,020,223.08	0.26%	3.92%

6.5.2.3 本年度新增的集合类、单一类和财产管理类信托项目个数、实收信托合计金额。

6.5.2.3 单位：人民币万元

新增信托项目	项目个数	实收信托合计金额
集合类	53	6,149,409.27
单一类	335	17,079,614.04
财产管理类	59	4,907,810.86
新增合计	447	28,136,834.17
其中：主动管理型	166	7,160,057.88
被动管理型	281	20,976,776.29

注：本年新增信托项目指在本报告年度内累计新增的信托项目个数和金额。包含本年度新增并于本年度内结束的项目和本年度新增至报告期末仍在持续管理的信托项目。

6.5.2.4 信托业务创新成果和特色业务有关情况。

2018年公司业务创新亮点纷呈，在诸多领域实现了“从零到一”的突破。一是在净值型产品方面，完成了“增利宝”、“万盈”、“广益”系列产品的内部审批及监管报备；二是在慈善信托方面，落地了公司首单慈善性质信托项目“新四军华中卫校助学事务信托”；三是在供应链金融方面，与找钢网等机构合作落地了多单业务；四是在家族信托方面，筹备开发的“尊享系列”咨询型家族信托，已经完成一期项目的预登记。同时，特色业务进一步拓展，部分细分领域继续走在全国前列。一是在小微金融方面，以“提品质、创品牌”为核心，继续在“数据＋平台”上深化内涵，形成了公司统筹、部门合作、资源共享的新型展业模式，大消费金融的业务格局初步形成；二是在债券业务方面，进一步完善了交易体系，丰富了投资品种，取得了北京金融资产交易所债权融资计划副主承资格，形成了可复制的成熟业务模式。

6.5.2.5 本公司履行受托人义务情况及因本公司自身责任而导致的信托资产损失情况（合计金额、原因等）。

在本信托年度，我公司作为受托人，严格遵守《信托法》、《信托公司管理办法》等法律法规以及公司规章制度，每一信托项目分别开立了信托财产专用账户，对不同的信托资产单独进行管理和核算，我公司管理的信托资产与固有资产由不同的部门和人员分别进行管理，信息隔离；同时，我公司始终坚持诚实、信用、谨慎、有效管理的原则，牢固树立风险管理的理念，严格按照《信托合同》中约定的管理方式、权限，忠实地为委托人管理、运用及处分信托财产，保证了信托财产的安全完整和受益人的最大利益。

截至目前，我公司无信托财产损失情况的发生。

6.6 关联方关系及其交易的披露

6.6.1 关联交易方的数量、关联交易的总金额及关联交易的定价政策等。

表6.6.1 单位：人民币万元

	关联交易方数量	关联交易金额	定价政策
合计	13	1,227,922.00	公平的协议价格

6.6.2 关联交易方与本公司的关系性质、关联交易方的名称、法定代表人、注册地址、注册资本及主营业务等

表6.6.2

序号	关系性质	关联方名称	法定代表人	注册地址	注册资本（万元）	主营业务
1	母公司之母公司	海航集团有限公司	陈峰	海口市美兰区国兴大道7号新海航大厦25层	6,000,000.00	航空运输及机场的投资与管理；酒店及高尔夫球场的投资与管理；信息技术服务；飞机及航材进出口贸易；能源、交通、新技术、新材料的投资开发及股权运作；境内劳务及商务服务中介代理。

续表

序号	关系性质	关联方名称	法定代表人	注册地址	注册资本（万元）	主营业务
2	母公司	海航资本集团有限公司	金川	海南省海口市海秀路29号	3,348,035.00	企业资产重组、购并及项目策划，财务顾问中介服务，信息咨询服务，交通能源新技术、新材料的投资开发，航空器材的销售及租赁业务，建筑材料、酒店管理，游艇码头设施投资。
3	受同一最终控制人控制	海航旅游集团有限公司	李维军	海口市美兰区国兴大道7号新海航大厦23层	1,750,000.00	酒店项目开发、管理；旅游项目投资和管理；装饰装修工程；建筑材料；家用电器、电子产品、通讯设备的销售。
4	受同一最终控制人控制	海航商业控股有限公司	何家福	北京市顺义区南法信镇府前街12号207室	1,309,755.00	项目投资及投资管理；货物进出口、技术进出口、代理进出口；专业承包；技术开发、技术咨询、技术服务、技术转让；设备租赁（汽车除外）；销售服装鞋帽、五金交电、日用杂品、文化体育用品、日用百货、珠宝首饰、针纺织品。
5	受同一最终控制人控制	海航资产管理集团有限公司	李令通	海南省海口市国贸大道45号银通国际中心28层	2,226,000.00	投资管理，企业管理，企业资产管理与咨询；投资财务顾问；股权投资，实业投资；承担各类型工业与民用建设项目的策划、管理，室内外装饰装修工程，酒店项目投资管理，高尔夫地产投资、赛事组织和策划，高尔夫旅游业服务及咨询服务，高尔夫球场投资，建筑材料、家用电器、电子产品、通讯设备的销售。
6	受同一控制人重大影响	浦航租赁有限公司	戚裔彬	中国（上海）自由贸易试验区正定路530号A5库区集中辅助区三层318室	1,268,340.00	融资租赁业务；自有设施设备租赁；租赁交易咨询（经纪业务除外）；实业投资（股权投资除外）；财务咨询（代理记账业务除外）；向国内外购买融资租赁资产；从事与主营业务相关的货物进出口业务。［依法须经批准的项目，经相关部门批准后方可开展经营活动］
7	受同一最终控制人控制	海航实业集团有限公司	黄琪珺	北京市朝阳区建国路108号18层A区	1,357,974.08	项目投资；投资管理；企业管理；销售机械设备；机械设备租赁。
8	受同一控制人控制	天津渤海四号租赁有限公司	时晨	天津自贸试验区（东疆保税港区）澳洲路6262号查验库办公区202室	10.00	融资租赁业务；租赁业务；向国内外购买租赁财产；租赁财产的残值处理及维修；租赁交易咨询。

续表

序号	关系性质	关联方名称	法定代表人	注册地址	注册资本（万元）	主营业务
9	受同一控制人控制	海口渤海四号租赁有限公司	时晨	海南省澄迈县老城经济开发区南一环路69号海口综合保税区联检大楼301房-4	10.00	融资租赁（金融租赁公司特有的经营内容除外）业务、租赁业务、租赁财产的残值处理及维修、租赁业务的咨询、向国内外购买租赁资产、货物及技术进出口。
10	受同一最终控制人控制	长江租赁有限公司	邢明月	天津自贸试验区（空港经济区）环河南路88号2-2034室	1,079,000.00	国内外各种先进或适用的生产设备、通信设备、医疗设备、科研设备、检验检测设备、工程机械、交通运输工具（包括飞机、汽车、船舶）等机械设备及其附带技术的直接租赁、转租赁、回租赁、杠杆租赁、委托租赁、联合租赁等不同形式的本外币融资性租赁业务；自有公共设施、房屋、桥梁、隧道等不动产及基础设施租赁；根据承租人的选择，从国内外购买租赁业务所需的货物及附带技术；租赁物品残值变卖及处理业务；租赁交易咨询和担保业务；投资管理；财务顾问咨询；信息咨询服务；以自有资金对交通、能源、新技术、新材料及游艇码头设施进行投资；酒店管理；经商务部批准的其他业务；兼营与主营业务有关的商业保理业务（依法须经批准的项目，经相关部门批准后方可开展经营活动）。
11	受同一最终控制人控制	海航生态科技集团有限公司	桂海鸿	海口市国兴大道7号海航大厦16楼	752,500.00	科技产品的开发、研制，数据中心，科技、能源、物流的投资开发，商务信息咨询。
12	受同一最终控制人控制	海航酒店控股集团有限公司	包宗保	（上海）自由贸易试验区金湘路333号1011室	1,037,730.99	实业投资，酒店经营，酒店管理，酒店用品采购，旅游资源项目开发。
13	海航集团联营企业	大新华航空有限公司	陈峰	海南省海口市海秀路29号	600,832.40	航空运输；航空维修和服务；机上供应品；与航空运输相关的延伸服务；机场的投资管理；候机楼服务和经营管理，酒店管理。

6.6.3 逐笔披露本公司与关联方的重大交易事项

6.6.3.1 固有与关联方交易情况：贷款、投资、租赁、应收账款担保、其他方式等期初汇总数、本期借方和贷方发生额汇总数、期末汇总数

表6.6.3.1 单位：人民币万元

固有与关联方关联交易				
	期初数	借方发生额	贷方发生额	期末数
贷款	—	—	—	—

续表

	期初数	借方发生额	贷方发生额	期末数
投资	—	—	—	—
租赁	—	—	—	—
担保	—	—	—	—
应收账款	—	—	—	—
其他	—	—	—	—
合计	—	—	—	—

6.6.3.2 信托与关联方交易情况:贷款、投资、租赁、应收账款、担保、其他方式等期初汇总数、本期借方和贷方发生额汇总数、期末汇总数

表 6.6.3.2 单位:人民币万元

信托与关联方关联交易				
	期初数	借方发生额	贷方发生额	期末数
贷款	2,124,206.00	90,000.00	1,001,284.00	1,212,922.00
投资	85,000.000.00	0.00	70,000.00	15,000.00
租赁	—	—	—	—
担保	—	—	—	—
应收账款	—	—	—	—
其他	—	—	—	—
合计	2,209,206.00	90,000.00	1,071,284.00	1,227,922.00

6.6.3.3 信托公司自有资金运用于自己管理的信托项目(固信交易)、信托公司管理的信托项目之间的相互(信信交易)交易金额,包括余额和本报告年度的发生额

6.6.3.3.1 固有与信托财产之间的交易金额期初汇总数、本期发生额汇总数、期末汇总数

表 6.6.3.3.1 单位:人民币万元

固有财产与信托财产相互交易			
	期初数	本期发生额	期末数
合计	68,900.00	2,700.62	71,600.62

注:以固有资金投资公司自己管理的信托项目受益权,或购买自己管理的信托项目的信托资产均应纳入统计披露范围。

6.6.3.3.2 信托项目之间的交易金额期初汇总数、本期发生额汇总数、期末汇总数

表 6.6.3.3.2 单位:人民币万元

信托资产与信托财产相互交易			
	期初数	本期发生额	期末数
合计	—	—	—

注:以公司受托管理的一个信托项目的资金购买自己管理的另一个信托项目的受益权或信托项下资产均应纳入统计披露范围。

6.6.4 逐笔披露关联方逾期未偿还本公司资金的详细情况以及本公司为关联方担保发生或即将发生垫款	的详细情况 无。

6.7　会计制度的披露

固有业务及信托业务均执行2006年及以后颁布的《企业会计准则——基本准则》和各项具体会计准则、企业会计准则应用指南、企业会计准则解释及其他相关规定。

7. 财务情况说明书

7.1　利润实现和分配情况

经中兴财光华会计师事务所（特殊普通合伙）审计后，我公司2018年实现利润总额135,554.38万元，扣除所得税33,891.79万元，净利润101,662.59万元，根据《信托公司管理办法》及公司章程规定，提取5%信托赔偿准备金5,083.13万元，根据《公司法》提取法定盈余公积金10,166.26万元，经2018年第二次临时股东大会审议通过对2017年度留存收益分配46,923.95万元，期末可供股东分配的利润为203,741.22万元。

7.2　主要财务指标

表7.2

指标名称	指标值
资本利润率（%）	8.62
加权年化信托报酬率（%）	0.35
人均净利润（万元）	414.10

注：资本利润率＝净利润/所有者权益平均余额×100%

加权年化信托报酬率＝（信托项目1的实际年化信托报酬率×信托项目1的实收信托＋信托项目2的实际年化信托报酬率×信托项目2的实收信托＋…信托项目n的实际年化信托报酬率×信托项目n的实收信托）/（信托项目1的实收信托＋信托项目2的实收信托＋…信托项目n的实收信托）×100%

人均净利润＝净利润/平均人数

平均值采取年初、年末余额简单平均法。公式为：a（平均）＝（年初数＋年末数）/2

7.3　对本公司财务状况、经营成果有重大影响的其他事项

报告期内，未发生对财务状况、经营成果有重大影响的其他事项。

7.4　公司净资本情况

报告期内，公司依据《信托公司净资本管理办法》积极推进净资本管理工作。

表7.4

指标名称	指标值	监管标准
净资本（万元）	807,256.35	≥2亿元
各项业务风险资产之和（万元）	468,885.89	
净资本/各项业务风险资本之和（%）	172.16	≥100
净资本/净资产（%）	67.09	≥40

8. 特别事项简要揭示

8.1　前五名股东报告期内变动情况及原因

报告期内，公司的股东无变化。

8.2　董事、监事及高级管理人员变动情况及原因

8.2.1　董事变动情况

2018年1月17日，经2018年第一次临时股东大会审议通过，选举陈虹先生出任公司董事。

2018年4月26日，经2017年年度股东大会审议通过，选举孟庆斌先生担任公司独立董事。

2018年9月17日，经2018年第三次临时股东大会审议通过，董事会进行换届选举，成小云先生接替郑宏先生出任公司董事；经第二届董事会第一次会议审议通过，选举成小云先生出任公司董事长。

2018年9月17日，因董事任期届满，孙志坤先生不再担任公司董事职务。

上述新任董事、独立董事的任职资格均已获得河北银保监局核准。

8.2.2　监事变动情况

报告期内，无监事变动情况。

8.2.3　高级管理人员变动情况

2018年1月17日，经第一届董事会第二十四次会议审议通过，聘任章全明先生担任公司副总裁。

2018年4月26日，经第一届董事会第二十五次会议审议通过，聘任李力盛先生担任公司首席风控官。

上述新任高级管理人员的任职资格均已获得河北银保监局核准。

8.3　变更注册资本、变更注册地或公司名称、公司分立合并事项

报告期内，无相关变更事项。

8.4　公司的重大诉讼事项

宝塔化工案件，涉诉金额约1.24亿元，目前处于执行阶段，已取得部分回款，该案保全的财产充足，预计本案不会给公司造成损失。

8.5　公司及其董事、监事和高级管理人员受到处罚的情况

报告期内，公司及董事、监事和高级管理人员未受到相关处罚。

8.6　银保监会及其派出机构对公司检查后提出整改意见的，应简单说明整改情况

2018年5月9日至6月30日，河北银保监局对公司进行了"进一步深化整治银行业市场乱象"现场检查。公司对《河北银监局关于渤海国际信托股份有限公司进一步深化整治银行业市场乱象现场检查意见书》（冀银监发〔2018〕107号）中发现的问题和提出的监管意见高度重视，组织相关部门逐一核查问题产生的原因，并责任到人，限期整改，形成的整改报告已于2018年10月向河北银保监局报送。

8.7　本年度重大事项临时报告的简要内容、披露时间、所披露的媒体及其版面

报告期内，无重大事项临时报告披露。

8.8　银保监会及其省级派出机构认定的其他有必要让客户及相关利益人了解的重要信息

报告期内无上述事项。